El Greco de Cossío
Edición ilustrada y actualizada

Manuel Bartolomé Cossío

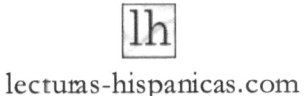

lectuas-hispanicas.com

El Greco de Cossío. Edición ilustrada y actualizada

Manuel Bartolomé Cossío
Colección Lecturas hispánicas
1ª Edición: 23 de octubre 2016
© Para esta edición, introducción, selección, notas y diseño:
Servando Gotor, 2016
www.lecturas-hispanicas.com
Zaragoza (España)

ISBN-10: 1539832694
ISBN-13: 978-1539832690

ÍNDICE

CAPITULO 7.- EL ENTIERRO DEL CONDE DE ORGAZ. 151

CAPITULO 8.- EL COLEGIO DE DOÑA MARÍA DE ARAGÓN, EN MADRID. LA CAPILLA DE SAN JOSÉ, EN TOLEDO. EL HOSPITAL DE LA CARIDAD, EN ILLESCAS OTRAS OBRAS CONGÉNERES. 187

CAPITULO 9.- EL HOSPITAL DE TAVERA. LA ASUNCIÓN, DE SAN

EL GRECO DE COSSÍO

(Además de la reproducción de las imágenes en la presente edición, el lector también puede examinarlas o descargárselas gratuitamente en nuestra web: *lecturas-hispanicas.com*)

INTRODUCCIÓN

Para los eruditos, los aficionados, los inteligentes, y los pintores y críticos modernos, para los "modernistas" sobre todo, la personalidad del Greco no es, ciertamente, desconocida. Gracias al entusiasmo de los últimos, más que a sabios juicios históricos, la obra del pintor sale ahora del olvido o la desestima en que yacía bajo el peso, aún reinante, de la tradición "académica" y de los partidarios del buen gusto.

Pero el gran público cosmopolita, que circula por el Louvre, los Ufifizi y la Galería Nacional de Londres, suele ignorar todavía hasta la existencia de *Dominico Theotocópuli*[1]. No es extraño. Para conocerlo, hay que venir a España, y, para contemplarlo en todo su esplendor, hace falta atravesar las puertas de la agria ciudad castellana donde encarnó su espíritu.

Sin embargo, muchos son los que pasan por ella sin haber visto

---

[1] Aunque el moderno sistema de transcripción en castellano rehúsa la *th*, y todas las palabras que derivan de la θ griega, sean nombres comunes o propios, se escriben con simple *t* (teología, entusiasmo, Teodoro, Tomás, etc.), adoptamos la forma *Theotocópuli,* por tratarse de un apellido y respetar la ortografía con que el Greco lo escribió, cuando lo hizo en caracteres latinos.

al Greco, y muchos más aún —puede bien decirse que la mayoría— los que lo han mirado y no lo han visto; porque, para ver, hay que saber hacerlo, y ni el moderno "España" de Bädeker, ni el viejo "Handbook" de Ford[2], enseñan a ver el Greco.

Nuestro artista, salvo en Toledo, donde sus "fantasmas", como en Italia los de Rafael, según Carducci[3], "aun vagan en las tardes serenas", no es todavía popular en España. Gentes hay que saben, claro está, algo más del Greco que del "divino Sandro"[4]; pero, ¡a cuántos no podrá aplicarse lo que voy a referir a este propósito!

Hace pocas semanas, corrigiendo las pruebas del catálogo que acompaña a este estudio, tuve necesidad de comprobar un dato y fui para ello a un pueblo. Es uno de esos "grises" castellanos, en los confines de Madrid y Toledo, al que se llega por arenoso camino de herradura, entre polvorientos setos de cambrones, atravesando muchos rastrojos y pocos olivares. De esos, que tienen a su entrada las eras; un castillo mudejar, andrajoso, donde guarda paja, leña y ovejas el más rico del pueblo; un palacio con escudos de los Reyes Católicos, también desmoronándose y vendido igualmente a otro ricacho; la antigua parroquia, en el suelo, hecha ahora camposanto; los cuarteados paredones de un convento de frailes agustinos, corral de ganado, y unas monjitas bernardas, muriéndose de hambre y poniendo nimbos de papel de estaño a los agresivos santos de madera del siglo XVII. La historia de todos: cuando Felipe II, trescientos pares de yuntas; cuando Carlos III, ciento; hoy, treinta o cuarenta. Queda en pie... la picota. El farol, como la llaman con inconsciente simbolismo, allí, chicos y grandes.

Yo buscaba un cuadro, que estuvo en la parroquia derruida, y fui a ver al cura.

—No compro ni vendo, díjele prontamente, como de costumbre, adelantándome a sus recelos.

— No lo extrañe usted, contestome. Acabo de ver en el

---

[2] *Se trata de dos famosas guías de viaje del s. XIX. (Las notas a pie de página de nuestra edición irán, como esta, precedidas de un asterisco. El resto son del propio autor).

[3] *Giosuè Carducci (1835-1907), conocido poeta italiano.

[4] *Referencia a Sandro Botticelli (1445-1510). Así se refiere a él Rubén Darío en su poema "El reino interior", al referirse a a "La primavera", el famoso cuadro del pintor italiano: *Tal el divino Sandro dejará en sus figuras / esos graciosos gestos en sus líneas puras.*

periódico la que se ha armado, porque querían vender en la capital ciertas pinturas de un... *chino*, o de un... *sueco*.

No comprendí al pronto. Y añadió humildemente.

—Sí; en la capilla de San José de Toledo. ¡Quién lo había de pensar! ¡Treinta años de mi vida diciendo misa en ella, y, vea usted, sin saber el mérito que aquellos cuadros tienen!

Apresurémonos, pues, a bendecir el afán, si inmoderado acaso, altamente benéfico, con que las nuevas generaciones literarias citan a todas horas y con cualquier pretexto al gran Theotocópulo; porque así se construye la historia, y así llegará el Greco a fraguar en la admiración del pueblo, a influir en sus ideales y a penetrar en sus amores.

A esta obra de rehabilitación quiero ayudar también con mi trabajo. Yo he sido testigo, no hace aún muchos años, de la general indiferencia o animadversión hacia el Greco. Pero tuve la fortuna de educarme en la ferviente contemplación de sus más grandes obras y en el medio natural en que fueron nacidas. Riaño y Fernández Jiménez[5], aquellos dos maestros de sagrada memoria, me enseñaron a ver Toledo, y, en Toledo, al Greco. En la intimidad con tales espíritus: el uno todo intensa penetración, sólido saber, justa mesura y acendrado gusto; el otro, síntesis opulenta de idea y fantasía, tiene este libro sus primeras fuentes.

Nada más grato que recordar aquí con veneración aquellos juveniles días, ya lejanos, de continuo aprendizaje por Toledo, el paso lento y el cerebro en perpetua tensión, a vueltas y revueltas con la historia y el arte castellanos; aquellas tardes plácidas en los riscosos tomillares de la Virgen del Valle, trabajando por descubrir la íntima compenetración local de arte y naturaleza; aquella mesa del lóbrego café de Revuelta, refugio en los fríos anocheceres, en derredor de la cual se oían resonar los mismos temas; y aquellas veladas en una escondida casa de la calle de los Algibes, donde la cultura, el sentir, el talento y la gracia de una mujer inolvidable hermanaron, como en Madrid, en Granada y dondequiera que tuvo su hogar, lo más selecto

---

[5] *Juan Facundo Riaño y José Fernández-Giménez, dos granadinos, historiador del arte el primero y jurista y diplomático el segundo, ambos con gran influencia, tanto en las ideas que configurarían la *Institución Libre de Enseñanza*, como en las de fundador y amigo de aquellos, Francisco Giner de los Ríos, de quien nuestro autor, Manuel Bartolomé de Cossío, fue su alumno favorito y sucesor en la propia *Institución*.

de lo castizo nacional, con lo más refinado de otros pueblos, para crear un ambiente de suprema aristocracia del espíritu, pródigamente abierto y ofrecido con liberalidad a la juventud, que allí respiró de continuo el aire más sano, los influjos más educadores para el goce puro de la belleza y el ideal ennoblecimiento de la vida.

En la *Institución libre de Enseñanza*, a la que, de un modo todavía más hondo, apenas hay nada en mí que yo no deba, han de buscarse los estímulos posteriores para este trabajo. De la "casa de Riaño" y mediante aquella juventud que allí formárase, vino a la *Institución* el amor al cultivo de la Historia del Arte; tal vez la nota más característica de su programa escolar, y aun de su influjo educativo en la cultura patria; aquella —¿por qué no decirlo claramente?— en que se anticipó a las exigencias que la pedagogía ha venido, de un modo universal, a formular más tarde. En repetidos cursos de historia de la pintura, hechos siempre en el Prado, y en continuas excursiones por España, con alumnos de todas edades, se han ido fraguando, depurando, aquilatando lentamente mis impresiones sobre *Theotocópuli*. De mis discípulos he aprendido, como el Talmud ya advierte, más que de mis maestros.

* * *

Contaba yo al Greco, en 1886, "entre los pocos grandes pintores geniales de la escuela española", afirmando que "sus cualidades... habían influido en Velázquez más que ninguna otra dirección de su tiempo". Estimaba, en 1897, "capital y decisivo" dicho influjo, e "imposible de concebir" plenamente al último sin el primero, el cual, añadía, "empieza a ser considerado como el gran precursor... padre del impresionismo..." El tiempo no ha hecho en mí sino aclarar y arraigar tales juicios.

Sí; cuando el apasionado de Velázquez abandone lleno de recogimiento la Sala del Prado, consagrada al maestro, vaya a Toledo, al Escorial, a Illescas... a husmear en el Greco antecedentes del glorioso D. Diego; y, cuando el neófilo o el misoneista entren en el Luxemburgo, ansioso el uno de frescas emociones, o a lamentarse el otro del "crespúsculo del arte pictórico"; ora juren por la Sala

16

Caillebot[6], ya aparten de ella la vista con escándalo, servirales de iluminación o de consuelo, la figura de aquel sempiterno escandalizador, a quien hoy, por fin, celebran, pocos con entusiasmo conscio, muchos con inconscia idolatría, como al más clarividente profeta del espíritu y forma del arte contemporáneo.

Más íntimo, pues, cada día, de la genial singularidad de esta figura, más penetrado de la trascendencia de su obra, cuando la casa *George Bell and Sons*, de Londres, invitóme a escribir sobre Murillo, me aventuré a ofrecerle este volumen, enamorado de la consagración que el Greco iba a recibir, apareciendo por vez primera en una "Serie de los grandes maestros"[8].

Entre ellos vivirá eternamente, por haber logrado tanto como el que más "hacer vivir", ardua finalidad del arte "... que no pretende solo corpulencias —dice nuestro Jáuregui[9]— sino vidas y espíritus..." y así "el alma y vida de la pintura —añade— no consiste en hermosos colores, ni en otros materiales externos, sino en lo íntimo del arte y su inteligencias".

Las breves y ocasionales noticias de escritores contemporáneos del pintor, recogidas luego en "Vidas y Diccionarios", por los eruditos posteriores, son la fuente común de los siempre rápidos artículos consagrados al artista en enciclopedias, libros de conjunto e historias generales de la pintura. Aparte de lo cual, pueden citarse algunos modernos y valiosos estudios, ya en Revistas profesionales, ya en libros de viajes. De todo ello he procurado servirme para este trabajo. En los archivos de Madrid, de Toledo y de Illescas, hallé algunos documentos inéditos referentes a la persona del artista o a

---

6 *Gustave Caillebotte (1848-1894), pintor francés, también mecenas y organizador de exposiciones.

7 *Famosa editorial, fundada por George Bell, en 1839.

8 Este libro, en efecto, debió publicarse en inglés, formando parte de la Biblioteca artística llamada *Great Masters in Painting*, y así lo vino anunciando dicha casa, en sus catálogos, desde 1899. La traducción se hacía, con gran inteligencia, por Miss Sermonda Burrell, hoy, Mrs. Jack Henniker-Heaton. Parte de las ilustraciones estaban ya dispuestas para aquella edición, y a ello se debe que en el retrato del Cardenal *Niño de Guevara*, frontispicio del texto, aparezca la leyenda en lengua inglesa. Al director de dicha *Biblioteca,* mi amigo el Dr. G. C. Williamson, estoy vivamente reconocido, por su eficaz ayuda en todo lo que se refiere a Inglaterra.

9 *Juan de Jáuregui y Aguilar (1583- 1641), poeta, erudito, pintor y teórico literario español del Siglo de Oro. Se le atribuye a él el único supuesto retrato que conocemos de Cervantes.

contratos de sus obras; pero desgraciadamente añaden poco al escaso conocimiento que de su vida privada tenemos. Para la artística, ahí están, por fortuna, sus lienzos, única fuente de verdad. Del examen directo de los mismos, una y otra vez repetido, proceden mis juicios, justos ó equivocados.

A la inteligente liberalidad del editor, débense las numerosas ilustraciones que, por separado, acompañan al texto[10]. Y así como de este no se ha querido hacer sino un sencillo libro, sólo para estudiantes y en aquellas se han sacrificado, a la abundancia en la selección, otras condiciones menos esenciales, considerando lo capital conocer al maestro, no solo por aquellas de sus composiciones que la fama celebra, sino en la más rica variedad de asuntos, evolutivamente y en todas sus fases. De esta suerte, series hay de láminas, como la de los retratos, en que creemos no falta ninguno de los hoy conocidos.

El Catálogo ofrécese sólo como un primer en un primer ensayo, y por lo tanto, con la certeza de ser incompleto. Bastantes ejemplares pienso que han de quedar todavía, de los cuales no he alcanzado a, tener noticia; pero no es de creer que su hallazgo haya de venir a cambiar sustancialmente el criterio que, con los cuadros catalogados, puede ya el estudioso formar a conciencia, sobre la labor del artista.

Bien querría haber acertado a bosquejarla al menos, en este libro, forma en que aquélla sale ahora por primera vez al público. Si, a pesar de sus deficiencias, sirviera como resumen de lo escrito anteriormente acerca del pintor y de estímulo para contemplar con interés sus lienzos, el objeto de mi ensayo está cumplido; y así puede aguardar a que alguien, con mano más firme, trace algún día el concienzudo estudio, de que es digna la original y fecunda obra del Greco[11].

---

[10] *Se refiere a la serie de láminas que se acompañaron a la primera edición.

[11] Muchas son las personas, a quienes, por auxilios de diversa índole para este trabajo, debo agradecimiento. Me complazco en enviárselo a todos los poseedores de Grecos, de fuera y dentro de España, que me han permitido amablemente estudiarlos. Consignar sus nombres sería repetir casi todo el Catálogo. Por esto me limito a mencionar los de aquellos, que expresamente y del modo más liberal, han hecho fotografiar, con destino a este libró, algunos de sus cuadros todavía inéditos, y los de aquellos otros que me han dado licencia para hacerlo o que han puesto a mí disposición reproducciones que ya poseían.

CAPITULO 1.- LO QUE SE IGNORA DE LA VIDA DEL GRECO

Su muerte. — Su enterramiento. — Su edad. — Su patria. — Su nombre. — Sus retratos. — Su familia; su autógrafo; su casa. — Retratos de su familia.— Su persona y su carácter.

SU MUERTE

Dos años antes que Cervantes, de quien fue rigurosamente contemporáneo, murió en Toledo Dominico Greco. Cosa rara, tener que comenzar la biografía de nuestro pintor por su muerte. Pero, en realidad, apenas hay otra fecha enteramente exacta, en la vida privada del Greco, que la de su fallecimiento, y hasta esa misma corre todavía equivocada en casi todas las guías de viajeros[12] y en los catálogos y cartelas de la mayor parte de los museos de Europa, sin exceptuar siquiera el último catálogo (1904) del Prado, ni el museo provincial de Toledo. De suerte que el gran público no

---

[12] Incluyendo la de *Bädeker*, como puede verse en el estudio sobre el arte español, que lleva al frente, con el nombre de Justi, el cual, sin embargo, tan exacto en sus citas, utilizó ya la fecha cierta desde 1888, en el capitulo, sobre el Greco, de su *Velázquez*.

El *Toledo*, de Hannah Lynch, la trae correctamente, gracias a las indicaciones de D. Aureliano de Beruete.

conoce, ni aun el único dato que cree conocer de la vida del artista[13].

En efecto, con la autoridad de Palomino[14], que hubo de calcularlo equivocadamente, aunque se limitó a decirlo con reserva, se ha venido repitiendo que el Greco falleció el año de 1625; cuando ya hace más de un cuarto de siglo que el archivero Sr. Foradada publicó, en 1876, la partida de defunción del pintor, que consta al folio directo 332[15], en el *Libro de entierros de la parroquia de Santo Tomé* desde el año de 1601 hasta el año de 1614. El documento es tan lacónico, que bien puede trascribirse aquí íntegro, y hasta precedido de los antecedentes necesarios para su perfecta inteligencia. Dice así:

> "ma niña En quatro dias del mes de Abril de mill y seis/cientos y catorce años falesció ma.ª hija de / pº Ruiz de ocho meses. enterróse en S. Brᵉ / Sansoles dio mº Real de belas.
>
> "dominico greco En siete del falesció dominico greco no hizo/testam.ᵗᵒˢ Recibió los sacram.ᵗᵒˢ enterrósse en/S.ᵗᵒ domingo el antiguo dio belas"

SU ENTERRAMIENTO

La partida no puede decir más en menos palabras. Nos quita la esperanza legítima de haber podido hallar en su testamento, si por acaso este hubiera llegado a encontrarse alguna vez en el protocolo de Toledo, revelaciones acerca de su misteriosa persona y familia; declara que murió como buen cristiano, que pagó la cera para

---

[13] *El propio M. B. Cossío, publicó pocos años después *Lo que se sabe de la vida del Greco,* un trabajo en el que dio cuenta de nuevos e importantes hallazgos sobre la vida de El Greco —de alguno de los cuales nos hacemos eco en estas notas— bajo el título *Lo que se sabe de la vida del Greco.* M. B. Cossío. -Madrid. Jiménez-Fraud, 1914 . Senderos del arte.

[14] *PALOMINO DE CASTRO y Velasco, Antonio (1655-1726). Pintor cordobés, conocido principalmente por sus obras teóricas *El Museo Pictórico y Escala Óptica* (en tres volúmenes) y *Las vidas de los pintores y estatutarios eminentes españoles*.

[15] El libro en esta parte se halla sin foliar. La cifra 332 es moderna y escrita, al parecer, por alguno que contó los folios y quiso consignar el que allí correspondía. El 2 está corregido. Debajo había otro número, tal vez el 5, porque Foradada dice 335. No he comprobado cuál sea la más exacta.

alumbrar su entierro y que no está sepultado en San Bartolomé, donde Palomino dijo, sino en el convento de Santo Domingo el Antiguo, y, como Tiziano en Santa María de Frari, en Venecia, al amparo de las primeras obras que pintó en Toledo[16]. Son de notar, sin embargo, los pormenores que Palomino da de su enterramiento, los cuales indican que, por lo menos, era fama en Toledo lo que él escribió[17].

SU EDAD.

No es indiferente haber comenzado por fijar la fecha de la muerte del Greco, porque siendo la única que se tenía por sabida, de ella se ha partido para calcular la de su nacimiento[18]. En efecto, si el pintor murió en 1625 a los setenta y siete años, necesario era que los historiadores pensaran que había nacido en 1548, y que así se haya venido aceptando, pero siendo ahora el año de 1614 la verdadera fecha de su muerte, si nos empeñamos en explicar el dicho de Palomino, o hay que retrotraer el natalicio a 1537, o hay que pensar

---

[16] En el pavimento de Santo Domingo solo quedan tres losas sepulcrales: la de la fundadora doña María de Silva. en el centro del crucero; la de un caballero del siglo XVIII, médico del rey Carlos III, a los pies del templo, junto a la reja del coro; y otra tercera, en el eje de la iglesia, como las anteriores, y hacia el centro de ella, hecha de pizarra y con la inscripción en caracteres del XVII, aunque casi borrada e ilegible. La comunidad no sabe a quién pertenece, ni conserva tradición o memoria de que en el templo se halle enterrado el Greco. Sin embargo, el profesor de la Escuela de artes e industrias de Toledo D. Federico de la Torre conserva, entre sus apuntes, una nota que dice así: «Enterrado en el Coro, a los pies de Juan Allones de Ajofrin». Esta última sepultura existe, según dice la Comunidad, y espero poder comprobar si se halla también la del Greco.

[17] "Murió finalmente nuestro Dominico (dice) en dicha ciudad, por el año de mil seiscientos y veinte y cinco, y a los setenta y siete de su edad, aunque otros dicen que murió más anciano, y está enterrado en la parroquial de San Bartolomé, y sobre la sepultura pusieron, no sé con qué motivo, una reja en lugar de losa, para que allí no se enterrase persona alguna, la qual no se conserva hoy, porque habiéndose hundido la iglesia, la quitaron cuando se reedificó", págs. 428 y 429.

[18] * Hoy se admite que El Greco nació en 1541. Y así lo daba ya por sentado nuestro propio autor en su citada obra "Lo que se sabe de la vida del Greco", entre otras cosas porque el propio pintor tenía declarado en uno de los muchos litigios que tuvo, que en 1606 tenía 65 años.

que murió a los sesenta y seis años.

D. Salvador Sampere y Miquel[19] discute al pormenor este punto, en su artículo de 1900, sobre la persona del Greco. He aquí en extracto su razonamiento: Palomino pudo fijar la muerte del Greco en 1625, por saber que en esa fecha fue nombrado su hijo Jorge Manuel arquitecto de la catedral de Toledo, y por pensar, equivocadamente, que, tal vez, sucedía a su padre en aquel cargo. Que el biógrafo no estaba cierto de los setenta y siete años de vida que asigna al pintor, se induce de sus mismas palabras: "aunque otros dicen que murió más anciano".

Hay que observar, sin embargo, que algún motivo debió llevarle a decir setenta y siete años, ni uno más ni uno menos. Ahora bien, no pudiendo estos contarse desde 1537, pues sabemos por Julio Clovio (Img. 1)[20] que en 1570 era el Greco un joven y no es probable que así le llamase aquél a los treinta y tres años, que entonces tendría (de haber nacido en tal fecha). La cuestión podría resolverse suponiendo que Palomino entendió, de viva voz, o por escrito, setenta y siete años, en vez de sesenta y siete: con lo cual el Greco, muerto en 1614, pudo nacer en 1547 y tener veintitrés años al presentarse a Julio Clovio, es decir, ser un joven.

Y añade todavía el Sr. Sampere que si, por el contrario, Palomino fijó la muerte del Greco por conocer la fecha del nacimiento de este, y contar desde ella los setenta y siete años, resultaría que, para llegar al 1625, hay que partir del 1548, "coincidencia, dice, que parece demostrar que, en efecto, el Greco nació en 1548 y falleció de sesenta y siete años".

Verosímiles son algunas de estas suposiciones, sobre todo la de tener que rebajar la edad del Greco; pero, en general, nos parece que se da en ellas demasiado valor al dicho de Palomino. Su afirmación de que murió a los setenta y siete años tiene poca importancia, puesto que igual fórmula concreta usa en la mayoría de sus *Vidas* y se ha visto luego cuan equivocado estaba en muchas de ellas, en las de Velázquez y Murillo, nada menos, para no citar otras, sin que al

---

[19] *Salvador Sampere y Miquel (1840-1915). Historiador, crítico, publicista y político catalán..

[20] *Julio Clovio (1498-1578). Pintor veneciano amigo de el Greco a quien nuestro pintor le hizo un retrato que, por supuesto, será objeto más adelante del oportuno comentario. Clovio es conocido como el Miguel Ángel de las miniaturas, por sus iluminaciones para libros.

rectificarse dichas fechas se haya observado que el error procediese de analogía, ni escrita ni fonética. Que Palomino no debió conocer fecha alguna del nacimiento del Greco, parece evidente, porque se hubiera apresurado a consignarla, como lo hace cuando cree saberlas. Y en cuanto al manifiesto interés por mantener el nacimiento del artista en 1548, no nos lo explicamos: primeramente, por tratarse de una fecha inventada *a posteriori* y modernamente, en vista solo de dos datos erróneos (los setenta y siete años y el 1625 de Palomino), y a la cual, por tanto, no debe concederse valor alguno; y en segundo lugar, porque la pretendida coincidencia, en que dicho interés se sostiene, no existe, pues contándose setenta y siete años desde 1648 a 1625, solo se cuentan sesenta y seis, y no sesenta y siete, desde aquella fecha a 1614; y así, para que existiese la coincidencia, se necesitaría que el Greco hubiera muerto en 1615. Muriendo en 1614, a los sesenta y siete años, tuvo que nacer en 1547, al menos (es decir, si nació antes del 7 de abril), y no en 1548; y si se acepta este número, tuvo que morir a los sesenta y seis años, esto es, con una cifra en que ya no cabe la supuesta confusión de letras o de sonidos con los setenta y siete de Palomino, base de toda la coincidencia.

Lo prudente es reconocer, por tanto, que Palomino se equivocó en esto, como en muchas otras cosas, y, dejando a un lado sus gratuitas afirmaciones, atenerse a los únicos datos positivos que existen para calcular, solo con cierta aproximación, la fecha del nacimiento del artista.

El primero es el dicho de Jusepe Martínez[21], (pág. 184), el cual, medio siglo después de la muerte del Greco, escribe que "llegó a crecida edad"; de donde, arranca, sin duda, la idea exacta de que el pintor falleció anciano. El segundo es el testimonio del gran miniaturista Julio Clovio, sobre quien hizo el Greco, en 1570, al llegar a Roma, la impresión de *un giovane*[22]. El tercero, más problemático

---

[21] MARTÍNEZ Y LURBEZ, Josepe Nicolás: Discursos practicables del Nobilísimo arte de la Pintura. Madrid, 1866.- Noticias procedentes de época muy próxima al Greco, pues su autor escribe a mediados del siglo XVII.

[22] Se trata de una carta que Clovio escribe al cardenal Nepote, Alejandro Farnesio, recomendando al Greco. Existe autógrafa en el *Carteggio farnesiano*, y fue publicada primeramente por el Signor Cav. Amadio Ronchini con otras siete del mismo Clovio, como apéndice a la Memoria que sobre este miniaturista insertó en *Atti e memorie*, etc.

Como el documento contiene las únicas noticias que del pintor sabemos, antes de

que los anteriores, es la presunción de que el joven representado en el cuadro que los condes de Yarborough poseen en Londres, o el que figura en el del Museo de Parma, de los que hablaremos luego (Imgs. 2 y 3)[23], aunque desemejantes entre sí, uno y otro igualmente imberbes, puedan ser nuestro artista[24]. Si, en efecto, lo fuesen, habría que pensar que el Greco, en aquella época, es decir, entre 1570 y 1575, en que ambos cuadros debieron pintarse, estaba más próximo a

venir a España, conviene trascribirlo íntegro:

Al Card. Farnese.

Viterbo

A'di 16 di 9bre 1570.

E'capitato in Roma un giovane Candiotto discepolo di Titiano, che a mio giuditio parmi raro nella pittura; et, fra l'altre cose, egli ha fatto un ritratto da se stesso, che fa stupire tutti questi Pittori di Roma. lo vorrei trattenerlo sotto l'ombra di V. S. Illma. et Revma. senza spesa altra del vivere, ma solo di una stanza nel Palazzo Farnese per qualche poco di tempo, cioé per fin che egli si venghi ad accomodare meglio. Però La prego et supplico sia contenta di scrivere al Co. Ludco. suo Maiord., che lo provegghi nel detto Palazzo di qualche stanza ad alto; che V. S. Illma. fará un'opera virtuosa degna di Lei, et io gliene terró obligo. Et Le bascio con reverenza le mani. Di V. S. Illma. et Revma., humilissimo ser.[tote].» Don Julio Clovio.

[23] *Se trata, respectivamente, de los cuadros *Cristo arrojando a los mercaderes del Templo* y la *Curación del ciego*. Ver más adelante en este mismo capítulo, apartado "Sus retratos". Entre las diversas versiones del primero (entre ellas -actualmente- la de la National Gallery de Londres; Frick Collection de Nueva York y la del Minneapolis Institute of Arts, en Minnesota), es en la de Estados Unidos donde, en la parte inferior derecha, aparecen, cuatro jóvenes que actualmente se siguen identificando, de izquierda a derecha, con Tiziano, Miguel Ángel, Clovio y Rafael. Luego veremos que este último sería el que se identificaría con el Greco. En cuanto a la *Curación del ciego*, del que también hay varias versiones, la aquí referida sigue estando actualmente en la Gallería Nazionale de Parma. La alusión al Greco viene referida, como veremos más adelante, al joven engolado que figura en el extremo izquierdo de esta versión.

[24] Ronchini ha sido el primero, hasta donde yo sé, que hizo observar que se trata en ella del Greco, y así lo declara el croata Ivan Kukuljevic Sakcinski, al trascribirla en su libro sobre Clovio, págs. 50 y 75 y apénd. XIV. También la copia, aunque sin hacer referencia ninguna al Greco, John W. Bradley en *The life and works of Giorgio Ginlio Clovio*. London, 1891, pág. 386. Pero el que la utiliza más concretamente en servicio de la historia del pintor es Carlos Justi en su primer artículo de Z. f. B, K. Habiendo encontrado en las trascripciones algunas diferencias, aunque no sustanciales, mi antiguo compañero albornociano, D. Clemente González, actual rector del Colegio de los españoles en Bolonia, me hizo el favor de enviarme el texto exacto publicado por Ronchini. Concuerda con las copias de Sakcinski y de Sampere, siendo incorrectas las de Justi y Bratlley.

los veinte que a los treinta años. Por donde todo lo que puede aventurarse es que naciera entre 1545 y 1550, viniendo a morir de sesenta y cinco a setenta años, esto es, "de crecida edad", como dice Martínez[25].

Lo único, por tanto, ya que no seguro, bastante probable, es que conviene rebajar, y aun así con prudencia, la edad que Palomino da al Greco, en vista de los únicos datos positivos que hasta ahora existen para calcularla.

A esto debemos limitarnos por ahora, mientras nuevas noticias no vengan a suplir el testimonio más fehaciente para el caso, o sea la partida de bautismo, ya que, por desgracia, hay muy poca esperanza de encontrarla; pues el nombre del pintor no figura en los libros parroquiales de la numerosa colonia griega de aquel tiempo en Venecia[26], ni en la pequeña parte de los antiguos archivos cretenses que pudo salvarse y se trasportó a Venecia cuando la conquista turca[27].

---

[25] *Muriendo en 1614 y habiendo nacido en 1541, como queda dicho, murió con 73 años.

[26] Frecuentes son en el siglo XVI los nombres de artistas griegos en Venecia. Los más conocidos, ya citados por Justi: Antonio Vassillacchi, Domenico dalle Groche, Tornio Batha, Michael Damasceno, cretense, como Nicolás de la Torre, miniaturista en El Escorial. Tal vez, de Venecia procediese Pedro el Greco o Serafín, poeta y pintor en Barcelona, que, en 1563, pintaba las puertas del órgano de Tarragona (véase Sampere, Bol. de la Acad. de Buenas letras. Barcelona. Año I, núm. 4).

[27] Así se lo aseguró a Justi el prefecto G. Veludo. Pero excitado yo por haber visto en el libro de Ernesto Gerland, *Das Archiv des Herzogs von Kandía in Königl. Staatsarchiv zu Venedi* (Strasbugo, 1899), que existían entre los documentos, partidas de nacimiento de los años 1540-1570 y 1540-1572, y aprovechando la estancia en Venecia de mi respetable y llorada amiga doña Emilia Gayangos de Riaño, hice consultar de nuevo el archivo. A su solicitud debo hoy la seguridad de no hallarse allí, ni tampoco en el parroquial de S. Giorgio dei Greci, el nombre de Theotocópuli, y la satisfacción de poseer nota precisa de todos los individuos con nombre o sobrenombre *greco* o *grego,* etc. de que figuran en los legajos cretenses, y ninguno de los cuales cabe confundir con nuestro artista.

SU PATRIA

Porque el Greco, y esta es otra de las pocas noticias seguras sobre su vida, era de Creta[28]. Referencia, que tampoco sabemos por los antiguos biógrafos, para quienes el pintor "fue vulgarmente llamado el Griego, porque lo era de nación"[29]; y no ahondaron más en sus investigaciones. Verdad es que lo hemos seguido repitiendo los modernos. Cosa tanto más extraña, cuanto que el artista cuidó de consignar expresamente, aunque siempre en griego, su patria a continuación de su nombre, en aquellas obras que, sin duda, estimó de mayor importancia. Tres siglos se han pasado los críticos mirando, no diré precisamente leyendo, la firma (en griego): *Domingo Theotocópulo, cretense, hizo*, y escribiendo que de la patria del pintor no se sabía otra cosa sino que era griego, hasta que Justi, en 1888, publicando dicha firma, divulgó en su libro sobre Velázquez, que era de Creta[30]. Igual mérito que a Justi corresponde, en cuanto a la originalidad, al abogado y escritor griego Sr. Demetrio Bikelas, quien, sin conocer aquella obra, creyó ser el primero, en 1893, en leer y traducir el *χρήος*, en el *San Mauricio* del Escorial[31], de donde partió para rectificar la ortografía del nombre del pintor, objeto principal de su trabajo; pero el docto profesor alemán se le había anticipado en descubrirlo, en aquel o en cualquier otro cuadro de los varios en que la palabra aparece.

A Ronchini, primero, como queda dicho, y a Sakcinski y a Justi, más tarde, debemos también la divulgación de la segunda prueba de la patria del Greco: la carta, ya citada, de Clovio, donde este lo califica de *giovane candiota*. A lo cual puedo agregar ahora otro nuevo

---

[28] *También se sabe hoy con certeza que nació en Candía (actual Heraklion), capital de Creta, territorio entonces de la República de Venecia, hoy Grecia.

[29] Palomino, pág. 325.

[30] *El célebre filósofo alemán, hispanista e historiador del arte Carl Justi (1832-1912), ya ha sido mencionado en notas anteriores, y lo va a ser mucho más, por tratarse de un importante investigador y estudioso del arte de nuestro Siglo de Oro, y padre de una importante escuela de hispanistas. La obra aquí citada es *Diego Velazquez und sein Jahrhundert*, (Bonn, Cohen, 1888), publicada en españa (*Velázquez y su siglo*) por la editorial de la revista *La España Moderna*.

[31] El Sr. Bikelas ha tenido la bondad de escribirme sobre esto, enviándome sus dos artículos y dándome, además, noticia de cuadros del Greco en Atenas.

testimonio: la terminante afirmación de su contemporáneo y amigo el famoso orador sagrado Fr. Hortensio Félix Paravicino(Img 4)[32], el cual, en el soneto que dedicó al túmulo del Greco, dice:

"Creta le dio la vida y los pinceles
Toledo..."

Paravicino consagró al Greco cuatro sonetos, de los cuales tan solo dos, los publicados por Palomino, han venido conociéndose. Los otros dos no sé que se hayan citado, a propósito del pintor, antes de ahora[33], cuando tanto servicio, como se ve, hubiera podido prestar uno de ellos para el conocimiento de la patria de aquél. Descuido que corre parejo con la desatención al κρήσ de la firma[34].

Pero, aun sin tener esto en cuenta, es más extraña todavía la circunstancia lamentable que ha impedido descubrir, durante tanto tiempo, la patria del Greco, declarada también por el mismo Paravicino en otro de sus sonetos, el dedicado al túmulo de la reina Margarita, hecho por el Greco, soneto de todos conocido por la copia de Palomino, el cual, o quienquiera que fuese, entre otras variantes de menor importancia que en la composición introdujo, vino a suprimir, por desdicha, aquel dato tan interesante, a saber: la frase en que el poeta, refiriéndose al pintor, dice que el túmulo estaba hecho "por valiente mano de Creta". Escribe el poeta en el primer terceto:

"Al nácar que vistió candido, pone
Toledo agradecido, por valiente
mano de creta caxa peregrina".

---

[32] *En el capítulo 10 encontrará el lector un apartado dedicado al retrato que el Greco hizo al poeta culterano de nuestro Siglo de Oro, Hortensio Félix Paravicino y Arteaga (1580-1633), religioso de la Orden de la Santísima Trinidad. Estos versos suyos van a constituir uno de los motivos más recurrentes de nuestra obra.

[33] No se habían citado cuando el autor escribió este capítulo, leído en el Ateneo de Madrid la noche del 23 de Mayo de 1902, con motivo de la Exposición del Greco, celebrada en aquel tiempo. Posteriormente, el Sr. Sampere y Miquel publicó uno de los sonetos en Álbum Salón, Barcelona, año VI, núm, 115, 1.º de Junio de 1902, con motivo de su artículo. Exposiciones Rosales y Greco.

[34] *Hoy se han recuperado la mayor parte de los versos inéditos de Paravicino, y hay más de cuatro poemas relacionados con el Greco. En el *Apéndice 1* se transcriben cinco de estos sonetos.

Y Palomino cambia el último verso de esta suerte:

"mano en aquesta caxa peregrina",

eliminando, tal vez por ignorancia del sentido, justamente lo único digno de saberse[35].

Por cretense debió ser tenido en Toledo y en Madrid, al menos entre los eruditos de su tiempo; y como prueba de ello, a los sonetos, antes citados, de Paravicino, podemos agregar todavía otro testimonio, que tampoco sabemos se haya utilizado antes de ahora para este caso: el conceptuoso verso del poeta toledano Baltasar Elisio de Medinilla, en que describe el palacio *del Cigarral de Buenavista*, diciendo que fue

formado a traza y invención cretea

con lo que, sin duda, quiso enseñar, a los que pudieran entenderlo, que era su autor el Greco[36], y es muy probable que, leyendo ya con tales antecedentes los escritores del tiempo, se hallen nuevas alusiones al origen cretense del artista[37].

---

[35] En las *Obras poéticas* de Paravicino, aparece Creta con *c* minúscula y muy cerca del *de*, es decir, convertidas esas dos palabras en el verbo *decreta*. Esto es, a mi entender, lo que debió perturbar al copista, obligándole a buscar nuevo sentido a la frase.

[36] El poema se publicó por primera vez en *Los Cigarrales de Toledo*, de D. Antonio Martín Gamero, Toledo, 1857. — El palacio del Cigarral de Buenavista, construido a la orilla derecha del Tajo y al final de la Vega (hoy está al borde mismo de la carretera de Toledo a Avila) por el Cardenal D. Bernardo Sandoval y Rojas, a principios del siglo XVII. Muy rehecho y profundamente desfigurado, en la segunda mitad del siglo XIX, todavía quedan en su interior, vestigios de lo que debió ser la construcción del Greco. Del humanismo, un tanto epicúreo, que en el palacio reinó, habla con elocuencia la leyenda que, con el escudo del fastuoso prelado, hay sobre la puerta; "Isle terrarum mihi praeter omnes angulus ridet". Convertido el Cigarral, mientras vivió el arzobispo, en una especie de florentino jardín mediceo, donde se reunían por las tardes los más ilustres ingenios toledanos, verosímil es que el Greco oyera leer sus culteranas poesías a Medinilla, a la tupida sombra de los olmos añosos, que todavía cobijan la fuente e clásicas formas, en la entrada principal del palacio.

[37] *En los capítulos 3 y 11, se habla de nuevo de la posible autoría del Greco *del Cigarral de Buenavista*. Actualmente ha sido recuperado con bastante acierto para un complejo hotelero de lujo.

Pero, con todo ello, no sabemos más sino que era cretense. Circunstancia que, como hace observar el Sr. Sampere, no pierde ocasión el Greco de ponernos de manifiesto. No sólo en el *San Pablo* del Apostolado (Img 5)[38] que hay en la sacristía de la Catedral de Toledo, sino en cuantas réplicas conocemos del mismo cuadro, la epístola que el santo tiene en la mano es siempre la dirigida "A Tito, consagrado por imposición de manos, primer obispo de la iglesia de los cretenses".

Πρὸς Τ‌ιτον τῆς κρητῶν
ἐκκλησίας πρῶτον ἐπί
σκοπον χειροτονεθέντα[39]

¿Quiso dar a entender el Greco, hablando de un modo tan genérico, que había nacido en la capital de la isla?

No hubiera convenido aceptarlo sin reservas, recordando que Ribera se limitó a firmar, en la mayoría de sus obras, *Hispanus* y a veces *Valentinus* y con menos frecuencia, *Setabensis*[40]. Pero otra feliz casualidad me ha hecho descubrir el testimonio que resuelve este punto hasta hoy ignorado. Se trata de la declaración que el pintor presta ante el Tribunal de la Inquisición de Toledo, en el mes de Mayo de 1582, como intérprete en la causa de un compatriota suyo, acusado de morisco; documento inédito[41], en que el mismo pintor se

---

[38] *Un *Apostolado* es un conjunto de cuadros de los doce apóstoles presididos, a veces, por la imagen del Salvador. Suelen destinarse especialmente a sacristías. El taller del Greco realizó varios apostolados, de los que se conservan, aunque no del todo completos, el de la Catedral de Toledo, el del Museo y Casa del Greco y los que custodian el Museo de Bellas Artes de Asturias y el Museo Nacional de Escultura, en Valladolid.

[39] El Sr. Sampere, en su lectura, suprimer el πρῶτον y añade, en cambio, και ονήσιμον después de ἐπίσκοπον Forma, que no es la de ninguno de los *San Pablos* que conozco: Catedral y Museo de Toledo; Sr. Vañó en Valencia (* hoy, en el Saint Louis Art Museum, Missouri), y señor Marqués de Castro Serna, en Madrid (* Adanero y Castro Serna).

[40] *José de Ribera era de Xátiva (Valencia), cuyo gentilicio es "Setabense".

[41] Inédito estaba, cuando, como queda dicho, se leyó este capítulo en el Ateneo de Madrid. Después lo ha publicado D. José Martí y Monsó en el *Bol. de la Soc. cas. de Exc.* El escritor no da cuenta de la importancia que el documento encierra, pues dice: "Sólo hace constar este proceso el lugar de nacimiento del Greco, sin añadir, respecto de ello, ninguna particularidad desconocida..."

dice: *natural de la ciudad de Candía*[42].

SU NOMBRE.

Si tanto tiempo ha costado llegar a inducir la edad y a saber la patria del Greco, no se ha tardado menos en poner en claro con certeza su nombre y su persona, a pesar de lo pródigo que ha sido en dejarnos su firma. Doménicos Theotocopoulos no hay duda de que fue su verdadero nombre de familia, el que él amaba, y el que se complació en consagrar con insistencia; quién sabe si por su misma extrañeza, por el misterio que para italianos y españoles envolvía, quién sabe si por nostalgia y dulce recuerdo de los primeros años de su vida, únicos, tal vez, en que se oyó llamar de esta manera. Al par con esa forma, encontramos esta otra, también auténtica, *Domenico Theotocopuli* que es como le vemos firmar sus contratos de obras y sus cartas de pago en España; trasformación italiana, a todas luces, de su nombre griego. En Venecia, al lado de los Veccelli, Robusti y Cagliari, Theotocopoulos no podía ser más que Theotocópuli. La desinencia local se imponía; y Domémicos, de buen ó de mal grado, pasó a ser Doménico, y tuvo que aceptar la estructura italiana de su nombre y emplearla de allí en adelante, mientras no se tratase de escribir en griego. El influjo del medio hizo que el Doménico, italiano, se convirtiese, en España, en Dominico, y, a fuerza de oírselo llamar, acabó también él por firmárselo[43]. Tan legítimo, por tanto, es

---

[42] «Dominico Teotocopoti, natural de la ciudad de Candia, / pintor residente en esa ciudad, el qual prometió de interpretar / bien y fíelmente lo que en esta audiencia pasare y lo que el reo en ella dixere / y respondiere y lo que por los señores Inquisidores se dixere y preguntare y man / daren se pregunte al dicho reo y que no dirá ny tratará con él / más de lo que tocare a su causa y que en todo hará oficio de / fiel interprete y guardará secreto so pena de excomunión mayor late sententie.'' El proceso no tiene la firma del Greco. La noticia del mismo, tengo que agradecerla a mi amigo el profesor de la Universidad de Valencia D. E. Soler, que me llamó la atención sobre el hecho de figurar el nombre del Greco en el índice de los procesos de la Inquisición de Toledo, que publicaba en 1900 la *Revista de Archivos*, Madrid.

[43] Así se observa comparando la firma suya con el protocolo de Toledo, al pie de la obligación de conformarse con la tasa del *Espolio*, el 15 de Junio de 1579, dos años después de su llegada a España: *Doménico Theotocopuli*, con una de las últimas por nosotros conocidas, la que, en 19 de Mayo de 1509, cinco años antes de su muerte, puso en el contrato del retablo para el Hospital de Tavera: Dominico Theotocopuli.

apellidar al pintor Doménico o Dominico Theocopuli, según hace Justi, como Doménicos Theotocopoulos, según quiere Sanpere. Contra lo que éste afirma (*Hispania*, pág. 27), de ambos modos, indistintamente, ha firmado sus cuadros[44], y de ninguno de los dos, sin embargo, salvo muy rara excepción, nos lo dan a conocer sus contemporáneos, para quienes el artista debió ser siempre: *el Greco*. Y digo debió ser, refiriéndome a Italia (de donde no tenemos más testimonio coetáneo que el, ya citado, de Clovio, que lo llama *candiota*, pero donde, con toda evidencia, formaron el nombre), porque, en España, es bien seguro que no le dieron otro, conservándolo, casi íntegro, en su forma italiana. Relegado el estrambótico Theotocópuli, bárbaro para plumas y oídos españoles[45], a raros documentos judiciales y casos solemnes, nadie llamó al artista entonces, ni más tarde, hasta fines del siglo XVIII, sino Dominico Greco. Así, el P. Sigüenza y el P. Santos, D. Juan Butrón, Pacheco, Jusepe Martínez, Palomino, Ponz; así, los inventarios de Palacio, los asientos e índices de escribanos públicos; así... ¿qué más? su misma partida de defunción, por la cual no hubiéramos llegado a saber su apellido. Alguna, aunque rara vez, es llamado *el Griego*, y esta palabra adoptan, en sus laudatorios sonetos, Góngora y Paravicino.

Y es que la forma, aunque exótica, fácilmente comprensible de este nombre: Dominico Greco, llevado por un artista, medio griego, medio italiano, tenía que ser para los españoles la más trasparente y significativa. *Dominico Greco* o *el Greco*, a secas, fue el nombre glorioso que la historia y el arte han consagrado y el que, sin duda, prevalecerá, a semejanza de lo que acontece con los de Perugino o Tintoretto.

En España, desde que Villegas, en sus *Extravagantes*, escribe, por primera vez, hasta donde yo he podido averiguar: *"Dominico*

En la primera, además, falta la clásica rúbrica española, que en la segunda aparece. Ambas están sacadas de las escrituras originales del Archivo de protocolos de Toledo. Compárese también la del *autógrafo*, que es de 1613. [*Pueden verse las principales firmas de El Greco, en Img 6].

[44] En su primer tiempo, con mayúsculas. A veces con abreviaturas y nexos: (*Retrato*, núm. 238, del Prado, lám. 11). con iniciales: (*Virgen* de la Capilla de San José, en Toledo, lámina 45, y Salvador, del Sr. Castillo, en Madrid); y en esta extraña forma: Χείρ ΔΟΜΗΝΙΚΟΥ, ósea, Mano de Domenico: *San Antonio*, núm. 3.124, del Prado, lám. 105, y *Magdalena* del Colegio de Ingleses, en Valladolid.

[45] Es frecuente hallarlo mal escrito por los amanuenses: Teocopuli, Teococopuli, Tetocopuli, etc., y corregido, otras veces, por los escribanos.

Theotocopuli, de nación griego"; y desde que Ponz[46], en la segunda edición de su *Viaje*, divulga el *Domenico Teotocopoli*, restaurado luego por Ceán, en su *Diccionario*[47], en *Dominico Theotocopuli*, más conforme con la verdadera firma del artista, ni ha habido diferente ortografía del nombre, ni la persona del Greco se ha confundido con la de ningún otro pintor de su tiempo. No así en Italia y, de aquí, en Grecia y Alemania, donde ambas cosas se han verificado.

No sé fijamente cuándo aparece el Greco en los historiadores italianos del arte. Me inclino a creer que esto no sucede hasta después de la publicación del libro de Palomino, en 1724. En el Baldinucci, que escribe en 1681[48], no figura todavía; ni tampoco en la edición de 1704 del acreditado *Abecedario Pittorico*, de Pellegrino Orlandi. La primera vez que lo he encontrado ha sido en la edición del mismo *Abecedario*, hecha en Napóles por Francesco Solimena, en 1733, donde aparece una corta noticia bajo el epígrafe "Domenico Greco", tomada, según indica, del libro de D. Juan Butrón (1626). Repítese esta noticia en la edición de Venecia de 1753, que corrigió y aumentó Pietro Guarienti; y aparece, además, un artículo, por separado: "*Dominico Teoscopoli*, llamado comúnmente *el Greco...*", extractado de Palomino, como se vería fácilmente, aunque no se hiciese notar al final, si bien el *Teoscopoli* hubo de tomarlo Guarienti de otra parte, pues no se halla en el autor español.

De Domenico Greco solamente, no de *Teoscopoli*, se habla en la *Racolta di Lettere...* (pág. 314), en la carta sobre pintura española, fechada en Roma el 20 de Octubre de 1765, que, dirige al Sig. Gianbatista Ponfredi, Francesco Preziado, director de la Academia Española en dicha ciudad.

Conviene notar aquí, aunque, como ya hemos visto, no haya fundamento para darle crédito, lo que Preziado dice, de haber sido el Greco "de muchacho, educado en España". Afirmación que aceptó Nägler, utilizándola para razonar por qué, contra lo que escriben los

---

[46] PONZ, D. Antonio.- *Viaje de España*. Madrid, 1776.- Noticias y descripción de cuadros.

[47] CEÁN BERMÚDEZ, D. Juan Agustín.- *Diccionario histórico de los más ilustres profesores de las Bellas Artes en España*. Madrid, 1800. Noticias de vidas y obras. Rectificaciones de Palomino. Nuevos datos de archivos. Primer bosquejo de Catálogo. Muy utilizado por los posteriores.

[48] *Notizie dil professori del disegno da Cimabue in qua...* Firenze, 1845. Claro es que no se cita tampoco en lo anteriores: Vasari, Lomazzo, Baglione, etc.

biógrafos, y el mismo Preziado repite, a saber: que el Greco fue discípulo de Tiziano, no figura, sin embargo, ni podía figurar su nombre entre tales discípulos. Y, de igual suerte, Zanni, extraviado también por el mismo autor, intenta explicar la contradicción diciendo: que fue discípulo de Tiziano, porque se formaría de joven, estudiando su obra en España. A mi entender, o Preziado, buscando solución a esa misma dificultad, intentó hallarla haciendo venir al Greco a España de muchacho, para que aquí se educase con Tiziano, al ver que este, según Palomino (pues antes no creo que se hubiese dicho) estuvo en Barcelona desde 1548 a 1553; o, lo que más pienso, todo se reduce a un simple error de escritura, y donde Preziado escribe España, quiso decir Italia, según se desprende de la obligada y lógica relación entre sus distintas afirmaciones: "In Toledo fiorì nel decimosesto secolo *Doimnico Greco*, cosi chiamato per essere tale, ma da ragazzo fu educato in Spagna, e si dice essere stato allievo di Tiziano". Ese natural enlace, sin comentario alguno, solo puede explicarse habiendo querido decir que "Dominico fue griego, educado en Italia y discípulo de Tiziano". Pues aparte de lo extraño que es verle insistir, casi con redundancia, en que "fue educado en España", cuando acaba de decirnos que "floreció en Toledo", hay, sobre todo, un hecho, que apoya mi juicio: la seguridad de que lo único que podía Preziado inducir de la *Vida* del Greco por Palomino, fuente exclusiva que, bien se conoce, tiene a la vista, era la idea de haber sido aquel educado en Italia.

En su *Storia Pittorica della Italia* (t. III, pág. 115 y t. VI, pág. 93), Lanzi, que viene después, y que utiliza a Preziado y a Palomino, tal vez sea el primero en atribuir a una misma persona el nombre de Domenico *della* Greche, familiar ya, de antiguo, en las *Vidas Italianas*, y el de Domenico Greco, aportado ahora nuevamente por los españoles: confusión disculpable, tratándose de dos pintores casi contemporáneos entre sí, ambos Domenicos, ambos griegos, ambos educados en Venecia y ambos discípulos de Tiziano. Esta íntima relación fue, sin duda, lo que indujo a Stirling (t. 1, pág. 277) a sospechar si nuestro Dominico sería hijo de della Greche.

El abate Zanni que, en su *Enciclopedia*, cita trece pintores *Greco* aparte de un *Grechi* y tres *Greca* o *della Grea*, observó (pág. 278) que, vendiéndose ya en Venecia, en 1549, las estampas del *Paso del Mar Rojo* que por dibujos de su maestro, grabó en madera *della* Greche, no podía ser este Dominico Greco, quien a la sazón, según los datos de

Palomino, contaba solo un año; haciendo notar lo torpe que era confundir a *della* Greche con Domenico Campagñola, y más fuera de lugar aun ʾcon Domenico Teotocopoli. Dificultad, que no escapó tampoco antes a Lanzi; aunque la resolvió, indicando que Palomino hubo de equivocarse en la edad y fecha de la muerte del Greco (pág. 93). Pero la confusión entre Greco y della Greche continuó subsistiendo, como puede verse, entre otros, en el mismo Sakcinski (pág. 53)[49]. Con el testimonio de Clovio, de ser el Greco un joven en 1570, y con el documento que acredita haber *della* Greche hecho un viaje a Palestina, del cual estaba de vuelta ya en 1546 y publicaba las ilustraciones en Praga, en 1547, noticia esta última que debemos a Justi (*Z. f. B. K.,* pág. 178), queda confirmada la observación de Zanni y distinguidas definitivamente las personalidades de ambos Dominicos.

Pero no acaban aquí las confusiones. También fue Lanzi, ya que no el inventor del defectuoso nombre *Teoscopolis*, que da al Greco, quien contribuyó, más que otro alguno, por el crédito de su libro, a difundir aquella falsa forma. Ticozzi, en su *Dizionario*, la repite; porque en esto, como en toda la noticia sobre el pintor, no hace sino seguir, casi copiar, a Lanzi. Y Bikelas destruye el mismo error, propagado en Grecia por Μουστοξύδης,; (Mustoxidis), el cual, en su artículo: "Κυριακός ἡ Δομήνικος θεοσκόπολις"[50], confunde también al Greco con della Greche, como era uso, y le llama, según vemos, Theoscopolis, porque así, dice, se lee escrito de su propia mano en algunas obras suyas; añadiendo que otros le llaman Theotocopolis, y que algunos llegan a atribuir estos dos nombres a dos distintas personas[51]. De Lanzi o Ticozzi pudieron tomar el Teoscopoli en sus respectivos Catálogos del Museo Borbónico, Pagano y Aloe, citados por el señor Sanpere, que es quien, en su primer artículo, continuando lo iniciado por Bikelas, discute al pormenor este punto y explica, de un modo muy perspicaz, cómo la sílaba griega Ὁ

---

[49] También lo confunde y lo llama Teoscopoli. Giovanni Rosini, *Storia della Pittura italiana coi monumenti*. Pisa, 1838-1847. Y en la *Encyclopaedia Britannica*, 1888, art. Titian.

[50] *Κυριακός* (*Kiriaxos*) es el nombre griego correspondiente a *Δομήνικος* (*Domínicos*) forma italianizada del mismo *Κυριος = Dominus.*

[51] Ελληνομνήμονα Εκδοθέντα ὑπὸ Α Νικολαιδον Φιλαδελφέως Αθήνσι, 1843, págs. 270-276. Ap. Bikelas. (Rememorador griego. Publicado por A. Nicolaides Filadelfeos, Atenas).

convertida en 5 por haberse borrado la mitad izquierda, pudo dar lugar a leer S, y de aquí el Teoscopoli[52]; y agrega, que el retrato de Clovio, por el Greco, del Museo de Ñapóles, debe ser el cuadro a que Mustoxidis se refiere, si se tiene en cuenta la descripción que de él hace Pagano.

En cuanto a Alemania, Nägler, en su *Lexikon*, aceptó las dos formas; y Engerth, en su *Catálogo*, consagró sin discusión el *Teoscopoli f. anno MDC.*, que, en caracteres cursivos latinos, aparece escrito, sobre la primitiva inscripción, borrada, en el ángulo izquierdo inferior, del *Retrato de un joven*, del Museo de Viena (Img. 7); firma apócrifa, como observa ya el Sr. Sampere, puesta, sin duda, en una restauración, y siguiendo el error de los escritores italianos[53].

Confirmando el origen bizantino del nombre y de la familia Theotocópoulos, el Sr. K. M. Constantopoulos da a conocer un sello de plomo, de 35 milímetros de diámetro, que existe en el Museo Numismático de Atenas[54]. En una cara lleva el monograma de Χριστέ, y en la otra, bajo una crucecita, en cuatro líneas, esta inscripción: Σφρατέ // Μανουηλ // ἐκ γένους // θεωτόκον (sello de Manuel, de la familia Theotocos). Por su factura, así como por el carácter de la inscripción, cree Constantopoulos que el sello es del siglo XIV, y lo considera como el documento más antiguo en que aparece el apellido Theotocos, originario de Theotocópoulos[55]. A la caída del imperio bizantino, el jefe de la casa de los Theotocos se

---

[52] No nos parece tan acertada la explicación que análogamente intenta (pág. 371) sobre la lectura de Θεστοκόπολις por Θεστοκόπουλος; principalmente, porque son muchos los cuadros, entre ellos el más importante del autor, el *Entierro del Conde de Orgaz*, en que aparece distintamente, y sin señal de retoque, la primera de aquellas formas.

[53] *Gemälde. Beschreibendes Verzeichniis*, i Band. Wien, 1882. Engerth indica que Mechel, en 1783, lo atribuía a Tiziano. En efecto, como *du Titien* lo clasifica, con el número 20, en la *deuxième chambre*, de su *Catalogue des Tableaux de la Galeríe impériale et royale de Vienne*, Basel, 1784; pero no dice si a pesar de la firma, o porque esta no existiera todavía en aquel tiempo. De su autenticidad se hablará más adelante [* Capt. 10: *El joven del Museo de Viena, actualmente atribuido a Jan Stephen Calcar: Portrait of a man with a ginger beard, en el Museo de Historia del Arte de Viena*].

[54] Αρμουία, pág. 193. [* *Reproduce el sello, y de allí lo hemos tomado para nuestra ilustración (Img. 8)*].

[55] Debo esta noticia, y los certificados de la existencia a las amables gestiones de mi amigo D. Juan Pérez Caballero, subsecretario, entonces (1900), del Ministerio de Estado, cerca del Encargado de Negocios de España en Atenas, D. J. Soler, y del vicecónsul de España en Candía.

estableció en Corfú, y una rama de ella fue a residir en Creta, después de la ocupación de la isla por los venecianos. De esta rama, como hemos visto, procede el Greco; y el apellido se conserva igualmente en la isla, pues se ha podido encontrar en la aldea de Todele, provincia de Mylopotamo (Rethymo), un individuo, de nombre Leónidas Theotoki, hijo de Manuel Theotoki. Nombre, el de Manuel, grato, sin duda, a los Theotocos, cuando, si se trata, en efecto, de una misma familia, lo vemos llevado por el dueño del antiguo sello, por el hijo del Greco y por el padre del actual Theotoki cretense, con que hemos tropezado.

Hasta el mismo nombre del pintor, como se ve, ha servido para hacer más misteriosa su persona.

SUS RETRATOS.

Tampoco sabemos de su retrato, más que por presunciones. El *Elogio* que Pacheco escribió del Greco, según se ve en el *Arte de la Pintura* (t. II, pág. 393)[56], no pudo ser sino para ilustrar el retrato del mismo, que, sin duda, haría con destino a su famoso *Libro*[57]. Desgraciadamente se ha perdido, con el de Velázquez y tantos otros, entre los 170 que, se dice, llevaba dibujados, al lápiz rojo y negro, en 1649[58]. Cierto es que el público cree conocerlo, y se satisface con tener por tal, todavía, al de la colección de Luis Felipe, despues, en la galería de San Telmo, y hoy, en el Museo de Sevilla; el mismo que Stirling reprodujo en sus Anales, y Madrazo y Bikelas despúes, en sus artículos, y que tradicionalmente pasa como autoretrato del Greco. Hermoso retrato es, sin duda, y de un pintor, y pintado y firmado por Theotocópuli, aquel joven de semblante sugestivo, ojos grandes y

---

[56] PACHECO, Francisco.- *Arte de la Pintura, su antigüedad y grandeza.* Sevilla, 1649.- Segunda edidición. Madrid, 1866. Las noticias más directas e inmediatas sobre el Greco.

[57] *Libro de Descripción de Verdaderos Retratos de Ilustres y Memorables Varones,* por Francisco PACHECO. En Sevilla, 1599. [* Tanto esta obra, como *Arte de la pintura,* pueden consultarse hoy en internet. Y, ciertamente, el retrato de El Greco, no figura en el *Libro*].

[58] José María ASENSIO, *Francisco Pacheco. Sus obras atísticas y literarias...* Sevilla, 1886.

algo extraviados, pelo corto, barba rala, con paleta y pinceles en las manos y respirando distinción en su persona; pero no es nuestro Dominico(Img. 10)[59]. A ello se opone el contraste que se ofrece entre la juventud del personaje que se dice representar, con la ancha y encañonada lechuguilla que lleva, propia sólo del reinado de Felipe III[60]. En aquellos días, el Greco era ya viejo. Esta circunstancia bastaría para desestimarle como tal retrato, sin necesidad de compararlo con el otro que Justi nos ofrece por auténtico.

Se trata del joven desconocido que, con Tiziano, Miguel Ángel y Clovio, aparece en el ángulo bajo, a la derecha, del cuadro del Greco, que representa a *Cristo arrojando a los mercaderes del Templo*, y que hoy poseen en Londres los Condes de Yaiborough (Img. 2). El citado profesor, que lo sospechó ya en 1858, lo afirma resueltamente en 1897, apoyándose en la íntima relación existente entre Clovio y nuestro artista. La selección de los personajes, su disposición significativa, según el influjo que en el artista ejercieron, el signo que, con el índice de la mano derecha, parece hacer el joven, señalándose como autor de la obra, y la idea de que, al retratarse con tales maestros, es como si dijera: "a éstos debo yo todo lo que soy", y también: "de éstos sigo yo las grandes enseñanzas" (Z. f. B. K., pág. 183), todo nos parece delicada y sagazmente interpretado para que, en realidad, el joven en cuestión no pueda ser otro que el Greco.

¿No es chocante, sin embargo, la melena rafaelesca con que se adorna, en 1570, cuando todas las cabezas, aun las de los artistas, andaban rapadas? Debido a la cabellera, sin duda, por Rafael lo tomaron, como el mismo Justi hace observar, los autores del Catálogo de la Colección del Duque de Buckingham[61], los cuales, sin embargo, no supieron reconocer a Miguel Ángel, puesto que no lo citan. ¿Pudo ser un capricho del pintor? Extraño parecería, sin embargo, que se hubiera disfrazado, al querernos dejar, en tan solemne ocasión, su figura, y más extraño aún, si tenemos en cuenta

---

[59] *Hoy se tiene por un retrato de Jorge Manuel Theotocópuli, el hijo de El Greco, y está en el Museo de Bellas Artes de Sevilla (ver imag. 10).

[60] 17 Junio 1600. *Premática sobre trajes*. «Que se puedan traer lechuguillas de a ochava (octavo de vara) y con almidón.» Cabrera de Córdoba, *Relaciones...*, pág. 75.

[61] *A Catalogue of the curious Collection of G. Villiers Duke of Buckingham*, London, 1758, pág. 3: «By Del Greco. Christ driving the traders out of the temple. There are about 32 figures in this picture four whereof are the pictures of Titian, Raphael, etc.» Ap. Jusli (Z.f. B. K., pág. 182).

las tendencias realistas del Greco[62].

¿Sería inverosímil considerar también retrato del mismo al joven imberbe, de cara larga y más bien enjuta, pelo corto, con entradas en la frente, nariz afilada y labios finos, que, con la ropilla y el cuello rizado, propios de la época, y fuera por entero de la composición del cuadro, asoma el busto, precisamente sobre la firma del pintor, en el extremo izquierdo del lienzo que hay en el Museo de Parma y representa la *Curación del ciego* (imag. 3)? A mi juicio, lejos de semejante inverosimilitud, si, sobre todas las circunstancias dichas, se considera especialmente el vivo contraste que la completa desatención del personaje hacia el asunto, así como su aire de contemporaneidad y realismo, ofrecen con el aspecto escénico de las demás figuras, paréceme que hay motivo suficiente para estimar que tal vez no existe, entre todos los supuestos retratos del Greco, otro con tantos visos de autenticidad cómo el de Parma. Y en tal caso, ¿cómo podría ser este mismo el cuarto pintor del cuadro de Yarborough, cuando tan notoria y llamativa es la desemejanza que entre ambos existe, no sólo en el peinado y rasgos fisonómicos, sino, lo que es más importante, en el tipo espiritual de la persona, perteneciendo, sin embargo, las dos obras, a la misma época? Y hay que añadir todavía que, si el joven de Parma no se parece al supuesto retrato del cuadro de Londres, en cambio, no deja de recordar bastante al personaje, también joven, de entre el izquierdo grupo de los mercaderes, aquel que, con menos pretensiones de actitud e indumentaria clásicas, aparece el penúltimo, en segundo término, mirando más al contemplador que los restantes, y también menos preocupado que estos en el desempeño de su papel. Son tales los reparos que, con todo el respeto que la opinión de los señores Justi y Sampere merece, me hacen dudar sobre ella.

Esperaba que las dudas se resolverían al conocer la historia de la

---

[62] Hechas estas observaciones en carta particular al señor Justi, entre otras cosas tuvo la bondad de contestarme lo siguiente: «Was Ihr Bedenken wegen raeine Benennung des vierten Malers betrifft, so stimme ich denselbe bei... Schon gleich nach dem Erscheinen des Artikels sprach Hermán Grimm brieflich die Vermutung aus, dass es wirklich Raphael sei. Die Frisur ist schlagend.» (Estoy de acuerdo en cuanto a la observación de usted contra mi atribución del cuarto pintor. Ya, en cuanto apareció mi artículo, me expresó Hermán Grimm por carta la presunción de que era realmente Rafael. El peinado es chocante.) Bonn, 6 Set. 1900.

composición del cuadro, que el último de los dos biógrafos anunció, en su primer artículo, como decisiva en favor de la misma. En su segundo trabajo sobre el Greco, publicó, en efecto, el Sr. Sampere la prometida historia; pero, a nuestro juicio, nada nuevo añade a lo dicho por Justi, para probar que el cuarto retrato sea el de Dominico. El que se inspirase el pintor en un dibujo de Miguel Ángel al trazar la composición de su cuadro, todo lo que demostraría es la razón que tuvo para representar en su obra al Buonarroti. La idea de que Clovio sugirió al Greco la corrección del primitivo diseño de este asunto, y de que a esto obedecen las respectivas posiciones y actitudes de ambos, es ingeniosa; pero, mientras no supiéramos aquel hecho de cierto, no me parece concluyente.

Por más decisivo tengo a un nuevo dato, que ha venido a perturbarme en este punto. En cierta pequeña copia antigua del cuadro de Yarborough, que en Madrid he visto en el salón de los señores Amare, y que posee en Jerez de la Frontera D. Ramón Díaz, continúan invariables Tiziano, Miguel Ángel y Clovio; pero el joven, probable Rafael, aunque sigue con melena y sin barba, se ha convertido en hombre de edad madura, y sin la menor analogía con el de Urbino. ¿Qué puede significar este cambio? Si semejante copia procede, como es de suponer, de una réplica auténtica, hecha ya en España, con ligeras variantes, según la costumbre del pintor, ¿a quién puede representar el nuevo retrato, tan diverso en sus rasgos fisonómicos del primitivo? ¿No es verosímil que, si el representado en el cuadro de Yarborough hubiese sido Rafael, hubiérale conservado el Greco, sin alteración alguna, en la réplica, como ha hecho con los otros tres maestros? Parece como si estos permanecieran invariables, porque, muertos ya, había que repetir sus retratos, conforme estaban en el primitivo lienzo, mientras que el cuarto varía, a medida que el original cambia y envejece. Y como, además, no guarda semejanza con ningún otro de los grandes pintores conocidos, debo declarar, que tales circunstancias, a pesar de la artificiosa cabellera, son favorables al juicio de Sampere y de Justi.

Del de Yarborough parte aquél para señalar, por sucesivas semejanzas, como retratos del Greco, el centurión del *Expolio*, de la Galería Manfrin, de Venecia, hoy, perdido (imágs. 15 y 42), el de la Universidad de Barcelona (ahora, en el Prado), el San José de la *Sagrada Familia*, del Prado (imag. 16), y el personaje anciano, que D. Aureliano de Beruete posee en Madrid (imag. 11), y que así circula, desde que el mismo Sr. Sanpere lo reprodujo en su trabajo, por primera vez, como tal retrato del Greco, no reparando, sin embargo, en que está firmado y con el ἐπολει: es decir, lo mismo que el de Sevilla, el cual, principalmente por esta causa, rechaza dicho escritor como autoretrato del artista.

Al Sr. Beruete, tan conocedor a fondo del Greco como de Velázquez, he oído establecer otra serie de retratos de aquél, partiendo del de Parma hasta llegar al que le pertenece, e indicando, por tales, el centurión del *Expolio* Manfrín y las dos representaciones del personaje de barba rubia oscura que, tanto en el *San Mauricio*, como en el *Entierro del Conde de Orgaz* (imag. 12), aparece de frente, mirando al espectador, y el más ajeno a las respectivas composiciones de los cuadros. Esta idea me parece fundada, sobre todo en cuanto al de Parma, por su singularidad, y en cuanto a los del *San Mauricio* y del *Entierro*, por su marcada repetición, congruente con las fechas de los cuadros. No tanto ya, por lo que hace al centurión del *Expolio*, ni tampoco en lo que toca al personaje anciano, cuyo parecido con los anteriores, acaso por la gran diferencia de edad, no advierto claramente. Sin embargo, como retrato del Greco era ya tenido al adquirirlo su actual poseedor, y los rasgos de su semblante no son realmente tan diversos de los otros más jóvenes, que hagan imposible su aproximación y parentesco. Yo lo colocaría más bien al final de otra serie que puede formarse con el centurión del *Expolio*, de Sevilla, y los San Josés de las Sagradas Familias de Madrazo, del Prado, de Tavera, en Toledo, y otras, donde, si la Virgen y Santa Ana, como se dirá más adelante, hay algún motivo para presumir que sean, tal vez, la mujer y la suegra del pintor, no sería extraño que, dada la repetición del tipo, quien las acompaña fuese también el propio artista. Pero, sobre todo, las indicadas figuras del cuadro de Parma, del *San Mauricio* y del *Entierro* me dan cierta confianza de que poseemos, por fortuna, la imagen del Greco, pintada por él mismo, aunque esta no sea aquel famoso retrato, perdido, tal vez, para siempre, con que el joven candiota se presentó a Clovio, y que, según este decía, hizo "stupire tutti questi pittori di Roma"[63].

---

[63] *Sobre los retratos de El Greco, esto nos dice en 2009 Redondo Cuesta: "¿Cómo era físicamente nuestro protagonista? Por ahora no se ha podido identificar, a ciencia cierta, ningún autorretrato de los mencionados por la documentación. Los documentos de época nos informan de que, al menos, en dos ocasiones el Greco se autorretrató, pero estos retratos no nos han llegado o, por ahora, no han logrado

Su familia; su autógrafo; su casa.

Si venimos ahora al conocimiento de la vida del Greco, dejando a un lado lo que más inmediatamente se relaciona con sus producciones artísticas, para tratar de ello en lugar oportuno, nos hallamos todavía

---

ser identificados. El retrato anónimo de un anciano del Metropolitan de Nueva York (imag. 11), que durante muchos años se interpretó como retrato del pintor en su ancianidad, hoy se considera retrato del hermano del pintor, Manusso Theotokopoulos." (José Redondo Cuesta: *Domenikos Theotokopoulos, llamado el Greco. Estado de la cuestión.* En el catálogo de la exposición *Domenikos Theotokopoulos 1900 - El Greco*, del Museo del Palacio de Bellas Artes. Sept - nov. 2009. México D.F.. Pág.. 54).
Pocos años después, el propio Redondo Cuesta, en su conferencia *Yo también estuve allí: sobre los autorretratos de El Greco*, destacó una nueva hipótesis, que transcribimos literalmente de *La Tribuna de Toledo* (1 julio 2014, pág. 18): "El historiador José Redondo Cuesta, que pronunció una conferencia sobre los supuestos autorretratos del Greco, reconoció que «no existe a ciencia cierta ninguna pintura considerada indiscutiblemente como tal por la crítica», si bien hay constancia documental de que el pintor se autorretrató al menos en dos ocasiones, una en Roma y otra en Toledo, según recoge el inventario de bienes realizado por su hijo Jorge Manuel en 1621. Redondo recordó que fue José Camón Aznar quien planteó por primera vez, en 1950, que el anciano calvo y con barba blanca que mira al espectador en la escena de *Pentecostés* (imag. 13), para el retablo del Colegio de doña María de Aragón podría tratarse de un autorretrato. La semblanza coincide con la cabeza pintada en la versión de *San Mauricio* (imag. 14) [...] «En 1990, una hispanista rusa, Ludmila Kagane, planteó basándose en el rostro de este anciano que sus facciones eran semejantes a las de las representaciones de *San Pablo* que hizo el Greco en diversas ocasiones, siendo la más temprana de ellas la que fue propiedad de la marquesa de Narros» [ver imágs. 5 y 11].' Además, "Kagane, [...] propuso como probable autorretrato en *El entierro del conde de Orgaz* el que destacamos abajo [ver en nuestra imag. 12]. La hipótesis de la hispanista rusa fue posteriormente admitida por José Álvarez Lopera. «La complexión de su cabeza y sus rasgos son similares. Es un personaje que no aparece en posición tan preeminente como el que tradicionalmente se ha considerado y, además, se encontraría representado junto a quien fue su amigo, Antonio de Covarrubias, estableciendo un diálogo visual con él"".[Ciclo de conferencias de la Facultad de Humanidades de Toledo Universidad de Castilla - La Mancha: *La Estela del Milagro: El Entierro del Señor de Orgaz en la pintura, el cine y la moda*. 30 de junio, 1, 2 ,3 y 4 de julio de 2014 Parroquia de Santo Tomé Toledo].

con mayor vaguedad y misterio. Ni el más pequeño rastro de sus progenitores, ni de su permanencia en el país natal, ni de su educación y actividad en Italia, a excepción de la carta de Clovio. Ninguna fecha fija de su salida de Creta, ni de su viaje a España, de donde es casi seguro que no volvió a moverse, ni explicación de los móviles que aquí le trajeron. Conocemos sus obras, algunos de los contratos que celebró para realizarlas y de los litigios que hubo de sostener por su causa, todo lo que iremos mencionando al hablar de ellas; pero, casi nada seguro de sus hechos públicos o privados, durante los treinta y cinco a cuarenta años que vivió en Toledo.

Tuvo un hijo: Jorge Manuel Theotocópuli, nombrado escultor y arquitecto de la Catedral de aquella ciudad en 1625, cargo que desempeñó hasta su muerte en 1631[64]. Pero ¿quién fué su madre? Llaguno es el único que nos dice que "en Toledo, donde se estableció, contrajo matrimonio". Mas, ¿qué valor puede tener esta afirmación, hecha, por primera vez, a los doscientos años de la muerte del pintor, y sin que sepamos su fundamento?

En mis rebuscas por Toledo, he hallado dos nuevos datos, de los poquísimos que puedo añadir para ilustrar la vida del Greco. El primero consiste en el único autógrafo suyo, que, aparte de las firmas, conozco. Debo la noticia del mismo al clásico fotógrafo toledano D. Casiano Alguacil, quien me habló de varios papeles, que, referentes al artista, había visto en el Archivo municipal de dicha ciudad. Hállanse estos en uno de los muchos legajos, sin número de orden, que guardan la formación de su índice en las alacenas que hay en la pared de la segunda estancia. Son catorce; de ellos, once relativos a Jorge Manuel y a la obra de la Casa Consistorial, de que aquél estuvo encargado, como arquitecto-contratista. Ya los he publicado[65], juntos con otros que encontré anteriormente en dicho Archivo y que arrojan luz sobre la historia de aquel monumento. Ahora solo importan los tres restantes que se refieren todos a un mismo retablo del Greco.

El primero en orden cronológico no tiene del pintor más que la firma, escrita ya a la usanza española. Está escrito el segundo, todo él de puño y letra del artista, y en ello, como se ha dicho, estriba su rareza. No será el único existente, pero es el primer autógrafo del Greco que se ha descubierto (imag. 17). El tercero es íntegramente de

---

[64] Llaguno, t. III, pág. 137.
[65] La Lectura. Año v, núms. 50 y 53. 1905.

mano de Jorge Manuel, cuya escritura ofrece tanta semejanza, casi identidad, con la de su padre, que pudiera creerse que ambas son de uno mismo, como puede verse en otro de sus autógrafos, cuyo facsímile ofrecemos (imag. 18). Pero el hallazgo de los documentos ha tenido para mí un valor mucho más alto que el de mero pormenor erudito, como indicaré al hablar de la *Asunción* de San Vicente en Toledo (imag. 20).

El segundo dato encontrado toca a los únicos, *muy vagos*, indicios, que conozco, sobre la ¿familia? del pintor y la casa en que pudo, *tal vez* habitar en Toledo. Registrando el archivo parroquial de Santo Tomé, en cuyos libros de casamientos y bautismos nada consta acerca de la primera, encontré gran número de las libretas, en que se lleva el registro del cumplimiento de iglesia de los fieles. Las anotaciones se hacen por calles, y en ellas, casa por casa; unas veces, indicando al comenzar la mano a que se encuentran, otras, sin decir nada. Desgraciadamente, la libreta más antigua es del año 1628[66]; en ella aparece la siguiente anotación: "Encomienda para arriba". No dice el nombre de la calle: es casi seguro que no lo tendría; y señala ocho casas, hasta concluir esta dirección y anotar otra nueva. En la primera casa nombra dos personas. En la segunda, dice: "Casa Jorxe Manuel/D.ª Gregoria de Guzman / D.ª Catª de los morales / Tomas Xiles / Arna Muñoz / Quiteria Morena / Mª Ana Hernández / un criado Jü". He ahí las personas que vivían con Jorge Manuel, catorce años después de muerto el Greco. Pero ¿qué parentesco y relación guardaban con él todas ellas y principalmente doña Gregoria y doña Catalina, las de más importancia?

A investigar cuál sería la casa, ayudóme el infatigable escudriñador de Toledo y secretario entonces de la comisión de monumentos, mi amigo D. Manuel G. Simancas[67]. *Encomienda*, es

---

[66] «Matrícula de la Parroquia de Santo Thomé de este año de mil e seis cientos y veinte y ocho años. 1528.» El cuaderno está descosido, pero la mitad posterior es segura continuación de la anterior, porque, al final de ella, dice: "de matrícula del año de 1638".

[67] Obligado yo a abandonar Toledo, el Sr. Simancas tuvo la bondad de escribirme lo siguiente:
«Como verá usted en el adjunto croquis saliendo a espaldas del Tránsito y dentro de su manzana, no hay más que una casa, la señalada con la letra A, y el corral de la Sinagoga, B, donde, en otro tiempo, pudo estar edificada otra. En la manzana frontera, por el lado de las ruinas de Villena, existió una casa, C, que fué destruida cuando se hizo el paseo, y he llegado a averiguar que se la conocía con el apodo de

sabido que se llamó a la Sinagoga de Samuel Leví, luego Ermita del Tránsito, desde que los Reyes Católicos, en 1494, la donaron a los caballeros de Calatrava, que establecieron en ella el Priorato llamado de San Benito, convertido luego en Encomienda y archivo de aquella Orden y de la de Alcántara. Que se trata, además, de tal Encomienda, no puede dudarse, teniendo en cuenta las indicaciones anteriores y posteriores de la libreta[68]. Y de ellas mismas se infiere que es

---

su propietario, el tío *Chupa*. La esquina occidental de esta casa venía a estar frente a la puerta de entrada de la Encomienda, nombre que aún recuerdan algunos ancianos, con quienes he hablado hoy.

«La casa D, hoy vivienda de pobres vecinos, conserva la portada de fines del XV ó principios del XVI, con zapatas adornadas de grandes pomas, el dintel bordeado en la parte superior por el cordón de San Francisco y sobre las jambas a modo de capitel-friso, finas labores de cardinas talladas en piedra blanca, que contrasta con la granítica empleada en lo restante. En el patio, que, por cierto, es muy interesante, queda un hermoso resto de arrocabe árabe, sirviendo de dintel en la puerta, que da al jardín; bastantes restos en yesería, obra de la misma época que la portada y las techumbres de las galerías bajas, donde, entre canecillo y canecillo, se conservan las tabicas, con tres blasones, que se repiten, alternando, y cuyo color y dibujo está bastante maltratado por la acción del tiempo: 1) cruz sable, en campo blanco; 2) castillo ó torre blanca, en campo gules; 3) media luna ó herradura (no he podido verlo bien) y flor blanca, en campo gules. He buscado estos blasones en las losas sepulcrales del Tránsito y no los he encontrado.

«El gran espacio cuadrado, que indico con la letra F, fue el que ocupó, hasta hace cuarenta ó cincuenta años, el palacio de los Duques de Gandía, palacio, que aún ha visto en pie el canónigo de esta Catedral Sr. Aceves, el que me ha dicho hasta dónde se extendía. Ahora bien, de todo cuanto le dejo a usted explicado se deduce que, de la Encomienda para arriba, solamente las casas señaladas con las letras A y D pudieron ser las que a usted interesan. Las indicadas con las E y G son viviendas de un solo piso, levantadas en el solar del palacio de Gandía, y en las que aun se conserva algún resto sin importancia.

«Frente a la puerta de la Encomienda, hacia arriba, la casa D es la segunda (puesto que hubo otra, hoy destruida). La casa A pudo también ser la segunda, a la mano izquierda, pero esto sólo puede admitirse en el caso de existir otra en el hoy solar y corral del Tránsito, donde no se ven muestras de edificación, ni señales tampoco de ella en la fachada N. de dicho templo. De estar situada la casa de Jorge Manuel más arriba del palacio de Gandía, yo creo que lo consignaría la cartilla del archivo, que usted examinó.» (Toledo, 11, Enero, 1903).

[68] Se trata, en efecto, del barrio entre Santo Tomé y el Tránsito. Cuando la libreta concluye con la calle de Caños de Oro, cita diez casas, hasta llegar a la Casa del Conde de Fuensalida, donde vive Don Diego Hurtado de Mendoza corregidor de la ciudad de Toledo. Aquí cita la del conde y otra, y luego sigue: "Acia la Plazuela de Santo Tomé"; cita dos casas. Después dice: "Desde aquí se baja la plazuela del Marques por mano izquierda". Y, a continuación, es cuando añade: "Encomienda

Encomienda para arriba" no podía ser, por exclusión, otro camino que el actual Callejón del Tránsito. Si, como queda dicho en la nota anterior, había antes una primera casa frente a la Sinagoga y esquina a la plaza, la de Jorge Manuel parece que debía ser la, entonces segunda, hoy primera, y que lleva actualmente el número 5.

Desde que se divulgaron, por la conversación, estas noticias, la fantasía popular, que no se satisface nunca con dudosas medias tintas, ni con reparos eruditos, ha dado en llamar a esta casa, donde también se dice vulgarmente que habitó Samuel Leví, *casa del Greco*. Como así llamada, la ha reproducido ya el distinguido arqueólogo y académico D. J. R. Mélida, en *El Viajero*, (15 Mayo 1904). Por donde se ve cuan presto recoge y se asimila el pueblo, cuando el terreno es abonado, lo que la erudición le suministra, y cuan pronto, igualmente, vuelve el ciclo popular a recibir la consagración erudita. Casa de vecindad, muy pobre, venía siendo y. por ruinosa, tuvo que desalojarse gubernativamente en el verano de 1905, desplomándose gran parte de ella al poco tiempo. Adquirióla entonces uno de los más apasionados e inteligentes "greco-filos", mi amigo el señor Marqués de Vega-Inclán, el cual ha vuelto a levantar la parte derruida y está ocupado, al presente, en hacer habitable toda la vivienda, respetando cuanto de antiguo en ella había, y utilizando, para las indispensables reconstrucciones, materiales antiguos toledanos. Si, con el entusiasmo que le caracteriza, llegase a hacer de ella, como piensa, con los soberbios originales que posee, con reproducciones fotográficas, y con libros, la verdadera "Casa del Greco en Toledo", sería uno de los pocos ejemplos de cultura, que aquí se dan, frente a tanta miseria espiritual, tanta indiferencia, tanta vulgaridad y tanto vandalismo[69].

---

para arriba". Concluidas las ocho casas, con un sótano cerrado, entre la quinta y la sexta, continúa: "Cruz de la plazuela del Marques de Villena acia arriba". Se ve que vuelve a la plazuela, para contra vez, en dirección hacia arriba, porque llega hasta los Alamillos.

[69] *Y algo parecido a lo pretendido por Cossío, y, por supuesto, por el Marqués de Vega Indán, se ha conseguido. Así se resume en la web de la *Asociación de Amigos de la Casa Museo del Greco*: "Sobre la base de las ruinas de una casa del siglo XVI y de un palacio renacentista, en la Judería Toledana, se levantó a principios de este siglo el conjunto que hoy constituye la Casa y Museo de El Greco. Fue el Marqués de la Vega-Indán quien recuperó estos espacios, así como los jardines entre 1907 y 1910. Finalizadas las obras se formalizó la donación al Estado y el 27 de abril de 1910 se constituye el Patronato, encargado de su custodia y gobierno, del que formaron

Retratos de su familia.

¿Conocemos, acaso, los retratos de su familia? Por hija del artista pasa la hermosa y elegantísima joven, con trasparente toca blanca, y envuelta en armiños, hoy, en Londres, en la colección de Sir John Stirling Maxwell (imag. 24), desde el tiempo mismo en que también, como imagen del Greco, hubo de bautizarse el retrato de Sevilla (imag. 10), es decir, desde la época del Barón Taylor, aficionado a románticas atribuciones, y de Luis Felipe, en cuya galería estuvieron ambas obras juntas. Pero no hay documento alguno que abone la atribución. Y si existiera, vacilaría mucho en darle crédito; porque el primer documento es la obra misma, que certifica, por la factura esencialmente veneciana, pertenecer a aquella época, en que el Greco era probablemente más joven que la mujer representada. El Sr. Sampere (*Revista*, página 393) pretende ver en ella, en vez de la hija, la esposa del artista, reproducida luego, dice, en cuadros, como la *Sacra Familia*, del Prado (imag. 16); y, mediante el parecido, que le encuentra, con el joven pintor de Sevilla, cree que este sea hijo del Greco. Yo confieso no percibir ninguna de estas semejanzas. Muy interesante sería que así fuese, si hubiera, en efecto, ya que no pruebas que nos convencieran de ello, inducciones verosímiles que nos inclinaran a aceptarlo. Pero, en todo caso, a mi juicio, las hay en

---

parte importantes personalidades de la época (Beruete, Sorolla, Mélida, Cossío...). El 12 de junio de 1911 se inauguró y abrió al público.
http://www.oocities.org/soho/museum/8225/casa.htm (consultada el 27/03/2016).
Y en palabras del propio Marqués de Vega Inclán: "Por lo que respecta al edificio, no reuniendo la casa del Greco [hoy se sabe que no es exactamente el mismo solar] las condiciones especiales que requiere un Museo, hice reedificar en los terrenos contiguos a las ruinas de Villena y Casa del Greco (...) un antiguo Palacio del renacimiento." (Noticia preliminar del Marqués de Vega Inclán, en el *Catálogo de la Exposición de Cuadros del Greco*, en la Real Academia de San Fernando, en Mayo de 1909. El interesante documento se recoge en su integridad, en la propia web referida. Para una información más exhaustiva, no solo sobre los antecedentes del Museo Casa de El Greco, sino sobre las reformas urbanísticas en Toledo a principios del siglo pasado, la tesis doctoral de Diego Peris Sánchez: La modificación de la ciudad: restauración monumental en Toledo s. XIX y XX. (E.T.S. Arquitectura, Archivo Digital UPM. 2006. Pág. 491).

contrario.

Por de pronto, paréceme excesivamente suntuosa la dama para mujer del Greco, en aquel tiempo en que este necesitaba, para poder vivir en Roma, de un cuarto gratuito, en el último piso del Palacio Farnesio, o en que llegaba a España buscando trabajo: pues el retrato no ha podido, a mi juicio, ser pintado con posterioridad al año de 1577, es decir, después de las primeras obras de Toledo. Pero, sobre todo, existe un documento pictórico, de muy superior importancia, para inducir sobre él, acerca de este punto, y que invalida las anteriores suposiciones. Se trata del cuadro que estuvo en Sevilla, y en posesión del señor Goyena, hasta el año 1902, en que, desgraciadamente, fue adquirido por comerciantes extranjeros, sin que, en la actualidad, pueda yo decir dónde para (imag. 22)[70].

No es este el momento de hablar de sus méritos pictóricos, sino de su valor iconográfico. De las cuatro medias figuras de mujer, que lo componen, las dos del centro, una joven, que cose, y una anciana, que hace calceta, son claramente damas, mientras que las dos laterales, lo mismo la que hila, que la que sostiene al niño, parecen sirvientes. Se trata, a todas luces, de un interior de familia, raro cuadro de género, en su época, con aquel tan sobrio y potente realismo en la composición, los caracteres y los pormenores, que tuvieron los grandes maestros del siglo XV, cien años antes, y que habían de tener los grandes maestros del XVII, cincuenta más tarde. Interior de familia, el más familiar e íntimo que puede concebirse: a mi entender, el del propio artista, traspirando el modesto, pero holgado bienestar que, sin duda, disfrutara. Semejante inducción se halla apoyada por la congruencia que existe entre la aparición de nuevos modelos de mujer, en cuadros del Greco contemporáneos o posteriores a este, la factura del lienzo y la edad del niño, que en él se representa. En efecto, la técnica del cuadro corresponde a la manera posterior al *Entierro* es decir, hacia 1585 a 90, cuando el Greco era ya vecino, en Toledo, no estante ni residente.

En las obras de ese tiempo, y *no antes*, aparece, sirviéndole de modelo para sus vírgenes, acaso, por vez primera, en la Gloria del *Entierro* (imag. 25), la joven que cose, así como para Santa Isabel o Santa Ana, la vieja, que hace media. Compárese la *Virgen* de la capilla

---

[70] *Actualmente en el Museo de la Academia de Bellas Artes de San Fernando, en Madrid.

de San José (imag. 26), la *Asunción* de San Vicente (imag. 20), ambas en Toledo, y la *Sagrada Familia*, del Prado (imag. 16). Las mujeres de cuadros anteriores: los de Santo Domingo (imágs. 21 27, 28 y 29), la *Anunciación* del Prado (imag. 30), el *Expolio* (imag. 65), son distintos modelos. Por último, la edad de Jorge Manuel, único hijo que, hasta hoy, se sabe, del Greco, concuerda con la del niño, pues, teniendo aquel veinticinco años en 1609, según he podido averiguar en la fianza que presta, a favor de su padre, para hacer el retablo de Tavera, y que he encontrado en el Archivo de protocolos de Toledo, tuvo que nacer en 1584, y pudo su padre, por tanto, retratarlo de dos a tres años, hacia 1587, es decir, dentro de la época a que el cuadro pertenece. Inclinome, pues, a creer que este interior de familia es el del Greco. El niño debió servirle de modelo en cuadros posteriores. Probable es que el delicado adolescente, que hace de *San Martín* (imag. 23), en el altar de la capilla de San José, y que, mozo más hecho ya, sostiene el plano en la *Vista de Toledo*, del Museo provincial (imag. 31), sean Jorge Manuel, pues parecen una misma persona, concordando además sucesivamente la fecha de los lienzos con la edad del joven; pero no hay, para afirmarse en ello, base tan verosímil como la que ofrece el cuadro de la familia.

SU PERSONA Y SU CARÁCTER.

Volviendo, ahora, al misterio que envuelve la persona del Greco: lo que Paravicino y Góngora, sus grandes apologistas, y tal vez sus amigos; el P. Sigüenza, que fue su contemporáneo; Pacheco, que lo visitó en 1611, y Jusepe Martínez, que, sin duda, oyó hablar a los que lo trataron, nos dicen de él, es todo de pasada, y relativo a sus obras o a sus ideas sobre el arte. Ya lo utilizaremos en sitio que convenga. Lo poco que de ello toca a su carácter personal o a su vida, sirve, más que de satisfacción, para excitarnos el interés y hacer que lamentemos no conocer al pormenor los rasgos de hombre tan extraordinario y original, como sin duda debió ser nuestro Dominico.

Si "la vida de su pincel ofendió a Jove" y un rayo penetró en su aposento, sin hacer daño al pintor, ¿dónde estaría, con certeza, en

Toledo, aquel famoso "taller de sus tintas ilustrado", desde donde "gobernaba del cielo los enojos"[71]? Si, al morir,

> *Su fama el Orbe no reserva mudo,*
> *humano dima, bien que a oscurecella,*
> *se arma una embidia, y otra tanta estrella,*
> *nieblas no atiende de Orizonte rudo*[72].

¿quiénes serían, entonces, sus émulos detractores, y quiénes, sus incondicionales partidarios?

Si, en todo fue singular, como en la pintura[73] y "de extravagante condición"[74], ¿en qué consistirían sus extravagancias? Si "fué gran filósofo, de agudos dichos, y escribió de la pintura, escultura y arquitectura"[75], ¿dónde habrán ido a parar sus manuscritos? Si fue el primero en defender, por sí mismo, la exención del tributo del arte de la pintura, contra el alcabalero[76] de Illescas y obtuvo sentencia favorable, bien quisiéramos descubrir este pleito[77]. Si "ganó muchos ducados, mas los gastaba en demasiada ostentación de su casa, hasta tener músicos asalariados, para cuando comía gozar de toda delicia"[78], cómo no dolernos de ignorar, al pormenor, esa reviviscencia en

---

[71] Paravicino. "A un rayo que entró en el aposento de un pintor". Soneto.

[72] Paravicino. «Al túmulo de este mismo pintor, que era el Griego de Toledo». Soneto.

[73] Pacheco, t. I, pág. 318.

[74] Jusepe Martínez, pág. 183.

[75] Pacheco, t. 11, pág. 146.

[76] *Alcabalero. Se trataba del recaudador de las *alcabalas* o impuestos.

[77] Lo hemos buscado, difícilmente hasta ahora. En los Archivos del Ministerio de Hacienda, del Tribunal Supremo de Justicia, del Tribunal de Cuentas y del Consejo de Estado, nos aseguran que todos los expedientes de aquella época han ido a parar al Archivo histórico nacional. El digno jefe de este centro, D. Vicente Vignau, ha hecho registrar, no los índices, sino los expedientes, compulsa realizada, sin éxito, por mi amigo, el oficial del cuerpo, D. Domingo Vaca. Existen casos análogos de aquel mismo tiempo, pero no el que nos interesa. Por mediación de ambos señores se han registrado igualmente los Archivos de Simancas y Alcalá, por desgracia sin resultado. Me propongo, sin embargo, repetir la busca personalmente, más despacio.

*Y a día de hoy sigue sin aparecer dicho expediente judicial, aunque la realidad de dicho procedimiento y la fama de El Greco como pionero y triunfal defensor de la libertad del artista, resultan todavía incuestionables.

[78] Jusepe Martínez, pág. 183.

Toledo de aquella espléndida y fastuosa vida veneciana de un Tiziano o de un Bassano, que el Greco gustó de joven y, echándola de menos, quiso emular, sin duda, a orillas del Tajo? Y esto es cuanto sabemos. Indicaciones y vislumbres, más que hechos probados. La constancia y la fortuna de los eruditos podrán hacer algún día que sea más significativo titular este capítulo: *lo que se sabe*, que *lo que se ignora* de la vida del Greco[79].

---

[79] *Ya hemos dicho que, en efecto, pocos años después, en 1914, nuestro propio autor publicó *Lo que se sabe de la vida del Greco*.

CAPITULO 2.- EL GRECO EN ITALIA.

*De Venecia a Roma. — Filiación artística. — Obras
véneto-romanas. — Primeros pasos: la "Curación del
ciego". — "La Epifanía". — La "Purificación del
Templo". — Aparición de su personalidad. — "San
Jerónimo". — Obras de género.—Retratos. "San
Francisco". "Expolio"*

DE VENECIA A ROMA.

Sí el Greco, en 1570, era un joven candiota discípulo de Tiziano, parece justo colocar sus años de aprendizaje en el taller del maestro durante la década de 1560, como hace Justi[80], y hasta es probable que, según el mismo indica, abandonara aquel para venir cerca de Julio Clovio, cambiando el puesto con Cornelio Cort, que después de grabar, entre 1567 y 69, algunas obras de este, salió de Roma, precisamente el año 1570, para ingresar en el estudio de Tiziano.

Desconocidos son los motivos del viaje[81], pero hay que suponer que,

---

[80] El Sr. Sanpere, en sus dos artículos citados (*Revista...*, pág. 3S5; *Hispania*, pág. 3S), atribuye a Justi, censurándole por ello, la afirmación de que el Greco, al presentarse a Clovio, tenia *dieséis años*; cosa que no he podido hallar en los estudios del profesor alemán. Sus palabras son "Er machte auf Clovio den Eindruk eines *giovane*; seine Lehrzeit wird also wohl in die sechziger Jahre zu selzen sein". (Z.f.B.K., pág. 179). O sea: "Hizo en Clovio la impresión de un joven; bien puede, pues, ponerse su aprendizaje en los años sesenta" (es decir, del 60 al 70 del siglo XVI).

[81] Sanpere indica (Hispania, pág. 37) que Guido Clovio, sobrino de Don Julio y su

más que enseñanza, iba nuestro artista buscando mercado a la ciudad eterna. Y a ello debió animarle la protección, o de antemano brindada, o que lógicamente podía esperar del gran miniaturista, el cual, ya se firmara macedonio, ya croata, ya ilírico, siempre era su conterráneo, y griegos resultaban ambos, viejo y joven, por el país de nacimiento y por la lengua. La contemplación allí de las obras maestras de florentinos y pintores de la Italia central, acabaron de formarle, y especialmente las de Miguel Ángel dejaron honda huella en su modo de concebir y componer. Pero la indigencia pictórica de aquellos días en Roma era más a propósito para asombrarse de retratos de un alumno aventajado del Vecellio, que para enseñar nada a quien venía de recibir las lecciones y frecuentar el trato de los grandes pintores venecianos.

Filiación artística.

Vulgar es la idea de que el Greco, y así lo encontramos dicho en sus antiguos biógrafos, aprendió con Tiziano. Ceán Bermúdez (t. v, pág. 3) hizo ya notar que, entre los discípulos de éste, no se había podido hallar, sin embargo, el nombre de Theotocópuli; y, ahondando en el examen de sus obras, vino la crítica moderna, falta de documento literario justificativo, a afirmar que el verdadero maestro del pintor debió ser Tintoretto. El documento ha aparecido; y, ante el dicho de Clovio, y la fuerza que, además, adquiere por figurar Tiziano entre los cuatro retratos de pintores del cuadro de Yarborough (imag. 2), no es permitido dudar de que el Greco aprendió su arte en el estudio del gran maestro de Cadore. La crítica objetiva, la que atiende sobre todo al cuadro mismo para determinar su valor, su origen y su influjo, continúa, sin embargo, en lo justo. El Greco fue discípulo material de Tiziano, pero, como Velázquez lo fue de Pacheco y de Herrera. Con él adquirió la técnica, sin duda; a su lado conoció los secretos del arte, oyó sus consejos, tal vez copió sus obras, y hasta puede que fuese él

---

heredero, capitán al servicio de Venecia y medio paisano del Greco, pudo ser, por todas estas circunstancias, quien lo enviase a Roma, y lo recomendase al miniaturista.

mismo aquel valioso Joven colaborador suyo, a quien el viejo maestro se refería escribiendo a Felipe II, en 2 de Diciembre de 1 567, sobre un cuadro de San Lorenzo: "Non restando di adoprar in questo Oratio mio figliulo et suo servitore, insieme con un'altro molto valente giovíne mio discepolo"[82].

Mas el verdadero espíritu tizianesco no encarnó en él, ni pronto ni tarde. Ahí están para probarlo las poquísimas composiciones, que, por desgracia, conocemos todavía de sus primeros años. Perdida en Italia la memoria del Greco, olvidada su relación con Tiziano y hasta su existencia, no deja de ser significativo el que sus cuadros de historia, a pesar de las firmas, que tan claramente estampó en ellas su autor (como si se anticipase a lo necesarias que habían de ser algún día para su rehabilitación), se hayan venido atribuyendo a Bassano, a Pablo Veronés, a Barocci y a Clovio, pero nunca a Tiziano.

De sus obras españolas no hay cuestión; son absolutamente personales. Y, si en España formose la leyenda de que el Greco cambió de estilo para que no se confundiesen sus cuadros con los de Tiziano, aunque los autores más fehacientes y próximos al pintor, Pacheco y Jusepe Martínez, no hablan de ello, fue debido a dos causas: una, el hecho de saberse con certeza que de Tiziano había sido discípulo el Greco, y por ende, a él había de parecerse necesariamente en su manera de pintar: prejuicio documental, que a tantos errores conduce en la critica de arte; y otra, el hecho también de que Tiziano, en aquel tiempo, representaba él solo, para el vulgo de los aficionados y hasta de los eruditos españoles, casi toda la pintura veneciana; algo semejante al papel exclusivo que jugó Durero, por lo que toca a las escuelas del Norte.

Ni la época era ya propicia para experimentar hondos influjos de Tiziano, ni la personalidad del Greco, a juzgar por sus obras, compadecíase con el genio artístico del maestro. En 1560, había desaparecido de Venecia, y, a la vez, del mundo del arte, el hervor del primer Renacimiento, la exaltación de la alegría de vivir, del goce intenso y espontáneo de la juventud humana, libre de toda otra preocupación que la de la propia serena existencia. Giorgione, que, de modo tan prodigioso, encarnó en sus obras este efímero instante; Palma el Viejo y Bonifacio Veronés, que lo continuaron, tiempo hacía

---

[82] Crowe. *Life of Titian*, 11, 536. Ap. Justi.

ya que habían muerto. Y muertos estaban también para el espíritu giorgionesco, aunque todavía vivos y trabajando, Paris Bordone y Tiziano, el cual pareció haber nacido expresamente para llevar aquel sentido a su más alto grado de intensidad en la *Bacanal*, en la *Assunta* o en la *Madonna di casa Pesaro*. Sin pesimismo miguelangelesco, pero tomando en él sus raíces, la conciencia del lado serio de la vida y la preocupación de los problemas que entraña habían penetrado ya en Venecia. Tiziano, moviendo su arte a compás de las nuevas ideas, llegó a expresar, en la segunda mitad de su vida, esta última fase del Renacimiento, del cual, por ello, es la más perfecta representación veneciana. Su *Carlos V en Mühlberg* habla la misma lengua que el Pensieroso; y el ambiente que respira el Emperador, es, tal vez, la conquista más definitiva y fecunda de Tiziano para el arte venidero.

Pero había gozado demasiado tiempo de la juvenil alegría giorgionesca, y su naturaleza era de sobra ponderada y serena, para hacerse fácil intérprete, ni en concepción, ni en técnica, del elemento dramático que encierra la edad madura de la vida, y el cual, en aquellos días de íntima compenetración de las ideas con la pintura, no podía menos de hallar pronto a mano un hombre que lo representara. Este fue Tintoretto.

Formado, todo él, en el nuevo espíritu, y libre del antiguo, que no había alcanzado a sentir, llegó a ser, a su modo, el Miguel Ángel, que en Venecia podía producirse, y con ello el verdadero pintor de una época más reflexiva, agitada y llena de preocupaciones. Sus historias bíblicas, verdaderos episodios humanos, siempre movidas, casi siempre violentas, son fundamentalmente escenas de admirable realismo, donde se ha anticipado el soplo de la vida moderna. Su riqueza de expresión, su intensidad pasional, sus colosales y heroicos tipos, sus decididos contrastes de luz y sombra, el vigor de sus tonalidades y el empeño por lograr la ilusión atmosférica, debieron constituir, sin duda, la continua pesadilla de nuestro joven cretense en Venecia: porque todo ello lo vemos fructificar más tarde en él, con carácter original y personalísimo, eliminando otros elementos, que aparecen también vacilantes en sus primeras obras. Naturaleza abierta a todos los influjos de su tiempo, hubo de sentir un instante el atractivo, contrario, sin embargo, a su especial modo de ser, de la espléndida, alegre e inconsciente pompa de Pablo Veronés, y no debió de quedar tampoco extraño a las nuevas tendencias iniciadas por los Bassanos, lo mismo en el modo sustantivo de tratar el paisaje, que en la representación de la vida humilde, por donde comienza la pintura de género, así como en el encanto especial con que supieron traducir las luces crepusculares y nocturnas.

En este medio educóse el Greco y tales eran los astros, que con mayor intensidad brillaban entonces en Venecia. Ahí se han de buscar los diferentes influjos que contribuyeron a la formación del artista, en sus cualidades, como en sus defectos; actuando sobre un genuino, inevitable y primitivo fondo de tradiciones locales bizantino-cretenses, y sobre un espíritu más propenso siempre a arrugar el entrecejo con Crivelli, que a sonreír suavemente con Bellini; más dado a recrearse en la intimidad del sentimiento, como Lotto, que a perderse en el fausto y la opulencia con Bordone; y sobre una vigorosa personalidad, más dispuesta a la revolución que al servilismo.

OBRAS VÉNETO-ROMANAS.

¿Qué pintó en Venecia hasta el año 70? No se sabe. Casi todas las obras, hasta ahora descubiertas, de las que pueden creerse italianas, es verosímil que correspondan a su estancia en Roma, si es que en Roma permaneció, como también parece probable (en atención a los pocos años que trascurrieron desde que allí llegó de Venecia) hasta su salida para España.

Induce además a pensarlo así, el haberse conservado una parte de ellas en la colección de la casa Farnesio; y es de creer que para el Cardenal Nepote, que generosamente en su palacio lo alojó, fueron pintadas. Y, en cuanto a la otra parte, porque forman una serie, en cuyo primero o segundo ejemplar, en orden de antigüedad, figura Julio Clovio (imag 1), su protector en Roma.

A los seis ejemplares que señala Justi, como pertenecientes a esta época italiana, pienso que pueden añadirse algunos otros. Entre ellos, hay tres originales: uno, que no he visto publicado antes de ahora (imag. 32); otro, que viene atribuyéndose a Giaccomo Bassano, pero que creo debe devolvérsele al Greco (imag. 33); el tercero, que Justi no conoció, y que se ha divulgado últimamente, sin clasificarlo, sin embargo, como aquí se hace. Los restantes, que añado, son repeticiones y copias antiguas de los asuntos italianos del Greco, y las cuales, si bien ejecutadas en España —algunas, hasta en época avanzada—, es natural agruparlas aquí, para mejor inteligencia, al lado de aquellos originales de donde proceden y que son de concepción y factura genuinamente italianas. Entre estos últimos, comprendo, no solo los que seguramente ejecutó el Greco en aquel país, sino también los que, ignorándose dónde fueron pintadas, manifiestan con decisión el carácter de esta época italiana del Greco.

Tres grupos pueden hacerse de tales obras de juventud atendiendo al asunto: uno, de historia sagrada; otro, de género, y el tercero de retratos.

Once cuadros, entre originales, repeticiones y copias antiguas, conozco, pertenecientes al grupo de historia sagrada, con solos tres asuntos; por donde empieza el Greco a mostrar ya un carácter que ha de mantener toda su vida: el de las continuas réplicas con ligeras variantes. Los asuntos son: *la Curación del ciego* (S. Marcos, VIII, 22, 23), la *Adoración de los Reyes* (S. Mateo, II, 9, 10, 11) y *Cristo arrojando a los Mercaderes del Templo* (S. Juan, II, 14, 15, 16). Del primero tenemos tres cuadros originales, que constituyen otras tantas variantes bien definidas. De ellos, hay dos ejecutados en Italia; el último, en España. Del segundo asunto, no existe más que un ejemplar, a todas luces pintado en Italia. Del tercero, por el contrario, pueden registrarse hasta siete: cinco de ellos, originales, más o menos importantes, y dos antiguas copias.

Representan estas obras, como veremos, no solo momentos progresivos, sino fases fundamentales en la labor del artista; pero hay entre ellas tan íntima semejanza de composición, escenario y modelos, que es obligado clasificarlas todas dentro de la época italiana del pintor, y parece lo más probable que, las verdaderamente originales, antes de salir de Italia fueran ejecutadas.

La *Epifanía* aparece por única vez, y no vuelve a repetirse —lo que es verdaderamente extraño— en la obra del Greco. No así, como hemos dicho, en cuanto a la *Curación del ciego* y a la *Purificación del Templo*: asuntos que, además, no figuran entre los tratados con mayor frecuencia por los pintores de aquel tiempo: empeño de originalidad, que, con éxito o sin él, siempre buscó el Greco.

No me parece fácil decidir cuál de estas dos últimas composiciones, que son las que más nos importan, ha precedido a la otra, aunque me inclino a creer que la *Curación del ciego* ha debido ser la primera, si atendemos, de un lado, a su mayor indecisión y falta de unidad, y de otro, al hecho de que, mientras los dos ejemplares de época italiana, que nosotros conocemos de ella, corresponden ambos, aunque con manifesto progreso de uno al otro, a su época de formación, en cambio, entre los dos grupos que deben hacerse con todos los ejemplares de *Cristo y los Mercaderes*, existe un abismo; y solo en el segundo de ellos es donde el Greco alcanza a mostrarse como un maestro de personalidad original y enérgica. Por lo que hace a la *Adoración de los Reyes* aprox́ímase sobre todo al ejemplar más perfecto de los dos pintados en Italia, que representan la *Curación del ciego*.

PRIMEROS PASOS: LA "CURACIÓN DEL CIEGO".

Hállanse ahora estos últimos, uno, en el Museo de Dresde (imag. 35), y otro, en el de Parma (imag. 3), donde eran atribuidos, aquel, a Leandro Bassano, desde que Rossi, en 1741, lo llevó de Italia[83]; y este, a pesar de la firma, a Pablo Veronés, desde la época, en que se encontraba en el *Palazzo del Giardino*, hacia 1680. Nueva deuda de gratitud hacia Justi tienen los amantes del Greco, por haber devuelto al pintor estos dos cuadros. El fue, en efecto, quien, en 1874, sospechó la verdadera atribución del de Dresde, que vino a confirmarle, tres años más tarde, el examen y hallazgo de la firma en el de Parma. Y hace notar, con razón, a nuestro juicio, que, teniendo ambos los mismos elementos de composición, su arreglo cambia lo suficiente, para que no puedan considerarse como meras repeticiones. Esto nos parece tanto más digno de observarse, cuanto que ocurre lo mismo entre los originales de *Cristo y los Mercaderes* que pertenecen a la manera antigua y los que corresponden a la moderna, aunque, en este último caso, hecho con mayor maestría. Ejemplo, que pocas veces volveremos a ver en la obra del pintor: el cual, cuando llega a encontrar su *fórmula*, no hace otra cosa, al tratar el mismo asunto, que repetirla, con más o menos cuidado, cambiando, a lo sumo, algún

---

[83] "280, Jesus guérisane un aveugle, s. t; h. o. 69, l.o. 88. (4 b). Acquis par V. Rossi, a Venise, en 1741". *Catalogue de la Galerie Royale de Dresde*, par Julus Hübner, trad. de J. Grangier, Dresde, 1871.

tipo, pero sin introducir novedades, ni aun en los pormenores.

Idéntica es, como puede observarse, la base de la composición en los cuadros de Dresde y de Parma, y apenas si existe cambio alguno en las figuras capitales de Cristo y el ciego. Detrás de éste, grupo de gentes de Betsaida hay en ambos; grupo de ancianos, al extremo opuesto, en análoga disposición de asombro; la misma amplia plaza por escenario; la misma disposición del punto de vista; igual perspectiva de ricos palacios, al lado izquierdo, y hasta el mismo cielo con las mismas nubes. Sin embargo, el modo de estar dispuestos cada uno de estos elementos, y todos ellos entre sí, en el cuadro de Parma, revela, no sólo, en general, un progreso en la obra del artista, sino una marcada tendencia a eliminar el pormenor, a suprimir lo que distraiga y a concentrar el interés en la acción y en la persona. Este proceso, que aquí comienza, lo seguiremos, paso a paso, en sus obras posteriores.

El *Ciego* de Dresde es, de ambos, el cuadro más veneciano del artista, y en el que parece que el interés capital y el atractivo para el contemplador están, sobre todo, en el amplio espacio abierto, limitado al fondo por suaves colinas azules, en que pasa la escena. Si fue pensado o hecho en el estudio de Tiziano, hay que confesar que en nada se parece al maestro. El asunto, que no recordamos haber visto tratado por ningún otro pintor de la época, debe colocarse en el ciclo del Veronés, más que del Tintoretto. Y el principio del arte veneciano en aquel tiempo, de dar valor a toda escena accesoria, que el último de aquellos pintores llevó a su más alto término en la *Crucifixión* de la Scuola di San Rocco, está aquí excedido: porque el foco del interés para el contemplador no es la curación del ciego, sino las dos figuras, únicas sugestivas, del viejo y del joven, que, sentados en el centro del cuadro y entre ambos grupos, conversan distraídamente, como si nada ocurriera a su alrededor. La concepción de estas dos figuras, las mejores, acaso, de la obra, y su modo de estar tratadas, deja, sin embargo, presumir que aquél fue pensado ya en Roma. La expresión de íntimo sentir y reflexionar, que ambos personajes revelan, no es ciertamente del Veronés, ni hay en ellos el fuego del Tintoretto. Aquel anciano y aquel adolescente que, en contraste, nos ofrece el Greco, en su primer cuadro conocido, me inclino a creer que han sido pintados después de contemplar el techo de la Sixtina, y nos despiertan la idea de otro anciano y otro adolescente —S. Agustín y S. Esteban—, que, como figuras también centrales y llenas de poesía, pero más vivas y modernas, hemos de ver, veinte años más tarde, en su obra maestra.

El interesante grupo fue sacrificado, y con razón, en servicio de la unidad del asunto, al pintar el de Parma. No quiso el autor olvidarse de él, por completo, apegado desde el principio, como he dicho que se le verá, a las fórmulas de que llegó a encontrarse satisfecho, y así lo relegó a un fondo lejano, convirtiéndolo en mero accidente, que ya no perturba. Dos grupos principales forman todavía la composición; pero se han aproximado uno a otro, viniendo Cristo y el ciego a ocupar casi el centro del lienzo. Los de Betsaida han aumentado y ganado en interés lo que los ancianos, como grupo, han perdido. Toda la escena se acerca al primer término; y el escenario, a pesar de la multiplicación y mayor riqueza de sus palacios, deja de compartir el valor con la historia que en él se representa. El progreso en el modo de disponer la acción y combinar las figuras, es notorio; pero lo es mucho más, si nos fijamos en cada una de las dos partes. La figura de Jesús, la más pobre e insignificante en ambos cuadros, si pierde en esbeltez —cosa digna de notarse, dada la exageración con que siempre cayó el Greco en el extremo opuesto—, gana en la expresión dolorosa y compasiva, no banal ya como en el de Dresde, con que atiende a los ojos del ciego. Este, más recogido y dibujado, enlázase con naturalidad en el grupo de sus convecinos, que es donde se ofrece mayor adelanto. En vez de la enorme figura envuelta, que se inclina a ver la obra de Jesús, y de los cuatro bustos, que, sobre la espalda de aquélla, asoman, todos al mismo nivel y poco razonados, tenemos aquí un grupo de siete figuras, tres de ellas, desnudas, que con el desnudo del ciego se unen, y dos de las cuales se nos ofrecen de cuerpo entero, como verdaderos estudios, hechos con amor, y que el artista se complace en mostrarnos. Sobre todo, el de segundo término, que vemos de frente, está tratado con vigoroso acento escultórico, tan ajeno a Venecia, que nos hace pensar de nuevo en la misma fuente de inspiración que para las dos figuras sentadas del cuadro de Dresde.

Peligroso escollo en que el Greco pudo naufragar, este del influjo miguelangelesco, y que le hubiera llevado derechamente, como a tantos otros, al manerismo, a no haber tenido, como contrapeso, su veneciana educación realista y sus propias condiciones personales, que le hicieron inspirarse de continuo en la verdad que le ofrecía el medio ambiente. Así, los violentos escorzos que con frecuencia, durante toda su carrera, y más aún en sus obras de vejez, emplea, nada tienen que ver con los insustanciales patrones, afectadamente repetidos por los pintores de la escuela romana; ni los tipos de extravagante proporción y anatomía que, de vez en cuando, nos ofrece, son, ni pretenden ser, fingidos modelos clásicos, sino seres vivos, reales, de perfecta actualidad, sea cualquiera el papel que representen. Modernas son, en efecto, más que modernas, actuales, algunas de las figuras del grupo que acompaña al ciego, en el cuadro de Parma, en el cual conserva todavía, para caracterizar la escena, al personaje del de Dresde, vestido a la levantina, y tan señaladamente veneciano de aquel tiempo. El grupo de los ancianos, es ahora un verdadero grupo, no meramente ocho personajes de pie, compuestos de un modo harto primitivo. Ya no hay aquellas cinco cabezas, que se reducían a una misma, tan pobremente repetida, y alternando en dos solas posiciones; ni el nimio rizado de todas las cabelleras. Subsisten las dos figuras capitales; pero ¡cuán otras! El anciano ha ganado en naturalidad y en expresión, mucho más todavía que en interés y piedad el semblante de Cristo; y el modelo de dos tercios, que, en vulgar actitud académica, extiende el brazo hacia Jesús, se ha vuelto por completo de espaldas, haciéndose tan libre y valiente como el hermoso joven desnudo del grupo opuesto que, en análoga actitud, con él forma pareja. Figuras de espalda, en primer término, con las cabezas vistas en extraños escorzos, é iluminadas por contraste, con la luz resbalando en las partes salientes, y que comienza el Greco a usar aquí, para acentuarlas después, con frecuencia, en muchos de sus cuadros. El de Parma, en suma, contiene ya en germen gran parte de las condiciones que caracterizan al maestro, el cual debió quedar satisfecho de su obra, a juzgar, no sólo por la firma que, en mayúsculas griegas, hay escrita en el escalón, a mano izquierda, sino por la fina cabeza, que en línea recta, sobre la firma, asoma, y que, por todas las circunstancias mencionadas en el capítulo primero, parece ser el retrato más auténtico que del pintor tenemos.

No acaban con esto las señales del extraordinario progreso que sobre el de Dresde revela este cuadro. El hato del ciego y el perro, insignificantes pormenores que allí distraen la atención, puestos en primer término, se han trasformado aqui en grupos de personas y carruajes, que animan el fondo y que sirven para hacer más sensible y dar más verdad a la perspectiva, tratada con maestría. Y sin que el Greco llegue aún en esta obra, ni mucho menos —que, al fin, es labor de primera juventud—a mostrarnos todos los recursos que su técnica alcanzará pronto, hay en ella evidente adelanto, en dibujo y en color, pero, sobre todo, en perspectiva aérea, respecto de la de Dresde. En esta, la dureza e hinchazón de los extremos son marcadas; indeciso y ordinario todavía el pincel, al poner el color en grandes pastas, y cobrizo, verdoso, falto de transparencia, y con brillo casi metálico, el desnudo. Pero en los paños se anuncia ya la audacia con que ha de manejar el colorido: en los golpes de luz de la carminosa túnica del Salvador, por ejemplo; en el manto amarillo del viejo sentado, y en el, enteramente blanco, del último apóstol, a mano derecha; cándida vestidura, con que envolverá luego, constantemente, a sus representaciones del Padre eterno. Aparecen ya ciertas actitudes en los personajes, como la de la mano al pecho, con el acusado movimiento de aproximación entre los dedos anular y medio; afectación, tan grata al pintor, que llega a constituir, en muchos de sus cuadros, otra especie de firma; y especialmente, por último —siendo este su rasgo más genuino en cuanto al colorido—, la entonación fría en la atmósfera, la ausencia de luces doradas y el predominio del azul en las colinas que cierran el fondo. Veneciano en sustancia, pero con influjos romanos, como ya se ha dicho, desde estas dos primeras obras, en tabla, la de Dresde, y la de Parma, en lienzo, el Greco empieza a indicar ya en ellas, sobre todo en la segunda, sus rasgos esenciales, afirmados claramente en la evolución que en su espíritu y en sus manos va a experimentar el otro tema repetido de los cuadros históricos, donde veremos ya definida la original personalidad del artista.

Pero, se debe, antes de ello, al menos citar la tercera variante de la *Curación del ciego*, que existe en Madrid[84], en poder de D. José Eduardo Valle. El cuadro es ya español y de mayor tamaño que los italianos; mas, por hallarse sumamente repintado, no ofrece otro interés que el de mostrarnos cómo el tema vino a sufrir, andando el tiempo, nueva trasformación en manos del artista. La disposición concuerda en todo lo esencial con los anteriores y de ambos

---

[84] *Nada se sabe actualmente de esta versión. Hoy solo se reconocen tres. La tercera, la del Metropolitan de Nueva York. Y por supuesto no concuerda con la descripción que aquí refiere Cossío: se echa de menos, por ejemplo, la figura desnuda del personaje de espaldas y el joven engolado de la izquierda; aunque sí coincide en las dos figuras de medio cuerpo, que miran a Cristo: una mujer (con la mano en el pecho) y un hombre, en lugar del perro y el hato.

aprovecha elementos. Los modelos difieren de los de aquellos; pero el fondo y escenario, la colocación del viejo y el joven, así como la figura desnuda de espaldas, provienen del de Parma; mientras que algunas figuras, el joven con gola blanca del grupo de la izquierda, el del turbante, y los dos últimos de la derecha, se inspiran en los de Dresde. Hay, sin embargo, una diferencia digna de notarse: la de que ahora aparece una mujer, en vez de un hombre, cerrando por esta parte el cuadro. Al de Dresde, por el frontón que lo corona, recuerda el último de los palacios; en tanto que los balcones y columnata del segundo y tercero, al de Parma. Con otra singularidad de simplificación española: el edificio de primer término es solo un paredón liso, con sencilla ventana y sin adornos. Por último, falta el retrato del artista. Pero la mayor novedad de esta variante consiste en que, en lugar del perro y del hato de Dresde, aparecen dos figuras de medio cuerpo, que miran a Cristo: una mujer y un hombre; aquella, sobre todo, de gran aspecto veneciano y con la mano al pecho, como alguno de los modelos que vamos a ver en seguida en las primeras composiciones de los *Mercaderes*, de donde seguramente se ha tomado. El bárbaro y total repinte me hace difícil decidir si se trata de un original o de una antigua copia de la variante auténtica, que haría, acaso, el Greco, aprovechando lejanas reminiscencias e introduciendo, con otro espíritu también, nuevos modelos.

LA "EPIFANÍA".

En este sitio, ha de hablarse igualmente de la *Adoración de los Reyes*, de la Galería imperial de Viena (imag. 33). Porque, si, a lo que me figuro, hay que devolvérsela al Greco, en calidad de su cuadro más veneciano o, mejor dicho, en el que menos se notan los influjos romanos, ha de colocarse, sin embargo, al lado por lo menos, ya que no después del *Ciego de Parma,* por la analogía con él, en cuanto al dominio de la composición, al dibujo y al colorido. Procede de la colección del archiduque Leopoldo Guillermo, y en el inventario de 1659 se inscribió con el número 260, como de Bassano el joven. Allí lo vio Boschini, celebrándolo en su *Carta del navegar pittoresco* (pág. 41) como de Leandro Bassano; y en esta atribución lo conserva Engerth (número 48), de cuyo catálogo tomamos estas noticias. En el más reciente de Adolfo Holzhausen[85], ocupa el número 272 y es atribuido a Giacomo Bassano[86]. Por las dimensiones, se me figura que ha de ser la misma *Adoration des mages*, que Melche (I. c.) describe con el número 19 en la primera cámara, y atribuyéndola a "Paul Veronese".

Al citar esta obra, dice el Sr. Sampere (*Hispania*, pág. 34) que le "ha costado mucho el dejar de ver al Greco en ella". D. Pablo Bosch, tan inteligente coleccionista como conocedor entusiasta del Greco, sé que, por su parte, e ignorando aquel juicio, lo ha corroborado a la vista del cuadro; y últimamente, autoridad tan sólida como el Sr. Beruete ha venido también a apoyarlo. No se trata, pues, de una impresión aislada. Para el que lleve al Greco en la retina, da ya bastante a sospechar la analogía de los modelos del San José y del rey arrodillado con otros de los cuadros de Dresde y de Parma; la firme y elegante esbeltez, así como el realismo, de los tipos de la Virgen y del rey joven, que lleva la corona en la cabeza; y la rara mezcla de amplia sobriedad y de retorcimiento en la composición del cuadro. Pero todo ello valdría poco si no fuera acompañado, como va, de la pronunciada gama fría en el color, tan extraña a los Bassanos y, en general, a la pintura veneciana de aquel tiempo, como no sea, y aun eso esporádicamente, al Tintoretto —a quien el cuadro no puede atribuirse— y tan característica, por el contrario, del Greco, desde el comienzo de su carrera. El lienzo, es cierto que no se halla firmado, o, por lo menos, no se le ha visto firma hasta el presente; pero nuevas y fieles observaciones ejercerán su influjo y acabará probablemente por catalogarse esta interesante *Adoración* entre las obras italianas de Theotocópuli[87].

---

[85] Die Gemülde-Gallrie-Alte Meisler. Wie. 1896

[86] *Giacomo da Ponte, conocido como Jacopo Bassano (1515-1592), padre de Leandro y Francesco, este último con el sobrenombre de Bassano el Joven.

[87] *Ya hemos anotado más arriba que actualmente se sigue atribuyendo a Japobo Bassano.

La "Purificación del Templo".

Análogo contraste al observado entre el *Ciego de Dresde* y el de Parma, ofrecen entre sí los dos grupos en que se dividen las composiciones de *Cristo y Los Mercaderes*. Con esta diferencia: que, partiendo, en las inferiores de ellas, de un punto más avanzado ya que el *Ciego de Dresde*, el salto a las dos últimas es tan decidido, que forman éstas en la obra del autor una nueva manera.

En Inglaterra están los dos cuadros italianos del grupo antiguo. El más importante de ellos, sobre lienzo, es el que poseen en Londres los condes de Yarborough (imag. 2)[88], y que proviene de la famosa Colección del duque de Buckingham, en la cual figuraba ya, en 1758, como del Greco, sin que sepamos de qué suerte vino luego a atribuirse a Pablo Veronés, en cuya falsa atribución lo conservó Waagen[89], a pesar de la acostumbrada firma, en mayúsculas griegas, que claramente aparece en la parte baja y hacia el centro del cuadro. El otro ejemplar, en tabla, se halla en la rica colección de Sir Herbert Cook, en Richmond (imag. 34)[90]; y no me atrevería a decidir con seguridad cuál de los dos se ha pintado primero. Cierto que los accesorios del de Richmond, los conejos, la perdiz, y especialmente el ave de colores en la cornisa del templo, indican un estilo más primitivo, y forman un cierto interesante lazo étnico del cretense con otro pintor, también greco-veneciano, aunque cuatrocentista: el raro Negroponte[91]. Pero, en cambio, el estar tratado con menos importancia que el de Yarborough, unido a no hallar entre ambos aquella diferencia tan esencial de composición y de técnica, que observamos entre el *Ciego* de Dresde y el de Parma, sino meros

---

[88] *Actualmente en el Minneapolis Institute of Art (USA).

[89] *Paul Veronese. Christ driving the money changers from the Temple*. The conception is very dramatic though not free from undignified motives. The colouring is clear and warm (1. iv, pág. 70). ("La concepción es muy dramática, aunque no exenta de motivos vulgares. El colorido es claro y caliente...").

[90] *Hoy en la National Gallery of Art (Washington).

[91] Conocido sólo por su encantadora Virgen en la iglesia de San Francesco della Vigna, de Venecia, atribuida durante mucho tiempo a Jacobello del Flore, a pesar de la firma: *Frater Antonius da Negropon pinxit ordinis minorum*.

cambios de accesorios; y el ver cómo aparecen en el de Cook las estatuas en alto adosadas a los pilares del templo —pormenor que en el de Yarborough no existe, y que está llamado a adquirir pleno desarrollo en la variante de su nueva y superior manera—, induce a creer que el de Richmond se ha pintado después que el de Londres.

El grupo de los cuatro pintores, lo más interesante, acaso, de este último cuadro, desde el punto de vista histórico, y de que ya hablamos en lugar oportuno, basta para convencerse de la alta estimación en que el autor debió tener su obra. Si la de Richmond la hubiese precedido, las variantes parece que debieran haber sido mayores y más sustanciales, al componer, sobre tal base, aquel nuevo cuadro, dedicado por el artista, según se ve, a sus grandes maestros. Estos ya no se hallan en el de Richmond y, en el espacio que dejan libre, se encuentran dos conejos, ocupados en husmear las monedas de una bolsa vertida. Aunque algo varía la técnica, no puede decirse que hay tampoco entre ambos señal de progreso: más finamente concluido, el de Yarborough; abocetado, en parte, el de Richmond, y muy empastado el color todavía en ambos. De entonación clara y más caliente, aquél; este, de oscura, especialmente en las carnes, aceitunadas como en el de Dresde —con el cual en éste respecto, forma grupo— aunque con cierta desusada mayor brillantez; lo que hace presumir a Justi si procederá del influjo de las miniaturas de Clovio. En uno y otro, las tintas son vigorosas, con tendencia al azul y no al dorado; de efecto más moderno que el de las obras venecianas de su tiempo; los dos están faltos de blandura, sobre todo al tratar el desnudo, ordinario y abultado exageradamente en las mujeres; y no exentos, tampoco, de basteza en el toque.

En el *Viaje* del Capitán Cook (t. II, páginas 157 y 158), cuyo juicio sobre el Greco es de lo más discreto y acertado que se ha dicho en la primera mitad del siglo XIX, después de hacer observar atinadamente, que "dibujaba como Miguel Ángel y que coloreaba como los venecianos", se halla una indicación muy interesante —acaso es la primera vez que se ha hecho— relativa a este asunto de *Cristo y los Mercaderes*, "Yo he visto, dice (aunque no dónde), un pequeño boceto en color de la *Purificación del Templo*, imitado del Cartón de Pisa, que es igual a cualquier dibujo de Miguel Ángel, siendo todas las figuras de enérgica acción, pero no violenta o exagerada"[92]. Cook debió pensar esto, recordando lo que Vasari refiere, de cómo circulaban los dibujos del Buonarroti por los talleres de los pintores; y fue mucha en realidad su perspicacia, porque, no dijo precisamente que existiese *un* dibujo de Miguel Ángel igual al boceto del Greco, sino que era como *cualquiera* de ellos; y el Sr. Sampere, sin embargo, juzgando afortunadamente que aseguraba lo primero, a saber: "que es igual al dibujo" (*Hispania*, pág, 39), púsose a buscarlo y encontró uno que guarda analogía con la composición de nuestro artista. Se trata de la copia fotográfica existente con el número 57 en el tomo 68 de la *Colección Armand* en la de Estampas de la Biblioteca nacional de París.

La composición pudo ser útil al Greco. Es evidente la semejanza en el arreglo de los grupos y en las actitudes de algunas figuras; pero nada del dibujo ha pasado al cuadro de Yarborough, que no haya pasado también al de Richmond; por donde me confirmo en la idea de considerar a ambos de la época romana. Y añadiré todavía que dos de las figuras más significativas del dibujo: la del que se inclina a coger del suelo un cuenco y la del que lo lleva en la cabeza, no encuentran, la una, expresión adecuada; la otra, ni siquiera aparición, hasta el definitivo y perfecto arreglo que el cuadro experimentó en manos del maestro, y que corresponde al segundo grupo de que vamos ahora a ocuparnos.

APARICIÓN DE SU PERSONALIDAD

Imposible explicar semejante progreso sin admitir que hubo reposada transición en el paso desde aquellos ejemplares de su primer estilo a estos otros que, ya hemos dicho, existen con el mismo asunto. Entre ambos grupos debió trascurrir todo el tiempo que el pintor pasó en Roma. Unos debieron ser ejecutados al principio de su llegada a aquella ciudad, y otros, al fin de su estancia en Italia, si es que allí se pintaron; y aun así, mediando, en todo, a lo sumo, seis años

---

[92] «I have scen a small coloured sketch of the Clearing tec Temple imitated from the Cartoon of Pisa which is equal to any design of M. Angelo, the figures being all in strong but not violent or overdone action.»

sorprende la trasformación que el pintor en ellos experimenta. Con razón dice Justi, del único ejemplar que él conoció, el que hoy está en la Galería Nacional de Londres (imag. 36), y que se limita a citar de pasada, que corresponde al estilo español. Así aparece el Greco pintando en España, y estos cuadros vienen a darnos la clave de aquella gran manera, con que se nos muestra en sus primeras pinturas de Toledo, la cual sería incomprensible sin antecedentes. La trasformación existe; hay un nuevo estilo con que se ofrecerá a la contemplación de los toledanos; pero, no siendo razonable suponer que hiciera explosión en el primer instante y por el mero hecho de su llegada a España, hay que tratar de descubrir cómo se ha producido. Para esto sirve principalmente el cuadro de Madrid, de que es afortunado poseedor el señor Beruete[93].

Sin documento que lo acredite, difícil sería decidir dónde fue ejecutado: si en el momento antes de salir de Italia o en el inmediatamente después de llegar a España. No es esto, además, lo que realmente importa. Aun suponiendo que fuera ya español y lo mismo el de Londres, ambos pudieran ser, a su vez, repetición de otro tercero anterior, pintado en Italia. Lo esencial es comprender el valor que tienen para explicar la unión entre la época italiana y la española, en virtud de los siguientes hechos. Primero: la íntima relación de sabor familiar, patrio, local, que entre los antiguos e indubitados cuadros italianos y estos nuevos, existe; pues drama, caracteres, escenario, lenguaje, son los mismos, llevado todo, sin embargo, a tan superior expresión y maestría técnica que imprimen sello a la personalidad del artista. Segundo: que este progreso, sin llegar a tan alto grado, lo hemos visto antes manifestarse, siguiendo el mismo camino, en el cuadro de Parma, con relación al de Dresde, a pesar de lo cual ambos son en la obra del pintor igualmente italianos. Y tercero: que un asunto tan decididamente italiano, en idea, composición, modelos, accesorios y factura, no se vuelve a encontrar ya en ningún otro cuadro suyo, ni aun siquiera, con sello tan

---

93 *Actualmente en la Frick Collection de Nueva York, por compra de Henry Clay Frick a Aureliano de Beruete, el 12 de marzo de 1909, con la mediación de M. Knoedler & Co., según los archivos de la Frick (10, 12). No reproducimos su imagen por ser prácticamente igual a la de la National Gallery de Londres. En cambio sí recogemos la que pasa por ser la quinta y última versión, que Cossío no menciona: la de la Iglesia de San Ginés de Arlés en la calle Arenal de Madrid, con notables diferencias (imagen 37).

expresivo, en los primeros que, de un modo auténtico, se sabe que pintó en Toledo.

Entre el cuadro de Madrid de la colección Beruete y el de la Galería Nacional, aparte del tamaño, y del enlosado del piso, que el último no tiene, no hay más diferencia que la enorme superioridad del primero, en cuanto a la ejecución técnica. El de Londres da idea del estilo, pero no de la maestría del pintor en esta época, y debe considerarse como la mejor repetición de las hasta ahora conocidas, hecha, con poco amor, según sus hábitos, del de Madrid, o de otro tercero, aún ignorado. Entre el de Yarborough y el de Beruete ¡qué poco cambio, a primera vista, y qué hondo y sustancial en realidad! La composición, comparada con la del *Ciego*, muestra un paso en el proceso de unificación, que veremos culminar en el *Expolio*. En el de Yarborough todavía hay dos grupos, pero tan cerca del Cristo, que casi parecen uno solo. En el de Madrid, el pequeño espacio que quedaba entre la cabeza de Cristo y los mercaderes, ha desaparecido hábilmente. El asunto es dramático, y, en el fondo, como ya hace notar Waagen[94], más propio de Tintoretto que del Veronés, a quién debió atribuirse principalmente a causa de las mujeres que en él figuran y el modo de estar presentadas. Por su aire ampuloso hizo bien el Greco en suprimirlas, al trazar su nuevo diseño, más que por las voluptuosas desnudeces que ostentan, así como los niños, también desnudos, harto pueriles, y el jaulón de palomas, con todas las demás baratijas de tintero, plumas, bolsas, pesos de monedas, cajas preciosas, etc., "motivos vulgares", que censura aquel crítico. Un solo accesorio queda para caracterizar la escena: la pequeña y tosca mesa de madera, derribada, en primer término, a los pies de Jesús, rota por el golpe y que nos habla en muy otra lengua que la suntuosamente esculpida, dorada y cubierta por rico tapiz, que antes había.

La acción se reconcentra; el espacio, más espléndido todavía en el cuadro de Yarborough que en el de Dresde, sin cambiar su decoración de magníficos palacios, se reduce en el de Madrid a límites mucho más modestos y secundarios que en el de Parma; el amplio pórtico de columnas se estrecha; desaparecen sus capiteles corintios,

---

[94] "Christ driving the Money changers from the Temple called a Paul Veronse, appeared to me rather a spirited but slightly work by Tintoretto" (t. IT, pág. 87). (Me parece más bien una obra llena de vida, aunque ligeramente hecha, por Tintoretto).

y todo él lo llena, sin otro pormenor, la espiritual y sentida figura de doncella, bíblica Tanagra, que, destacándose brillantemente del fondo oscuro del claustro, avanza con el cesto a la cabeza. Apenas se advierte que los trece mercaderes de Yarborough se han convertido en ocho, y mediante este proceso de simplificación, la escena pierde de amaneramiento y de afectada pompa, todo lo que gana en grandiosidad, en justeza, en vida y en honda y austera poesía. Mantiénese el ritmo, ya logrado con acierto, en la primera composición, entre el sereno reposo de un grupo y el agitado movimiento del opuesto; los personajes parecen los mismos, y, sin embargo, están modificados de mano maestra. Conservando casi idénticas actitudes, en todos ha infundido el autor un soplo de realidad, les ha dado vida, y han dejado de ser *academias*. En ninguno de ellos se pierde este contraste. Porque el cuadro de Yarborough es el que más riesgo ofreció al Greco de dar con todo su arte, en pleno manerismo. La señal más clara de su originaria independencia consiste en haber sabido librarse de aquel peligro en medio del ambiente romanista, y en habernos mostrado cómo era posible realizarlo con la misma pintura en que más cerca estuvo de adocenarse en el molde vulgar de la insustancial imitación de Miguel Ángel, dando así uno de los más puros ejemplos de vigorosa personalidad, en la historia del arte.

El viejo sentado en primer término —y nueva aparición del interesante personaje del cuadro de Dresde— no necesita ya la inoportuna cesta en que apoyar su codo. Allá fue el accesorio, al lado opuesto, a llenar más modesta y ocultamente su verdadero sitio. ¡Con cuánta sencillez y naturalidad se ha hecho la corrección de la figura! Su firmeza y sobriedad de líneas, y su contemplativo semblante, como el del compañero que le habla —expresivas imágenes del pensar— los convierten en seres vivos, en vez de inflados, pero yertos trasuntos, que empezaban a ser, más o menos correctos, de profetas del Buonarroti o de filósofos de la *Escuela de Atenas*. Esto se repite en los demás modelos. El joven de pie, con la eterna mano al pecho, ahora vestido a la moderna, y los ancianos, con quienes conversa, son actuales. Y donde más se advierte la desaparición de todo falso sabor clásico es precisamente en las dos figuras desnudas del grupo de la izquierda: razonado ya, con la banasta que lleva en alto, el primitivo artificioso movimiento de la de segundo término; y recordando, la del primero, el desnudo de espaldas del cuadro de Parma. La anatomía de ambas se halla tan cambiada, en servicio del natural, como las cabezas y rostros, y, siendo tan expresiva como ellos, con sus formas alargadas y enjutas, sus masas musculares angulosas, sus huesos pronunciados, lleva dentro un espíritu esencialmente pictórico, que aleja toda idea de escultura posterior a Miguel Ángel, y más nos hace pensar en la expresión animada de los movidos relieves medioevales, que en las ampulosas cuanto frías estatuas decorativas de Baccio Bandinelli o Ammanati.

Las dos últimas, que cierran la composición por este lado, no tienen precedentes; son nuevas, no cambiadas, y ambas modernas, sin mezcla alguna de sabor romano. La que, en primer término, haciendo juego con el anciano pensativo del opuesto grupo, dobla la cintura y se inclina al suelo para recoger una caja, presentándonos, en firme escorzo, su cabeza y tronco, forma con la esbelta joven del otro extremo, los dos temas enteramente originales que en la composición madrileña ha introducido el Greco. Notas que sonarán después, en otros cuadros del pintor, como un *leitmotive*, y que en este cautivan por el sorprendente contraste que hacen de fuerza y gracilidad, de energía y dulzura. En cuanto al Cristo, suave, blando, pobre, inferior a su papel en el cuadro de Yarborough, alcanza ahora grandeza y acento adecuados. No es solo que la mano izquierda, antes mal compuesta y agarrotada, se mueve libremente, o que las cuerdas, que, como azote, sacude con la derecha, no perturban ya la atención del contemplador; es que la figura se yergue y recoge, las líneas se simplifican, los paños se disminuyen, el pormenor se pierde, hasta el movimiento de Jesús, que en vez de doblar la cintura se levanta gallardamente, se hace sobrio; y, en sus ojos, en su frente, en toda su persona brilla la expresión de serena y melancólica majestad indignada.

Cierto que ya están aquí menospreciados todos los cánones y módulos del Renacimiento clásico para las proporciones; tendencia, que continuará, con más o menos acentuación, en adelante. Las figuras exceden los nueve y aún los once rostros, las cabezas son pequeñas, las manos afiladas; el Salvador resulta gigantesco, como si el artista se hubiera complacido en presentarlo así intencionalmente, para hacer resaltar más su grandeza, o para darnos a entender, volviendo inconscientemente al recurso de las edades primitivas, que los dioses y los héroes son de distinta magnitud que los simples mortales. Heredero legítimo, en esta cualidad, del Tintoretto, el vigor, la libertad y la profunda intensidad vital de sus tipos se hallan tan de acuerdo con las proporciones colosales que afectan, como hace notar con justicia Berenson, hablando del maestro veneciano que, "el ojo se adapta en seguida a la escala y el contemplador siente que participa también de la fuerza y salud de los héroes"[95].

La escena y el fondo sobre que destaca se han acercado al primer término. Por idéntico proceso de concentración, el amplio espacio, antes abierto por todas partes a la luz y al aire, se ha cerrado, y sin perceptible cambio sustancial en la estructura, ha venido a convertirse en un interior, más severo que suntuoso, iluminado por el mismo gran arco, de proporciones más esbeltas, a través del cual aparecen a lo lejos aquellos palacios, antes miniados, ahora manchados vigorosamente al efecto y envueltos en la atmósfera real de la distancia.

La acción, concentrada y simplificada, como ya se ha visto, adquiere ahora, de esta suerte, mayor recogimiento; y el talento del artista, que tanto accesorio banal ha eliminado de su antigua composición, se nos muestra patente, al inventar en su nueva obra los dos bajo-relieves, al claro-oscuro, que, armonizando felizmente en dramatismo con la escena, y añadiéndole fuerza, sacan a luz su sentido trascendental y su valor histórico. Sobre el grupo de ancianos, donde todo es serena contemplación, otro gran anciano, lleno de majestad como ellos, Abraham, levanta el brazo para sacrificar a su hijo. Sobre los mercaderes, que en revuelta agitación salen del Templo arrojados por Cristo, los afligidos Adán y Eva, echados igualmente del Paraíso por el ángel, que blande la espada, como Jesús las cuerdas.

El progreso manifiesto en el colorido, desde los cuadros de Dresde y Richmond al de Parma, no basta para explicar el grado de perfección a que llega en el de Madrid. Muchos ensayos intermedios han de haberse pedido. La técnica es totalmente veneciana. A semejanza de sus maestros, bosquejó y llevó adelante sus obras de este tiempo con colores sólidos y opacos (*tempera all'uovo*) aplicando, después, las ricas y brillantes veladuras, que se manifiestan claramente en el cuadro de Madrid. En la pincelada rápida y un tanto fragmentaria, recuerda, más que a ningún otro, a Tintoretto.

---

[95] *The Venetian Painters of the Renaissance*, New-York, 1880 (pág. 56). Edición Phaidon, 1952, pág. 26.

Establece, como él, decidido contraste entre las grandes masas de bulto para la iluminación y el resbalar del pincel en las sombras, hasta llegar, a veces, en estas, a dejar percibir la imprimación roja de la tela; y a él recuerda también, sobre los demás, en el vigor del claro-oscuro, en el modo efectista de manchar los últimos términos, en la verdad con que traduce el ambiente y en la febril y espontánea ligereza con que parece trabajar sus cuadros. La entonación es, sin embargo, más clara que la del Tintoretto, los efectos de luz, más llamativos, buscados intencionalmente al resbalar en los ángulos; y el colorido, más rico y espléndido, se acerca con preferencia al del Veronés, quien no se desdeñaría ciertamente de haber creado la armoniosa sinfonía de amarillo, carmín, rojo brillante y blanco luminoso del cuadro madrileño, con que el Greco entra triunfante en el reino de los grandes coloristas.

¡Cuán educativo para la formación del sentido artístico en el estudioso, y qué elocuente para el conocimiento del desarrollo de la personalidad del pintor, resulta el examen comparado de estas dos obras! Los indecisos tanteos, las imitaciones no asimiladas, las componendas eclécticas de los cuadros de Dresde, Parma, Yarborough y Richmond, se han convertido en el de Madrid en un estilo personal y sustantivo, en un carácter propio y en una maestría técnica, que no podemos llamar sino del Greco. De los Mercaderes de Yarborough y Cook a los de Beruete, va lo que media de la retórica a la poesía; del artificio teatral, a la vida; de la declamación, al sentimiento íntimo; de la pompa vana, a la sobriedad austera. Y estas son las cualidades con que el Greco aparece ya en España[96].

---

[96] Una copia antigua me parece, salida, acaso, del propio taller del pintor, la que, ajustada al modelo de Yarborough, posée en Jerez de la Frontera D. Ramón Díaz. Sus variantes no tienen importancia, y ya se hizo mención de su valor histórico, a propósito del retrato del Greco (Cap. I). Repetición, a su vez, de los de Beruete y la Galería Nacional es el que se halla en San Sebastián, en poder de doña Dolores Alonso; y todavía, de otra pequeña copia, siguiendo aquel modelo, he oído hablar, puesta a la venta en París recientemente.

"SAN JERÓNIMO".

Obedeciendo al mismo principio de filiación, por el espíritu, la técnica y los modelos, debe tratarse aquí otro asunto, si bien, de sus ejemplares conocidos, uno, tal vez, solamente se ha pintado en Italia; pero el motivo es, a todas luces, de inspiración italiana, y jamás el Greco ha introducido variante en cuantas réplicas de él nos ha dejado. Trátase del falso retrato de Cornaro, que, desde el Palacio Hamilton, donde era atribuido a Tiziano, pasó en 1882 a la Galería Nacional de Londres (imag. 38). El tipo del personaje es italiano, de la familia de los ancianos que acompañan a Cristo en el cuadro de los *Mercaderes* (imags. 36 y 37), y tan parecido al que, de pie, en el fondo, habla con el joven, que hasta podía hacer pensar en el mismo modelo. La técnica, por otra parte, es igual en ambas obras, congéneres también en el alargamiento de la figura y los extremos. Parece seguro que no pueda tratarse aquí de Ludovico Cornaro, ya que el retrato de este famoso ayunador de Padua, que hay en la Galería Pitti y que pasa por de Tiziano, aunque es de Tintoretto, no guarda analogía con nuestro personaje, no habiendo además motivo alguno que autorice a pensar otra cosa, sino que la atribución dicha y el nombre introducido en el cuadro de Londres obedecen tan sólo a sugestiones originadas por la escualidez y extrema ancianidad del retratado.

Pero ¿es, siquiera, un retrato? El aspecto naturalista de la figura y su intensidad de expresión inducen a creerlo; y así lo tuvo, dubitativamente, Justi (*Velázquez,* pág. 79) por el cardenal Quiroga, y con esta misma denominación lo ha publicado luego Sampere (*Hispania,* pág. 41). Mas existiendo otras cuatro réplicas, todas excelentes, y tan iguales entre sí, que apenas si podría señalarse en ellas algún ligerísimo, casi imperceptible, cambio, ya en la línea de los ojos, ya en la silueta general, era permitido sospechar, si el pintor, como ya sugiere el Catálogo de la Galería Nacional, habría querido ofrecernos una representación realista, muy en armonía con su carácter, de San Jerónimo, con cuyos rasgos y atributos tradicionales concuerdan la vejez, austeridad e inusitada barba blanca del personaje, así como el vestido y el abierto infolio, a dos columnas, en que apoya sus manos, Explicaríanse entonces sus múltiples repeticiones, a semejanza de las muchas que de sus cuadros religiosos hizo el Greco. Y la duda, al menos, hubiera sido legítima, mientras no se identificase al retratado, averiguando quién podría ser ese cardenal que, a pesar de su acentuado tipo, de la importancia que debió tener para que el Greco repitiera cuatro veces, al menos, y sin la menor variante, su efigie, en España, y no pareciéndose a ninguno de los prelados de Toledo, sigue siendo desconocido. Todas estas conjeturas se han confirmado. En primer lugar, el cardenal Quiroga no es, porque su verdadero retrato, hecho por el mismo Greco para el Refugio que el arzobispo fundó en Toledo, ha aparecido en el mercado de Madrid recientemente, y lo posee ya el señor Beruete (imag. 39); viniendo además a confirmar la autenticidad del rótulo que le acompaña la medalla del mismo prelado, hecha por el grabador Pedro Angelo, que residió en Toledo, y conservada en el Museo Arqueológico Nacional[97]. Y de que, por San Jerónimo, y no por retrato debió ser tenido, testifica además, una copia antigua que he visto en Madrid en casa de D. Federico A. Hernández y en cuyo ángulo superior de la izquierda aparece la usual y característica trompeta, que hace sonar el ángel.

De los cinco ejemplares, son los más importantes el que existió hasta hace dos años en el tesoro de la catedral de Valladolid, hoy ya en Norte América, único firmado[98], y el que posee en Madrid el Sr. marqués del Arco[99]. Ambos de tamaño natural, más oscuro de entonación, sobre tela gruesa, aquél; más amplio y libre, en su factura, frotado el color suavemente, huyendo de lo pastoso, sobre lienzo más fino, y de imprimación gris clara, éste, parece corresponder a una época más avanzada. Tal vez es el último, entre los conocidos, que el artista repitiese. El blanco de las mangas, las manos y el libro, de entonación fría y luminosa, son trozos modelos de verdad y de pintura franca y espontánea. El original del Sr. marqués de Castro

---

[97] Publicada por D. Adolfo Herrera en el Boletín de la Real Academia de la Historia t. 46, cuad. 5 de Mayo, 1 905.

[98] *Adquirido en 1905 por Henry Clay Frick. Hoy, preside la flamante biblioteca de la Frick Collection, de Nueva York.

[99] *Adquirido en Mayo de 1912 por Philip Lehman through Durand-Ruel in May 1912 [Durand-Ruel and Sons, Paris and New York], hoy en el Metropolitan de Nueva York.

Serna, en Madrid[100], está más cerca por su factura y dimensiones del de la Galería Nacional. Y el de menor tamaño, que, procedente también de España, se halla hoy en el Museo Bonnat, de Bayona, y al cual faltan las, manos y el libro, tiene, por el contrario, menos pasta de color, y una pincelada más suave y ligera que el de Londres. Este puede considerarse como el más antiguo, tal vez, entre todos; por cuyo motivo, y el de hallarse en sitio que lo ha hecho conocer más fácilmente, se ha tomado aquí de punto de partida y término de comparación para los otros.

OBRAS DE GÉNERO.

Si con él hubiera querido, en efecto, el Greco, ofrecernos la imagen del gran padre de la Iglesia, semejante ejemplo de naturalismo explicaría cómo ha podido también anticiparse a tratar en aquella época la pintura de género. Porque a ella parece corresponder el cuadro que, atribuido a Clovio, figuraba antiguamente en la Galería Farnesio, hoy en el Museo de Nápoles, y que representa de medio cuerpo a un muchacho del pueblo, soplando una brasa, para encender una vela(imag. 32). Réplica del cual debe ser el que, adscrito a Jacobo Bassano se halla con el número 33 en el Catálogo de la deshecha Galería Manfrín, de Venecia, a juzgar por la descripción que de él se hace: "Mezza figura d'un giovinetto villano che sta soffiando un tizzone per ranimare la fiamma".

Como las composiciones de historia, esta idea alcanza nueva y más trabajada interpretación, posteriormente. El trozo de Nápoles parece ensayo, si no estudio, para el que vi en París en casa de M. Christian Cherfils (imag. 40)[101], del cual es repetición el que hoy posee en Madrid D. Luis Navas. Ambos muestran los caracteres de la

---

[100] *Colección Conde de Adanero y Castro de Serena, Madrid.
[101] *Hoy en el Museo del Prado, desde 1993, bajo el título *Una fábula*. Hay otras dos versiones, además de estas dos, una en la Harewood Collection, en Leeds, y la otra en la National Gallery of Scotland, Edimburgo. Parece que la del Prado pudiera ser la última versión hecha por El Greco.

pintura de género. ¿Qué puede representar esa hermosa pareja de jóvenes, ella de frente en el centro, con los ojos bajos, soplando el tizón que tiene en la izquierda, para encender la vela; él a su lado, de perfil, mirando la acción y sonriendo maliciosamente, mientras al opuesto, sobre el hombro derecho de la dama, asoma la enorme cabeza de mono, que también contempla con interés el hecho, alargando su hocico? La escena tiene un cierto ambiente picaresco, que haría pensar en el proverbio español que dice: "el hombre es fuego, la mujer estopa, viene el diablo y sopla", si fuera, en efecto, el mono, y no la mujer, el que soplase. Pero quizá dentro del ciclo del amor cae la historia, y no esté la candela que se enciende lejos de la antorcha de himeneo. Presumo que se trata de algún trasunto literario que llegará a encontrarse[102]. De todas suertes, lo cierto es el acentuado carácter humorístico de la composición, en que reside el interés capital de la obra. Otra anterior a ella podría citarse, con la que guarda cierta afinidad: los *Desposorios,* de Lorenzo Lotto, en el Museo del Prado[103]. En su interpretación, tal vez hay más finura y delicadeza y más psicología en los tipos de "Misser Marsilio et lasposasua con quel Cupidinetto", que sonríe al primero, mientras les pone el yugo; pero en el cuadro del Greco, por lo que toca a la idea, que es lo que ahora importa, hay más independencia. Allí, la atención se concentra en los retratos, aquí, en la escena misma; pues los personajes, siendo modelos vivos, no están puestos, sin embargo, con ánimo de ser retratados en aquella oscuridad, iluminados solo a trechos por los resplandores del ascua, y sin que a ninguno de ambos se les vean los ojos. Lo que atrae principalmente es la gracia, que se sospecha, en el pensamiento; y, en tal respecto, parece ser el cuadro una obra de género, y de intención moderna. La factura del de París corresponde al último tiempo de su estancia en Italia, mientras que el de Madrid parece obra española; y los efectos de luz artificial están en uno y otro logrados con mucha verdad y maestría. Afeados ambos por repetidos barnices y repintes, todavía se goza de la intencionada y justa expresión de las figuras, de medio cuerpo, vestidas a usanza de la época; del dibujo de las afiladas manos de la dama y de la morbidez

---

[102] *De momento siguen siendo válidas a este respecto las hipótesis que aquí plantea Cossío.

[103] * Lotto, Lorenzo (Venecia, 1480 - Loreto, 1556). En el Prado figura esta pintura como Micer Marsilio Cassotti y su esposa Faustina.

de su cuello, así como de la armonía de color entre el azul oscuro de su manto, las rubias pieles del ropón y el rojo grana de la gorra del joven; todo apagado en la oscuridad que envuelve la escena. Asunto de vislumbres goyescas, no sólo es extraño en el tiempo del pintor, sino en su obra, en la que, hasta ahora, se halla aislado, pues no conozco otro que con él guarde analogía, en su aparente intención, ni forme serie. En Italia deja el Greco para siempre, si alguna vez lo tuvo, su humor picaresco.

Retratos. — San Francisco — Expolio.

El mismo principio de unidad y enlace que nos ha llevado a estudiar aquí, aunque sean ya españoles, todos los San Jerónimos, porque no hacen sino repetir el primitivo modelo italiano, nos obliga a descartar de este sitio, destinándolas a otro más oportuno, ciertas obras que son, ya indubitada, ya probablemente, de época o de inspiración italianas. Así, me ha parecido más favorable ver agrupados evolutivamente todos los retratos, después de conocer las fases capitales de la labor del Greco, y por eso reservo para inaugurar la misteriosa serie de aquéllos, tanto el de Julio Clovio, pintado en Italia, como algún otro que en el momento indeciso de la transición podría colocarse.

Ejecutado en Italia o en España —me inclino a lo segundo— de todas suertes, a esta época primera corresponde igualmente el maravilloso *San Francisco* (imag. 41)[104] de que es dueño mi amigo D. Ignacio Zuloaga. Y del mismo modo lo guardo para encabezar con él la espléndida iconografía del Santo, que el Greco nos dejó, al exponer también enlazadamente la evolución del asunto en su época española.

Y esto hago, por último, con otra obra, que, acaso, tuvo su primer origen, de igual modo, en Italia; pero que solo en España alcanzó sublime expresión y fecundo desenvolvimiento: me refiero al *Expolio*. Con el de la catedral de Toledo (cap. 5), agruparé, de un lado, su probable antecedente de la Galería Manfrin de Venecia (imag.

[104] *Se trata de *San Francisco recibiendo los estigmas*, de la Colección Zuloaga en Ginebra. Hay otra tabla similar en el Museo de Capodimonte de Nápoles.

42)[105], y de otro, sus numerosas e interesantes réplicas.

---

[105] *Esta tablita fue adquirida, en agosto de 1874 por el propio historiador Carl Justi en la Galería Manfrin de Venecia, tras su viaje a Toledo entre 1872 y 1874. Finalmente se hizo con ella la Galería Moser (Nueva York) antes de 1962 para subastarla en 1976 y 1996. Al no encontrar otra reproducción de la misma plasmamos en nuestras imágenes de que nos ofrece Cossío, en blanco y negro.

CAPITULO 3.- EL GRECO EN TOLEDO.

Su llegada. — El arte español. — Toledo. — El arte toledano. — El ambiente. — La literatura

SU LLEGADA.

En qué fecha exacta llegó el Greco a España? ¿A qué vino? ¿Quién lo trajo, o por quién fue llamado? Nada positivo se sabe acerca de esto[106]. El mismo pintor se negó a declararlo, cuando oficialmente le fue preguntado.

En las diligencias judiciales, que "la obra de la Santa iglesia de Toledo y claustro" hubo de sostener contra el artista, en 1579, sobre el cuadro del *Expolio* que había hecho para la Catedral, Diego de Orense, procurador de aquella, "ante el muy magnífico señor martin rromero de Villacuiran, alcalde hordinario de Toledo", pide, entre otras cosas, pregunten al pintor: "Item si es verdad que fué traydo a

---

[106] Solo a titulo de curiosidad puede indicarse la afirmación de Lanzi (1. c, pág. 115) inducido a error igualmente por Preziado, de que "Domenico delle Greche, detto nell'Abbeccedario Domenieo Greco e in altro articolo Domenico Teioscopoli" fue traído a España por Tiziano. "Delle sue pitture, dice, niuna con certezza se ne addita in Italia; molte nella Spagna, ove condotto dal maestro vi restó finche vísse".

esta ciudad para hazer el rretablo de S^{to} domingo el viejo, el cual tiene acabado y puesto en la dicha iglesia". A lo que contesta Dominico, "que no es obligado a dar quenta por qué vino a esta cibdad e que a lo demás que se le pregunta no tiene que responder porque no es obligado[107]."

Inexplicable es tal empeño de no confesar lo que, por lo visto, era público y notorio. Con agregar a este documento la firma y fecha de 1577 en el cuadro central de la *Asunción*, de dicho retablo, y la partida de las cuentas relativas a las obras de la nueva iglesia, según la cual "Dominico Theotocopuli pintó los ocho quadros que contienen el altar mayor y colaterales, llevando por todos ellos 1000 ducados[108]", se tiene cuanto existe para satisfacer el interés sobre aquellos extremos.

Mientras otros documentos no aparezcan, hay que limitarse a sospechar con verosimilitud que, si su venida a España no obedeció a algún misterioso motivo de índole privada, que le obligara a permanecer aquí para siempre, debió originarse por el deseo de encontrar remuneración y teatro dignos de sus aspiraciones en las obras del Escorial, que, por el año de 1575, se impulsaban con febril actividad. En Roma, precisamente, había sido ya, en 1567, reclutada por el embajador D. Luis de Requesens, con destino al monasterio, la primera remesa de aquellos decadentes, casi adocenados artistas, que se llamaron el Bergamasco, Patricio Caxesi y Rómulo Cincinati; en Roma pudo conocer y tratar, pues allí trabajaron por entonces, a sus contemporáneos Cangiasi, Zuccheri y Tibaldi, tan superiores a él en boga como inferiores en mérito, venidos también al Escorial, más tarde, entre 1583 a 87; el Veronés aún no había podido renunciar la invitación que en 1586 había de hacérsele con objeto de pasar a España al servicio de Felipe II; pero el Greco dejó a Tiziano en Venecia ocupado en concluir sus últimos cuadros destinados al rey de España y halló a Clovio en Roma, pintando probablemente miniaturas encargadas por el mismo monarca. La atmósfera, por tanto, era propicia para que con o sin carácter aventurero, pensase nuestro artista en acercarse a la corte española. Sea esto, o que directamente de Roma fuera el pintor traído por el deán de Toledo

---

[107] *Documentos inéditos para la Historia de España*, tomo LV, págs. 603-604.
[108] Cen, t.v., pág. 7.

3. EL GRECO EN TOLEDO

D. Diego de Castilla, cofundador de la nueva iglesia de Santo Domingo el Antiguo, lo único cierto es que la primera y más antigua noticia de su estancia en España consiste en la firma y fecha de 1577, ya citadas.

EL ARTE ESPAÑOL.

Pasar de Italia a España en aquel tiempo era ir, por lo que toca al arte, de la metrópoli a la colonia; y a través de las vagas noticias de los biógrafos, bien se percibe que el Greco presentose aquí con todas las pretensiones de quien ostenta el derecho de ciudadanía. Habíase agotado en el primer cuarto del siglo XVI la corriente de arte flamenco, que durante el XV dominó en la península y que, combinada, al final, con los influjos italianos, dio origen a las primeras manifestaciones indecisas de la pintura propiamete española, representada por los Rincón, los Comontes, Juan de Borgoña, Pedro Berruguete, Santa Cruz y Alejo Fernández, entre los principales. A Italia, solo marcharon ahora ya directamente los artistas, en busca de inspiración y de enseñanza, y, durante todo el resto de la centuria, no hubo en España casi otra cosa que romanistas y maneristas de segundo y de tercer orden, al lado de los extranjeros, que los reyes, a veces, preferían.

Estos fueron sustancialmente, con más o menos perfección técnica, no siempre lograda, Berruguete y Becerra, en Castilla; los Juanes y Ribalta, en Valencia; el mismo tradicionalista Morales, en Extremadura; Vargas y Céspedes, en Andalucía. Inferiores todos a sus modelos italianos, refractarios, en común, al idealista heroísmo de aquellos, que adoptan, sin sentirlo, por puro influjo del medio y de la época; apegados, en cambio —y este era su sabor local— a la observación directa de la vida familiar y diaria, y amigos de traducir sus intimidades sinceramente; camino por donde el arte había de salvarse, cada vez que lograse encontrar forma adecuada, pero que entonces, como siempre que no se ha sabido dar con ella, conducía derecho, por falta de idea, a la vulgaridad y a la insignificancia. Ni de tales defectos, ni de romanismo, se eximieron tampoco, a veces, los astros de primera magnitud de aquella atmósfera: el cortesano Alonso Sánchez Coello, tan famoso por sus retratos, en que quiso imitar a

Antonio Moro, como pobre y sin valor en sus composiciones; y Navarrete el Mudo, de procedencia más bien veneciana en su educación, discípulo, se dice, del mismo Tiziano y más a propósito para agradar a Felipe II, que lo ocupó de continuo, por la moderación y templanza de su estilo, que para marcar honda huella en la pintura española. Así se encontraba esta, lejanos aún los espléndidos días de Ribera y Velázquez, cuando el Greco llegó a España; e insignificantes y vulgares, si los hay, entre todos, eran aquellos oscuros pintores de la catedral, Luis de Velasco y Blas de Prado, de quienes nadie se acuerda ya, y a quienes no podría menos de mirar con desdén nuestro Dominico en Toledo.

TOLEDO.

No era ya esta ciudad en aquel tiempo capital política de la monarquía. Años antes, en 1561, Felipe II había fijado la corte en Madrid, más cerca de su predilecto Escorial; y en Madrid y en el monasterio vino a concentrarse por entonces, con la vida oficial, la vida artística. Ya, desde principios del siglo, acentuado el movimiento centralizador, la actividad de todos órdenes, esparcida antes, casi por igual, en varias ciudades, iba perdiéndose, y, al mediar aquel, destacábanse con claridad dos focos preponderantes: Sevilla, rica e internacional por sus relaciones mercantiles, y Toledo, señoril por sus tradiciones, dominada por su clero, enorgullecida con la imperialidad, y archivo sagrado de vida y de monumentos nacionales.

"Toledo, en efecto, era entonces y continúa siendo la ciudad que ofrece el conjunto más acabado y característico de todo lo que han sido la tierra y la civilización genuinamente españolas; el resumen más intenso, brillante y sugestivo de historia patria. Toledo expresa de un modo perfecto la compenetración de los dos elementos capitales de la cultura nacional, el cristiano y el árabe; la nota más típica que ofrece también España en la esfera del arte. Ninguna otra ciudad de la península posee en tan alto grado la inagotable serie de monumentos arquitectónicos, que hacen de ella un museo, donde poder investigar los rasgos originales del arte español en todas las épocas. En ninguna tampoco, como en Toledo, llegó a acumularse y se conserva tan enorme masa de joyas artísticas de los siglos medios y del Renacimiento: la muestra más gallarda del genial ambiente de inspiración que allí debió respirarse en aquel tiempo. Difícil es encontrar ciudad más pintoresca que Toledo (imag. 43), donde a una excepcional situación topográfica —áspera y elevada roca de granito, apretadamente ceñida por el profundo cauce del Tajo— se junta el espectáculo de cien civilizaciones apiñadas, cuyos restos conviven, formando innumerables iglesias y conventos, viviendas góticas, mudejares y platerescas, empinados y estrechos callejones moriscos, cuadro real, casi vivo y casi intacto, en suma, de un pueblo donde cada piedra es una voz que habla al espíritu. Y todo ello, en medio de un paisaje que resume los accidentes geográficos más característicos de las altas mesetas castellanas: la vasta, despoblada y árida llanura, donde alterna la estepa con la roja tierra de labor (la Sagra), finamente modelada por los cenicientos, grises, cerros terciarios y suavemente surcada por el río, que avanza tranquilo en clásico meandro, bordeado de huertas y alamedas; y la abrupta y dura sierra arcaica, con sus piedras caballeras, sus encinas, su tomillo y romero, sus colmenares, sus huertos de frutales en las laderas soleadas, y a la cual, en llegando, rompe con violencia el Tajo, que forma en Toledo una de las hoces más soberbias del relieve de la península"[109].

El arte toledano.

El Greco, abandonando a Venecia y a Roma, no podía encontrar en España otra mansión tan digna de albergarlo como Toledo. Ni Berruguete era precisamente Miguel Ángel, ni Vergara, Sansovino; pero sí lo más selecto que la escultura nacional podía ofrecerle. El nuevo alcázar de Covarrubias, recordaríale su palacio Farnesio. Ruinas romanas, basílicas visigodas, mezquitas árabes, sinagogas hebreas, iglesias y palacios mudéjares, templos góticos, del primer renacimiento y greco-romanos había en Toledo para compensarle, en parte, de la superior riqueza monumental que allá dejara; y la espléndida y poética catedral, alhajada flamantemente por Mendozas,

[109] *Preparación para el estudio del arte en Toledo.* Artículo del autor en el Boletín de la Institución libre de Enseñanza, núm. 44. Enero, 1897.

Cisneros, Fonsecas, Taveras y Siliceos, con lo más perfecto que el arte industrial español había producido, en retablos, sillerías y puertas esculpidas, artesonados, orfebrería, hierros, bronces, tejidos y bordados, tal vez lo consoló de la nostalgia de San Pedro y San Marcos, cuando a embajadores venecianos, como Navagiero en 1526 y Badoero en 1575, habíales parecido "la piu riccha chiesa di Christianitá"[110].

Al lado de tanto esplendor arquitectónico, escultórico y decorativo, contrastaba la pobreza en pintura: los altares de Borgoña y Carvajal, no eran dignos de los pulpitos y rejas de Villalpando y Céspedes. Toledo necesitaba un pintor de genio y de maestría que penetrara su carácter, que se identificase con su historia, que tradujera con sinceridad el melancólico estado de los espíritus en aquella época, el ambiente pesimista que se respiraba y hasta el frío color local, y cuyas obras rivalizasen en hermosura con tanta joya artística allí acumulada. Este fue el Greco.

EL AMBIENTE.

Llegó a España poco después de Lepanto, el último hecho de armas "alto sonoro y significativo" del poder político de la casa de Austria; y aunque de aparente grandeza fueron todavía los años de su vida, pudo presenciar la rápida decadencia de Toledo, ejemplo abreviado de la de toda la monarquía. No estuvo a tiempo para asistir a las brillantes fiestas con que Toledo celebró el tercer matrimonio de Felipe II, ni para ver cómo, por orden del rey, del cabildo y del corregidor, se borraban las inscripciones árabes de las puertas y puentes de la ciudad, sustituyéndolas con otras *piadosas*; pero vio al devoto monarca volver de Madrid con toda su corte a acompañar procesionalmente y llevar en sus hombros las reliquias de San Eugenio y Santa Leocadia; vio al Concilio provincial en 1580 prohibir a los moriscos hablar su lengua, presagiando la total expulsión de los mismos, que no había de tardar, y de que también fue testigo; vio a los procuradores de Sevilla oponerse al proyecto del ingeniero

---

[110] *Il viaggio fatto in Spagna el in Francia del magnifico M. Andrea Navagiero… in Vinegia*, 1563, pág. 9.

Antonelli para hacer navegable el Tajo hasta Toledo, y al pueblo entero burlarse del intento, publicando mentidamente naufragios y desgracias del viaje, y las obras y trabajos abandonados a los pocos años de empezarse; vio a la Inquisición funcionar de continuo y sirvió de intérprete en sus procesos; presenció las disputas de jesuítas, franciscanos y dominicos y las milagrosas supercherías inventadas sobre la Inmaculada Concepción de la Virgen; y si no le alcanzó la vida para ver cómo el ayuntamiento, la universidad y las corporaciones civiles y eclesiásticas, reunidas solemnemente, en 1617, en San Juan de los Reyes, juraban defender aquel misterio, sobrole para participar en la vertiginosa y desconsoladora ruina del país que, tan amarga como elocuentemente, revelan a una los infinitos memoriales, discursos y representaciones elevadas al rey desde 1600 por las cortes, ciudades, iglesias, universidades, doctores, letrados, industriales y comerciantes. Todos dicen lo mismo. "...Porque, de tres partes de gentes que hay en España, las dos no tienen que trabajar... y porque no usándose van olvidando los oficios y artes que solian ser tan primorosos en España... no hay ya rastro de comercio, ni castellano que tenga un real de correspondencia fuera de España... quedando como mesón y testigo del comercio de los extranjeros... Ahora hace diez años valían las alcabalas de Toledo sesenta cuentos y había fincas para ellas, pues se situaba en ellas y hoy no caben a cuarenta.

"Hoy se ve, que no habiendo la mitad de gente que solia, hay doblados religiosos, clérigos y estudiantes; pues ya no hallan otro modo de vivir, ni de poder sustentarse. La razón fundamental es, porque hasta pocos años há el cuerpo y nervio era oficiales, como se fabricaba tanto para España, y toda Europa, y las Indias. Un oficial o labrador casaba su hija con un pobre mozo como tuviese oficio, con que ganaba tan de ordinario su comida, que parecía renta. De donde emanó el proverbio del siglo dorado nuestro. *Quien ha oficio, ha beneficio.* Porque había tanto, en que ganar de comer, que era renta perpetua como beneficio eclesiástico; y viendo que ya no hay en que ganar un real, no quieren enlodar sus hijas, ni hijos; sino que estudien, y que sean monjas, clérigos y religiosos; porque el oficio ya ha venido a ser maleficio, y de oprobio para el que lo tiene: pues que no le sustenta. Con que ya no hay el diezmo de casamientos y bautismos que solia; y de este principio resulta no conservarse la gente. Porque con la miseria desamparan los niños; o los hacen expósitos por no poderlos sustentar; o de mal pasar perecen, y los grandes del mismo modo; o dexan el Reyno despechados"[111].

"... Pero nueva causa de faltar gente ay, porque el año de 100 se advirtio a V. M. gran falta della, y el de 1601 huvo peste, y el de 1609 la expulsión de mas de quatrocientos mil moriscos, y la mayor se conoce pocos años acá, de modo que los curas dieron un memorial a Toledo, en que aduierten que falta la tercera parte de la gente (y aun ay quien dize que falta de tres partes della las dos) y dizen que en la carniceria se pesa menos de la mitad de la carne que solia. Y es cosa lastimosa que de sesenta casas de mayorazgos de a tres mil ducados de renta que solia tener no quedan seys, y de toda Castilla, Andalucia, la Mancha, Reyno de Valencia, y hasta de Sevilla todo es despueblos, y el padre fray Diego del Escurial refiere que le dixo el obispo de Auila que de poco acá faltan sesenta y cinco pilas de su obispado de donde se colige lo que sera en lo demás. Y lo q' mas lástima da es en tan gran soledad ver poblar los lugares de los vicios, como garitos, corrales de comedias, tabernas y las de la vanidad, como las tiendas de los sastres que no cauen de oficiales y de obra (que como está el Reyno a la muerte todo es ansias mortales para vestirse) y los de la pobreza como hospitales, carceres, y semejantes a donde se retiran todos a comer. De lo qual importaría vn alarde o reseña general al año siquiera por las matriculas en que V. M. echaria de ver la soledad de España, que es muy bien que el pastor conozca su ganado"[112].

"...De calles enteras que había (en Toledo) de freneros y armeros, vidrieros y otros oficios semejantes no ha quedado un solo oficial, pues no se hallará en la dicha ciudad un frenero que haga ni aderece un freno de cavallo ni mula, ni un armero ni arcabucero, y sola una miserable tienda de vidrios ha quedado en dicha ciudad: y un mercado franco que tiene el martes de cada semana, con que se bastecía el lugar, por la pobreza y miseria dél no viene ya a ser de consideración, y lo que se llevaba a vender a él se lleva al de Torrejon de Velasco, Torrijos y otros lugares de señorío en contorno de la dicha ciudad... Las posesiones de casas que era la mas preciosa hacienda de la dicha ciudad, es oy la peor, porque no ay quien la viva

---

[111] Representación de la universidad de Toledo a Felipe III.
[112] *Restauración político de España. Primera Parte. Deseos públicos. Al Rey Don Felipe Tercero.* Ocho discursos del Doctor Sancho de Moncada, catedrático de Sagrada Escritura en la Universidad de Toledo. En Madrid, por Luis Sánchez, año 1619.

ni habite, y en lo mas público y que era de mas estimación, ay gran numero de casas cerradas, y la que se cae no se levanta, y holgarían de darlas sin alquiler a quien las quisiese vivir... Las monjas pobres que se sustentaban con la labor de cadeneta tan prima y de dura con que se guarnecían corporales... palias, hijuelas y otras cosas para el servicio del culto civino ha cesado con entrar de Francia y otras partes las randas y puntas que llaman de Flandes... y las religiosas mueren de hambre encerradas en sus conventos... Los frutos de las heredades y huertas faltando la gente no se gastan en la dicha ciudad. Y un trato gruesso de bonetería, que avia en ella, de que se provehia toda África, en que se entretenía y con que sustentaba gran número de gente, está casi perdido y arruinado"[113].

Entre tanto, ocurría lo mismo que Navagiero contaba noventa años antes, a saber que "los señores de Toledo, y en especial de las mujeres principales, son los curas, que tienen magníficas casas y triunfan dándose la mejor vida del mundo, sin que nadie les censure"... "y más rentas tiene el arzobispado y la iglesia de Toledo que todo el resto de la ciudad"[114].

Y, a la vez, el pueblo, como el clásico hidalgo de nuestra novela picaresca, paseando las calles con cintillo en el sombrero, con capa y espada... y sin probar bocado. "Los toledanos —dice un escritor[115] en

---

113 *Memorial de la ciudad de Toledo d Felipe III en 1617*. Gamero, *Historia de la ciudad de Toledo*, pág. 1008. Pueden verse los *Memoriales* de Cellorigo, y de Serna; la *Política espiritual*, del P. Fray Juan de Santa María; los *Remedios de la salud de la República*, del Doctor Crislóbal Pérez de Herrera; los *Cálculos políticos*, de Damián de Olivares; el *Memorial*, de Francisco Martínez de Mata, de 1659; los *Discursos*, de D. Miguel Alvarez Osorio, de 1687, etc. etc.

114 "... i patróni di Toledo e delle donne precipue sonc i pretí, li quali hanno bonissime case e trionfano, dándole la meglior vita del mondo, senza che alcuno li reprenda», «...e piú intrata ha l'archepiscopato e chiesa di Toledo che tutto il resto della citta." Navagiero, 1. c. El texto es tan expresivo que viene con frecuencia repetido por los escritores sobre cosas de España, desde Ford, en su *Handbook*, hasta Justi, en sus artículos sobre el Greco.

115 El jesuíta Peiro Murillo Velarde, *Geografía histórica*. Madrid, 1752, t. I, pág. 296 y 97. En su tiempo continuaba la riqueza de la catedral como en el de Navagiero. "Fuera, dice, de los Arzobispos Electores del Imperio, creo que en toda la Christiandad no hay Arzobispo ni Cabildo más rico y más poderoso. El Arzobispo tiene, según Núñez de Castro, trescientos mil ducados de renta: oy parece que tiene más. El Arcediano de Toledo oí decir, que tenia quarenta mil ducados y a esta proporción tienen las dignidades y canónigos, que el que menos tenrá dos mil ducados"(t. 1, p. 293).

época todavía de más decadencia— andan vestidos de golilla, aun los zapateros y otros oficiales, y sus mujeres andan con mantos de seda y creo que no hay ciudad en España, donde los concursos y procesiones sean con más lucimiento, sin mezcla de rústicos, capas pardas ni polaynas... usan aquellos de espada y daga muy lucidas y con las golillas y vestido de nobleza ó terciopelo, hay sastres que parecen títulos".

LA LITERATURA.

Los años en que se preparaba tanta ruina y miseria fueron, sin embargo, el siglo de oro de la literatura españóla, cuyos más ilustres representantes pasaron por Toledo en aquellos días, como si los cautivase con su ternura el poético numen del dulce precursor Garcilaso, gloria y encanto de su ciudad materna. Los mismos años fueron, en que Santa Teresa fundaba y escribía en Toledo; y en que Cervantes tomaba la ciudad y sus cercanías, que le eran familiares, por teatro de *La Ilustre fregona* y de *La Galata*. Los mismos, en que el gran Fénix de los ingenios venía a Toledo, a ganar con sus canciones el premio en certamen poético, organizado para celebrar el nacimiento del rey Felipe IV, y discurría, versificando, por las frondosas márgenes del río, con su entrañable y malogrado amigo Medinilla, el poeta toledano, a quien tan tiernamente llora. Por entonces pudo el Greco retratar en Toledo al épico Ercilla, y representarlo justamente coronado de laureles por la segunda parte de su poema. Era aquel tiempo, cuando el P. Mariana, para descansar de su *Historia*, que en Toledo trabajaba, retirábase a los Cigarrales, que en metro latino nos dejó descritos, a platicar sosegadamente con sus amigos sobre el alma humana y a componer en recogimiento su tratado de *Morte et Inmortalitate*. Su compañero en la orden, el P. Rivadeneira, allí escribía también la clásica Vida de *San Ignacio de Loyola*; y, canónigo en la catedral, reposaba de las arduas tareas de Trento, el sapientísimo jurisconsulto y helenista, Antonio de Covarrubias, muerto ya su más famoso hermano D. Diego, el Presidente de Castilla y de Estado, ambos toledanos.

De *Academia* servía a los ingenios poéticos locales, que allí se recreaban, el espléndido *Cigarral de Buenavista*, que el opulento Cardenal Arzobispo Sandoval y Rojas enriqueciera, ávido de eclipsar el de su antecesor Quiroga, con amenos jardines, ricos plantíos de olivos y naranjos, espesos bosques de castaños y pinos, amplios estanques de pesca, abundancia de corzos y venados, pajareras de aves exóticas, bullidoras fuentes de alabastro y clásicas estatuas de ninfas, sirviendo todo de marco al magnifico palacio donde el Greco, arquitecto, soñó, tal vez, en levantar nueva Farnesina a orillas del Tajo. Y allí, por último, solazaríase también el maestro Tirso, como en los demás "ásperos Cigarrales", convertidos por él, según Lope, en "selva de amores", recreándose con la hermosura de las mujeres toledanas, que celebró en sus comedias, aquellas tan agudas que, según Gracian, "dicen más en una palabra que en Atenas un filósofo en todo un libro", y lamentándose de que Madrid, su patria, "hija, heredera, emancipada de nuestra imperial Toledo... agora que se vée corte, menos cortesana y obediente que deviera, quebrantando el quarto mandamiento, le usurpa con los vezinos que cada dia le soborna la autoridad de padre tan digno de ser venerado"[116].

Tales fueron la sociedad y el ambiente del Greco en España.

---

[116] Gamero, *Los cigarrales de Toledo*, pág. 191.

CAPITULO 4.- Santo Domingo El Antiguo.

Enlace con Italia.

Los retablos de Santo Domingo el Antiguo y el *Expolio* de la catedral de Toledo forman el núcleo de la primera labor del Greco en España. En estas obras debió trabajar simultáneamente, puesto que el *Expolio* estaba entregado al cabildo antes del 22 de Setiembre de 1579, en que se dijo la primera misa, en el nuevo altar mayor, que el artista acababa de hacer para el convento de Santo Domingo. Y no sólo tienen de común la contemporaneidad, sino el espíritu y la técnica. Composiciones son, ejecutadas todavía, en general, bajo la misma clase de inspiración que el cuadro de los *Mercaderes* de Madrid, donde hemos visto aparecer el estilo personal del artista. Y, aunque señales podrán observarse, tanto en la idea como en la ejecución de los lienzos toledanos, de que no en balde pintaba el Greco ya a orillas del Tajo, y notas hay en ellos que significan, con respecto al de los *Mercaderes*, un cambio de impresiones en el espíritu del pintor y una tendencia a evolucionar en su arte, el fondo y el influjo general permanecen todavía tan semejantes en unos y en otros, que todos ellos respiran aún predominantemente —dentro, por supuesto, del peculiar estilo del Greco— la atmósfera ideal del ambiente italiano.

EL CONVENTO.

No lejos del extremo nordeste de Toledo, en una de las más solitarias plazuelas, donde en toda estación crece la yerba, y donde, aún a la hora más bulliciosa, el silencio permite oir siempre con claridad la conversación de los transeúntes y el eco de sus pisadas, se levanta, entre empinados y tortuosos callejones, el convento de Santo Domingo de Silos, vulgarmente llamado *El Antiguo*, para distinguirlo de Santo Domingo el Real (otro convento de fundación más moderna, dedicado al más famoso Santo Domingo, o sea el de Guzmán, también español y fundador de la orden que lleva su nombre.) El monasterio que, como todos los de Toledo, no ofrece al exterior sino altas tapias, con escasos huecos y sin interés artístico, siguiendo en ello la usanza morisca, es más antiguo que la iglesia greco-romana, cuya construcción va íntimamente unida a la vida del Greco. Si el arqueólogo puede lamentar la desaparición de la antigua iglesia, probablemente mudéjar, como su vecina la pintoresca torre de Santa Leocadia, el apasionado de la pintura celebrará siempre que el nuevo templo diera ocasión a que el Greco ejecutara sus retablos, cuando no a su misma venida a España. Santo Domingo el Antiguo es al Greco lo que Santa María de Frari a Tiziano: motivo para las obras de plena juventud del artista. Y la analogía resulta completa: una gloriosa *Assunta* hay en la Academia de Venecia fuera del sitio para que fue pintada, y otra, digna de aquélla, hay lejos de España, que debiera ocupar todavía el lugar preeminente que el Greco le destinó en el convento de Toledo.

Para ver los altares de Santo Domingo hay que ser "gran madrugador" y acechar la única hora, siempre próxima al alba, en que se abre la Iglesia, vuelta a cerrar inmediatamente después de la misa, o exponerse a que las monjas, poco propicias, nieguen el permiso de entrada, que hay que solicitar por el torno, en el misterioso portal, empedrado de huesos. Ya se comprende por qué los Grecos de Santo Domingo no son populares. Si el viajero logra entrar, hallará que la pureza de líneas y excelente ponderación de masas del noble interior bramantino cobijan dignamente las obras del Greco. Inscripciones latinas sobre la puerta y en los muros del templo dicen que Doña María de Silva, dama muy esclarecida, acompañó desde Portugal a Doña Isabel, esposa del Emperador Carlos V; casó con Don Pedro González de Mendoza, intendente de palacio, y, no habiendo dejado hijos, encerróse en este monasterio, donde, después de treinta y ocho años de viudez, murió en 1575, a 28 de Octubre. Que ella dispuso que el templo, antes caduco y exiguo, fuera demolido, y en nueva forma edificado, habiendo comprado el terreno para la iglesia, escogido enterramiento en ella para sí, decorándola con altares, imágenes y pinturas, y enriqueciéndola con piadosas donaciones. Y que D. Diego de Castilla, deán de Toledo, en tanto que ponía en ejecución el testamento de Doña María de Silva, hizo construir, a su propia costa, todo el templo, en 1576.

EL RETABLO.

Ignórase todavía cómo pudo conocer al Greco este aristocrático capitular biznieto bastardo del Rey D. Pedro. Palomino, sabiendo que el artista, a diferencia de los venecianos, y como producto, sin duda, de su paso por Roma, era también escultor y arquitecto, atribuyole, al par de la pintura, la arquitectura y escultura de la iglesia, y así se ha seguido repitiendo, aun después de haber Ceán publicado (t. v, pág. 6) ciertas partidas de cuentas de la obra, según las cuales: "A Nicolás de Vergara (*el joven*, célebre arquitecto y escultor de la catedral de Toledo), se le dieron 1.576 maravedís, que gastó en el modelo que hizo para esta obra. El mismo Vergara corrió con la cantería de esta iglesia y se le dieron 26.967 reales. A Hernando de Avila, pintor, 1.700 maravedís del dibujo que hizo para el retablo. Juan Bautista Monegro executó la talla de los altares, y cobró 10.160 reales. Los Cisneros doraron los retablos de dicha iglesia". En cuanto a la partida referente a los cuadros del Greco, citada queda en el capítulo anterior. Parece que no se debe dudar de tan auténtico testimonio, y, sin embargo, ante el objeto mismo, cuyo testimonio es más auténtico todavía, caben legítimas sospechas de que, sin explicación por lo menos, no pueden aceptarse las dichas partidas.

Dejemos a Vergara como autor de la iglesia y vengamos al retablo (imag. 44), que dibujó Hernando de Avila. Pudo dibujarlo, materialmente, pero no es verosímil que lo compusiera. Inútil sería buscarle entre los retablos de Toledo uno solo anterior que lo recuerde. Su traza es exótica y sin antecedentes en España. Ninguna analogía guarda con los de escultura, que, por entonces, aún dominaban, producto de un mero cambio, a formas de renacimiento, de los antiguos retablos góticos, que espléndidamente culminaron en el de la catedral de Toledo (imag. 45). Zona de figuras sobre la base, recordando la antigua predela; cuerpos de hornacinas, superpuestos paralelamente, entre distintos órdenes de arquitectura; y planta afectando, a veces, ligeramente el movimiento circular o poligonal del ábside: esto habían sido los de Berruguete y Juni, en Valladolid, y Becerra, en Astorga, por no citar otros, y esto continuaban siendo los que, a la vez que se trazaba el de Santo Domingo, construían Ancheta en Burgos y en Tafalla, y Giralte en el Espinar (imag. 46), con cuadros, este último, de Sánchez Coello. Abundaban los altares con pinturas, pero no estaban ya en boga los grandes retablos de esta clase, que, derivados de los antiguos de *batea*, y, como ellos, divididos con regularidad en compartimientos rectangulares, entre rico adorno de renacimiento, también se usaron en la primera mitad del siglo XVI. Y aparecía ahora el nuevo modelo, que Herrera trazaba en aquellos mismos días para el Escorial, hijo legítimo de los anteriores, eliminando de ellos lo poco que aún tenían de arcaico, y simplificando y depurando, según el gusto greco-romano, los recuadros regulares de órdenes superpuestos.

A ninguno de estos tipos se parece el de Santo Domingo. En cambio, su analogía es grande con ciertos altares venecianos, y su semejanza casi perfecta con el que ostenta en Santa María Formosa aquella sin par *Santa Bárbara* de Palma el Viejo (imag. 47). Ambos se componen de un solo y alto cuerpo de arquitectura, formado por dos columnas y dos pilastras, con capiteles corintios, y coronado por un ático, sobre el intercolumnio central. En este, doble de ancho que los dos laterales, un arco de medio punto ocupa todo el espacio, mientras que en aquellos se halla dividido en dos porciones: un medio punto, bajo la imposta, y un rectángulo, sobre ella, a cada lado. Las leves diferencias entre el altar veneciano y el de Toledo proceden, a mi juicio, de la necesidad de adaptar a una altura desmesurada, aquel tipo de retablo, que no estaba concebido para ella. El cuerpo de arquitectura es ya más elevado, pero no podía llegar, por mucho que se exagerasen sus proporciones, hasta la bóveda; y así, para vestir la mitad superior del muro, que todavía quedaba desnuda, colocóse un nuevo estilóbato sobre el entablamento, disimulándolo con un frontón de resalte, sobre el intercolumnio central: lo que obligó a colocar aquí las columnas, en vez de en los extremos —que es como se hallan en el de Venecia— a prolongar exageradamente y fuera de toda justa proporción el ático y hasta a coronarlo con tres grandes estatuas de las virtudes teologales.

Pagaríase a Hernando de Avila, tal vez, por el diseño del retablo; pero, dada la rareza de este en España y la semejanza que acabamos de establecer con el de *Santa Bárbara*, ¿quién, sino el Greco, pudo sugerir, probablemente imponer, al dibujante tal modelo? La tradición acierta en atribuirle la paternidad del retablo, a pesar de las cuentas. El mismo excesivo alargamiento de la adaptación, no riñe, ciertamente, con las figuras prolongadas del Greco. El cual, por ciertas analogías chocantes, no ya de la traza, sino de los cuadros mismos, parécenos que, en efecto, fue el altar de *Santa María Formosa*, y ningún otro, el que tuvo presente. No es que haya reproducido en Santo Domingo una sola de las composiciones de Palma; mas dijérase que ha dispuesto, si no todas, la mayor parte de las suyas, pensando en aquellas. La *Asunción* que ocupa el sitio preferente en el retablo de Toledo, nada tiene que ver, es cierto, con Santa Bárbara; pero concuerdan en su disposición y aspecto el *Bautista* y el *San Sebastián*, desnudos, en el medio punto de la izquierda, así como el *San Juan Evangelista* y el *Santo Domingo*, vestidos, en el de la derecha. De igual suerte que coinciden el *San Benito* y el *San Antonio* en el rectángulo de este último lado; y, en ambos áticos, *Cristo Muerto*: en el de Venecia, en los brazos de la Virgen, y, en los del *Padre Eterno*, en Toledo. ¿No son demasiadas coincidencias para ser casuales? Y ¿no es este un nuevo indicio de que Hernando de Avila, de quien ningún otro retablo se conoce, debió solamente dibujar lo que el Greco compuso? Pudo haberse satisfecho a aquel la traza de un altar, que luego no fuera adoptado, como le ocurrió en la catedral de Burgos; pero los términos de la cuenta no autorizan esta suposición.

"La talla del retablo pagóse a Monegro". Tal vez sus oficiales trabajaron capiteles, frisos y molduras; pero las cinco estatuas y los dos niños que sostienen el medallón de la *Santa Faz*, no acusan su estilo, que nos es conocido por las obras del Escorial. Las formas esbeltas de los dos *Profetas*, uno a cada lado del ático, y de las tres *Virtudes*, en lo alto del mismo; su finura y elegancia; la pequeñez de las cabezas sobre el cuello alargado; el aire enteramente italiano, y el parecido que Justi les encuentra con Sansovino, induce a pensar en la mano del Greco. Apoya esta opinión —conociendo la tendencia que el artista tuvo a repetir sus propias composiciones— el ver aparecer también sobre las acróteras del frontón del retablo de Illescas (imag. 80), que aquél hizo veinte años más tarde, la *Fe* y la *Esperanza*, esta vez arrodilladas, pero conservando el estilo y la misma actitud y ademanes que en el de Santo Domingo[117].

LA "ASUNCIÓN".

Si al disponer este pensó el Greco en el altar de Palma, no hay duda de que, al escoger el asunto para el cuadro central, o quiso rendir homenaje de respeto a su maestro, o pretendió emular sus glorias. La *Assunta* de Frari debía ser ya en aquel tiempo la obra de más renombre de Tiziano; y su discípulo Theotocópuli, llegando de Italia a Toledo, da patente prueba de audacia pictórica y de la suficiencia de carácter que hubo de distinguirle, eligiendo, para presentarse al público y hacerse abrir las puertas de la catedral y del Escorial, aquel mismo asunto con análogas dimensiones y expuesto a la contemplación en el sitio más visible del altar mayor del nuevo templo. Y salió triunfante en su empresa.

Desgraciadamente, es inútil hoy ir a Santo Domingo a comprobarlo. La *Asunción* que queda en el altar es una insignificante copia hecha por D. José Aparicio, pintor de Cámara, para sustituir al original, que compró, hacia 1830, el infante D. Sebastián de Borbón y

---

[117] *El propio Cossío dio a conocer posteriormente documentación que avala esta hipótesis, hoy no puesta en entredicho: la traza del retablo de Santo Domingo el Viejo pertenece, en efecto, a El Greco y fue Juan Bautista Monegro quien ejecutó tanto el retablo como las esculturas.

que, tras varias vicisitudes, adquirió, en 1904, el señor Durand Ruel, de París (imag. 21)[118]. Lástima, no sólo por la excepcional importancia del cuadro en sí, y en la obra del Greco, sino por ser, la única, entre sus grandes composiciones, de que, hasta ahora, no conocemos réplica.

Difícil había de ser al Greco dar originalidad al tema, teniendo que luchar con el recuerdo de la *Assunta* de Frari. El motivo, ajeno al orden de la *Curación del ciego* o al de los *Mercaderes*, no es en sí dramático, pero cabe tratarlo apasionadamente, como han hecho los italianos y puede verse en las tres Asunciones de Tiziano, Tintoretto y Pablo Veronés (imgs. 48 a 50) de la Academia de Venecia, con las cuales es interesante comparar la de Toledo. Teniendo todas los mismos elementos de composición, y dispuestos, en general, de modo análogo, échase de ver pronto que la última está concebida con otro espíritu que las primeras. En estas, es movimiento y agitación todo lo que, en aquella, serenidad, calma y reposo. La Virgen, ya se halle en el instante de salir con violencia del sepulcro, como en la *Asunción* de Tintoretto, ya lejos de él y en actitud más tranquila, como en las de Veronés y Tiziano, percíbese que realmente asciende con místico arrobamiento, en el esfuerzo de los ángeles, en la disposición de las nubes, en los movimientos expresivos del cuerpo y del manto flotante. Los apóstoles, ora rebosan íntimo sentimiento de adoración, mezclada de tristeza, como en Tiziano; ora repentina sorpresa, como en Tintoretto; ora mera contemplación, algo afectada, como en Verones, todos miran a la Gloriosa, todos se agitan, componiendo en los tres cuadros una escena grandemente movida.

En la *Asunción* del Greco, por el contrario, el éxtasis de la Virgen es menos intenso, y, ni por su actitud, ni por sus vestiduras, parece aquella moverse, dando idea, más que de ascender, de estar ya en el cielo, donde los ángeles, a uno y otro lado, la adoran. En tanto que en la tierra, a ambos lados también del sepulcro, conversan tranquilamente, en dos grupos de perfecta simetría, los apóstoles, con aspecto sosegado y ademanes recogidos, sin pena, sin alegría, sin admiración, sin entusiasmo, sin sorpresa. No están indiferentes, bien se observa. Hablan con naturalidad del acontecimiento. Esa es su nota justa; conduciéndose como personas refinadas, que, para sentir, no gritan, ni se retuercen, ni gesticulan, ni se descomponen. Huyendo

---

[118] *Hoy, como ya hemos dicho, en el Art Institute de Chicago.

de la copia, parece como si el artista hubiera querido escoger para su obra, no el conmovedor instante de la Asunción, sino otro más tarde, en que los ánimos estuviesen ya repuestos.

En este sentido, es chocante el contraste que ofrece el cuadro del Greco con el de Tiziano, único tal vez que le era conocido; el solo, sin duda, de tos tres, que le preocupaba y cuya servil imitación debió importarle evitar a toda costa. Suprime, desde luego, la figura del Padre Eterno. La Virgen, que, a primera vista, por su posición central y arreglo de brazos y manos, es lo más parecido en ambos cuadros, tiene invertido el movimiento, no solo del cuerpo, sino de las ropas. La esbeltez y el aire juvenil y de frescura, que el talle ceñido y la túnica levantada, para dejar pies y tobillos al descubierto, dan todavía a la matrona de *Frari*, desaparecen, así como las formas todas del cuerpo, bajo el abultado ropaje, con que el Greco envuelve a la suya, que queda siendo la madre robusta y majestuosa, sin recuerdos de virgen. El manto, que allá flota, está aquí ceñido y cae pesadamente y sin gracia, en excéntrica punta, para ocultar casi por entero los pies, allí donde Tiziano levanta con airoso y pronunciado movimiento el borde de la túnica, para dejarlos libres. La bulliciosa y revuelta guirnalda de amorinos de la *Ofrenda a Venus*, convertidos en la *Assunta* en ángeles, se trasforma ahora en dos grupos de estos, no menos hermosos, pero adultos ya, de formas angulares, de tan grave expresión como la Virgen, a quien adoran con reverencia, y cuyo semblante recuerdan, como si estuvieran hechos con el mismo modelo, aunque más joven. El sepulcro, en tierra, que Tiziano ocultó casi por completo, se ve aquí, al contrario, casi todo él, separando en dos grupos los apóstoles, con un escape de luz entre ambos; mientras los de Venecia forman una banda continua. Todos, menos uno, levantan allí sus ojos a la Virgen. Dos solos hay que alcen aquí la vista a contemplarla. Con idénticos recursos, distintas son ambas composiciones, en fondo y en forma. La de Tiziano, dispuesta en tres zonas paralelas y sin interrupción, de izquierda a derecha; la del Greco, en grupos que, interrumpidos por el sepulcro y por la Virgen, apiramidan, produciendo su efecto de alto a bajo. En Venecia, todo el interés es celestial y se reconcentra en la Madona; en Toledo, lo que importa es la tierra, lo humano, y lo que atrae las miradas son los dos naturalistas grupos de aquellos honrados vecinos de la ciudad, disfrazados de apóstoles.

Pero aún no son todos toledanos; algunos modelos se han

deslizado entre ellos todavía de las primitivas composiciones italianas, con ciertos elementos de las cuales, diestramente modificados, se halla ésta construida. El joven, que asoma la cabeza sobre el hombro del que está de espaldas, es el mismo que, en análoga posición, se muestra en el cuadro de Parma; y algo más que simple reminiscencia del de Dresde es el viejo de barba blanca, que ocupa en ambas obras el extremo derecho. De Parma está arrancada igualmente y trasportada aquí entera, invirtiendo solo el ademán y el movimiento del cuerpo, la figura de espaldas; y todo el grupo de la derecha está compuesto, según puede observarse, del mismo modo que el de los ancianos en el cuadro de los *Mercaderes*. No falta nada en él, ni aun la mano al pecho del último personaje.

Sin embargo, comienza a faltar algo, cuya trasformación ha de caracterizar las nuevas obras españolas del Greco: aquel tradicional idealismo que, aun inspirándose directamente en la realidad, ha distinguido siempre al arte italiano. No es esta ocasión de explicar un concepto, por otra parte vulgar y corriente. El que compare el *Adán y Eva* de Masaccio, en la Capilla de los Brancacci de Florencia, con el *Adán y Eva* de Van Eyck, que, procedentes de San Bavon de Gante, están hoy en el Museo de Bruselas[119], se dará cuenta clara del abismo que media entre dos obras, ambas de primer orden, ambas intensamente impregnadas de realidad: la primera, sin embargo, idealista; la segunda, fiel guardadora, casi esclava, del natural, como a diario se nos ofrece. El mismo radical contraste observará entre los dos retratos ecuestres más hermosos que el arte ha producido: el *Carlos V* de Tiziano y el *Felipe IV* de Velázquez, uno y otro en el Prado. Y ese es precisamente el distinto espíritu que está encarnado en los apóstoles de la Academia de Venecia y los de Santo Domingo de Toledo. Concebimos como reales los primeros, no son falsos ni afectados, viven de verdad, pero son difíciles de encontrar; son escogidos, son tipos de algo, viven en nuestra idea; los segundos existen realmente, los vemos de continuo a nuestro alrededor, los llamamos por sus nombres, hablamos con ellos, no se necesita buscarlos ni escogerlos, son los que son, sin ser tipos de nada. Hacer vivir con intensidad a unos y a otros es todo el problema. Y si

---

[119] *Forman parte del famoso retablo de la *Adoración del Cordero Místico*. Políptico objeto de múltiples trasiegos, hoy en su sitio: la propia Catedral de San Bavón de Gante.

queremos percibir la diferencia entre ambos aspectos del arte, y cómo se acentúa la nota realista, iniciada ya desde antes, en la primera obra española del Greco, basta comparar aquellos dos grupos del cuadro de los *Mercaderes* y de la Asunción, entre los que tanta analogía hemos hallado. Reales son los personajes de aquél, tan reales y vivos como los de este, pero están concebidos y tratados al modo idealista. Son figuras selectas, excepcionales, que piensan y sienten algo trascendental, que hablan como Sócrates y Alcibiades en la *Escuela de Atenas.* Los de Toledo están más cerca de nosotros, tenemos más intimidad con ellos, se conducen y conversan como todos los mortales. No se concibe a Hals ni a Van der Helst brotando de los primeros; pero se comprende a Velázquez naciendo de los segundos.

Sin embargo, este realismo del Greco, que veremos acentuarse paso a paso, es solo relativo. En la mayor parte de la obra de Santo Domingo domina todavía la manera idealista italiana, cuyos vestigios no desaparecerán nunca por completo de los cuadros del pintor. Abandonará pronto los tipos italianos, lo poco que su enérgica individualidad soportara de fórmulas venecianas y romanas; se inspirará en otro ambiente más real y naturalista; bajará, si se quiere, exteriormente el tono de sus concepciones; pero, en el fondo, no perderá jamás, en medio de su realismo, el espíritu levantado y poético, fruto del medio superior en que se educó, y conservará eternamente en sus obras el sello ideal, producto solo de aquella gran cultura humanista del Renacimiento, cuyos últimos destellos todavia alcanzó el Greco.

Una de sus características consiste en esta ponderación y equilibrio, que acierta a dar a aquellas dos tendencias, y que conserva siempre. Los altares del monasterio toledano ofrecen ya ejemplos, no solo de este hecho, sino de otros contrastes, que, pronunciándose más cada dia, lo acompañan también durante toda su carrera. Merece citarse la alternativa de justa medida y de extravagante singularidad, que le distinguirá constantemente, al tratar el asunto y las figuras, dentro de su extraordinaria potencia para darles vida, y de su acentuada personalidad innovadora. Y asimismo, por lo que hace al colorido, la oscilación entre diversas entonaciones más o menos armónicas, en que indica anhelos de hallar algo nuevo; pero moviéndose siempre, con diferente intensidad, dentro de la gama de los colores fríos.

La "Trinidad".

La composición más importante, después de la central, en el altar mayor de Santo Domingo, y que tampoco se halla en el sitio para que fue pintada, es la del ático. La circunstancia de ser también original del Greco, y no copia, el lienzo que hoy aparece en su lugar[120], ha hecho que pasara hasta ahora inadvertido el cambio. Pero la obra que el artista hizo para lo alto del retablo es sin duda la *Trinidad* que hoy figura en el Prado (imag. 27)[121]. Varias razones llevan a pensarlo así. La primera es la cita fidedigna de Ponz (t. I, pág. 165), y de Ceán (t. V, pág. 10), que describen en aquel sitio, no la *Adoración de los Pastores,* que hoy existe (imag. 63), sino *Cristo muerto en los brazos del Padre Eterno con muchos ángeles de rodillas,* es decir, la composición del Museo, sin que sea verosímil la posible confusión entre ambos asuntos.

La segunda consiste, en que este último cuadro pertenece, en todos sus elementos, al estilo de los restantes de Santo Domingo, es decir, a la primera manera del Greco en España. El Cristo muerto es el mismo modelo que el *Resucitado* del altar lateral de la derecha (imag. 55); iguales son también los ángeles y dispuestos del mismo modo, aunque con distinta expresión que los de la Virgen; y la composición, sobria, clara, y de dimensiones apropiadas a la distancia a que debía contemplarse; mientras que la *Adoración de Pastores,* siendo uno de los ejemplares más característicos de su último tiempo, es evidente que no pudo colocarse en aquel sitio a la vez que los otros.

En tercer lugar, el mismo Ponz (t. I, página 166), escribe, hablando de este templo que, "en una capilla que hay enfrente de la puerta de la Iglesia, se ve también un cuadro grande del Greco con el *Nacimiento del Señor,* del cual, añade, tengo una estampa, pero no es comparable con los que hizo para el altar mayor"; cuadro, que hoy no

---

[120] **La Adoración de los pastores,* como enseguida nos indica el propio autor. Estuvo en el Convento de Santo Domingo hasta que fue adquirida por el Estado español en el año 1954, pasando a formar parte de la colección permanente del Museo del Prado. Hay otras versiones del propio pintor, pero esta fue la última.

[121] Asi lo hizo observar ya en sus conferencias del Ateneo de Madrid, en 1900, el profesor de Historia de las Bellas Artes en la Universidad central, mi amigo D. Elías Tormo. *Desarrollo de la pintura española del siglo XVI,* pág. 181.

existe en la capilla indicada, y que no puede ser otro, por su asunto y época, que el que ahora ocupa el ático. Que no ha sido hecho para aquellas dimensiones, y sí amoldado allí posteriormente, lo prueba el ver la cabeza de un ángel rasando con el borde superior del marco, que corta por completo los brazos de otro; siendo esto producido, sin duda, por la necesidad de levantar la composición, para que el escudo de la *Santa Faz* no ocultase la parte inferior de la misma, que es precisamente a lo que responde con discreción el gran espacio de nubes que queda en el cuadro de la *Trinidad* a los pies de Cristo.

Esto sobra para probar nuestro aserto, pero, además, ¿cómo puede ser verosímil que el Greco, al componer a la vez, en 1576, sus tres altares, repitiera, en dos de ellos, el mismo asunto? Y, habiendo pertenecido la *Trinidad* a D. Valeriano Salvatierra, arquitecto de la Catedral de Toledo, mediador[122] entre la comunidad y el Infante D. Sebastián para adquirir la *Asunción*, ¿no es más que probable, que, hacia aquel mismo tiempo, si no a la vez, se sustituyera también la *Trinidad* del ático por la *Adoración de Pastores*, que había en la capilla? Finalmente, las dimensiones del cuadro del Museo convienen con el hueco.

Ofrécenos el Greco en esta obra, llena de majestad y poesía, así como en el inspirado San Juan Evangelista, que ocupa el medio punto de la derecha, en el retablo, la honda huella de su educación romana e influjo de Miguel Ángel. Dijérase que ha querido unir en su primera labor española, así como en el cuadro de Yarborough los retratos, las señales del influjo de sus dos maestros. Dedicada la *Asunción* a Tiziano, o inspirada en él, la *Trinidad* y el *Evangelista* proceden del Buonarroti; y, aunque originales como aquella y personalísimos, lo recuerdan en el fondo y en la forma mucho más que la *Asunción* a Tiziano. Y es que el genio del Greco, compadecíase mejor con el arte intenso y violento del florentino, que con la suave placidez del veneciano. Del realismo que asoma en los apóstoles, no hay nada en la *Trinidad,* como no sea el delicioso ramillete de cabecitas, en que descansan los pies de Cristo, análogas a las que Velázquez puso más tarde en su *Coronación de la Virgen* (núm. 1.056 del Prado). El ambiente veneciano tampoco domina. Las figuras son más épicas, que dramáticas; y el Padre, el Hijo y los ángeles, lo que

---

[122] Debo esta noticia a su nieto el profesor de Historia en la Universidad de Madrid, mi amigo D. Fernando Brieva y Salvatierra.

rebosan es grandeza, majestad austera, intensa, pero serena, emoción y, sobre todo ello, ese hondo pensar y enérgica potencia cerebral que fluyen de los tipos de Miguel Ángel, y que solo otro espíritu varonil como el suyo, descontentadizo como él probablemente, y nutrido asimismo de cultura helénica y bíblica, podía permitirse interpretar con acierto. Si el estudioso compara la *Trinidad* del Greco con otras composiciones análogas de pintores que con él tuvieron relación artística, tales como la *Piedad*, de Julio Clovio (imag. 54), en la Galería Pitti; la *Trinidad*, de Tintoretto (imag. 56), en el Museo de los Gremios de Glasgow[123], y los *Angeles sosteniendo el Cuerpo de Cristo*, de Miguel Ángel (imag. 52), en la Galería Nacional, encontrará que la obra española guarda más íntima relación con la de Londres que con las otras dos. El impecable escultórico desnudo de Cristo, mezcla, en fondo y forma, de clásico y cristiano, construido, por esta vez, sin alargamiento, y con amplitud, firmeza y corrección intachables, recuerda más que, nada el espíritu y la factura del autor de la *Notte*.

Sin embargo, la inspiración directa para la *Trinidad* le viene al Greco por otro camino para él menos trillado, pues procede de Alberto Durero (imag. 53). Lejano estaba ya al cretense, pero no importa, porque circulaban sus estampas como los dibujos de Miguel Ángel, y en una de aquellas, grabada en madera, la señalada en Bartsch con el número 122[124] y que representa el mismo asunto de la *Trinidad*, halló el Greco dada la fórmula para la composición que nos ocupa. Fácil es observarlo. Suprime nuestro pintor los instrumentos de la pasión en las manos de los ángeles; convierte los cuatro vientos, que soplan furiosamente, en tranquilas y graciosas cabezas de serafines, agrupadas a los pies de Cristo; imprime desusado aspecto bíblico —en consonancia con la singular originalidad de su temperamento— a la usual tiara del Padre Eterno: abundando en el mismo carácter, introduce aquellas dos cabecitas de ángeles, a modo

---

123 *Esta pintura no aparece en las láminas de Cossío, pero es, sin duda (sea la misma o una copia), la conservada actualmente en la Galería Sabauda de Turín, que nosotros reproducimos como imagen 56.

124 Adam Bartsch. Septime volume. A Vienne, 1808, pags. 141 y 143. De esta estampa hay dos ejemplares en la Biblioteca Nacional de Madrid, y del mejor de ellos se ha sacado la ilustración para este libro. Viene además reproducida con el número 260, H. 0,392, B. 0,284, en *Dürer. Des meisters Gemälde Kupferstiche und Holzschnitte in 447 Abbildungen. Mit einer biographischen Einleitung*, von Dr. Valentín Scherer. Stuttgart und Leipzig, Deutsche Verlag-Anstalt, 1901.

de alfileres o de clavos romanos, para recoger el manto del Dios Padre; mueve el brazo derecho del Hijo, con afectado miguelangelismo, a compás del de la estatua de Lorenzo de Médicis (imag. 53), e imprime, claro está, a toda la composición su inconfundible sello personal, más armónico, por cierto, de lo que a primera vista puede pensarse, con el genio artístico, igualmente libre, masculino, violento y un tanto atrabiliario, del famoso autor del grabado, que le sirve de pauta. Pero todas estas novedades, que llegan a cambiar el espíritu de la obra dándole valor original, no impiden reconocer la fidelidad con que se ha respetado el modelo. Era este un patrón como tantos otros, que en todas las épocas se han ido sucediendo; y no sería difícil hallar su filiación antes de Durero, de igual suerte que se ve su continuidad en el Museo del Prado y frente al mismo lienzo del Greco, en la Trinidad de Ribera.

"San Juan Evangelista".

El anciano San Juan, por su dignidad y noble elevación es, en este ciclo de figuras de grandeza profética, tal vez la más sugestiva, sentida y emocionante (imag. 57). También su barba recuerda la del *Moisés,* y el apóstol se halla tan real y profundamente abismado en la lectura como el *Zacarías* del techo de la Sixtina. En la Sala de estampas de la Biblioteca Nacional de Madrid, se conserva un buen dibujo de esta misma figura, acaso el único auténtico que conocemos del pintor (imag. 59). Tiene al lado izquierdo de sus pies el águila, lo que acredita la atribución que damos al personaje, que, Sampere y Justí califican de San Pablo. ¡Qué extraño contraste ofrecen, en una misma obra, este grandioso evangelista de Patmos, tan impregnado de espíritu bíblico, y aquella realista cabeza de muchacho, que se asoma tras de las nubes entre los ángeles y el manto de la Virgen, a contemplar la escena de los apóstoles en el cuadro central (imag. 21), y cuánto ayuda a comprender al Greco!

"SAN JUAN BAUTISTA".

No es menos íntima y poética que la del autor del *Apocalipsis* la figura desnuda del Bautista, que con aquel forma juego en el medio punto de la izquierda; pero no obedece ya al mismo influjo romano que las anteriores (imag. 58). Y no es tampoco menos chocante que el contraste que acabamos de establecer, el que ofrece su cuerpo descarnado con la plenitud de formas del Cristo de la *Trinidad* (imag. 27). Su dibujo es tan correcto como el de este, aunque la expresión de su esqueleto sea ya otra, y dentro de sus proporciones alargadas, como las de su compañero el evangelista, es, como él, justo y medido, sin el menor asomo de aquella frecuente extravagancia que le distingue al dibujar los músculos. El escuálido Precursor lo es también, en la obra del Greco, de su acentuada manera española; de aquellos tipos de realista misticismo, de expresión serena y a la vez penetrante y acerada, arrancados en sus formas y actitudes al mundo que le rodeaba, y sin el menor dejo de italianismo clásico.

"SAN BENITO" Y "SAN BERNARDO".

Así debieron ser también los originales del *San Benito* y del *San Bernardo* (imágs. 60 y 61) que ocupaban los rectángulos sobre los medios puntos, ya que los existentes son, por desgracia, unas medianas copias. Probablemente, aquellos desaparecerían del retablo a la vez que los otros lienzos; y me afirma en esta idea el considerar que del infante Don Sebastián proceden, tanto el *San Benito* que en la familia de aquel se conservaba, como el admirable *San Bernardo* que, perteneciente a esta primera época española, he tenido la fortuna de ver en París en la colección del señor Cheramy, entusiasta admirador del Greco[125].

---

[125] *Hoy, afortunadamente, ambos están localizados: *San Benito* lo conserva el Museo del Prado, y *San Bernardo* el Hermitage de San Petersburgo.

Los fundadores son dos tipos finos, agudos, llenos de vida; dos retratos, que con el hábito blanco y con el negro ocupaban aquel sitio, a pesar de la rivalidad de sus respectivas órdenes, en atención a haber sido benedictinas las monjas; cuando fundó el convento Alfonso VI, a fines del siglo XI, y haber cambiado, más tarde, su primitiva regla por la del Cister.

La "Santa Faz".

En el escudo, sostenido por dos elegantes niños —cuyo estilo acusa también la mano del Greco— , y que, rompiendo el frontón, rompe, a la vez, tan discretamente la excesiva altura del altar, se halla el séptimo y último cuadro de este: la *Santa Faz,* sobre el sudario (imag. 62). Semblante tranquilo y sereno, fuera de todo expresivo convencionalismo, y en que no aparece la menor huella de cansancio, ni de dolor, ni de amargura. Le dan solo carácter la cabellera larga, el lienzo blanco y el sitio que ocupa; y es motivo que, con o sin la Verónica, frecuentemente ha repetido el Greco.

¿No es interesante ver a los pies de la *Trinidad,* inspirada en Durero, este *Sudario* sostenido por dos ángeles, para quien recuerde que el maestro de Nuremberg trató también el mismo asunto en otra de sus más conocidas estampas grabadas en cobre?[126] Semejante conjunción de ambas obras en el retablo de Santo Domingo —indicando aproximaciones entre uno y otro pintor, que no será la última vez que notemos— nos suscitan la idea de que si el Greco hubiera continuado ofreciéndonos los retratos de sus grandes maestros, no habría tardado mucho en incluir entre ellos el del famoso jefe de la escuela germánica.

---

[126] Bartsch, I c. t. VII, págs. 47 y 48. "Num. 25. La face de Jesus Christ. Deux anges en l'air soiutenant un drap sur lequel la face de Jesus Chris test imprimée. L'ange a la gauche de l'estampe tient le drap de ses deux mains, l'autre n'y employe que sa main droit, faisant un gest de l'autre. L'année 1513 et le monograme de Durer sont marqués au milieu du bas de l'estampe. Largeur: 5 p. 1 lig. Hauteur: 3 p. 8 lig." Reproducido en Scherer, I. c. con el núm. 139. H. 0, 102, B. 0,140.

"Adoración de Pastores".

El carácter de intimidad naturalista pronunciase aún más que en el grupo de los apóstoles, en la *Adoración de Pastores*, que ocupa el altar lateral del Evangelio (imag. 63). La Virgen, que en la *Asunción* tiene todavía algo de solemne, es aquí solo una dama de aquel tiempo, fina, sí, "distinguida", pero familiar, sencilla, que adora al recién nacido tiernamente, sin que en su cara ni en su actitud se note ningún trascendentalismo. En la de San José parece este iniciarse, pero se pierde al punto, ante su aspecto de caballero español, cuya fisonomía recuerda mucho la del famoso toledano Antonio de Covarrubias; y de los pastores no hay que hablar. Por su tipo enteramente naturalista, por su expresión y hasta por su indumentaria —aunque no sea este pormenor el más importante—: ya vestidos por completo, como el viejo de rodillas, ya a medio vestir, como el que le sigue, con aquella pierna desnuda, cuyo patrón veremos repetirse hasta los últimos cuadros del pintor, y donde, a pesar del dibujo y la sólida construcción, se inicia ya la extravagancia, todos pertenecen a la más viva realidad, y convertirían la composición en escena de género, si no quedaran todavía en ella vestigios claros de la permanencia del artista en Roma. Y no son, por cierto, los encantadores angelitos que, en lo alto, dejan ver solamente sus mórbidos cuerpos, dibujados en raros escorzos, ocultando todos sus cabezas en la fulgurante explosión del resplandor celeste, y sosteniendo la filacteria con la escritura en griego del versículo 14, cap. 2.° de S. Lucas Δόξα ἐν ὑψίστοις θεω καί ἐπί γής εἰρήνη ευ άνδρώποις ευδοκία[127]: porque ellos indican, más bien, una de tantas anticipaciones del ambiente moderno, que surgen por doquiera en la obra del Greco. Ni tampoco lo es el Isaías, de medio cuerpo, que con el cirio y el libro de las profecías en la mano, acompaña la escena; pues, a pesar de su luenga barba y cara respetable —tal vez el mismo modelo que sirvió para el Evangelista— ha perdido bastante de su trascendental aspecto bíblico. La nota épica está aquí en los dos gallardos y misteriosos mancebos, que, de pie, sobre el umbral, erguidos, cubiertos con sus mantos y envueltos en la penumbra, se miran graves y silenciosos y

---

[127] *"Gloria a Dios en las alturas y paz en la tierra a los hombres de buena voluntad".

parecen guardar la puerta como clásicos genios tutelares.

La "Resurrección".

Ninguno de estos motivos de carácter heroico hay en el altar colateral de la epístola; como no sea la expresión de piedad y serena tristeza del Cristo, tan ajena al aspecto de radiante gloria, con que se acostumbra a representar al *Resucitado* (imag. 55). Su desnudo y su semblante no tienen ya el acento escultórico, que en la *Trinidad* del Museo del Prado (imag. 27). Los soldados son tipos comunes, realistas, como los pastores de la adoración; y, como en estos, vemos acentuarse en ellos la exageración muscular de sus desnudos y aparecer el gusto por los escorzos difíciles, violentos, pero llenos de expresión y de vida, hechos fácil y libremente, sin vacilación, con perfecto dominio del dibujo, y como quien satisface a conciencia una necesidad de su espíritu artístico, sin importarle el público. Y, al lado de estas violentas contorsiones, por si la calma y el ajuste de la *Asunción*, la Trinidad, el *Evangelista*, el *Bautista* y el mismo *Cristo resucitado* no fueran bastante a mostrar lo que en esa dirección le era posible, aparece aquella media figura del donante, el primero de sus penetrantes retratos españoles, tan justo en dibujo y colorido, tan lleno de serena emoción, de vida intensa, de realista poesía. Quién sabe si al querer D. Diego de Castilla[128] perpetuarse con las blancas vestiduras sacerdotales, que corresponden a la fiesta representada en el cuadro, pensó en algo semejante a aquel tierno humorismo del místico Maestro Juan de Ávila (imag. 171), cuando, a punto de expirar, recomendaba a sus amigos que dijeran de resurrección la misa de aquel día.

* * *

---

[128] *Sobre Diego de Castilla (1507-584) deán de la catedral de Santa María de Toledo desde 1551 y fundador del convento, ver más arriba en este mismo capítulo, en el epígrafe "El convento". Fue, en definitiva, quien encargó el retablo a nuestro pintor.

En resumen, a juzgar especialmente por la gradación de mayor a menor italianismo, por el pronunciamiento cada vez más acentuado de los rasgos que constituyen el estilo ulterior del Greco, y por la entonación general del colorido, es probable que los ocho cuadros de los altares de Santo Domingo se ejecutaran aproximadamente en el mismo orden en que han sido expuestos. Son obras de artista original, que trabaja por su cuenta y con sus propias ideas. En todas se observa la nota personalísima del autor, y además, la ponderación entre los conceptos y fórmulas tradicionales de Venecia y Roma juntamente con el nuevo fondo y forma realistas. En tal respecto, puede decirse que el primero de aquellos dos elementos prepondera en la *Trinidad* y en el *Evangelista*, y el segundo, en las restantes composiciones; siendo la *Asunción* el cuadro que ofrece más compensados y medidos uno y otro. Rasgo que le da un valor típico sobre todos los demás, para la estimación de la obra entera; aparte de la superior importancia que le distingue por la riqueza de composición, esmero en la ejecución y hasta por sus dimensiones: todo lo que justifica el sitio preeminente a que fue destinado. Y como si hubiera querido significar que poseía realmente esta especie de carácter sintético, en él pone el Greco su firma, de modo bien ostensible y en distinta forma, por cierto, que lo ha hecho hasta aquí. Aquel cartel blanco, pegado con cera roja al borde del infolio, que sostiene el apóstol de rodillas y que, con variantes, repetirá más tarde, aparece ahora por vez primera con dos líneas (imag. 6), donde se ve que ha abandonado por las cursivas las letras mayúsculas de sus firmas italianas; que ha sustituido el ἐποίει (*hizo*) y por la fórmula ὁ δείξ (*el que representó*), no empleada jamás en adelante, y que añade en cifras griegas también la fecha de 1577, circunstancia repetida tan sólo en otro caso.

"Anunciación". — "Piedad". — "San Sebastián".

Al calor de la obra inicial de Santo Domingo, otros cuadros debieron surgir en el taller del Greco. Entre los que conozco, tres especialmente me atrevería a clasificar en este punto: La *Anunciación* del Museo del Prado (imag. 30); la *Piedad* (imag. 29) que posee, en Madrid, D. Luis Navas[129], y el tan hermoso cuanto desconocido *San Sebastián* de la catedral de Palencia (imag. 64). Todos ellos, por su concepción, espíritu, técnica y modelos, a ningún otro período corresponden mejor que al de los primeros días del Greco en España, y con nada se enlazan más estrechamente que con los altares del monasterio toledano.

La pequeña *Anunciación*, en tabla, es un singular ejemplo de cómo aplica el Greco su amplio estilo y su técnica a la miniatura. Con él se despide, acaso, de las alegres y vistosas perspectivas venecianas, a pesar de las cuales, la escena no es plácida ni risueña, sino severa. De austeridad, como en los lienzos de Santo Domingo, más que de gracia, está lleno el ambiente que respiran la Virgen y el Ángel.

La *Piedad* es un trozo lleno de intenso dramatismo, concebido y ejecutado según la corriente heroica; con la misma áspera Virgen que en la *Anunciación*, pero desgarradora; los mismos ángeles y el mismo Cristo que en la *Trinidad*, pero más trágicos; la misma tonalidad de color que en uno y otro cuadro, pero con más tornasoles carminosos; y con una ejecución más febril, mucho menos cuidada.

El *San Sebastián*, por el contrario, es placentero. Sereno e indiferente al doloroso martirio, pertenece ya por su expresión a la corriente familiar más que a la clásica, no obstante la plenitud de

---

[129] *Actualmente, esta Piedad, de la que hay varias versiones, la adquirió del propio Luis Navas la Hispanic Society of America de Nueva York, según es de ver en la ficha del catálogo de la exposición sobre El Greco celebrada en el Metropolitan Museum of Art de Nueva York y en la National Gallery de Londres, en 2003 y 2004. Información que extraemos *de Cartografías visuales y arquitectónicas de la modernidad: Siglos XV-XVIII.* Sílvia Canalda, Carme Narváez Cases, Joan Sureda. Edicions Universitat Barcelona, 2011 (Nota al pie de la pág. 67).

formas que conserva de su hermoso desnudo, trasformadas en delicuescente espiritualidad, cuando, en época muy avanzada, vuelve a tratar el mismo asunto.

Si con la *Anunciación* se despidió el Greco de palacios y pórticos, con la *Piedad* lo hace de las resonancias romanistas; y con el *San Sebastián*, de toda otra naturaleza y campo abierto que no sean los de Toledo —reducidos por él en adelante a poco más de un puro símbolo— así como de sus primitivas firmas en caracteres mayúsculos. Por señales de despedida pudieran tomarse la amplitud del deleitoso paisaje y el gran tamaño de las letras con que el cuadro se halla firmado, cosas ambas excepcionales, hasta ahora, en la obra del Greco.

CAPITULO 5.- El Expolio.

Su enlace.

No es en ninguno de los cuadros de Santo Domingo donde se establece con más rigor la relación entre las últimas producciones italianas y las primeras españolas del Greco, sino en otra obra, superior a todas las anteriores y más conocida y celebrada que ellas, por el sitio para que fue hecha y en que todavía se la contempla. Es esta el *Despojo de Las vestiduras de Cristo sobre el Calvario*, o como más lacónica y familiarmente se la designa por todos en España, desde la época en que fue pintada, el *Expolio*, y ocupa el altar mayor, en la Sacristía de la catedral de Toledo (imag. 65). Con él se llega a uno de los momentos capitales en la producción del artista; para muchos, al culminante; para todos, al de expresión de mayor sublimidad y grandeza poética...

¿Aguardó el Cabildo para encomendarle el trabajo a ver terminada la *Asunción* de Santo Domingo? Es de presumir: de un lado, porque desearía conocer hasta qué punto era digno de semejante honor aquel extranjero; y de otro, porque la *Asunción* está fechada, como hemos visto, en 1577, y en ese mismo año se le hace el encargo del *Expolio*, tal vez el 2 de Julio, pues en tal fecha aparece el Greco recibiendo la primera cantidad —cuatrocientos reales— a cuenta del cuadro, como solía ser costumbre en los contratos de la época. Lo probable es que, en aquellos días, solo el cuadro central de los altares de Santo Domingo estuviese acabado; y siendo este, no solo el más importante y perfecto, sino el más fácilmente comprensible, adecuado al gusto general por su equilibrio y medida y a propósito para fijar la atención y ser admirado del público, pues ninguna disonancia había en él todavía que pudiese escandalizar, natural es suponer que la *Asunción* abrió al Greco las puertas de la catedral, cosa fácil además, contando con el patrocinio del deán D. Diego de Castilla, para quien trabajaba en Santo Domingo. Así que, el *Expolio*, inmediatamente posterior a la *Asunción*, es contemporáneo de todas las restantes composiciones del convento, cuyas obras no se terminaron hasta el 22 de Setiembre de 1579, en cuya fecha el cuadro de la catedral estaba entregado.

Por esto no es extraño ver cómo persisten también en el *Expolio*, con más claridad que en los lienzos de Santo Domingo, no solo ciertos tipos y elementos de composición de los cuadros italianos del pintor, sino lo que en aquellos no se observa: una continuidad más estrecha en el asunto y en el modo de tratarlo. Abandonando los motivos de sencilla devoción, el *Expolio* vuelve al tema enérgico de la vida de Cristo. Y no en momento puramente místico y contemplativo, como en la *Trinidad*; ni de tranquila y serena belleza, como en la *Adoración de Pastores*; ni de heroismo triunfante, como en la *Resurrección;* no en escena del Cristo como Dios; sino, al contrario, del Cristo como hombre, en medio de la vida, y víctima inocente ahora de las pasiones humanas, como le vimos antes sembrando el bien en la *Curación del Ciego*, y luchando contra las miserias egoístas en los *Mercaderes*. De aquí, el enlace natural del Expolio con las composiciones italianas del Greco.

PROCESO DE CONCENTRACIÓN.

Las tres obedecen al mismo género de inspiración: en las tres aparece, como primer factor, el interés humano, y puede observarse lo que aumenta, de una a otra, el sentimiento dramático. Hasta el héroe, uno y el mismo en todas a través de los varios modelos, conserva en lo esencial el tipo con que, desde la primera, fue concebido. Aquel proceso de concentración de todos los elementos, secundarios y principales, antes dispersos, hacia una sola acción alrededor del protagonista, proceso que vimos acentuarse desde el cuadro de Dresde al de Parma, de éste al de Yarborough y al de Beruete, culmina en el *Espolio*. Y tan pronunciadamente llega a realizarse, que fue motivo para que el Cabildo pretendiera, con argumentos teológicos, hacer al pintor modificar su obra. La forma apaisada, que le fue grata en su época italiana, hasta para el retrato, desaparece aquí, como en los altares de Santo Domingo; y el alto lienzo le sirve para destacar vigorosamente en su centro la grandiosa figura del Salvador, que parece llenar todo el cuadro, del mismo modo que ella, desde el primer momento, y con fuerza incontrastable embarga por entero el ánimo del que lo contempla. Ya no hay los grupos separados de Dresde y Parma, ni los cercanos de Yarborough, ni los unidos del cuadro de Madrid o de la *Asunción*; ya no aparece más que un solo apretado montón de rudas cabezas, con pasmosa individualidad, de rasgos duros y aspecto sombrío, y que, coronadas de lanzas y alabardas, sirven de inmediato y oscuro fondo al claro, piadoso y celestial semblante de Cristo.

Fiel todavía a su tradición veneciana, lejos de prescindir de los episodios, introduce dos en primer término, pero no esparcidos, como antes, en plazas y en pórticos, sino apiñados, cerrando la escena y sin dejar más espacio libre que el necesario para los pies de Jesús. A un lado, el brutal sayón que, con fuerza y realismo vivientes, barrena la cruz, para abrir los agujeros; al otro, las tres dulces Marías, que melancólicamente lo contemplan. Motivo antiguo, el del hombre, trasladado aquí íntegro, como puede observarse, desde el cuadro de los *Mercaderes* de Madrid, y que, con solo variarle el ritmo, al modo que hace Beethoven con sus temas, adquiere novedad y frescura; original, el de las Mujeres, nota de gracia y belleza femenina, que sustituye ahora a la esbelta joven de aquella misma obra, y cuya tierna representación y suave encanto forman vivo contraste con la cruel labor a que, con tan bárbaro ahínco, el verdugo se entrega. Y, sin embargo, a pesar del atractivo de tales figuras y del que despierta el misterioso caballero, que, descubierta la cabeza y con armadura del siglo XVI, ocupa el primer sitio a la derecha de Jesús y mira al espectador —sin que parezca tomar en serio el oficio de capitán que representa— es tan perfecta la unidad de composición en este cuadro, que todo el interés lo absorbe la figura de Cristo.

COMPOSICIÓN.

El pintor supo calcular este efecto con gran arte, disponiendo la composición casi en círculo alrededor de Jesús, que aparece realmente envuelto por las demás figuras como en una aureola. Las masas no están, a semejanza de sus cuadros anteriores, únicamente a derecha é izquierda; se hallan también en el fondo, para que sobre ellas descanse y se destaque el protagonista; lo perfilan por ambos lados, desde la cabeza a los pies, sin ocultar nada de su contorno, y todavía avanzan al primer término, para cerrar, por completo, la escena, haciendo que el Salvador ocupe así el centro del grupo que lo cerca, y adquiera, por contraste, aun más relieve. Todo se halla medio oculto ó rebajado en el *Expolio*, para que resalte una de las dos solas figuras enteras del cuadro: la de Cristo. Al mismo fin concurren el colorido y el claro oscuro: pues el semblante iluminado de Jesús y la mancha roja de su túnica, forman el contraste más vigoroso y llamativo con las sombrías caras de los sayones y con la entonación gris, cercana al acero de la armadura, que domina en el fondo del cuadro. Y dentro de este general, abundan los contrastes especiales: las Marías, y el sayón que se inclina sobre la cruz; el caballero armado, y el hombre que lleva la cuerda y pone su mano en la túnica del Salvador; el celestial semblante de este, y las dos cabezas que, a derecha e izquierda, se le aproximan.

PROCESO REALISTA.

Si se compara con los *Mercaderes* de Madrid el *Expolio*, se verá, a pesar de su estrecho y mutuo enlace, la evolución que experimenta el autor entre uno y otro cuadro. Ambos obedecen a la misma concepción y en idéntico molde se han fundido; pero el acento del segundo es más enérgico que el del primero; la emoción que produce, más profunda, y el carácter de toda la obra, más inspirado en la observación inmediata de la realidad. Los tipos ideales, que allí predominan, son aquí de pronunciado naturalismo; el que se inclina a recoger la caja es el mismo que se baja a abrir los agujeros de la cruz, pero ahora con más fuerza y aliento; la elegante y graciosa figurita de pie se sustituye por las tres Marías, cuyo sentimiento es más íntimo, más moderno y humano; y el Cristo, en fin, a pesar del cambio de modelo, fiel trasunto del de los *Mercaderes*, en cuanto a su figura, a su actitud, a su vestido y hasta al ademán de su mano izquierda, experimenta en todo su ser el mismo cambio hacia el natural que los otros personajes, y adquiere en el *Expolio*, con la robustez de formas, rayana en lo atlético, un aspecto de divinidad más humana.

Y para que nada falte, la misma trasformación sufre el ambiente. La escena del *Expolio* es también solo humana. Hombres y mujeres llenan todo el espacio; y la naturaleza no tiene más representación que la estrecha zona de cielo nuboso que apenas se advierte a través de lanzas y cimeras y el preciso palmo de tierra que Cristo pisa. Nada hay que indique el lugar, el cual se caracteriza por la acción misma. Diríase que, preocupado en intensificarla, elimina el pintor el escenario para concentrar más poderosamente toda la atención sobre el protagonista, único personaje de que se sirve, en contraste con el coro que le acompaña; semejante en esta sobriedad a la antigua tragedia griega. Y algo de trágico sublime sentimos que pasa por aquella víctima, por aquel sobrio y grandioso Nazareno, que, con la mano al pecho —la eterna mano del Greco, más expresiva aquí que nunca, aislada, destacándose luminosa sobre un fondo rojo, convertida audazmente en centro de atracción de las miradas y en rival del semblante— eleva al cielo, triste y tranquilo, sus resignados ojos, donde brillan dos lágrimas de piedad para los hombres. El contemplador espera que entreabra los labios, y caiga de ellos el "Padre, perdónalos", que inunda e ilumina ya su rostro.

PROCESO ESPAÑOL

El *Expolio*, heredero legítimo de la tradición italiana del Greco, y punto culminante del elemento dramático, que no vuelve a tratar el artista, no es, como vemos, otro cuadro más, superior o inferior al de los *Mercaderes* de Madrid, pero en su mismo género. Representa un factor nuevo, observado también en los altares de Santo Domingo.

117

Acento más enérgico, emoción más íntima y familiar, espíritu más impregnado de la realidad, tipos más naturalistas, otro ambiente local, en suma, que deberá llamarse español, puesto que aquí aparece, y que hace inconfundibles ambas obras, como lo son ambos momentos en la labor del maestro. Los *Mercaderes* de Madrid quedan siendo la producción más personal y perfecta del Greco italiano; en tanto que el *Expolio*, a pesar de su potencia ideal, se halla penetrado hondamente de un naturalismo que falta en aquella, y que le da carta de ciudadanía en otra patria. Esta distancia que separa al Greco español del italiano, le aleja con más razón del Tintoretto. Todavía se nota la herencia; pero ya muy amortiguada como puede observarlo el estudioso que compare el *Expolio* con el cuadro del maestro veneciano que más se le parece: el Cristo ante Pilatos, de la Scuola di San Rocco.

Bien se comprende que Justi (Z. f. B. K. pág. 214) pueda llamar al *Expolio* "la pintura más original del siglo XVI en España"; y añadir que "ninguna la supera en inspiración genial, en riqueza y atractivo del color, en plenitud de carácter, movimiento intensivo, contrastes violentos, vida plástica, encanto del claro oscuro que vibra a través de luces chispeantes, vigorosos acentos personales, intuición melancólica del acontecimiento".

FILIACIÓN Y ORIGEN.

El mismo crítico encuentra en la composición ciertos rasgos anticuados y reminiscencias bizantinas, tales como "la vigorosa posición de frente, en que está vista la escena; las figuras puestas tan simétricamente; la agitación de la multitud apiñada de rostros, cráneos y yelmos; lo unísono del fuerte avance con rigidez militar de esta masa; acordes hieráticos que no dejan de contribuir esencialmente a la impresión del conjunto." Como puede verse, añade, por ejemplo, en el *Camino del Calvario*[130], donde Cristo marcha

---

[130] Seroux d'Agincourt, *Storia dell'Arte dimostrata...* Prato, 1839, t 111, lám. 57, núm. 2. El asunto no es *Cristo con la cruz a cuestas* (Kreuztragung), como dice Justi, sino el *Prendimiento*. La escena se destaca sobre un muro, terminado a derecha e izquierda por casas con ventanas. En primer término se hallan Jesús y Judas, que le besa.

delante de la apiñada multitud. Indica, además (Velázquez, pág. 77 y Z. f. B. K., pág. 214) que "esta escena aparece, antes de ahora, en un mosaico de la catedral de Monreale, en el que Cristo se halla a la izquierda del contemplador, conducido por dos hombres; a la derecha, el capitán con la guardia; en el suelo, un hombre medio arrodillado, que clava las cuñas para afirmar el pie de la cruz; y lleva la inscripción: Jesús CHRISTUS DUCTOS AD CRUCIS PASSIONEN."

También ha sido Justi el primero en devolver al Greco una pequeña réplica del *Expolio*, que, en la Galería Manfrin de Venecia, era en 1874 atribuida a Barocci[131] (imag. 42); suscitando, con este motivo, el problema de si el pintor llevaría la composición, ya hecha, desde Italia a España. Sin el examen directo de la obra, cuyo paradero no me es conocido, difícil es pronunciarse en este punto. Algunas de las variantes que se observan dan a esta réplica, si lo es, un carácter singular entre las demás conocidas del *Expolio*. Es la única en que se halla suprimido el brazo derecho del hombre y la mano con que coge la túnica de Jesús por el cuello, siendo reemplazado por el brazo también derecho del que está detrás del anterior, que lo pone ahora sobre el hombro de Cristo. Variante desgraciada, de menor fuerza expresiva, y que no da clara idea de lo que se trata de representar, es decir, del despojo de la túnica. Ya es chocante que el Greco no la haya vuelto a repetir más en sus réplicas. Pero a esto hay que agregar todavía los siguientes datos. Primero: que, entre todas aquellas, los modelos de la de Venecia, incluso los de Jesús y las Marías, son los que difieren más de los usados en el de Toledo, contrarios entre sí hasta en el modo de presentarse; pues en vez de ser angulosos, son suaves y blandos. Segundo: que el grupo de cabezas del fondo está

Detrás de ellos, muy simétricamente en forma de pirámide, el grupo de gente, coronado por picas y lanzas. A la izquierda, en el sitio que ocupan las Marías en el *Espolio*, está San Pedro, de rodillas, cortando la oreja a Malco, sentado en el suelo. La impresión total recuerda, en efecto, algo al *Espolio*.

131 *Adquirido por el propio Justi, pasando luego a la colección Moser de Nueva York. Esta versión ha sido objeto de una sensible manipulación, de modo que la descripción de Cossío, queda aquí desfasada. En todo caso, el propio Cossío nos deja el testimonio gráfico de su estado anterior. Según Álvarez de Lopera, se conocen hasta diecisiete versiones de *El Expolio* entre originales, obras de taller y copias de escuela. (ÁLVAREZ LOPERA, J., "El Expolio" in *El Greco. Identidad y transformación*, Skire editore-Fundación Colección Thyssen-Bornemisza, 1999, p. 372).

peor compuesto, es más indeciso y menos concentrado, a lo que coadyuva la que se encuentra vuelta de espaldas en el ángulo de la derecha, y que no aparece en el ejemplar toledano, aunque sí en otras réplicas. Tercero: que el partido de paños de la túnica de Jesús, no sólo es más duro en el cuadro de Venecia que en el español, sino que, dentro de una disposición general análoga, es el que se diferencia más del de todas las otras, que siguen en esto también al de la catedral. Y cuarto: la indecisión e insignificancia de todos los rostros, comparados con los de aquél, y con los de otras réplicas, que se acercan al mismo, sobre todo, el de Cristo, tan muelle y femenino, tan pobre de carácter, tan radicalmente falto del vigor y grandeza, que son la nota esencial del de Toledo. Todo ello contribuye a hacer pensar que la composición de Venecia, ejecutada en Italia o en España, ha debido preceder a la de la catedral, que es donde el autor encontró la fórmula más justa y perfecta, tanto en la disposición como en los tipos, y en el espíritu de la obra, para expresar su idea. En suma, entre el *Expolio* de la Galería Manfrin (imag. 42) y el de Toledo (imag. 65), media un proceso análogo al observado entre los Mercaderes de Yarborough y los de Beruete[132]. Ahora bien, si, como se pretende (cap. I), el modelo del centurión, en la obra veneciana, fuese el mismo Greco, el cuadro tendría que haberse hecho, según la edad que el pintor representa en él, con bastante posterioridad a los de Parma y Yarborough. Si fue boceto acabado para el de Toledo, tal vez de ahí proceda el dicho vulgar de que el centurión del *Expolio* de la catedral es el retrato del Greco; lo que, en realidad, no parece justificado.

El Sr. Sampere (*Hispania*, pág. 43) pretende que el hecho de ser el centurión del *Expolio* que posee en Sevilla el Sr. Abreu (imag. 66)[133], el mismo modelo, pero más joven, que el de Manfrin, destruye la hipótesis de Justi, de haber sido este último cuadro la primera composición del asunto, engendrada en Italia, y da a entender que siendo el de Sevilla español y anterior al de Venecia, tuvo este, por tanto, que pintarse también en España. No me parece semejante juicio acertado, por tres razones. La primera, porque la identidad del

---

[132] *El de Yarborough (imag. 2), actualmente en el Minneapolis Institute of Art (USA); y el de Beruete, hoy en la Frick Collection de Nueva York, similar al de la National Gallery de Londres (imag. 36).
[133] *Hoy en la Pinacoteca Antigua de Múnich.

modelo para ambas figuras, base de aquella inducción, no existe. A mi parecer, los tipos son distintos. La segunda, porque la variante de la mano del sayón —que solo en el *Expolio* de Manfrin se halla colocada sobre el hombro de Cristo, mientras que en todos los demás aparece cogiendo la túnica— lejos de no ser notable, como el Sr. Sampere dice, es, acaso, como ya indiqué, el dato más significativo para presumir que el *Expolio* Manfrin es un primer arreglo poco afortunado, corregido después con acierto y para siempre, pues que no vuelve a repetirse. Y tercera, porque el *Expolio* de Sevilla acusa por su técnica ser posterior al de la Catedral. De la presencia de las Marías, en que también se apoya el señor Sampere para creer que, tanto el de Abreu como el de Manfrin, han precedido al de Toledo, hablaré dentro de poco.

LA LUZ Y EL COLOR.

Cuando se comparan los cuadros de Santo Domingo y el *Expolio* con los anteriores del Greco, nótase una trasformación en el modo de tratar la luz y el color, análoga a la que hemos visto producirse en el espíritu general de los mismos. Los *Mercaderes* de Madrid también representan, en cuanto al colorido, el grado más perfecto de italianismo del artista. Las notas personales que, en tal respecto, allí solo se inician, pronúnciarse bruscamente en los lienzos de Toledo, y acrecientan la originalidad del pintor, en este punto, hasta hacerla por completo inconfundible. Queda en ellos, es cierto, y aun en los posteriores permanecerá siempre patente, la procedencia colorista del Greco; pero se acentúan ahora con tal fuerza sus modos de ver individuales, que aparece destacándose sobre el mero discípulo de Tiziano, de Tintoretto y de Veronés, hasta absorberlo, el maestro sustantivo y de innovadora iniciativa, quien, compenetrándose con el nuevo medio castellano donde vive, acierta a traducirlo con intensa verdad en fondo y forma.

Acentúa el Greco vigorosamente, desde sus primeros cuadros toledanos, el tono *frío* que originariamente le ha sido predilecto, y tuvo el valor de pintar como veía, cuando en todas partes se pintaba con entonaciones *calientes*. Abandona la serie de las tintas rojas y doradas, base de la coloración veneciana, y adopta principalmente la serie del azul y del carmín, inundando, a veces, sus obras de los grises cenicientos, que le han de ser cada día más gratos, y que, convertidos luego en argentinos por Velázquez, anticipan uno de los aspectos del arte moderno. Dentro de esta nota general, que es la predominante, hallamos en sus lienzos tonalidades claras, llenas de luz, y frías; violentos contrastes entre las grandes masas de color puro, intenso, audaz, sin moderaciones convencionales, hasta crudo, y las medias tintas delicadas, aunque siempre igualmente intensas y luminosas; predilección por el carmín y el violeta, tanto en los paños, como al tratar la trasparencia del desnudo, sobre todo en las partes blandas: orejas, labios y párpados; influjo de unos colores en otros por aproximaciones y reflejos; luces frías también y pálidas, pero arrojadas con vigor y siempre buscando otros efectos más ricos y más modernos que los consagrados en los moldes clásicos. Y todo ello, empleado con mayor o menor predominio de unos u otros rasgos; ora con mucho, ora con poco, o con ningún acento; a veces opuestamente, aún en obras de una misma época, según el peculiar contradictorio carácter de acierto y desafuero, de calma y precipitación, de armonía y desequilibrio, que acompaña siempre al artista.

Así, mientras en la *Asunción* y en la *Trinidad* dominan las grandes manchas claras y limpias de amarillos, azules, blancos y carmines pálidos, alternando con las medias tintas, inundadas de tornasoles y reflejos, que hacen oscilar el recuerdo entre los primitivos venecianos y los agrios ensayos modernos, pronúncianse los grises en los restantes cuadros de Santo Domingo, suavemente en unos, como el *Evangelista*, invadiéndolo todo en otros, como el *Bautista*, que, a juzgar por este carácter, y según el falso criterio corriente, debería pertenecer a los últimos tiempos del pintor, y sirviendo discreta y moderadamente, en la *Adoración* y en la *Resurrección* para envolver otros juegos de color y de luces, muy en armonía con el espíritu realista, que anima las dos composiciones.

Pero donde llega a su más alta expresión de equilibrio y medida este nuevo sistema es en el *Expolio*. Aquí son perfectos la ponderación y el contraste, entre el ambiente gris acerado del fondo, la extraña y enérgica crudeza, en el primer término, de las masas de amarillo, blanco, azul y violeta, intensamente fríos, a la vez que claros y luminosos, y las luces, frías también, más de luna que de sol, arrojadas con vigor, no difusas. Diríase que el Greco ha pintado el

Expolio en tono menor, como corresponde a la honda emoción dramática del asunto. En tal respecto, es inexplicable que los antiguos lo comparen con Tiziano y más inexplicable todavía que algún moderno, como Lefort[134], celebre una entonación dorada y caliente, que no existe en el cuadro. Tintas, tonos y luces son del Greco *español* y peculiares suyas. La obra, en vez de cerrar, abre otro ciclo, justo o extraviado, pero nuevo; y lejos de ser un ejemplar más de pintura veneciana, en cuanto al color, aunque de ella proceda, es una nota original, cuyo acierto podrá discutirse, pero que mira al porvenir y no al pasado. Consciente o inconscientemente, hay en gran parte de la pintura moderna, sobre todo en la que arranca de Delacroix, tal vez en este maestro mismo más que en ningún otro, cierta nostalgia del colorido del *Expolio*. A la viva expresión realista de toda la obra, y al aspecto de actualidad de las figuras, y aún de pormenores, como el de aquella sugestiva mano escorzada, que, contra todo convencionalismo, asoma entre las cabezas, señalando a Cristo, acompañan en el color notas también modernas; por ejemplo: la intensa inundación de reflejos rojos de la túnica de Jesús en la armadura del caballero, y las sorprendentes tintas azules, que, tras el brazo del sayón de la cruz, vestido de amarillo, aparecen, impregnando el blanco lienzo de su camisa: producto, diríase, de una prematura y penetrante observación de los contrastes complementarios. Anticipaciones, que no recuerdo haber visto mostrarse, tan clara y conscientemente acentuadas, en ningún otro pintor antes del Greco.

EL PLEITO.

La cuestión litigiosa (*Documentos para la Historia de España*, pág. 591 y siguientes), que hubo de suscitarse entre el pintor y el Cabildo de la catedral, con motivo del precio del *Expolio*, añade todavía a este cuadro atractivo romántico, y ofrece interés histórico; porque nos da alguna idea del carácter del Greco, de la estimación que hacía de su obra, y del efecto que esta debió producir en los artistas locales. Para apreciar el cuadro, según costumbre, nombró la catedral tasadores, en

---

[134] *Paul Lefort.

15 de Junio de 1579, a su arquitecto y escultor Nicolás de Vergara y a su pintor Luis de Velasco; y el Greco, por su parte, a Diego[135] Martínez de Castañeda, escultor, de Toledo, y a Baltasar de Castro Cimbrón, pintor, de Murcia. Y, como la discordia hubo de manifestarse pronto, convínose igualmente, el 27 de Junio, en que sería juez arbitro sin apelación y amigable componedor, Alejo de Montoya, platero contraste de Toledo. El 5 de Julio los tasadores del Greco declaran "que su parescer es que conforme a la grandeza e arte de la escriptura del dicho quadro y ystoria que tiene, que la estimatiua del es tan grande, que no tiene prescio ni estimación; pero que atendiendo a la miseria de los tiempos y a la calidad que en ellos tienen semejantes obras, se deue dar por el trauajo e ocupación e yndustria e arte e costa e tiempo gastado novecientos ducados de a trecientos, e setenta e cinco marauedis cada ducado, a el dicho dominico." Los de la catedral, el 11 de Julio, contestan que "visto la estimación e prescio excesiuo y fuera de rraçon e término que las partes del dominico dezian"... ellos afirmaban "que vale el dicho lienço como está pintado dos mili e quinientos rreales, con que quite algunas ynpropiedades que tiene, que ofuscan la dicha ystoria y desautorizan al christo, como son tres o cuatro cabeças, questán encima de la del christo y dos çeladas, y ansi mismo las marias y nuestra señora, questán contra el evalngelio, porque no se hallaron en el dicho paso". En virtud de lo cual, el día 23, Montoya, el arbitro "auiendo para ello comunicado este negocio con anbas partes y con los dichos tasadores y con otras personas que entienden de la dicha pintura, e de ciencia y conciencia... e vista ser la dicha pintura de las mejores que yo he visto y que si se oviese destimar, considerando sus muchas partes, que tiene de bondad, se podría estimar en tanta cantidad que pocos ó ninguno quisiesen pagarla; pero visto la calidad de los tiempos y lo que de ordinario se paga en castilla por pinturas de grandes artífices..." falla que la catedral "pague al dicho dominico teococopuli (sic) tres mill e quinientos reales" sin que este pueda pedir ninguna otra cosa. Y en cuanto a la impropiedad de las Marías, "rremito la declaración dello a algunos señores teólogos, a quien toca saber de ello que lo declaren".

Notificada esta sentencia al Greco, en 17 de Agosto, dijo que

---

[135] Los *Documentos inéditos para la Historia de España* dicen: "... pero en las escrituras originales que he consultado en el Archivo de protocolos se lee Diego".

respondería. Pero la respuesta tardaba, sin duda, y el Cabildo, temeroso de quedarse sin el cuadro, y sin "ciento e cinquenta ducados" que al pintor había entregado a cuenta, y empezando por declarar que estaba dispuesto a concluir de satisfacer el resto, con tal que el Greco enmendase las faltas dichas, pidió en 23 de Setiembre al Alcalde de Toledo que obligase a aquel a cumplir lo que los arbitros habían dispuesto "que las marias que tiene puestas çerca de la imagen de nuestro Sr. Jesuchristo las quite e las ponga apartadamente, porque está impropia la dicha pintura si no hace esto, porque conforme a la letura del sacro evangelio do dize questaban ad longe, y se ha de pintar assi y no cerca como están, y otras impropiedades que tiene la dicha pintura, questán declaradas por los arvitros, que se enmienden..." y "porque el dicho dominico tiene rrescibidos ciento y cinquenta ducados para en quenta de la dicha obra y tiene la tabla y pintura en su poder, y es "forastero, y la obra que vino a hazer a esta ciudad, que es el rretablo de S.ᵗᵒ domingo el viejo, le tiene acabado y puesto, como es notorio y no tiene para que estar en esta ciudad ni tiene bienes en ella, mande que se arraygue de fianzas ó entregue la dicha tabla y pintura a mi parte en la dicha santa iglesia, do la aya de acavar de lo que de suso tengo pedido que ha de hazer en la dicha pintura".

Confiesa el Greco ante el Alcalde haber recibido, "mill e quinientos reales" a cuenta del cuadro, no ser de Toledo ni tener allí bienes raíces, y se niega, por no estar obligado a ello, como ya apuntamos en otro lugar, a decir por qué vino a la ciudad, pidiendo copia y traslado de lo dicho, pues no entiende bien la lengua castellana. Insiste el representante del Cabildo en que, siendo forastero, dé fianzas. El Alcalde manda al artista que nombre procurador para seguir la causa y le notifiquen los perjuicios a que se expone; a lo que contesta aquel invariablemente "que responde lo que tiene rrespondido". El Alcalde, por último, ordena "quel dicho dominico teococopuli dé fianzas... ó ponga la pintura en poder del depositario... ó, en su defeto de lo uno ó de lo otro, le pongan preso...".

¿Fué el Greco a la cárcel? No es lo probable: porque todo esto ocurrió el mismo día 23, y el 24 comparece sumiso el rebelde pintor ante el Alcalde, exponiendo en un escrito que "el quadro está acabado y mandado lo que se me ha de dar por el trabajo y ocupación que en ello hize y ansi solo rresta que se me pague lo que está mandado se me dé por el tesorero, y estoy presto a quitar lo que quisieren que quite del y con esto cesa todo pleito, y seguridad que se me pide".

Asi hubo de vencerse la firmeza del pobre pintor extranjero. Seguro es que estimaba en demasía el precio de su obra, para lo que entonces, según decía justamente Montoya, se pagaba en Castilla, y no pensamos en modo alguno, como Foradada y Justi creen, que los artistas españoles se confabularon, ni cometieron con él, en este punto, ningún abuso. A mi Juicio, tasaron la obra leal y honradamente, al precio que era costumbre, estimando, tal vez, que un pintor desconocido y sin renombre, el cual, en aquellos mismos días, recibía 1.000 ducados por los nueve cuadros de Santo Domingo, cuatro de ellos también de gran composición y tamaño, no debía creerse perjudicado al aceptar 382, o sean 3.500 reales por uno solo, aun siendo tan importante como, en efecto, era el *Expolio*. Esto no obsta para que todas las simpatías en el litigio estén en favor del Greco, ya por la justificada confianza que muestra en la superioridad de sus facultades, ya por la penetración con que supo aquilatar el alto valor de su cuadro, ya por su valiente resistencia contra el filisteismo artístico-teológico de los canónigos. De los cuales, por cierto, triunfó, sin que sepamos cómo. Pues, a pesar de la protesta de obediencia, con que el pleito parece resolverse amargamente para el artista, las Marías, ni desaparecieron del cuadro, ni, contra lo que Madrazo y Sampere[136] creen, cambiaron de sitio; y las cabezas, celadas y demás

---

[136] En *Hispania* (pag. 43), se afirma que el *Expolio* de Toledo (imag. 65) está corregido, porque las Marías vienen más bajas que en el de Justi (imag. 42) y en el de Abreu (imag. 66), Pero ¿puede llamarse corrección al insignificante, apenas perceptible, descenso de aquellas figuras? Ni semejante enmienda, que si pretendiera serlo parecería broma, ¿hubiese nunca satisfecho al Cabildo? El pequeñísimo cambio de posición de las mujeres en uno y otro cuadro obedece tan sólo a la completa libertad con que el Greco realizó siempre sus réplicas, y nadie verá sino que aquéllas se hallan de hecho, y siempre, y en todos los ejemplares conocidos, a la misma distancia de la escena, que era precisamente lo que inquietaba a los teólogos. Si alguna vez, como en el *Expolio* de la catedral, aparece menos cuerpo de la mujer que se encuentra en primer término, no es por hallarse esta más lejos, sino pirque el lienzo, como puede observarse, se corta más arriba, desapareciendo la punta del madero de la cruz, que en otros ejemplares, no solo se ve completo, sino a bastante altura sobre el marco. Por otra parte, más fácil hubiera sido borrar las celadas, que, sin embargo, subsisten. Y no puedo explicarme cómo asegura el Sr. Sanpere que "estas celadas no se ven en ninguna otra de las repeticiones del Expolio", pues, aunque bastaría notar cómo permanecen en el de

impropiedades allí continúan todavía, por fortuna, igualmente *desautorizando* la figura de Cristo. ¿De qué suerte lo logró, al fin, el Greco? Es probable que mediante el influjo de los mismos artistas locales de buen sentido, y de los finos conocedores de arte, que no faltarían, entre los doctos de Toledo, los cuales, tal vez lograran convencer de lo descabellado de su pretensión a los empedernidos teólogos. Pero, si el cuadro quedó a gusto del pintor, el cabildo, en cambio, a pesar de sus promesas, no le pagó, "setenta y cinco mil maravedís", el resto de la cuenta, hasta dos años más tarde, en 8 de Diciembre de 1581, sin que sepamos tampoco por qué fue esta demora.

EL RETABLO.

A pesar de todo ello, las relaciones entre el Greco y la catedral no se interrumpieron: porque, en 5 de Marzo de I 582, vuelve aquél a recibir "cient ducados", que no vemos cargársele en cuenta hasta 9 de Julio de 1585, en que se le encomienda el *ornato de madera*, o sea el retablo, para colocar el *Expolio*. La obra fue tasada en 20 de Febrero de 1.587 —lo que ha hecho decir equivocadamente a Ceán y a los que le han seguido, que el cuadro no se acabó hasta dicha fecha— por el escultor de Valladolid Esteban Jordán, de parte del Greco, y por Sebastián Hernández, escultor, y Diego de Aguilar, pintor, de parte de la catedral, siéndolo en "doscientos mill y seiscientos maravedís"[137], incluyendo solo el "dorado samblaje, talla y escultura", sin contar las maderas. Precio muy superior, es cierto, al del cuadro, como hace notar Justi; pero no debe sorprender, ni, a mi juicio, significa que abusaron del pintor, al tasar el *Expolio*, pues tales trabajos de arquitectura y talla, en aquel tiempo, acaso eran mejor retribuidos que los pictóricos[138]. Y si el Greco se hizo pagar por el

---

Toledo, que fue la causa del litigio, no conozco además una sola réplica del asunto en que aquéllas no aparezcan igualmente.

[137] En todas las cuentas la equivalencia es de 34 maravedís por real, y 11.000 reales por ducado.

[138] Recuérdese que a Monegro se le pagaba en aquellos mismos días 10.160 reales, sólo por la talla (sin madera, dorado ni escultura) de los altares de Santo Domingo el antiguo, donde el Greco cobraba 11.000 reales por sus nueve cuadros.

Entierro del Conde de Orgaz —que tiene, no menos, como opina el crítico antes citado, sino bastante más que pintar que el Expolio— 1.200 ducados, se debe, no tan solo a la mayor importancia del cuadro, sino, muy especialmente a que, lejos de ser ya el pintor un desconocido, su celebridad, unida a su firmeza, le colocaban en condiciones de aspirar a aquellos altos precios de los grandes maestros italianos, que él hubiera querido imponer desde su llegada a Toledo, y que los modestos artistas del país consideraban excepcionales en Castilla.

El *Expolio* luce todavía sus bellezas en el mismo Vestuario del Sagrario, en que el Greco lo puso, y al destino de dicha sala hace el asunto indudablemente acertada alusión, como ya indica Justi; pero el ornato de madera ha desaparecido. De él sólo sabemos, por la visita del Cardenal Sandoval y Rojas, en 1601, que era una "guarnición de pilastras, basas, capiteles y frontispicios todo dorado, y en el banco unas figuras de talla también doradas, que son cuando nuestra Señora echó la casulla a San Ildefonso". (Ceán, t. v, pág. 4). Lo he buscado con ahinco y he tenido la fortuna de encontrar las figuras del banco, de las que hablaré al tratar de la escultura (cap. 11, imag. 67). El haberse arrancado de su sitio, siendo ellas el pormenor más distintivo en la descripción del retablo hecho por el Greco, aumenta las dificultades para identificar esta obra[139].

"Se quitó este retablo, añade Ceán, quando se hizo el Sagrario nuevo, ó quando se puso el de mal gusto que hoy existe", el cual, calificado así por dicho crítico, tenía que ser barroco. Pero como Ceán publicaba esta afirmación en 1800, no acertamos a compaginarla con el registro de visita del Cardenal Lorenzana, donde en 1790 se describe todavía en su sitio, y con las mismas palabras que en 1601, el retablo del Greco[140].

---

[139] *El actual retablo de mármol y bronce data 1798, fecha en que sustituyó al realizado por el Greco, y del que lo único que se conserva actualmente es el grupo escultórico en madera de la Virgen imponiendo la casulla de San Ildefonso (imag. 67), descubierto por Cossío, y al que se referirá con más detalle en el apartado sobre escultura del capítulo 11. Hoy se puede contemplar en la sacristía de la Catedral de Toledo.

[140] "Inventario de las reliquias y alhajas del Sagrario de esta Santa Primada Igles, hecho por el Emmo. Sor Don Francisco Antonio Lrenzana, Cardenal y Arzobispo de ella en la Visita que principió el día 20 de Junio del año 1790 — Nº 8 — Un retablo grande que hizo Dominico Greco y representa cuando quisieron poner a N. Señor en la Cruz, que tiene varias figuras pintadas en lienzo, sentado en tabla, con

El actual altar neoclásico, de mármoles y bronces, fue encomendado por el Cardenal D. Luis María de Borbón, a principios del siglo XIX, al arquitecto de la catedral, don Ignacio Haam, y al escultor D. Mariano Salvatierra. Rico y bien compuesto en su género, más dignamente se halla en este marco, destacándose aislada y noblemente en el fondo de aquella gran Sacristía de clásicas proporciones la hermosa obra del Greco, que lo estaría dentro de uniforme y mezquina moldura, anegada y disminuida en la asfixiante confusión o la indigesta fila de cuadros de un Museo.

RÉPLICAS.

A parte del *Expolio* Manfrin, de que se ha hecho mérito, el examen comparado de todas las repeticiones del de Toledo, ejecutadas en distintas épocas, es digno de fijar la atención del estudioso. El modelo del centurión varía en ellas con frecuencia y lo mismo el de Cristo, aunque este se aproxima siempre más al tipo primitivo. Las proporciones, el número y aún la disposición de las cabezas también cambian ligeramente; y no hay que hablar del dibujo y del color, llenos, a veces, de precipitaciones y descuidos. En la serie de las doce, de que hasta ahora tengo noticia[141], disminuye el tamaño, desde la de Santa Leocadia en Toledo, que es la mayor, hasta las del Sr. Cheramy en París y el príncipe del Drago en Roma, que son las más pequeñas; afectando forma apaisada, en que desaparece la mitad inferior de la composición, las del Sr. Duret, en Paris, D. G.J. Buck, en Jerez de la Frontera, y la familia Veri en Marratxi (Mallorca). No todas alcanzan igual mérito, ni siquiera el mismo grado de autenticidad. Considero entre las mejores la del señor Abreu, la del

guarnición de pilastras, varios capiteles y frontispicio todo dorado, y en el banco unas figuras de Italia también doradas, que son cuando Nª. Señora echó la casulla a San Ildefonso, cuyo retablo es el principal de la Sacristía mayor". Folios 279 y vuelto. Archivo de la catedral. Debo esta copia al señor Simancas, ya citado.

[141] *Ya hemos dicho más arriba que, según Álvarez de Lopera, se conocen hasta diecisiete versiones de *El Expolio* entre originales, obras de taller y copias de escuela.

Sr. Duret y la del príncipe del Drago. La de Santa Leocadia es muy estimable, aunque no de primer orden; y la de Jerez lo sería, sin la desaparición de las veladuras. No conozco ni la de Lyon ni la de San Veri. La firmada por Jorge Manuel, en el Museo del Prado, única obra auténtica suya y de muy escaso valor pictórico, lo tiene grande para explicarnos el origen de muchas otras réplicas de diferentes cuadros, que, atribuidas al Greco, salieron tal vez de su estudio, pero con pocas o ninguna pincelada de su mano.

CRISTO CON LA CRUZ.

Hay, entre las obras del pintor, y es aquí donde debe mencionarse, otro asunto que, en el fondo, casi por réplica parcial del *Expolio* pudiera tenerse. Trátase del *Cristo con la Cruz* (imag. 68), cuya disposición e indumentaria, sin perjuicio de ligeras variantes, fácil es observar cuán fielmente se inspiran en las del Salvador del *Expolio*. Con rara originalidad se halla aquel concebido. No es el Cristo usual, el de Sebastián del Piombo, por ejemplo, agobiado bajo el peso de la Cruz, camino del Calvario; es un místico Nazareno, erguido, coronado de espinas, abrazado amorosa y simbólicamente a su destino, y llorando con inmensa piedad por los pecados de los hombres. La relación psicológica entre este Jesús y el del cuadro de la catedral no puede ser más íntima, y da motivo a creer que de la idea del de Toledo hubo aquel de engendrarse. En los siete ejemplares, que conozco de este cuadro[142], aunque pertenecientes a distintas épocas, ni cambia el modelo, ni, en lo sustancial, el modo de componerlo. Varían solamente el tamaño, y la porción que se ve de la

---

[142] Museo del Prado; Sres. Beruete, Navas y Mengs, Madrid; parroquial de Olot, y Mr. A. Stirüng-Maxwdl Keir (Escocia); más uno, cuyo paradero ignoro.
* Hoy se han descubierto algunos más. La versión de Beruete está actualmente en el Museo Nacional de Arte de Cataluña. Otras, magníficas, son las del Prado en Madrid y la del Metropolitan de Nueva York (colección Robert Lehman). El resto son de inferior calidad y, por tal motivo, no se consideran de la mano de El Greco, sino de su taller o de algún discípulo: la de París, colección Gutwilis; Buenos Aires, Museo Nacional de Arte Decorativo; Cuenca, Museo Diocesano; Atenas, Pinacoteca Nacional; Olot, Gerona, Iglesia de San Esteban; Cambridge, Mass., Fogg Art Museum; y Dublín, colección McGuire.

figura, que en ninguna aparece completa. El hermoso ejemplar con firma perteneciente al Sr. Beruete es muy superior a todos los otros, y debe haberse ejecutado en época ya adelantada, a juzgar por la exquisita finura técnica, lo ligero del toque y el predominio de las tintas carminosas.

LA "VERÓNICA".

Aquí, finalmente, corresponde citar otro asunto que ata el retablo de Santo Domingo al *Expolio*, pues está compuesto con elementos del uno y del otro. Es la *Verónica*, hecha con el modelo de una de las Marías del lienzo de la Catedral (imag. 65) y con la *Santa Faz* del retablo(imag. 62). Así puede verse en el cuadro que ocupa el ático del altar en que se hallaba el *Expolio* de la iglesia de Santa Leocadia, en Toledo, y en otra pintura que se conserva en el convento de Santo Domingo el antiguo (imag. 69). Al repetir esta composición, no se mantiene el Greco tan invariable como en el *Jesús con la Cruz*, según puede verse en la *Verónica* que D. Manuel Casado poseía en Madrid y llevó consigo a Buenos Aires. Corresponde a su último tiempo y, con respecto a las anteriores, representa, en concepción, modelos y factura, lo mismo que el *San Sebastián* del Marqués de la Vega[143] de que ya se ha hecho mérito (imag. 70), comparado con el de Palencia (imag. 64).

---

[143] * Hoy en el Prado.

CAPÍTULO 6.- EL SAN MAURICIO.

Su encargo.- Nuevos caracteres.- Adaptación al medio.-
La crítica y el público.- La crisis pictórica.-
Composición.- Intensidad realista.- Intensificación
nerviosa.- Réplicas.

SU ENCARGO.

Pocos meses después de haber entregado el Greco al Cabildo
de Toledo su disputado y famoso *Expolio*, "ordenábasele, por
mandado de Felipe II, que pintase la historia de *San Mauricio y
sus compañeros*, para uno de los altares del Escorial, y se le daban los
marcos y medida para ello". Así se desprende de una Real Cédula,
fechada en Zorita, a 25 de Abril de 1580, en que el Rey, dirigiéndose
"al Venerable y devoto P. Prior del Monasterio", dice, que el encargo
se hizo "los días pasados... a Dominico Teotocopuli, griego, pintor,
que reside en Toledo". Y añade: "después se me ha hecho relación,
que por falta de colores finas y de dineros para trabajar en esta obra,
deja de entender en ella. Y porque a mi servicio conviene que se haga
con la más brevedad que se pueda, os encargamos que de las colores
finas que hubiese... le hagáis dar algunas de las que pide y hobiese
menester especialmente azul ultramarino. Y para lo que toca al dinero
que pretende, comunicarlo eis con Fr. Andres de León, para entender

de él lo que se le pudiese dar a buena cuenta para entretenerse el tiempo que en esta obra se ocupare y proveerse de las cosas necesarias que para ello fuesen menester, y aquello se le podrá ir dando... porque por esta causa no cese, ni se deje de proseguir la obra"[144].

Por este documento, tan característico de la burocrática minuciosidad del monarca, sabemos que, entre el *Expolio* y el *San Mauricio* (imag. 14), no hay solución de continuidad; que apenas terminado el primero, y a consecuencia probablemente del éxito que debió tener, no obstante el pleito con el Cabildo, abriéronse al Greco las suspiradas puertas del Escorial, con el regio encargo del segundo de dichos cuadros; y que el artista lo pintó en Toledo, cuando, tal vez, no habría terminado aún de dar la última mano a los altares laterales de Santo Domingo el Antiguo.

NUEVOS CARACTERES.

Y, sin embargo, a pesar de la contemporaneidad de todas estas obras, revelada además en su común técnica, con solo poner de relieve decididamente en el *San Mauricio* el aspecto naturalista, que hemos visto ir ganando terreno paso a paso, parece que cambian de un modo radical, en dicho cuadro, con respecto a los anteriores, tanto la concepción del asunto, como el modo de interpretar las situaciones y los personajes. Basta ver afirmada con claridad semejante tendencia, para que este último lienzo se nos muestre con distinto carácter de los precedentes; como si el Greco aspirase a encontrar, cada vez con mayor ahinco, representaciones más adecuadas de la vida diaria y pusiese empeño, no ya en acentuar, sino en extremar las cualidades que forman su personalidad artística.

En tal respecto, el *San Mauricio* es ejemplar típico, el primero de una nueva forma de expresión que busca el Greco, y al par, el más significativo de aquella manera extravagante, que tanto escandaliza.

---

[144] Llaguno y Amirola, Eugenio: "Noticias de los arquitectos y arquitectura de España hasta su restauración. Datos sobre vida y obras". Madrid, 1811. T. III, pág. 349.

Con lo cual, debe notarse cómo, desde temprano, y sin salir del primer grupo de sus obras españolas, hay ya ocasión para observar las dos modalidades del pintor: *ponderada*, la una; la otra, *desmedida*. Acompañáronlo ambas, durante toda su carrera y a través de las varias fases de su arte, dando origen en la fantasía popular, que no entiende de erudición cronológica, a la inevitable leyenda de que el Greco en su vejez volvióse loco. En verdad, no hay para qué discutir cosa tan fuera de razón, que, no teniendo el menor dato positivo en que apoyarse, halló, sin embargo, su fundamento en el extraño e inexplicable consorcio que al público ofrecía la constante y simultánea producción por el artista de obras discretas y sanas, juntamente con otras deformes, al parecer, o cuando menos, raras; así como en la abundancia de estas últimas al final de su vida. Por otra parte, de haber sido cierto el legendario desvarío del Greco, no correspondería a una determinada época, sino a momentos alternados, accesos, más o menos violentos, de aquella exagerada manera que, desde luego, el gran público, y aún la crítica, la sensata especialmente, no pueden menos de considerar como perturbación artística.

El sello de poesía ideal, de procedencia clásica, marca de origen que eternamente persiste en el fondo de todas las obras del artista, se halla en el *San Mauricio*; pero no hay ya en él, ni modelos trasformados de antiguos cuadros, ni tan manifiestas reminiscencias como en estos, de fórmulas y moldes italianos. Es una pintura más original y nueva, y con ella se abre otra serie de producciones en la labor del Greco.

ADAPTACIÓN AL MEDIO.

El elemento realista, en el sentido que ya queda explicado, de intimidad esencialmente humana, y humana de la vida diaria y común, sin preconcebida selección de tipos heroicos y trascendentales —aspecto que hemos visto asomar esporádicamente, desde las primeras obras del pintor, y manifestarse, en fin, con entera claridad, al llegar a Toledo, por ejemplo, en los Apóstoles de la *Asunción* (imag. 21) —constituye el carácter del Greco español por oposición al italiano. Y ese realismo, que, en último término, procede de la fiel traducción del nuevo ambiente, en que el artista se mueve, y del cual abierta y sinceramente se impresiona, unido a condiciones técnicas de idéntica procedencia local, es en el fondo la carta de naturaleza, que obliga a considerar al Greco como el primero, en el orden del tiempo, entre los pocos grandes pintores del siglo de oro de la escuela española.

Ofrece nuestro Dominico uno de los raros ejemplos, que pueden señalarse en la historia del arte, no solo de más rápida adaptación al medio, sino de más profunda e íntima compenetración con la naturaleza y el alma castellanas. Griego de raza y nacimiento, formado en Venecia y Roma, lo hemos visto llegar a Toledo ya con personalidad imborrablemente esculpida; y, sin embargo, dentro de esta, que será en él indeleble, los cuadros de Santo Domingo y el *Expolio*, pintados antes de que hubiera tenido siquiera tiempo para entender la lengua del país, están ya impregnados de puro españolismo, por la firme y honda interpretación de la psicología y de los tipos regionales. Antonio Moro, Jordán, Tiépolo, sin citar otros pintores extranjeros de menor importancia, que por aquí pasaron, no presentan huellas de semejante influjo, no ya al principio, pero ni al final de su larga permanencia en España.

No pierde por esto ciertamente el Greco su modo de ser inconfundible. Antes, al contrario, bien puede afirmarse que su salida de Italia y su estancia en Toledo no fueron sino circunstancias favorables al desarrollo de su potente originalidad artística; pues que huyó a tiempo de una empobrecida atmósfera de amanerada decadencia, nada propicia para el cultivo de aspiraciones libres y vino a dar en tierra virgen, donde, careciendo de originales y sugestivas interpretaciones de grandes maestros, ningún otro influjo podía temer que el sano y fecundo de la realidad misma, a cuya inspiración se abandonara. Y abandonado a ella, en efecto, espíritu impresionable y penetrante, acertó fácil, casi espontáneamente, como si aquí mismo hubiera nacido, a eternizar en sus lienzos el cielo, el paisaje, la raza y las leyendas de Castilla, todo envuelto en el perenne dejo poético de su origen y educación helenoitálicos.

Este paso decisivo, pero no súbito ni violento, como el observador superficial pudiera pensar, y como la vulgar tradición asegura, puesto que se ha venido gradualmente preparando en cuadros anteriores, es lo que da significación en el proceso de la vida artística del Greco —independientemente del valor ideal y técnico que atesoran— al *San Mauricio* y al *Entierro del Conde de Orgaz* (imag. 25): dos obras congéneres e inseparables, en este respecto, a pesar de sus marcadas diferencias, más exteriores que de fondo, según luego veremos.

LA CRÍTICA Y EL PÚBLICO.

La primera cita que del Greco conozco, hecha por escritores españoles contemporáneos suyos, es acerca del Entierro, y la segunda, a propósito del *San Mauricio*. El Padre Sigüenza (pág. 835) dice en 1605: "De un Dominico Greco que ahora viue y haze cosas excelentes en Toledo, quedó aquí (en las Salas Capitulares del Escorial) un quadro de San Mauricio y sus soldados, que le hizo para el propio altar destos Santos; no le contentó a su Magestad (no es mucho) porque contenta a pocos, aunque dizen es de mucho arte, y que su autor sabe mucho y se veen cosas excelentes de su mano"[145].

El texto no puede ser más significativo. Sería difícil expresar con mayor acierto y discreción, en tan pocas palabras, el diverso efecto que la pintura hubo de producir en el público, así como el influjo que el Greco había conseguido ejercer en él, a los veinte años de haberla ejecutado. El juicio del P. Sigüenza, que ha seguido aplicándose, no ha perdido todavía oportunidad, y no podría formularse en nuestros días, ni quizá en los venideros, otro más justo. Porque temo mucho que las opiniones sobre el *San Mauricio* continúen en adelante, como ha sucedido hasta aquí, siendo las mismas que el prior expresaba.

"A S. M. no le contentó..." ¡Naturalmente! Y no era preciso para ello que Felipe II fuera adocenado o indiferente —que, en verdad, no demostró serlo— en bellas artes. Bastaba con su espíritu de sensatez y de prudencia, enemigo de toda disonancia, para no consentir que el anárquico *San Mauricio* ocupase el altar a que estaba destinado. Circunstancia, por otra parte, feliz, que permite hoy a los admiradores

---

[145] Sigüenza, P. Fr. Josef de.- "Historia de la Orden de San Gerónimo". Madrid, 1605. El tomo III contiene la "Descripción del Monasterio de San Lorenzo del Escorial", y que es el que interesa ahora, ha sido reimpreso en Madrid, en 1881. Datos sobre el San Mauricio.

del Greco y de su obra gozar de ella, contemplándola ventajosamente a la luz plena de que disfrutan las hermosas Salas Capitulares, en vez de resignarse a entreverla en la oscuridad, en que yace la última capilla del lado Norte del templo, donde debió albergarse.

Tampoco hay necesidad de argüir con el ambiente romanista, que en el Escorial se respiraba, y que el rey favorecía: porque más altos puso siempre en su preferencia y estimación a Antonio Moro y a Tiziano que a Tibaldi. Pero aquellos eran por naturaleza templados y armónicos, tan llenos de aquella justa medida y ponderación, gratas al monarca, como los antiguos pintores flamencos, en cuyos trípticos recreábase igualmente, llegando hasta aceptar con afición los "disparates" del Bosco, por su extraño simbolismo caricaturesco; porque no eran "disparates", según el P. Sigüenza, "sino libros de gran prudencia y artificio" y "una sátira pintada de los pecados y desvaríos de los hombres", y sobre todo, porque, ni en la técnica, ni en la concepción de las figuras, había asomos de lo que hoy llamaríamos disonantes innovaciones modernistas.

"No es mucho, porque contenta pocos..." Como tenía entonces que suceder necesariamente y como ahora sucede: ya que la masa general de aficionados e inteligentes se nutre en todas las épocas, de manerismos, lugares comunes, moldes usados, suavidades, armonías y templanzas, con más facilidad que de protestas geniales, raras novedades, aspiraciones atrevidas y ensayos peligrosos. Bien claro se ve esto en la continuación de la ingenua crítica del P. Sigüenza, donde se descubre además la idea que los artistas locales tenían del *San Mauricio*. "En esto, dice, ay muchas opiniones y gustos, a mi me parece que esta es la diferencia que ay entre las cosas que estan hechas con razón y con arte a las que no lo tienen, que aquellas contentan a todos y estas a algunos, porque el arte no haze mas que corresponder con la razón y con la naturaleza, y esta en todas las almas está impressa, y assi con todas quadra: lo mal hecho con algún afeyte ó apariencia puede engañar al sentido ignorante y assi contentar a los pocos considerados e ignorantes. Y tras esto (como dezia en su manera de hablar nuestro Mudo) los Santos se han de pintar de manera que no quiten la gana de rezar en ellos, antes pongan deuocion, pues el principal efecto y fin de su pintura ha de ser este". Pero es interesante oír que, aunque pocos, hubo algunos a quienes el cuadro contentó: los pocos de siempre; o exquisitos felices refinados, o lamentables pervertidos extravagantes, según el punto de

138

vista que se tome para juzgarlos; y a cuyo influjo se debería en aquel tiempo, como en este se debe, que los mismos descontentos declarasen que el cuadro "era, sin embargo, de mucho arte; que su autor sabía mucho y que se veían cosas excelentes de su mano".

Esta es la impresión justa y sincera que el *San Mauricio* causa. Desagradable e incomprensible para la casi totalidad de los contempladores; extraño, cuando menos a primera vista, aún para aquellos pocos entusiastas, nadie, sin embargo, puede dejar de reconocer en él la mano segura del maestro, que hace vivir cuanto idea y construye, y poseedora de todos los secretos de la técnica. De otra suerte ¿cómo podía explicarse, que a pesar del fracaso, que hubo de cerrarle, sin duda, mientras Felipe II vivió, las puertas del Escorial, truncando sus más caras, y no diré legítimas ilusiones, lograra, en fin, imponer al público el gusto por su estilo, precisamente por aquel más independiente y estrambótico, que cultivó con preferencia en sus últimos años? Si no hubiera otros datos ciertos para asegurar este hecho, bastaría inducirlo legítimamente, oyendo al circunspecto P. Sigüenza decir del pintor, en 1605: "que ahora vive y hace cosas excelentes en Toledo".

LA CRISIS PICTÓRICA.

De arte finísima está lleno el *San Mauricio*, como no podía menos de estarlo un cuadro, pintado inmediatamente después del *Expolio* e inmediatamente antes del *Entierro* y que, encomendado, además, por el Rey, para su predilecto monasterio, venía a ofrecer al Greco la oportunidad, probablemente acariciada desde Italia, de conquistar el favor de Felipe II, y con él, la fortuna. Verosímil es que, en semejantes circunstancias, pendiente del éxito su ansiado porvenir, no dejara el Greco para mejor ocasión su maestría. Bien puede asegurarse, por el contrario, que en esta labor debió vaciar el artista cuanto entonces supiera, y aun, tal vez, detúvose en ella más de lo que acostumbraba, si juzgamos por el tiempo trascurrido desde 1580, en que recibe el encargo, hasta el 17 de Agosto de 1584, en que el Rey hace entrega al Prior de la obra concluida.

Si lo primero en toda pintura es que esté *pintada*, el San *Mauricio*, agradable o desagradable, no cede ciertamente en tal respecto, es decir, en cuanto a impresión de verdad y de vida, y en cuanto a sólida construcción del relieve, producto del ajuste de líneas y de las masas de color y de claro oscuro, a ningún otro de los grandes cuadros anteriores del Greco. ¿De dónde vino, pues, la falta de éxito? A no dudarlo, de la conjunción de varios factores en aquel momento de la vida artística del pintor, y de su carencia de medida y cordura; pues de todo puede alabarse a Theotocópuli menos de hombre discreto.

Al tener que ejecutar el regio encargo, y agotados en el *Expolio* los últimos vestigios del espíritu italiano, coincidieron los siguientes elementos. De un lado, la victoria del influjo local, la decisiva inspiración, no de la pintura española de aquel tiempo —toda ella más o menos insignificante y romanista, y de la cual, como ya vimos, nada tenía que aprender el Greco—; sino del verdadero ambiente español y de los característicos tipos castellanos, trasladados ahora directamente de la realidad al cuadro, sin cuidarse de disfrazarlos, como era costumbre, ni de traducirlos a otro idioma. Coincidió además, por otra parte, el instante preciso en que llegaba a hacerse sobradamente sensible la progresiva acentuación del peligroso exacerbamiento, que llevaban dentro las espontáneas cualidades del maestro. Probable es que este aspecto hubiera continuado desarrollándose en Italia, pero creció en España tal vez con más vigor, no solo por la independencia en que el artista se encontró para dar rienda suelta a sus naturales impulsos innovadores, sino quizá merced también al favorable terreno, que, para abandonarse a su característica violenta intensidad de expresión y de movimiento, ofrecíanle los violentos contrastes de la alta meseta castellana, tan radicalmente diversos de las suaves orillas del Tirreno y del Adriático; la asimismo violenta y agria luz del cielo sobre el monótono y frío gris ceniciento de la tierra; la dureza y angulosidad del cuerpo y del espíritu de una raza nerviosa, excitada, a veces, hasta la exageración por dentro y por fuera, y la tendencia general al énfasis y rebuscado retorcimiento de la literatura y el arte castellanos.

Hasta el movido y épico asunto de la legión tebana, encomendado al pintor, fue circunstancia agravante, que no solo debió concurrir, por el aire libre y la rica indumentaria que exigía, a darle incentivo para satisfacer anhelos de ensayar nueva manera en luces y colores, sino que puso más patente el anormal y extraño modo con que hubo de tratarlo. Júzguese la sorpresa que la nueva composición del Greco tuvo por fuerza que producir en quienes no podían necesariamente esperar otra cosa que un cuadro vaciado, por ejemplo, en el heroico molde de la revuelta *Batalla de Constantino*, viendo aparecer, en primer término —llenando tres cuartas partes del lienzo, y como motivo capital del mismo— aquel sobrio y enigmático grupo de unos cuantos caballeros en pie, de aspecto familiar, no obstante su caprichosa vestimenta seudo-romana, y que discuten no se sabe de qué, con semblante triste, casi austero, contenida emoción y reposados ademanes. Cualquier irreverente observador de nuestros días, propenso a hacer resaltar el lado caricaturesco de la composición, no tardaría en advertir que aquellas naturalistas y escuálidas figuras, cubierto solo el torso con traje tan ceñido, que deja algo arbitrariamente acusar todos los músculos, descubierta la cabeza y con el cuello, brazos, pies y piernas desnudos, parecen, más que nada, individuos anémicos, que conversan en una playa antes del baño.

A la aparición, pues, de los caracteres francamente nacionales, arrancados sin componendas de la realidad más sincera, uníase en el *San Mauricio* el absoluto olvido de las fórmulas de composición italianas; el ensayo de un nuevo y extraño sistema que contribuía precisamente, en aquel caso, a poner más de relieve el habitual exagerado módulo del pintor; un más pronunciado acento neurótico en caracteres, actitudes, desnudo y ropajes; mayor gala en apurar el modelado; y sobre todo esto, la peligrosa aventura, por último, de querer lanzar sobre el abierto escenario la luz plena, cortada, y sin suaves transiciones, así como el intenso y crudo colorido de que, sin duda, en el nuevo ambiente de Toledo, se hallaba impresionado.

COMPOSICIÓN.

De poco servia que la técnica material, es decir, el modo de pintar, todavía al huevo, con veladuras y gran masa de color, fuera la misma que en sus cuadros anteriores; pues, con tal cúmulo de elementos desfavorables, el *San Mauricio* no podía contentar a la generalidad de los inteligentes de aquella época, entre los cuales no hay motivo para dejar de incluir a Felipe II. ¡Cómo aceptar por bueno el martirio de un santo, cuyo martirio era lo único que no aparecía en el cuadro, y esto, allí, en el Escorial, donde pinturas de Tibaldi, Zuccheri y del mismo Tiziano mostraban siempre a otro santo, San Lorenzo, más o menos dolorido y exánime, pero invariablemente en el centro de la composición y sobre idéntica enrojecida parrilla? Fácil y más conveniente a sus intereses hubiera sido al Greco dar gusto al público y, dejándose de libros de caballería, seguir la fórmula usual, colocando en primer término, o a lo más en segundo, al santo capitán, de rodillas, en acto de ofrecer su cuello al verdugo, dispuesto a cercenárselo, como hizo luego, por no saber hacer otra cosa, Rómulo Cincinnati, en la adocenada y vulgarísima composición, que ejecutó, por encargo del Rey, para reemplazar la que este rechazó al Greco, y que fué, claro está, más de su gusto. El P. Santos (página 19)[146], con cierta donosura, halló ya la composición de Rómulo "harto alegre"; ahora, todo el mundo la encuentra harto insignificante.

Pero lo probable es que nuestro artista evitara intencionadamente, por lo común y trillado, ese camino, y creyera más digno del monarca apurar el ingenio y hacer un esfuerzo para ofrecerle aquello nuevo y original a que sus naturales impulsos le llevaban. Y esta fue su perdición. En vez de presentar con claridad la muerte del santo, pensaría, y con razón, que lo verdaderamente grande en aquel no consistía en dejarse matar, como tantos otros mártires, por confesar su fe cristiana, sino en haber logrado con su persuasiva palabra el heroico sacrificio de la legión entera, verdadero protagonista del cuadro. Y así, dividió este en dos partes: una, la principal, enigmática, donde parece, ora que San Mauricio, rodeado de sus oficiales, los alienta y decide a la protesta, o más bien, si se quiere, que todos ellos se resuelven y juramentan de consuno, ora que el mismo Santo comunica su firme decisión a los enviados de Maximiano; y otra, secundaria en espacio y en tiempo, que sirve de explicación a la primera, y en la cual el jefe cristiano, acompañado de su séquito, va consolando en el momento supremo uno por uno, a sus soldados, y extiende las manos para recibir las cabezas de los mismos, a medida que el ejecutor las va segando; a la vez que en alto, sobre la triste escena y entre nubes, aparecen dos grupos de ángeles:

---

[146] Santos, P. R. Francisco de los.- "Descripción breve del Monasterio de San Lorenzo el Real del Escorial". Madrid, 1657. Nueva edición, más completa, en 1698. "Noticias de cuadros del Greco en el Escorial."

uno, de músicos y cantores, en cuyo semblante, actitud, ropaje y hasta en las mismas alas, acentúa el pintor, por primera vez, el realismo y la tensión nerviosa, y otro, con las coronas y palmas del martirio; en medio, todos, de celestiales luces, que, en contraste con las terrenas y en agudos fulgores, descienden sobre las víctimas.

¿Qué mayor abnegación ni más cruel refinamiento de martirio que presenciar el bárbaro sacrificio de todos sus amados y convertidos legionarios, esperando solo a despedir y fortalecer al último de ellos para recibir, a su vez, la muerte? Pero todo esto era demasiado oscuro y conceptuoso; ocupaba, además, en el lienzo lugar muy subalterno, y así debió pasar inadvertido, a pesar del modo perfecto, en disposición, dibujo y color, con que está ejecutado.

INTENSIDAD REALISTA.

El extravagante grupo de primer término, con su nuevo acentuado naturalismo; su estricta fidelidad de tipos españoles, realistas, sin retoque; su intensa y fría iluminación y su áspero colorido, hizo olvidar todo lo demás, y decidió la mala suerte del cuadro. Y sigue decidiendo; pues sin contar con el eterno y universal misoneísmo, hay también nuevas especies de romanismo en todos los tiempos, y ambos constituyen siempre el fondo del gusto en el gran público, para el cual, por ejemplo, no existe todavía más paisaje verdad que el de Claudio Lorena.

No hay, pues, en los personajes del *San Mauricio* otra cosa que la intensa exacerbación, que por primera vez aparece, de aquel realismo claramente manifiesto ya en los apóstoles de la *Asunta* de Toledo, y que he tratado de explicar al hablar de ellos.

La actitud del grupo y la expresión naturalista de las cabezas hacen que aquel produzca ahora un efecto de pintura de género: y de aquí lo violento de su contraste con la abigarrada y clásica indumentaria. El cuadro, dice bien Justi desde este punto de vista, parece una mascarada; pero le falta, a mi juicio, añadir lo esencial: aquellas figuras son máscaras *sin careta*. Y en eso estriba precisamente, en la falta de disfraz, tanto en la actitud como en el desnudo, y sobre todo en el semblante, la alta significación original del *San Mauricio*; y unido esto a la arrojada tentativa de luz y de color, la causa principal de su descrédito. ¿Qué era toda la pintura romanista, sino una perfecta mascarada, en que los personajes, enormes afectados figurones, trascienden a héroes teatrales? No así los venecianos, ciertamente; pero en asuntos religiosos o históricos, de índole fastuosa —tomemos, por ejemplo, la *Presentación de la Virgen al Templo*, de Tiziano; el *Milagro de San Marcos*, de Tintoretto; las *Bodas de Caná*, del Veronés— los tipos, siendo contemporáneos del pintor, y con poco artificio teatral, hacen, sin embargo, todo lo posible por poseerse de su papel y representarlo dignamente. Por eso no chocan.

En las mismas Salas Capitulares del Escorial se conserva una de las más espléndidas composiciones del segundo de aquellos maestros: el *Lavatorio*[147], el mejor Tintoretto, sin duda, que nos queda en España. Nada tan elocuente como el contraste que ofrece con el *San Mauricio*, en el respecto de que ahora tratamos. Nadie pondrá en duda que los apóstoles son tipos de Venecia, vestidos hasta con afectación a la veneciana; y no hay que decir nada del veneciano pórtico y de los palacios y lagunas que forman el escenario. Con todo eso, nótase que los personajes no están disfrazados, pero llevan el traje y la cara de los días de fiesta; no son precisamente aquellos discípulos de Jesús de que habla el Evangelio, pero querrían serlo; hay en su naturalismo suavidades y retoques, algo que excede de lo real, que es "más bello que la naturaleza", y que jamás existe en la composición ni en los tipos españoles del Greco. Aquellos venecianos son modelos, con cierto adecuado afeite para hacer de ellos Santos; los caracteres españoles son retratos, hasta con sus fealdades religiosamente respetadas; no más que retratos, vestidos de mártires. En las figuras de Pablo Veronés, con ropajes a la usanza moderna, queda siempre cierto espíritu antiguo. Estos legionarios del Greco, a pesar de mostrársenos *manu militari* y con aspecto de estatuas aquileas, son totalmente modernos, más aún, actuales.

Felipe II y el público, creo que tal vez hubieran aceptado aisladas, una a una, y sin hallarse en conjunción todas las antedichas novedades. Pero eran demasiadas para ofrecérselas juntas. Un resto, por pequeño que fuese, del grandilocuente dramatismo italiano, como en el *Expolio*; una escena cerrada, que no le hubiera incitado a peligrosas aventuras coloristas, como en el *Entierro*, habrían bastado a

---

[147] *Hoy, desde 1936, en el Museo del Prado.

salvar el *San Mauricio*, y a asegurar al pintor el porvenir que ansiaba. Probable es que el Cabildo de Toledo hubiese protestado de las *impropiedades* que aquí también *desautorizan* al mártir; pero el Rey estaba más acostumbrado a encontrarlas, aun en los mismos cuadros de Tiziano, y no habría puesto reparo, ni a los trajes extravagantes, es cierto, pero como tantos otros seudo-romanos, que en las pinturas del Escorial ya abundaban; ni al paje y a la celada que sostiene, del siglo XVI, ni al personaje con gola, de aquel mismo tiempo; ni a la espada de estilo árabe, que lleva el abanderado: pormenor local este, de que el Greco debió enamorarse, como los góticos arquitectos flamencos, venidos a Toledo en el siglo XV, aficionáronse al morisco adorno de estalactitas de los alfarjes mudejares y usáronlo con profusión en las cornisas y molduras de sus monumentos.

Intensificación nerviosa.

El ademán de la mano izquierda del mártir; la indicada cabeza del caballero con armadura del siglo XVI, y las alabardas del fondo enlazan este cuadro con otros pormenores muy semejantes y fáciles de observar del *Expolio* así como los admirables escultóricos desnudos de los dos decapitados, que hay en primer término, traen al pensamiento la desnuda figura de Cristo en la *Trinidad* del Museo del Prado. Pero el enlace del *San Mauricio* con todo lo producido anteriormente por el Greco tiene raíz más honda en el hecho de ser lo nuevo, que en esta pintura se advierte, tan solo una decisiva victoria del naturalismo y del españolismo —iniciados de antiguo y aún desenvueltos en el maestro— a la vez que una especie de recrudescencia, estado agudo o intensificación nerviosa, de aquellas condiciones típicas del mismo, por lo que hace a la expresión, el color y el dibujo.

Bajo la fe de Ceán Bermúdez y de otros eruditos, se suele repetir que este cuadro pertenece a la segunda manera del Greco, es decir, a la mala, por contraste con la primera, en que, según aquellos mismos aseguran —aunque sin fundamento para ello— imitaba a Tiziano.

Madrazo mismo advierte (*Almanaque*, pág. 24[148]) que "en el intermedio del *Expolio* al *San Mauricio* una trasformación radical, una verdadera dolencia estética se había verificado en la fantasía del artista. Fuese por efecto de alguna alucinación mental, fuese por un exagerado empeño de su amor propio de no parecerse a ninguno de los pintores de su tiempo..." Olvídanse, al hacerlo, de que el *Entierro*, por todos celebrado, es posterior al *San Mauricio* y de que el *Entierro* precisamente es el cuadro que Palomino —principal propagador de tales juicios y deleznable base de otros muchos por el estilo— encuentra —muy erróneamente, por cierto, pero, al fin, él lo dice, y con encomio— que "parece de Tiziano". Dato interesante, que sirve, además, para poner de manifiesto, por la misma contradicción que implica, la falsedad de otra leyenda, de origen tan explicable como la de la locura, pero tan fútil como esta, y la cual pretende que el Greco "viendo que sus pinturas se equivocaban con las de Tiziano, trató de mudar de manera, con tal extravagancia que llegó a hacer despreciable y ridícula su pintura, así en lo descoyuntado del dibujo como en lo desabrido del color". Estas son, refiriéndose al *San Mauricio* las palabras de Palomino, el primero probablemente que dio acogida, por escrito, a tan cándida conseja, tachada ya, con razón, de absurda, por el mismo Ceán, a quien, sin duda no podía ocultarse que tan profundas mudanzas, atribuidas por la multitud a móviles subjetivos, no se producen nunca en pocas horas, ni por caprichosa ocurrencia del individuo, sino que obedecen a leyes más sustanciales que la vanidad o el despecho del artista.

Las dos notas llamativas que Palomino señala: "lo descoyuntado del dibujo y lo desabrido del color" tienen, como no podía menos, sus necesarios antecedentes. Y así lo reconocerá todo el que, escandalizándose de la desmesurada longitud de *San Mauricio* y de sus compañeros, de sus retorcidas piernas, de la intensa y fría luz con que las figuras están iluminadas, y de la crudeza del amarillo cromo y del azul ultramar —los dos colores dominantes en el cuadro— recuerde el alargamiento de muchos de sus tipos anteriores, en especial de los protagonistas, como pasa con el Cristo de los *Mercaderes*, con el del *Expolio* y con los dos *Santos Juanes* del retablo de Santo Domingo; el

---

[148] MADRAZO, D. Pedro de.- "Dominico Theotocópuli (El Greco)". En el *Almanaque de la Ilustración española y americana*. Madrid, 1880. El artículo de conjunto más completo en español, aunque con alguna inexactitud de datos.

desnudo de los ángeles de la *Trinidad*; la luz que ilumina a las Marías del *Expolio* y el azul y el amarillo del cuadro de la *Asunción*. En el *San Mauricio*, choca especialmente, no la novedad, sino la confluencia de todos estos factores, y la intensidad y el acento que adquieren. Las figuras alargadas no son una ni dos, sino todas. No hay dos ni cuatro piernas de atormentado desnudo, sino una larga serie de ellas, que ocupan todo el cuadro, y en las cuales es mayor todavía la rebuscada fidelidad naturalista que el retorcimiento; son piernas sin disfraz, igual que las caras, tan impropias de héroes y mártires clásicos, como el realismo de las barbas ralas que adornan los semblantes de aquéllos; no hinchadas ni rellenas, sino huesudas y angulosas; las que corresponden, en suma, aparte la exagerada acentuación de líneas, al enjuto tipo nacional, que el pintor reproduce.

La frialdad y crudeza de la luz y del color no se limitan, como antes, a ensayos parciales: inundan todo el cuadro, e impiden al contemplador distraído darse cuenta de las armoniosas medias tintas y vigorosos tornasoles, que en los vestidos de los mártires, en el pendón carmesí y en los ropajes de los ángeles, abundan.

La firme construcción de todas las figuras de segundo y último término; la expresiva individualidad de tanta cabeza; la solidez y amplitud de tanto pequeño desnudo, estudiado y modelado todo con el mismo interés y perfección que si fuese grande o hubiera de verse en primer plano; el ambiente que se respira en el fino y desfumado fondo, enriquecido con armonía por aquellas banderas desplegadas, que recuerdan las frías carminosas tonalidades de las *Lanzas*, de igual modo que hace pensar en su composición el grupo de aquellas armas, que asoma tras de los dos generales a caballo, junto con el arreglo de los grupos y los pormenores de picas y alabardas; la verdad local de las colinas grises, que cierran el horizonte, coronadas por casitas blancas, verdaderos cigarrales de Toledo, nuevo escenario que el pintor introduce aquí, por vez primera, son otras tantas cualidades, que enaltecen el valor de esta parte del lienzo, tan poco observada por la generalidad, injustamente, y que merece colocarse al nivel de los mejores trozos de pintura del Greco. Nada superior en ajuste del dibujo y modelado y en gallarda apostura sin énfasis, a la figura del verdugo, o, en serena y naturalista intensidad de vida, a la giorgionesca cabeza del joven con armadura, detrás de San Mauricio.

Innecesario es detenerse a llamar la atención sobre más pormenores, cuya belleza, con ser grande, no constituye, sin embargo, el capital interés de la obra. Este reside en lo que a nadie contentó y sigue escandalizando a todo el mundo; en las extrañas y peligrosas novedades, que traían consigo la victoria del realismo español, la acentuación del conceptismo nervioso y el atrevido intento de romper, en cuanto a la luz y al color, los moldes clásicos. Ellas afirman la manera enteramente personal del Greco. Y si la última de todas especialmente se malogró, ya por falta de dominio y asimilación, ya por exagerado ardor de neófito, no quita esto nada a la alta originalidad de un ensayo buscado a conciencia —"demasiado a conciencia para ser enteramente sincero o enteramente afortunado", dice bien Mr. Symons[149]— y por caminos muy análogos a los que siguen algunas actuales corrientes del arte pictórico.

En el capítulo primero de este libro, se hizo mención del joven de barba rubia, que asoma su cabeza, mirando de frente, sobre el hombro izquierdo de *San Mauricio*, así como de las razones que hay para creerlo retrato del artista. Este sería un testimonio más de la importancia que aquel dio a su obra. No sé si el tronco del árbol, al parecer recién cortado, que hay en primer término, a los pies del Santo, y las flores que le rodean, único pormenor que anima el suelo, envolverán algún simbolismo alusivo al martirio; pero puede asegurarse que la culebra que sostiene en su boca el tarjetón con la firma (imag. 14) no fue ciertamente símbolo de la astucia del pintor; que más pecó, en tal caso, de audaz que de prudente.

RÉPLICAS.

Ponz y Ceán citan, en la iglesia de San Torcuato de Toledo, "el borrón original para el cuadro grande de San Mauricio", y cuando Parro escribe, en 1857, había ya desaparecido de allí. Este supuesto y

---

[149] SYMONS, Arthur.- "A Study at Toledo". En "The Monthley Review". Marzo, Londres, 1901. Análisis muy interesante de las condiciones peculiares del Greco. Algunos errores de hecho. No se hace notar que la *Asunción*, en el Altar mayor de Santo Domingo el Antiguo, es una copia; se atribuye al Greco, siguiendo a guías faltas de crítica, el *Retablo de Santa Clara*, que es de Tristán; y no se citan las admirables pinturas de la *Capilla de San José*, tan interesantes por todos los conceptos en la obra del Greco.

problemático boceto —pues en tal punto no son de fiar ninguno de ambos eruditos— tal vez fuese alguna de las dos únicas composiciones que conozco de semejante asunto. La que, procedente de Toledo, posee en Madrid D.Fernando Brieva[150], y que gracias a su bondad he podido examinar de cerca, es de factura tan descuidada, y se halla además tan perdida por malos repintes y barnices, que me es difícil ver en ella la mano indubitada del maestro. Estoy lejos de creer que sea este el bosquejo del *San Mauricio* pues le faltan por completo vigor y frescura; y me parece que debe tenerse por copia, hecha, tal vez, en el estudio del pintor y por su propio hijo, como el *Expolio* del Prado, y ateniéndose a alguna otra réplica que el Greco ejecutase en sus últimos tiempos, y en la cual, no sólo cambió todos los tipos, haciendo, por ejemplo, de su propio retrato, un viejo calvo con barba blanca, y de la inmediata cabeza con la gola, un personaje, cuyos rasgos recuerdan los de Miguel Ángel; sino que adornó al paje con rico vestido de corte, del siglo XVI, todo blanco, e introdujo además muchas variantes, casi todas poco afortunadas.

La segunda de las composiciones, sospecho, casi con certeza, que debe hallarse en poder del Rey de Rumania[151]; pues los pormenores del cuadro *Les Quarante Martyrs* número 166 de su Galería, convienen por completo con los del Sari Mauricio. Cualquiera que sea su asunto, la caprichosa y fantástica interpretación, que de los personajes hace el Catálogo, pretendiendo ver en ellos a "Felipe II y al Príncipe D. Carlos entre Grandes de España" distraídos en contemplar a aquellos pobres mártires "con los pies desnudos sobre el hielo"[152], así como la aventurada y gratuita explicación que da de las simbólicas intenciones del Greco, serían más disculpables que en la actual, en la ya lejana época romántica de Luis Felipe y del Barón Taylor, de quienes el cuadro procede.

---

150 *Hoy en The Rienzi Collection, The Museum of Fine Arts de Houston.

151 *Actualmente en el Muzeul national de Artà al Romaniei, de Bucarest. Hoy se sabe que tanto esta obra como la anterior proceden, en realidad, de la mano de Jorge Manuel Theotocópuli. V. Fernando Marías: Reflexiones sobre El martirio de San Mauricio del Greco: textos y contextos. Cuad. Art. Gr., 45, 2014, pp. 21-44,

152 *Tablaux anciens de la Gallerie Charles I, Roi de Raumanie*. Calalogue raisonné avec 76 héliogravures de Mm. Brau, Clément et Cie., por L. Bachelin, 1898.

CAPITULO 7.- EL ENTIERRO DEL CONDE DE ORGAZ.

SU SIGNIFICACIÓN.

Sin el *San Mauricio*, faltaría en la obra del Greco el indispensable eslabón para llegar razonadamente, desde sus cuadros anteriores, al *Entierro del Conde de Orgaz*, es decir, al ejemplar más significativo, original y perfecto que el artista produjo. Y este enlace se halla, mejor aún que en aquel discreto segundo término, cuyas finas y desatendidas bellezas hemos celebrado, en las extrañas y llamativas figuras del primero, que tanto escandalizan. El mismo naturalista regional espíritu, que inspiró aquel extravagante grupo de mártires, causa principal de la ruina y menosprecio del cuadro, aplicado ahora con superior acierto, y en condiciones menos desfavorables, dio por resultado, para gloria del pintor, el *Entierro* (imag. 25), si no la más correcta, la más sustancial y penetrante página de la pintura española.

Común es, por tanto, a ambas obras el análisis, de que nos hemos servido, para explicar la aparición del *San Mauricio*, pues el

Entierro no es, en el fondo, otra cosa, que el hallazgo feliz de una perfecta forma de expresión, buscada antes sin éxito, para traducir el realismo familiar e íntimo y el ambiente físico y moral, así de la raza como de la sociedad castellanas, juntamente con el pronunciado acento nervioso y las frías entonaciones de color, típicas del artista.

Cada vez más apartado y libre de reminiscencias clásicas, venecianas y romanas, el *Entierro del Conde de Orgaz*, lejos de ser, como pudiera creerse, a juzgar por la unanimidad de alabanzas que despierta, una especie de vuelta atrás o arrepentimiento de los extravíos del *San Mauricio*, con igual unanimidad censurado, es, por el contrario, la vigorosa afirmación de aquel propio sistema y el justo empleo de las condiciones que lo forman. Tentativa, esta vez, plenamente lograda; de un lado, por virtud de ese mismo rigor, con que acertó el Greco a permanecer fiel a sus nuevas tendencias y a llevarlas, sin vacilar, hasta su último extremo; y de otra parte, al favorable asunto, que en esta ocasión le cupo en suerte y que contribuyó no poco al éxito alcanzado.

Refiérome, al hablar así, claro está, a la parte baja del lienzo; no ciertamente porque participe del injustificado general desdén, con que suele mirarse la parte alta, llena también de infinitas bellezas y muy a propósito para mostrar el ningún efecto que en el ánimo y aspiraciones del Greco hubo de producir el fracaso sufrido, así como lo poco propicio que el pintor se hallaba, a pesar del público y del monarca, a apartarse de su nuevo camino; sino porque aquella constituye realmente todo el cuadro, en lo que este tiene de más honda originalidad, significación y hermosura. La Gloria no representa en el *Entierro* sino la inevitable inconsciente transacción con su tiempo, de toda obra humana; y mediante ella principalmente enlázase la composición con las fórmulas artísticas de aquella época, de las cuales, en cambio, se aparta tan por completo la escena del entierro, que, al contemplarla por vez primera, el espíritu, no hallando entre sus recuerdos términos adecuados a que poder unirla, déjase dominar, antes que nada, por una intensa sensación de sorpresa.

Trátase de un funeral; el asunto es sencillo y trasparente. Pero esta misma claridad, que no obliga a esfuerzo alguno para darse cuenta de la acción, hace que resalte más vivo el efecto de extrañeza, que, durante algún tiempo, no permite formular juicio favorable o adverso. El *Entierro del Conde de Orgaz*, ni atrae, ni repele; ni asombra, ni deja indiferente; pero excita la atención y sorprende el ánimo, en cuanto el contemplador no recuerda haber visto nada que se le parezca. En este respecto solamente, y sin referirnos al mérito de la obra, tal vez no sea fácil encontrar en la historia de la pintura otro ejemplo tan característico, aun acudiendo a aquella serie de artistas de la misma independiente, revolucionaria o estrambótica familia que el Greco. Fácil es comprender que el origen de semejante fenómeno se encuentra en el aislamiento, en que, muy dentro todavía del siglo XVI, aparece el *Entierro*, con su sello de intimidad naturalista, su nuevo y desconocido españolismo, su acento nervioso y la fría y monótona sobriedad de sus entonaciones grises. Si es difícil dar con alguno de estos caracteres aislados en obras anteriores o contemporáneas al *Entierro*, es imposible encontrarlos conjuntamente y en unidad, como aquí se muestran, realzado su valor, además, por virtud de un asunto emocionante, una composición tan sencilla y armoniosa como razonada y una sólida técnica de insuperable maestría. De aquí la sorpresa.

Naturalismo familiar hubo en Holanda; pero mucho más tarde. Genuinamente español fue el de Velázquez; pero, cuando el *Entierro* se engendró, faltaban años todavía para que naciese D. Diego. Y, tanto uno como otro de esos dos realismos, carecen, sobre todo, de la aguda nota espiritual, que distingue al del Greco. Sus dos contemporáneos, los castizos Luis Morales y Alonso Sánchez Coello, ambiente español pusieron en sus figuras y retratos; pero sin conseguir infundirles el alto valor de plenas y enérgicas expresiones del tipo nacional que Theotocópuli logró para sus personajes. Y en cuanto a las composiciones de aquellos dos pintores, impregnadas de manerismo, no tienen de local más que la ineludible marca, que toda obra lleva del país en que se produce. El impresionismo, la intensa expresión, la frialdad y monotonía de la gama, los reales, pero desusados, contrastes, ya de blanco y negro, ya entre las aisladas manchas de exuberante riqueza, y el fondo monocromo, son anticipaciones que, pasando por Goya, en quien también esporádicamente asoman, hay que llegar a nuestros días, a Manet y a Whistler, por ejemplo, entre otros, para volver a encontrarlas, con más o menos éxito logradas, según las ocasiones, y con muy distintos procesos y caracteres en cada artista. No hay que olvidar que el *Entierro* se pintó cuando todavía Tintoretto y Pablo Veronés cosechaban laureles.

Argumento.

Los *Extravagantes* de Villegas, en su edición de Toledo de 1588[153], y los *Apuntamientos* de Pisa, hechos en 1612[154], los cuales corren todavía manuscritos y no pudieron recibir del autor la última mano, son los testimonios contemporáneos del Greco y más auténticos, que hasta ahora encontré para las primeras noticias sobre la famosa pintura. Stirling (t. I, pág. 282)[155] dice, con verdad, que ni Pisa, en su *Descripción de la imperial ciudad de Toledo* (1617), ni el Conde de Mora, en su *Historia* de la misma ciudad (1654-63), mencionan el cuadro, ni el asunto que representa; pero no conoció, sin duda, dicha segunda parte manuscrita del primero de estos dos escritores; y es extraño, porque Ponz, en su tan trillado y corriente *Viaje* (t. I. pág. 168), la cita ya, al hablar del *Entierro*.

El argumento ofrecido al pintor, para con él llegar al ciclo de sus grandes composiciones, es opuesto por completo al del *San Mauricio*. En vez de una altisonante y deslumbradora hazaña del martirologio clásico, esparcida en todas las edades a los cuatro vientos por las trompas laudatorias de la fama, se trata ahora de un silencioso milagro, ignorado de las gentes; de una leyenda mística, tan sencilla,

---

[153] VILLEGAS, Maestro Alonso de.- *Flos Sanctorum. Tercera parte en que se escriuen las vidas de Sanctos extrauagantes y de varones Ilustres en virtud...* Toledo... M.D.LXXXIX. Al final, con nueva paginación y portada, dice: "Addicion á la tercera parte del Flos Sanctorum: en que se onen vidas de varones ilustres: los cuales aunque no estan cannonizados, mas piadosamente se cree dellos que gozan de Dios por hauer sido sus vidas famosas en virtudes según lo colligio de auctores graues y fidedignos el Maestro Alonso de Villegas". Con privilegio. En Toledo en casa de Pedro Rodriguez, Impresor. Año de M.D.LXXXVIII.- En esta parte de esta ¿segunda? edición, al folio 30 verso: *Vida 184 Del Illustre don Gonçalo Ruiz de Toledo*, hallo la primera cita impresa en España sobre el Greco. Dice, al margen, al hablar del *Entierro*: "Dominico / Theotocopu / li de nació / Griego". Y en el texto: "y costó sin la guarnicion y adorno mil doziétos ducados. Fue el artifice y pintor Dominico Theotocopuli de nacion griego".

[154] PISA, El Dr. Francisco de.- *Apuntamientos para la segunda parte de la Historia de Toledo...* 1612.- Manuscrito en la Biblioteca provincial de Toledo. Datos para el *Entierro del Conde de Orgáz*.

[155] STIRLING William.- *Annals of the Artists of Spain*. London, 1848.

tan modesta, tan familiar, tan intima, y al mismo tiempo, tan genuinamente española, más aún, tan local, tan toledana, que, a no ser por la perdurable glorificación que el pincel de Theotocópuli le diera, dormiría todavía oculta y sin interés para casi todo el mundo, en los "memoriales antiguos q ay en la yglesia parrochial de sancto Thome de Toledo", según dice Villegas; en la *Historia de Toledo* de Pedro de Alcocer[156], y en las olvidadas *Crónicas de la Orden de San Agustín*[157], fuentes de donde la copian Villegas y Pisa.

Hela aquí en sustancia. "Don Gonzalo Ruyz de Toledo, descendiente del claro linage de Don Esteban Illan, que fue descendiente de Don Pedro Paleólogo, hijo tercero del Emperador de Constantinopla (del cual descienden los Duques de Alba y los Condes de Oropesa y de Orgaz.." fue natural de Toledo, Señor de la villa de Orgaz (en aquel tiempo no tenía título de Conde[158]), notario mayor, o sea Canciller de Castilla, tan piadoso varón que, entre otras fundaciones religiosas, reedificó y agrandó la iglesia de Santo Tomé apóstol, de Toledo, por los años de 1300, haciendo donación a la misma de muchos presentes de oro y plata. En 1312, ciertos religiosos de la Orden de San Agustín, que antes, por mediación del Rey Don Alonso el Sabio, se habían establecido en la iglesia de San Esteban, fuera de la ciudad, a orillas del Tajo, pudieron ahora abandonar este sitio, que resultó malsano; pues, gracias al benéfico influjo de Don Gonzalo, cedioles para convento, la reina Doña María de Molina, mujer de Don Sancho el Bravo, unas casas y Alcázar real, que tenía en Toledo. Y fue voluntad del Señor de Orgaz, que la nueva iglesia se llamase de San Esteban, como la que habían abandonado, por lo cual el glorioso Protomártir y San Agustín le honraron en su entierro, ocurrido en 1323, de este modo:

Habíase empleado el siervo, de Dios en obras santas, por lo

---

[156] *Hystoria o Descripción de la Imperial cibdad de Toledo. Con todas las cosas acontecidas en ella, desde su principio y fundación. Adonde se tocan y refieren muchas antigüedades, y cosas notables de la Hystoria general de España. Agora nueuamente impressa.* En Toledo, por Juan Ferrer, 1554. (Libro 2, cap. 21).

[157] *Chronica de la orden de los ermitaños del Glorioso padre Sancto Augustin.* Diuidida en doze Centurias compuesta por Fray Hieronymo Ruman, frayle professo de la mesma orden... En Salamanca. En casa de Joan Baptista de Terranoua, 1569. (Centuria 10. Año 1327, pág. 64.).

[158] *Por este motivo, hoy se tiende a denominar el cuadro como "El entierro del señor de Orgaz".

que vino a morir santamente. Fué llevado su cuerpo a sepultura a la iglesia de Santo Tomé, fabricada por él, y estando en medio de ella puesto, acompañándole todos los nobles de la ciudad, y habiendo ya la clerecía dicho el oficio de difuntos, y queriendo llevar el cuerpo a la sepultura, vieron visible y patentemente descender de lo alto a los gloriosos santos San Esteban Protomártir y San Agustín, con figura y traje, que todos los conocieron, y llegando donde estaba el cuerpo, lleváronle a la sepultura, donde en presencia de todos le pusieron, diciendo: *Tal galardón recibe quien a Dios y a sus santos sirve*; y luego desaparecieron, quedando la iglesia llena de fragancia y olor celestial...

Dispuso Don Gonzalo le enterrasen, por humildad, junto al umbral, y a mano derecha, según se entra, de la puerta de Occidente, donde se levantó una capilla, reedificada más ampliamente después por el cura de Santo Tomé, Andrés Núñez de Madrid, el cual, ganado el pleito que sostuvo en 1564 contra la villa de Orgaz, porque descuidaba cumplir el testamento de su Señor en beneficio de la iglesia, mandó poner allí mismo, para que nadie lo olvidase en adelante la inscripción latina, que aún se conserva, grabada en piedra, compuesta por el Maestro Alvaro Gómez, y donde, con brevedad y elegancia, refiérense los hechos[159]. El mismo párroco fue quien

---

[159] *Esta es la traducción de dicha inscripción, en la versión de Parro:

Al Dios de los vivos y de los difuntos. Aunque vayas deprisa, detente un poco, caminante , y escucha en muy pocas palabras una antigua historia de nuestra ciudad. D. Gonzalo Ruiz de Toledo, Señor de la villa de Orgaz y Notario mayor de Castilla, entre otras pruebas que nos dejó de su piedad, cuidó de que á su costa se restaurase con mayor amplitud esta iglesia que estas viendo de Santo Tomás Apóstol, antes angosta y mal fabricada, en la cual ordenó por su testamento le diesen sepultura, y la hizo además donativos de oro y plata. Cuando los sacerdotes se preparaban á enterrarle ¡mira que cosa tan rara y maravillosa! San Esteban y San Agustín bajan del cielo y le sepultan con sus propias manos. ¿Cuál pudo ser la causa que impulsase a estos Santos? Por cuanto sería largo de contar, no están muy lejos de aquí los religiosos Agustinos; si tienes tiempo vé allá y pregunta, que ellos te lo dirán. Falleció año de Cristo 1312. Ya has oído los efectos de la gratitud de los habitantes del cielo; oye ahora la inconstancia de los mortales. El mismo Gonzalo mandó en su testamento que los vecinos de Orgaz pagasen todos los años para el cura, ministros y pobres de esta parroquia, 2 carneros, 16 gallinas, 2 pellejos de vino, 2 cargas de leña y 800 maravedises. Pero los tributarios esperando que el trascurso del tiempo habría oscurecido el derecho rehusaron estos años pasados satisfacer la manda, mas fueron compelidos á hacerlo por sentencia de la Audiencia (ó Chancillería) de Valladolid, en el año de 1570 habiéndolo defendido

procuró más tarde que el milagro se pintase y pusiese en una pared de la capilla, para que a todos fuese manifiesto; y habiendo pedido licencia, para mayor autoridad y fundamento, al Cardenal Arzobispo D. Gaspar de Quiroga[160], diola este, en 21 de Octubre de 1584, tal cual yo vi originalmente, dice Villegas. "La pintura se hizo y es una de las más excelentes que hay en España, y costó, sin la guarnición y adorno, 1.200 ducados. Viénenla a ver con particular admiración los forasteros; y los de la ciudad nunca se cansan, sino que siempre hallan cosas nuevas que contemplar en ella, por estar allí retratados muy al vivo muchos insignes varones de nuestros tiempos. Fué el artífice y pintor Domingo de Theoto capuli (sic) de nación griego."

Hasta aquí el extracto y citas de Pisa, más pertinentes a nuestro propósito. Me ha inducido a trascribirlas, lo poco que tales pormenores se hallan divulgados, pues creo sea esta la primera vez que, al hablar del Greco, se publican textuales. Quizá no huelga, tratándose de tan famosa pintura, sobre cuyo asunto, por su mismo carácter puramente local, suele no hablarse. Los guías de Toledo, la mayoría de los viajeros, y algunos entusiastas del pintor e inteligentes conocedores de sus condiciones técnicas, no saben muchas veces, a punto fijo, lo que en el cuadro pasa. De este desconocimiento actual, trescientos años después de pintado el *Entierro*, infiérese lo escondida que, para la multitud, debía de estar semejante historia, cuando el Greco se encargó de representarla[161].

---

valientemente Andrés Nuñez de Madrid, cura de este templo, y Pedro Ruiz Duro su mayordomo. (PARRO, Sixto Ramón (1857). *Toledo en la mano o descripción histórico-artística de la magnífica catedral y de los demás célebres monumentos: tomo II.* Toledo: Imprenta y Librería Severiano López Fando).

[160] Cardenal Quiroga que servirá de modelo para la figura de San Agustín.

[161] Nos servimos del texto de Pisa, porque en todo lo que nos interesa no hace sino copiar a Villegas, modificando solo algunas frases sin importancia, y porque añade en cambio sus propias observaciones; así como por tratarse de un manuscrito, más difícil de consultar para la generalidad que un libro. Allí se halla también la interesante inscripción de Alvaro Gómez [*cuya traducción hemos reproducido en la anterior nota].*

Su valor histórico y poético.

No podía ofrecerse al pintor asunto más propicio para abandonarse a tratarlo libremente, sin preocupación de anteriores fórmulas consagradas, en cuanto a la manera de representarlo; y sin otros influjos, que los naturales y legítimos, así del argumento mismo, como del medio, en que el cuadro se producía. Pocos, por otra parte, tan adecuados a las peculiares condiciones, que, en aquella época, caracterizaban al Greco. A su temperamento ideal, convenía una leyenda poética; a su honda y recogida intensidad nerviosa, un milagro, más místico que heroico, de los pacíficos y humildes, próximo a la familia del amoroso ciclo franciscano; a su naturalismo español, una escena puramente nacional, ocurrida en Toledo; a su melancólico y humano dramatismo, un entierro; a su independencia artística, un hecho oculto, casi desconocido de las gentes; a su tendencia simplificadora en la composición, a la sobriedad de su fría paleta, y, como freno benéfico a sus alarmantes ensayos de nuevas luces y colores, el oscuro interior de un templo. No tuvo, sino entregarse, por entero, a su espontáneo impulso, aplicar con rigor los que pudiéramos llamar sus cánones pictóricos, para producir, a la vez que un trozo de técnica magistral, una obra feliz, amplia y claramente expresiva, de aquellas pocas en que un artista, sin pretenderlo, ni aun sospecharlo siquiera, acierta a condensar el tipo característico de un pueblo y el ambiente espiritual del mismo, en determinada época de su vida.

El *Entierro del Conde de Orgaz* es, en efecto, una de las páginas más verídicas de la historia de España, y tengo por muy difícil poder imaginarse de otra suerte que como en él aparece, ni con más auténtico realismo, el alma y el cuerpo de la sociedad castellana, en los últimos años del reinado de Felipe II. Un castizo milagro español; un lúgubre oficio de difuntos, y un austero coro de enlutados caballeros neuróticos, entre clérigos, de una parte, y frailes de otra; todos retratos fieles, que no simples modelos; figuras arrancadas de la

158

realidad, y más vivas que cuando respiraban, son acerados instrumentos, que graban profundamente en el espíritu la melancólica impresión de aquellos postreros, miserables días españoles del siglo XVI, en que el monarca más genuino representante de su pueblo, independiente Holanda, deshecha la Invencible, muerto Alejandro Farnesio, descomponíase lentamente en su estrecha y lóbrega estancia del Escorial, debajo de su propio mausoleo, cubierto el cuerpo de úlceras y de reliquias, y maniáticamente obsesionado el cerebro con la intangible pureza del dogma y los aterradores misterios de ultratumba.

Pocos cuadros, si es que los hay, ni en la española, ni en las otras escuelas, más excitantes, más inquietadores, que el *Entierro*, cuya escena, con tan sobrios elementos condensados, sin ser historia ni pretender enseñar nada histórico, no solo sugiere una idea, sino que provoca un estado de ánimo, en consonancia con lo que debieron ser entonces la raza y la esencia de la vida castellanas. Nada importa que el contemplador aplauda y eche de menos esa época, o reniegue y abomine de ella; el valor de la representación es más amplio y más hondo, y en todos, por igual, suscita, como si se tratara de la realidad —independientemente, lo mismo de la benigna nostalgia, que de la acerba crítica— la sensación de que así fueron, buenos o malos, el pueblo y el espíritu españoles de aquel tiempo. Amigos o adversarios, nadie se figura a España, al morir el siglo decimosexto, más que vestida de luto, y entonando a sus pasadas glorias, benéficas o perniciosas, un triste *de profundis*[162]. El piadoso Señor de Orgaz, vistiendo flamante armadura y llevado a enterrar por santos, cubiertos con aquellos espléndidos brocados de oro, rico producto de las todavía entonces florecientes y pronto muertas, industrias nacionales, en medio de sacerdotes, monjes y caballeros, tan sombríos como sus negras uniformes ropillas, parece la encarnación de la dorada andante caballeresca edad española, que, acompañada también de los mismos elementos, comenzaba, por aquellos años, con paso veloz, a bajar al sepulcro. Podría la atmósfera, que en el cuadro respiramos, haber sido, en el hecho, muy otra; la fingida escena y los personajes pudieran no corresponder exactamente con sus originales; y sin embargo, continuarían siendo más verdaderos que estos, por ser "los

---

[162] *Canto basado en el salmo 130 (129), empleado normalmente en la liturgia de difuntos. Traducción: *desde el abismo, desde lo más profundo*.

que viven en nuestra fantasía", condición esencial que, según Goethe, constituye el retrato; algo, en el fondo, de lo que Aristóteles, con superior alcance, quería significar, diciendo que la poesía es más verdad que la historia.

El "Entierro" y el "Quijote".

Es el *Entierro*, en suma, un documento pictórico tan expresivo y fehaciente, en su género, para reconstruir el pasado de nuestro pueblo, como lo son, en el suyo, aquellos ejemplos más significativos, que puedan escogerse, en el romancero el teatro y la novela. Líbreme Dios de pretender comparar *pari passu*[163] el cuadro toledano con la sin par historia del ingenioso hidalgo manchego; y esto, por dos razones. La primera, porque, para encontrar en pintura digno parangón a la universalidad estética y a la humana trascendencia del *Quijote*, sería necesario remontarse al techo de la Sixtina. La segunda, porque el *Entierro* pertenece a la familia del realismo místico español y no a la de los humoristas. Pero, hecha esta declaración, atreveríame a señalar, ahora, dos notas comunes en ambas producciones. En primer lugar, que, siendo el libro de Cervantes la más acertada expresión literaria, para conocer a fondo, tras de su universal sentido humano, el genio peculiar de nuestra raza, es, por su parte, el *Entierro* el ejemplar que más adecuadamente responde al mismo fin, dentro de la pintura. Y después, que, así como el *Quijote* vino, de un lado, a concluir con los artificiosos y desbarajustados libros de caballería, y por otro, a ennoblecer e idealizar, dentro del género épico, la trivial forma novelesca, sublimando, por vez primera y para siempre, la sencilla humorística narración de costumbres, a excelsa esfera, jamás alcanzada, ni de lejos, por los altisonantes épico-heroicos poemas de su tiempo, de igual suerte, el íntimo, familiar y espiritual realismo del *Entierro* fue, no solo la precursora y más clara protesta contra las falsas y pomposas composiciones maneristas, postmiguelangelescas

---

[163] *Pari passu*. Locución latina. Literalmente: "con igual paso". Nuestra expresión más acertada sería "en iguales condiciones". A nuestro texto, aún le va mejor: "a la misma altura" o "al mismo nivel".

—verdaderos libros de caballería de la pintura— sino el dechado cristalino de ese perenne castizo naturalismo hondamente penetrado de idealidad, que toda sana inspiración ha perseguido siempre; del cual, la parte que Velázquez alcanzó, acaso le vino principalmente del tesoro del Greco, y que, en perpetuo desdén contra todo género de artificios —ya rimbombancias históricas, ya tendenciosas banalidades, ya insulsas groserías; artificios barrocos, artificios neoclásicos, artificios románticos, artificios neo y ultramodernistas, pues las *machines*, que Diderot fustiga, parecen eternas— sigue el arte contemporáneo buscando todavía, a tientas, entre sus más anhelados ideales.

Por los mismos años se concebían, en la misma amplia y soleada llanura castellana se engendraban, a la vista una de otro, la novela y el cuadro, las dos fuentes de vida más intensa, las dos más armónicas y originales conjunciones de idealismo y realismo que en el arte español se han producido.

LA RAZA.

Sin necesidad de escudarse, acudiendo a Lessing, tras el distinto alcance de la pintura y de la poesía[164], para disculpar el hecho, es cierto que el *Entierro* no tiene un fondo de tan universal trascendencia como las grandes producciones literarias con él comparables, pero no lo es menos que su límite de expresión excede de la mera contemporaneidad, y abarca lo esencial de aquellos rasgos, que es dable traducir al color y al dibujo, entre los más genuinos y persistentes del tipo español de todas las épocas. Fórmanlo, especialmente en Castilla y Andalucía, hombres cetrinos, enjutos y angulosos; secos y duros de cuerpo y de espíritu, como las áridas llanuras y las sierras graníticas en que viven; más intelectuales e

---

[164] *El crítico alemán Gotthold Ephraim Lessing (1729-1731), especialmente en su obra *Laocoonte o sobre los límites en la pintura y poesía*, (1766) , mantiene que la poesía es la más excelsa manifestación artística, por estarle abierta la totalidad del inmenso imperio de la perfección, algo que se escapa a las demás artes. Y, en concreto, respecto a las limitaciones de la pintura, vamos a ver aquí que Cossío está completamente de acuerdo.

imaginativos, más agudos e ingeniosos que accesibles a la razón y al sentimiento; de nobles y dignas maneras, de aspecto contemplativo e indiferente; exagerados, ampulosos y retorcidos en el pensar y el decir; impulsivos y violentos en el hacer, como la marcha torrencial de sus ríos; concentrados en el reposo; agrios y descompuestos en la expresión y el movimiento; y, por sello dominante, con un fondo de humorista tristeza, ahogada intencional y pasajeramente en bulliciosa, a veces desenfrenada, alegría, originaria, más de representación fantaseadora, que de verdadero goce y de ingenuo abandono.

Lo muy poco que, de entre todo esto, es posible entrever en un cuadro, percíbese en el *Entierro*. Semblantes pálidos de tez morena, con ligerísima y fría tiasparencia carminosa; cuerpos descarnados; ademanes recogidos; expresiones sobrias; dignos continentes; ojos negros, punzantes, a donde asoma un espíritu agresivo, propenso a dispararse con violencia; y la obligada atmósfera de serena tristura penetrando la escena.

LA TRISTEZA.

Triste es, en general, toda la pintura española, como el carácter de la raza. Raros chispazos brillarán en ella de la sana, exuberante alegría del Renacimiento italiano; de la saludable satisfacción de vivir que rebosa en las escuelas flamenca y holandesa; ni mucho menos de esa encantadora nota *joyeuse*[165], que recorre todo el arte de Francia, desde las risueñas esculturas de sus iglesias medioevales. Triste ha sido y continúa siéndolo. El Museo moderno de Madrid es más sombrío aún que las antiguas salas nacionales del Prado. De la exposición española, en la Universal de 1889, díjose, con unánime acierto, que solo encerraba una serie de crímenes, y que, en medio de las extranjeras, parecía un cementerio. Premiose en ella el cuadro más francés, alegre y modernista, solo por serlo; y representaba un Hospital con moribundos. Ya, diez años antes, en la de 1878, había alcanzado la medalla de honor igualmente *Doña Juana la Loca contemplando el ataúd de Felipe el Hermoso*. Y en la última, de 1900, a los

---

[165] *Joyeuse*. Júbilo, alegría.

veinte años de entonces, los más destructores y turbulentos para el arte contemporáneo, obtúvola un hermoso lienzo, pintado a cielo abierto, a orillas del placentero Mediterráneo, lleno de sol vibrante, con todos los alardes del *plein air*, con todos los modernos efectos de luces y colores, y, sin embargo, triste. La interpretación y el asunto: un rudo fraile, en pie, con negros hábitos, destacado vigorosamente, de espaldas, sobre el intenso azul del mar y del cielo, y ayudando a bañar, desde la playa, a un grupo de desnudos niños, escrofulosos, misérrima y repugnante escoria humana, atan la obra del último y más alto representante de la pintura española en nuestros días, al puro nacional casticismo. Y por si algo faltaba, el cuadro se titulaba *¡Triste herencia!...*[166] Paréceme que hay sobrado motivo para considerar al *Entierro del Conde de Orgaz*, por su fondo y por su forma, como el prototipo de esa corriente, siempre melancólica, las más veces fúnebre, que atraviesa por todo el arte español, sin haberse agotado todavía.

El misticismo.

En cambio, lo que no tiene el *Entierro*, ni ninguna otra de las composiciones españolas del Greco, es el clásico humorismo de la raza y de la literatura castellanas, manifiesto igualmente en sus grandes pintores: que humoristas fueron, fino e intencionado, Velázquez, en retratos, bufones, poetas, borrachos y asuntos mitológicos; cándido e ingenuo, Murillo, en pordioseros, pilludos y piojosos; lúgubre, Valdés Leal, en su *Triunfo de la Muerte* y su *Fin de las glorias de este mundo*; brutal y sangriento, Goya, donde quiera que puso la mano. El Greco, en nuestra patria, como Ribera y Zurbarán, no pulsó esta cuerda. Los tres concibieron siempre y solamente en serio sus representaciones; y, a la ironía humorista, sustituyóse en ellos, sobre todo en el maestro cretense, la honda intensidad contemplativa, que llega a dar a sus figuras aire de enajenados. Y así, apartándose de la intencionada picaresca novela, cae el *Entierro del Conde de Orgaz* en la

---

[166] *Triste herencia* (1899), de Joaquín Sorolla. Actualmente propiedad de Bancaja, que lo adquirió en 1981 a la Iglesia de la Asunción de Nueva York.

psicología ardiente y conceptuosa, pero, sobre todo, austera, de la castiza mística española del siglo XVI, en medio de la cual se fraguaba.

El idealista y, más que evangélico, apocalíptico humanismo, con que debió nutrirse el Greco en Italia, idealismo que traspira además en sus primeras obras, así como en las escasas noticias de sus contemporáneos, dejose penetrar rápidamente, al llegar a Castilla, no splo por aquel otro humanismo nacional, más horaciano, apacible y familiar, de Fray Luis de León, sino por el típico misticismo español: el del maestro Juan de Ávila, el de Santa Teresa y San Juan de la Cruz, ardoroso, sutil e intelectualista, de un lado, y de otro, contemplativo, recogido; con la realista intimidad en sus asuntos, de un cuadro de género, y la constante sombría preocupación de las penas eternas. Y esta nueva nota, nacida de la asimilación por el Greco de una mística a la vez naturalista y ascética, unida a los anteriores caracteres, completa el fondo esencial del *Entierro*, y aquilata su valor, como acertada imagen, producto, no diré si más espontáneo o más reflexivo, del espíritu del tiempo y de la raza.

Y no es místico el asunto, ciertamente, solo por ser religioso: que el misticismo en sí es muy otra cosa que la historia sagrada, y ni Rubens, en sus Vírgenes, ni Goya, en sus Cristos, han sido místicos; sino que es mística su interpretación, en el sentido real y directo de la mística, porque todo se halla tratado en el cuadro, no obstante su trasparente realismo, misteriosa, estática y devotamente. Y no solo es místico, sino místico castellano; porque desde el fúnebre argumento puramente local, sin importancia para nadie, ni en sitio alguno, a no ser en Toledo, hasta el lóbrego fondo perdido, que no alcanzan a iluminar los blandones, todo es recogido, familiar, serio, triste; todo mira hacia adentro; todo es esencialmente contemplativo; y cadáver, santos, monjes, clérigos y caballeros, todos parecen encerrados en su castillo interior y en él deleitándose.

La composición

Si el tema, como queda dicho, favoreció al pintor para triunfar por completo, aferrándose a sus nuevas y radicales aspiraciones, no hay que escatimar a este el mérito que le corresponde por la original composición del cuadro. Sujetose en ella estrictamente a la ingenua narración de la crónica; y olvidándose de todo artificio y de todo influjo italiano, acertó a representar la escena como si en Santo Tomé de Toledo pasara, y en aquel mismo instante. Y así, combinando en justa medida su imborrable idealista genio nativo, su neto español familiar naturalismo, su acento nervioso y su típica gama; y condensando raza, época, ambiente y concepciones nacionales, con tan intensa vida, con tan escueta sobriedad de líneas, con técnica tan sólida y certera, hizo del *Entierro*, a la vez que una obra de valor universal, en cuanto fiel, viva, poética encarnación de un trozo de realidad, de un episodio humano, un ejemplar, además, original y nuevo, sin claros antecedentes manifiestos en la historia del arte. No hay duda que los tiene, como hemos visto, y sobre todo en el mismo proceso de la labor del Greco; pero la conjunción de los elementos innovadores en fondo y forma es tan adecuada y feliz en este caso, tan nítida y penetrante su fuerza expresiva, que solo así se explica cómo el público inteligente, ya favorable, ya contrario, en sus juicios al maestro, declara, más o menos explícitamente, pero con rara unanimidad, y como nota común, al contemplar el cuadro, que, bueno o malo, es fruto extraño, fuera de los moldes habituales y distinto de la pintura de aquella época, lo que el *Entierro* ofrece.

Treinta figuras llenan por entero la escena; en tan apretado grupo las del fondo, y con tal arte dispuestas las de primer término, que no dejan ver el más insignificante pormenor, para caracterizar el sitio en que ocurre el milagro. Son, en realidad, treinta retratos con fondo perdido; conjunción nueva entonces, acaso difícil de encontrar, ni en las composiciones de aquel, ni en las de ningún otro tiempo. El sistema de concentración del interés en lo puramente humano ha llegado aquí a su término, pues hasta el pequeño trozo de tierra, que, en el *Expolio* huellan los pies de Jesús, ha desaparecido en el *Entierro*.

El cuadro no solo está visto, como se acostumbra ahora a decir, sino además, y por fortuna, pensado y compuesto. No ha podido menos de pasar y repasar muchas veces por la mente del pintor, antes

165

de conseguir tan tersa simplificación, tan desnuda sencillez y tan armonioso equilibrio. Si en los personajes todo es naturalismo y actualidad, en la composición no hay rastro de las clásicas fórmulas, que hasta entonces se usaban, ni recurso que huelgue. El estudioso que desee percibir a plena luz el vivo contraste que el *Entierro* presenta con la pintura de su tiempo y los tan significativos elementos de novedad que trae consigo, no tiene sino compararlo, al hacer su análisis, con cualquiera de las grandes composiciones de aquella época, escogiendo principalmente alguna análoga, al menos, en valor y en asunto, al lienzo toledano y que, como el *Milagro de San Marcos,* de Tintoretto, por ejemplo, hasta hubiera podido, tal vez, influir en la educación del Greco.

Caballeros, frailes y clérigos, todos de pie; todos de la misma alargada estatura; todos a un mismo nivel, sobre el oculto pavimento de la iglesia; todos agrupados en uniforme curva abierta; casi todos vestidos de negro y todos formando, de un extremo a otro del lienzo, un mismo, compacto y no interrumpido friso de veintiséis cabezas, en la misma invariable línea horizontal, casi todas en el mismo plano y todas en la misma intensa y reposada contemplación del milagro que ante ellas se realiza —San Agustín y San Esteban inclinados, en el centro del grupo, y en el momento de levantarse para echar a andar, suspendiendo en sus brazos el cuerpo del Señor de Orgaz—, tal es, en sus rasgos capitales, la composición de la parte baja del *Entierro.* ¿Hay, por ventura, en ella algo de común con las siempre movidas, las más veces violentas y quizá teatrales composiciones italianas posteriores a Perugino y a Bellini? Con las prerrafaelistas sí que tiene de homogéneo, al menos, la claridad de exposición, el digno reposo, la simétrica ponderación de masas, la realista sencillez y aún la buscada monotonía; condiciones más ingenuas en aquellas, producto ahora más reflexivo y que marcha siempre en indefectible consorcio con el entero abandono del artista hacia el natural, para que este lo penetre plenamente.

El agitado y vario asombro de los que presencian el martirio del esclavo en el cuadro de Tintoretto es aquí sosegada y uniforme contemplación. La pluralidad de movimientos y de planos, y el rompimiento de líneas, conviértense en una sola reposada actitud, dos únicos términos y dos solos contornos: recto el del fondo, dibujado por el continuo friso de cabezas; y suavemente movido el que, sin rebasarlo, delante de él se destaca solo, mediante tres amplias curvas sin senos interiores, como las monótonas africanas playas de la Península. En el uno, afán de riqueza; en el otro, estudiada sobriedad de colores. Aire, luz, cielo, espléndidas lontananzas, dispersión, en aquél; concentrado recogimiento, en este entierro, caracterizado solo por el blanco sudario, sin ataúd y sin sepulcro, sin más recursos que la acción misma, perdida en el oscuro ambiente. Está allí San Marcos, como San Pedro y San Pablo en el fresco de Rafael, suspendido en el aire, invisible a los espectadores de la escena, con su flotante ropa talar, sus alegóricos atributos, su nimbo radiante; mientras San Agustín y San Esteban, con vestiduras de obispo y diácono —no las mismas, que se conservan en la iglesia de Santo Tomé, según la tradición popular pretende, pero sí muy semejantes, en efecto, a las ricas, contemporáneas del cuadro, que el viajero puede admirar aún en aquella sacristía—, sin nimbos, aureolas, ni otros pormenores, que revelen su celestial procedencia, se hallan aquí en tierra, como la Virgen, que tan de cerca y tan llanamente habla con San Bernardo en el maravilloso Filippino de la Badia; con aspecto puramente humano, familiarmente confundidos con el cortejo; sujetos, en suma, por entero, a la naturalista sencillez de la escondida leyenda toledana.

Ciertamente, que no se trata en ella, ni de salvar a Roma, ni de librar a un héroe del martirio, ni de dar retumbante testimonio ante el emperador del dominio de Cristo sobre las potestades de la tierra; sino de premiar, callada y amorosamente —no con imperios, riqueza, sabiduría, ni bienaventuranza, sino con obra de caridad tan tierna, modesta y desinteresada, como es la de bajar del cielo dos santos a enterrar a un muerto con sus propias manos—, las humildes virtudes, nada heroicas, por cierto, de un piadoso caballero castellano, que, por junto, edificó una iglesia y convento para cómodo albergue de frailes, restauró otro templo, en que había de sepultarse, y legó en su testamento al párroco del mismo y a los pobres, según reza la inscripción de Álvaro Gómez, dos carneros, dieciséis gallinas, dos pellejos de vino, dos cargas de leña y ochocientos maravedís... anualmente. No era, pues, tan extremado, según se ve, el mérito del Conde, como pensaba el Vago Italiano que debía ser "para incomodar dos tan grandes lumbreras de la Iglesia a que le viniesen a hacer de sepultureros". Y, en fin, hacia el mismo sitio, en el ángulo bajo de la izquierda, llevan ambas composiciones un pormenor, que, en medio de su analogía, sirve para acabar de distinguirlas. El personaje, que asoma de perfil, en el *Milagro* de Tintoretto, fuera de la composición, y contempla tranquilamente la escena, es un portento de actualidad, algo que disuena del resto, y nota frecuente en los grandes maestros venecianos del XVI; pero el arrodillado pajecito del *Entierro* es más todavía: porque es un alarde consciente de afectación arcaica, lanzado, sin desentonar, en medio de aquel derroche de sobriedad naturalista; especie de anticipación moderna, en lo que tiene de atrevida despreocupación, de reflexivamente intencionado y claro arcaísmo: por cuya misma ingenua claridad acéptase de buen grado personaje tan convencional y fuera de lugar en aquel trance, y al que no falta —puesto que ya mira cara a cara al público y con el índice extendido le muestra la escena—, sino la filacteria con el *aspice*, para recordar en todo a las sugestivas figuras que desempeñan el mismo convencional papel en los góticos monumentos sepulcrales del siglo XIII al XV, la época, sin embargo, de más hondamente sincero realismo del mundo cristiano.

LOS CONTRASTES.

Observemos la claridad, el equilibrio y el interno enlace de la composición. Sus dos factores: "entierro y acompañamiento, percíbense a primera vista y sin fatiga" como un todo indisoluble, y a la vez distintamente, contrastando las suaves curvas de los Santos inclinados y del cadáver que sostienen horizontalmente, con el repetido paralelismo vertical del cortejo, tanto como los espléndidos ornamentos de oro y sedas, y la acerada armadura, con el blanco, gris y negro de sobrepellices, hábitos y ropillas.

Frecuentes contrastes hay, además de este, que introducen, siempre con suave delicadeza, variedad en la escena, ponderación y ajuste en las masas. En el grupo principal, verbigracia, nótase el tenue movimiento de marcha hacia la izquierda, fielmente ajustado a la realidad del caso, y que, dislocando del centro a las tres figuras, rompe la simetría y trasporta el foco de atención y primordial interés sobre el personaje de superior importancia: San Agustín, contemplando la cabeza del Señor de Orgaz, a quien sostiene por los hombros; mientras San Esteban, más humilde, llévalo por las piernas, y andando hacia atrás, retírase modestamente a lugar secundario; de igual suerte que nos atrae la armoniosa oposición entre la agobiada figura y el escuálido semblante del anciano Padre de la Iglesia y la floreciente adolescencia y virginal frescura del lozano mancebo protomártir.

El cortejo, a su vez, ofrece tres partes. En el fondo, los caballeros, de rizadas lechuguillas y rojas cruces de Santiago. Tanto podrían ser aquellos devotos ciudadanos, cuyo recogimiento y afición a misas y sermones convertían de continuo a Toledo en Semana Santa, según Pedro de Alcocer (pág. 124), como aquellos otros, también toledanos, de quienes Navagiero en su *Viaje* refiere que, si no tienen, mucha renta, "la suplen con la soberbia o, como ellos dicen, con fantasía: de lo que son tan ricos, que si lo fueran también de bienes de fortuna, el mundo entero sería poco contra ellos". A la derecha, la aristocrática y fastuosa clerecía; a la izquierda, los frailes, uno por cada orden de las tres principales, bien caracterizadas: el humilde y austero franciscano, y el penetrante agustino, en sitio de preferencia; y menos visible, confundido con la multitud, el más práctico, más batallador y más gobernante dominico; frailes y clérigos, destacándose sin afectación, y, por su acertado y sobrio avance al primer término, sirviendo para enlazar suave, casi insensiblemente, el coro al tema.

Entre el preste y el sacerdote con sobrepelliz, de un lado, e "il frate grigio e il nero[167]", de otro, ofrécense la misma compensación y contraste análogo a los que se observan entre San Agustín y San Esteban. Diríase que al fondo de sobriedad cuasi monótona, que domina en el cuadro, acompaña un proceso de ponderación, que se halla igualmente en los linderos de la simetría arcaica. Salvar estos escollos por el camino de la sencilla simplificación, mediante recursos inadvertidos al contemplador, logrando el éxito con naturalidad, sin esfuerzo aparente, fue lo que el Greco consiguió en el *Entierro*.

Nótese, en efecto, cómo a semejante sistema de compensaciones paralelamente contrastadas responde toda la composición. El equilibrio entre San Agustín y San Esteban, enlazados por la figura del Conde, repítese entre los dos sacerdotes y los dos frailes, encadenados, a su vez, por la línea de caballeros. Sobre el apiñado fondo de figuras de segundo plano, resalta el espacioso enlace de las pocas que, paralelamente a aquel, llenan el de delante. En este, se

---

[167] *Il frate grigio e il nero*: el fraile gris y el negro.

acumula cuanto de color hay en el lienzo, mientras aquel se compone solo de negro y blanco. En el fondo de cada una de las tres amplias curvas, semejantes entre si, que el perfil de primer término dibuja, aparecen otras tantas manos, lanzadas, sin defensa, en los sitios más visibles, como alarde de difíciles escorzos; y la del medio, sobre todo, en el centro preciso del círculo que forman, con sus troncos y cabezas, los Santos y el Conde, es, más que alarde, esfuerzo arrojado, casi demente, de audaz y peligrosa extravagancia naturalista. Al fondo más oscuro corresponde, justamente en el centro de la composición, la nota más rica: las áureas vestiduras de los Santos, y el brillante arnés del caballero; en tanto que, a los extremos, el gris del capuchino se halla compensado paralelamente por la apagada tira carminosa del pluvial de *réquiem*, y por la enorme sobrepelliz blanca, que, con tan amplia sencillez de factura, deja trasparentar el negro de la sotana. Al ensimismado franciscano, responde el oficiante, abstraído en su lectura; a la expresión de asombro y ademanes del coadjutor, el análogo ademán y expresivo semblante del agustino. Y cuando, por último, se observa la viva semejanza, casi igualdad, en que concluye, por ambos extremos, el friso de cabezas; la chocante correspondencia éntre los dos eclesiásticos de barba blanca; así como la acentuada expresión del rostro que ocupa el punto medio, sobre la mitra de San Agustín, y hacia el cual parecen converger simétricamente, por uno y otro lado, los restantes, no solo existe algún motivo para sospechar que acaso ha habido en la composición un intencionado estudio de paralelismo, sino que sorprende lo tenue e insensible de los elementos que han bastado a evitar, tanto el escollo de la simetría arcaica, que había de convertirse en manifiesta afectación, tratándose de pintura posterior a Tiziano, como el de la monotonía y la insignificancia, difíciles de salvar en la insólita banda de rostros. Conjurose el peligro, en primer término, por la intensa individualidad de los tipos, donde ni aparece ni se siente la repetición del modelo, y en segundo lugar, merced a la delicada y rica variedad, aunque a primera vista casi inadvertida, de actitudes y movimientos de las cabezas hacia las tres direcciones del espacio: movimiento algo más sensible en el medio, gracias al pequeño grupo que asoma en último término, y en ambos extremos, por las dos figuras avanzadas de frailes y sacerdotes; pero todo, nótese bien, dentro de aquellos estrechísimos límites, que podía consentir la obsesión de rectilínea uniformidad y de absoluto reposo con que parece haberse concebido y compuesto el *Entierro*.

El CAPITAL CONTRASTE.

No acaban todavía los contrastes. Falta el más violento: el que ofrecen entre sí las dos partes del cuadro; la alta y la baja, la celestial y la terrena. Desde antiguo la crítica aplaudió con entusiasmo la mitad inferior del *Entierro*; pero, en lo que estuvo unánime, hasta que en nuestra época se ha levantado contra ello alguna que otra protesta esporádica, fue en abominar de la mitad celeste. Y esto es muy explicable. Nadie puede desconocer que el interés dramático de la acción se halla concentrado en la parte baja, y que las peligrosas condiciones geniales del pintor, tan aptas para promover escándalo, resultaron en ella mitigadas, merced al feliz concurso de circunstancias favorables, que he tratado de exponer, y no excedían de aquel razonable límite, que, con raras excepciones, el público de todos los tiempos podrá tolerar sin repugnancia; mientras que la Gloria, no solo es aquí elemento secundario —más todavía en el Greco que en sus contemporáneos, si se atiende al espíritu de extrema concentración que en las composiciones le distingue— , sino que en ella, por virtud de concausas igualmente propicias, abandonose el pintor, a rienda suelta, a las peculiares fórmulas estéticas de su personal y originalísimo temperamento.

Encarnando la escena del *Entierro* con tal pureza, en todos sentidos, el ambiente nacional; templada, hasta donde era el Greco capaz de consentirlo, y gracias al influjo benéfico del argumento realista, toda chocante violencia de idea y de expresión; con la vida que las almas y los cuerpos y las cosas derraman a torrentes, ¿qué podía ofender en la parte baja del lienzo, aún a los más timoratos preceptistas clásicos o románticos? Ni siquiera el anacronismo de los trajes; pues, a pesar de que es radical y absoluto, no a medias, según acostumbran los venecianos, como a nadie interesa averiguar la época del milagro, acéptase aquel de buen grado y sin más protesta que la ingenua de algún que otro candoroso erudito. Para los incapaces de penetrar y de gozar la trascendental idealidad del cuadro; para los que no acertasen a ver en la cárdena llama de cada blandón un espíritu,

¿no había suficiente con la cabeza de San Agustín, hecha de ceniza y jirones de niebla, junto a las flores de granado que tiñen las virginales mejillas de San Esteban; con la abrumadora verdad del tranquilo rostro a medio afeitar del sacerdote abstraído en la lectura del *Oficio de difuntos*, frente a la obsesión de enajenado, que revelan aquellos punzantes ojos del fraile negro, clavados en el capuchino; menos todavía: con el bulto palpable de cosas y personas, y la acordada sinfonía de valores de blancos y negros; con la sobria firmeza de la armadura damasquinada, de la tenue sobrepelliz, del recio brocado, de la blanda almohadillada mitra, de los rojos sobrepuestos y bordaduras multicolores? Tesoros eran, desconocidos hasta entonces en el arte nacional, pocas veces igualados más tarde, ninguna sobrepujados, y de aquellas cosas, que, sin temor a la hipérbole, bien podía el P. Sigüenza arriesgarse a calificar de "excelentes", así como Pacheco (t. I, pág. 393) y Jusepe Martínez (pág. 188), poco benévolos para con el Greco, considerar "tan relevadas y tan vivas (en aquella su manera), que igualan a las de los mayores hombres" y "dignas de tanta estimación, que (por ellas) se le puede poner en el número de los famosos pintores".

LA "GLORIA": SU CRÍTICA TRADICIONAL.

Encima de tanta belleza, claramente comprensible para inteligentes y profanos, aparecía de pronto una Gloria, con todo aquello que "a tan pocos había contentado" en el *San Mauricio*, y que, por mostrarse aquí todavía con más acento que entonces, y en inmediata oposición con lo tan discretamente pintado debajo, no podía ahora contentar a ninguno. Y sobre contraste tan palmario y famoso debió fundarse principalmente aquella idea extendida por Jusepe Martínez (pág. 183) de que el Greco "trajo una manera tan extravagante, que hasta hoy no se ha visto cosa tan caprichosa, que pondrá en confusión a cualquiera bien entendido para discurrir su extravagancia", y aquel juicio del mismo escritor, donde dice que las pinturas del Greco "son tan disonantes unas de otras, que no parecen ser de la misma mano." Lo que para la generalidad convirtióse fácilmente en la fórmula absurda, dada por Palomino (página 481), de que "lo que hizo bien, ninguno lo hizo mejor, y lo que hizo mal, ninguno lo hizo peor"; fórmula de que se apoderó con gusto la fantasía popular, precisamente. por lo milagrosa; por el inexplicable misterio artístico, que su sentido encierra, y que tan bien cuadraba a la extraña y cuasi legendaria personalidad del maestro. Y aplicándose al *Entierro*, clasificose, como lo mejor de lo mejor la parte baja y, como lo peor de lo peor. la alta, ya que no se podía afirmar, aunque lo pareciera, y como muchos, sin duda, habrían deseado para poder explicarse tan rara antinomia, que fuesen cada una de mano distinta.

No; ambas son del Greco y ambas buenas. El contraste que ofrecen es real y notorio, pero no tan irresoluble como a primera vista parece. Basta recordar lo dicho con motivo del San Mauricio, para poner en claro lo que en el fondo hay de cierto, tanto respecto de la supuesta segunda manera del pintor, como de la oposición simultánea de lo bueno con lo que, tal vez sin suficiente análisis, se juzga malo en obra de tan gran importancia. Y a ello puede atribuirse el desprecio, tan general cuanto inmerecido, hacia esa parte alta, que, lejos de ser "mala", ofrécese al que atentamente la considera y ha llegado a penetrar el genio del artista, no solo vaciada en el mismo molde que la inferior, sino pintada con los mismos pinceles y sin dejar que la paleta se secara No podía ser de otro modo.

Así como ante las claras firmas del pintor sorprende la ignorancia en que de su patria hemos vivido, admita que, ante semejante perturbadora dualidad de estilo en un mismo cuadro, se haya podido perpetuar la acreditada conseja de la locura en la vejez del Greco. El estudio cronológico de sus obras nos ha hecho ver lo insostenible de la opinión que sigue Madrazo (*Catálogo*, pág. 117)[168] de que "torciendo de repente, no se sabe por qué, el excelente rumbo que había tomado al principio, dio en una manera tan seca, tan desapacible y dislocada, que no parece sino que de todo punto perdió el juicio." Y ahora podemos comprobar también lo inexacto de aquella otra afirmación, en que la crítica vino a refugiarse, al caer en la cuenta de que el Greco pintó bien y mal, según ella, alternativamente, durante toda su vida, y que consiste en decir también con Madrazo (*Almanaque*, pág. 24) que "el fenómeno estético... fue más bien una

---

[168] MADRAZO, Pedro de.- *Catálogo descriptivo é histórico de los cuadros del Museo del Prado de Madrid*. Parte primera. Escuelas italianas y españolas. Madrid, 1872.- Biografía y noticias de cuadros.

afección que desapareció a veces, dejándole intervalos lúcidos... en uno de los cuales pintó el *Entierro del Conde de Orgaz*..., es decir, estando en su cabal seso pintó la parte inferior... y recayendo en su funesto desvarío, pintó la parte alta." ¡Candorosa interpretación, en que el estado mental del pobre Theotocópuli se ve precisado a enfermar o sanar cuando conviene al crítico, a veces con tan estricta exactitud, que toda cordura termina casualmente al acabar la parte baja y empieza toda demencia al comenzar la alta, sin que, por fortuna, escapase pincelada loca en aquella, ni cuerda, por desgracia, en la segunda!

UNIDAD DE PRODUCCIÓN; INFLUJO DEL ASUNTO.

Siendo esto inaceptable, hay que buscar en causas más positivas y menos supersticiosas la explicación del hecho, ya que no es posible suponer que la misma mano, que tan maravillosamente ejecuta toda la parte baja, llegue a pintar a la vez, de tan despreciable modo como se le atribuye, toda la parte alta. Por el contrario, sin perjuicio de la continua evolución que todo artista en su labor experimenta, hay en cada particular momento de ella unidad de técnica y unidad de concepciones, que no le es dable improvisar ni destruir de súbito. Y así, pudo el Greco ciertamente poner distinto interés al trabajar cada parte, y hasta encontrarse, en la ejecución de cada una, más o menos afortunado; pero ambas tienen que hallarse pintadas con un mismo espíritu y una misma factura, de donde brota, a pesar de la manifiesta oposición, la interna unidad que caracteriza a la obra. Concebidos en idéntica inspiración, pintados con la misma habilidad el cielo y la tierra, lo divino y lo humano, en el *Entierro*, la causa del contraste no puede consistir más que en la aplicación de las peculiares cualidades del pintor al asunto; en ese elemento, celestial o terreno, real o fantaseado, familiar o heroico, el cual tuvo la virtud, no de echar a perder en un instante, por arte de encantamiento, la maestría del Greco, ni mucho menos de cambiar de pronto en un mismo cuadro su original manera de concebir —lo que sería imposible— sino puramente de moderarla o de exacerbarla en cada caso.

No me detendré a reivindicar los méritos de esta Gloria tan

denigrada, porque habría de repetir en sustancia lo que dicho queda ya acerca del *San Mauricio*, del cual es trasunto; y lo es, porque en ella se ofrecieron al pintor para la representación análogas condiciones que en aquel otro cuadro. Pero insistiré en afirmar que, así como, no obstante su aparente diversidad, hay, según he procurado hacer ver, íntima compenetración de fondo y forma entre el lienzo del Escorial y el de Toledo, la radical antinomia, que choca a primera vista, entre la parte superior y la inferior del último, no depende de originaria y esencial oposición entre el modo de concebir ni de componer ni de pintar, que son —como no podían menos de ser— unos y los mismos en ambas, sino tan solo del distinto acento y diversa intensidad con que vibra en cada caso, según el argumento que se le ofrece, la siempre extraña y revolucionaria, pero también siempre sostenida, una e indivisible personalidad del artista.

Templábase, atado a lo terreno, su ímpetu nervioso. En conjunción con su fiel naturalismo español, y sujeto indisolublemente a lo visible, producía esas maravillas de vida y de estricta verdad, en composiciones religiosas tratadas a lo humano, en santos familiares, en retratos impregnados de aquel sello ideal; que de la alta idealidad del artista procede. Pero aplicaba esas sus mismas cualidades típicas —que, en verdad, no podían ser otras— a motivos fantaseados; y entonces lo divino, en vez de sujetarle, le excitaba. El heroísmo —ya sagrado ya profano que le enlazaba a su inalienable educación veneciano-romana, venía a trastornar su nueva concepción de familiar intimidad realista. Y mostrábanse, en consecuencia: por una parte, el desmedido acento de vida interior, que se trasmitía, no solo a las actitudes, sino a los revueltos paños, los cuales afectaban, formas huecas, podríamos decir, conceptuosas; por otro lado, la falta de adecuación entre el nuevo realismo español que le impulsaba y el heroísmo, tradicional en tales asuntos y de que no podía desprenderse en absoluto, porque era el lazo que a su tiempo le unía; y en tercer lugar, el modo escandaloso, con que se ponían de manifiesto las innegables y frecuentes incorrecciones, anejas a su temperamento, al tener que pintar el desnudo, propio de semejantes escenas heroicas, y trasmitirle la intensidad de expresión que al artista embargaba. Incorrecciones, que no debieron preocuparle, en verdad, ni hace falta empeñarse en excusarlas; ya que no es por ellas, sino a pesar de ellas, por lo que el Greco vive.

Y todavía hay que añadir el diverso resultado que sus

innovadoras y originales tendencias, en cuanto a luz y color, producían: ora aplicadas a escenas reales con fondo perdido, o en oscuros interiores, que le obligaban a la reproducción exacta — efectos que el arte había logrado ya entonces sujetar a la paleta—; ora, interpretando lo imaginario al aire libre y en regiones ultraterrenas —elementos, o nunca vistos y estudiados directamente, o que la pintura había de tardar siglos aún en dominar por completo—. En el primer caso, la frialdad de su gama, el predominio del gris apizarrado y verdoso de sus carnaciones, hubieron de chocar rudamente, a no dudarlo, cuando tan discutidos son hoy todavía, a ojos acostumbrados a ver entonces por las cálidas y doradas tonalidades, que todo lo embargaban. Pero tuvieron siempre por valladar para moderarse y fuerza para imponerse, no solo las cosas mismas reproducidas: hombres, objetos y atmósfera, que vemos de continuo —último testimonio para contrastar la verdad de las interpretaciones— sino la favorable inconsciente predisposición, que, para aceptarlas, había ejercido en los ánimos el influjo de los pintores locales, cuyas obras —bien puede observarse, aun remontándonos a Pedro Berruguete— tenían que haber traducido, a despecho de toda suerte de influjos exóticos, algo, por lo menos, en lo que se refiere a la raza y a las escenas interiores, de ese ambiente nacional, que con tanta fuerza encarnaba ahora el Greco.

Por el contrario, en el segundo caso, aplicando con igual sinceridad el mismo principio innovador de aquellas luces y entonaciones siempre frías, y además, al aire abierto, agrias, cortantes, como la áspera acritud de cielo y tierra en la alta meseta castellana le enseñara a verlas, el contraste resultó violento, e insuperables los obstáculos, para que, en mucho tiempo, pudiera ser aceptado sin protesta. Opónese a ello el desmedido acento, que, entonces, la falta de freno realista no templaba; los ineludibles tanteos que acompañan a toda innovación, y que desaparecen en obras posteriores; la dificultad de contrastar la verdad y exactitud de tales representaciones con la naturaleza, tanto por la rara novedad que aquellas ofrecen, como por la desatención en que hacia esta se vive; pero fundamentalmente, casi de un modo exclusivo, la antítesis flagrante en que representaciones, luces y colores se ofrecían con todo lo que nos hallamos habituados a contemplar, no en la realidad, a la que no se suele mirar o no es tan fácil comprender aunque se la mire, sino en los cuadros, incorporados ya a la tradición, que son los que nos educan para ver aquélla. Que no se ve, en efecto, por la mayoría de las gentes, la belleza natural ni la artística, sino a través principalmente del arte histórico, y con los ojos que este nos ha ido formando para ello; ni se suele atribuir, por tanto, verdad y hermosura más que a lo que conforma con tales representaciones asimiladas; y necesítase de lenta reeducación, gracias otra vez a los esfuerzos, siempre mal recibidos, de arriesgados innovadores, casi los únicos que de la realidad misma se alimentan, para advertir que hay más belleza, y más verdad, y muy de otras clases, en el mundo de la naturaleza y en el del arte, que aquellas pocas formas, que la tradicional herencia estética nos ha ido enseñando.

El mismo tono lúgubre de la tierra, extrañamente trasladado al cielo; la intensa y no acostumbrada vibración nerviosa de todos los elementos, en consonancia con el carácter del pintor y según pedía el clásico asunto; una indecisión, tal vez intencional y despreocupada, en el modo de tratarlo —a medias familiar naturalista, a medias pomposamente heroico— y un violento choque de todo ello, y muy especialmente de luces y colores, con los moldes y fórmulas tradicionales, es lo que explica, a mi juicio, esa apariencia de alternativas de sensatez y de locura en sus producciones. Pero, en el fondo, cuando se trata de obras magistrales, "cuerdas" o "locas" —que las tiene "locas", de primer orden, y "cuerdas", sin importancia—, no hizo nunca el Greco otra cosa que abandonarse libremente a sus tendencias y aplicar sus principios, siempre los mismos, con igual interés, y hasta podría decirse que con idéntica habilidad en cada caso.

Rehabilitación de la "Gloria".

Figuras largas y desproporcionadas, de caras afiladas y macilentas y de expresión triste y desapacible; paños desordenadamente arrebujados, que a veces ni siquiera presentan la apariencia de vestiduras de uso posible; colores inarmónicos, entre los cuales dominan el gris, el carmesí sucio, el amarillo verdoso y el azul; ausencia de toda perspectiva aérea; nubes como peñascos, confusión inextricable en los planos, en los términos, en los grupos, en todo; he aquí los elementos constitutivos de las composiciones religiosas del

Greco en los periodos de su estrabismo estético[169], y particularmente en la parte alta del *Entierro,* según la crítica que más ha contribuido a formar el gusto del público. Despectivas apreciaciones; unas, inexactas, como las tocantes al color y a la perspectiva; otras, exageradas, como las de los paños; otras, que deben trocarse en alabanza, como las que se refieren a la expresión; otras, que se aplican igualmente a los cuadros sanos, como la desproporción de las figuras; y todas respondiendo a cualidades permanentes del pintor, más o menos acusadas, y a las que se aplica precipitadamente el calificativo de demérito, en vez del de extrañeza.

No ya la concentración, la sencillez y sobriedad, sino hasta la claridad y simetría de la parte baja revélase en la Gloria, compuesta con tan pocos elementos, como son las cuatro grandes figuras, dispuestas en forma de rombo, de alto a bajo: Cristo, la Virgen, el desnudo Conde, y un solo ángel, lleno de vigor, que todo lo sostiene; los dos pequeños grupos de profetas, en el desnudo de uno de los cuales parece asomar vagamente todavía un último recuerdo del Jonás de la Sixtina; unas cuantas cabezas de serafines, sobriamente distribuidas; en el sitio más visible, un angelito desnudo, montado en las nubes estrambóticamente, pero representando el mismo alarde de anticonvencionalismo que las manos que revolotean en la oscuridad de la parte baja; y compensando con San Pedro, las apiñadas filas de bienaventurados —Santo Tomás, el patrono de la Iglesia, en primer término y el único recognoscible—, y cuyos rostros, pintados con el mismo estudio individual y fuerza de expresión naturalista que los señores del cortejo terrestre, nada tienen que envidiar a estos, como no sea el tamaño y el sitio que ocupan.

Escandaliza en la Gloria el enorme alargamiento del Conde arrodillado ante Jesús, sin reparar que este exagerado módulo es antiguo en el Greco; que no sería más corto el desnudo del sacerdote de la sobrepelliz, y que no lo es ciertamente el de los verdugos que apedrean a San Esteban en el bordado, que en la dalmática del Santo representa su propio martirio: espléndida ráfaga de locura este último trozo, escapada necesariamente al brotar el asunto heroico, en medio de la justa y acordada escena familiar del *Entierro.* El melancólico realismo de los personajes de la tierra reina también en los del cielo;

---

[169] MADRAZO, *Almanaque*, pág. 24.

pero mientras, abajo, al realismo del semblante responde con armonía el realismo del vestido y de los accesorios, y, por otra parte, la copia de lo humano modera la intensidad de expresión, intensíficala arriba, al contrario, lo celeste, apareciendo gestos y movimientos acentuados, para que las figuras adquieran el aire de altisonante dignidad, que el convencionalismo atribuye a los escogidos; y se establece una contradicción entre la realista contemporaneidad de los rostros y del desnudo —sincero este último, como en el *San Mauricio*, hasta la despreocupación— y la indumentaria clásica, que, a más de su disonante arcaismo, intensíficase a compás de las actitudes y ademanes del cuerpo que cubre, y perdiendo la sencilla naturalidad que reviste en los simples mortales, se hincha y retuerce, siempre en grandes planos, con sobria amplitud, nunca insignificante, minuciosa ni mezquina, a veces, con dureza, producto de la obsesión con que el artista se esfuerza por infundir el carácter, que jamás falta en sus obras.

Incorrecciones hay en la parte baja, como en la alta; pero el desnudo y la acentuada expresión las ponen más de relieve en esta última. Igual maestría se desplegó e idéntico alarde de técnica, para ejecutar la blanquinegra sobrepelliz, que la radiante y cándida vestidura de Cristo; pero mientras nos rendimos ante aquella, como ante toda luz y color de la parte baja, a pesar del gris ceniciento, la frialdad y la monocromía, porque podemos pronto contrastar estas novedades con la realidad, cuya fiel interpretación nos ofrecen, pero, sobre todo, porque encarnaron con templanza en nuestro arte nacional, que nos ha ido educando para verlas, protestamos de las luces y colores gloriosos, no porque sean falsos y estén mal ejecutados, no porque dejen de convenir con la naturaleza, sino con otra cosa muy diversa, única que en este caso nos sirve de guía: el tradicional convencionalismo, en que, lo mismo las regiones celestes que toda interpretación del aire libre, venía inspirándose.

Abandonando ese convencionalismo, despeñóse tal vez el Greco en otro convencionalismo, si no más verdadero que el antiguo, tampoco más falso; suave y cálido, antes; áspero y frío, ahora, y ambos, ineludibles todavía en aquel tiempo. Pero su arriesgado ensayo contiene dos méritos: el primero, la noble sinceridad de querer interpretar, lógraselo o no, agradase o dejase de contentar, conviniera o riñese con el gusto de la época, aquellos efectos de luz y de color que le atormentaban y que sentía probablemente con más intensidad que con claridad razonaba, en el acre, triste y monótono ambiente castellano. Y el segundo, implícito en el anterior, el sano principio para la vida del arte de que hay en el mundo de la fantasía muchas más modalidades y en el de la realidad muchas más formas y armonías de luces y colores, todas igualmente bellas, que las que la tradición pictórica nos ha ido enseñando. El tiempo, que todo lo depura, y la crítica, cada día, si más exigente por lo que hace a la idea, a la vida y a la ejecución de la obra de arte, más amplia y generosa con el artista, en cuanto a la libertad de moldes para verter sus concepciones, nos van ya advirtiendo que hay más de permanente que de eliminatorio en esa espantosa Gloria y en esas aborrecibles nubes; y comiénzase a sospechar que lo que en ellas nos perturba, más que su innegable dureza, su desaprensivo aspecto de peñascos o témpanos de hielo, es el agrio y doliente espíritu con que están concebidas, tan contrario al de los eternos gloriosos arreboles y aun al de los cielos tempestuosos, pero siempre blandos y dulces, en que nos hallamos educados. Fiel a su principio de acusar con rigor el esqueleto del cuerpo y del alma, el Greco ha buscado también el esqueleto de las nubes, y apartándose de las usuales formas, suaves, aborregadas, ha escogido con predilección espesos nimbos y terrosos estratos, donde pudieran pronunciarse los planos y acusarse los bordes como aristas; tipos menos frecuentes, sin duda, pero no más convencionales que los otros; apartados por entero, es cierto, del concepto histórico de la estética atmosférica y celeste, pero aptos para encarnar lo que el pintor, absorto en la contemplación de la vida espiritual y humana, y distraído más cada vez, o apartado intencionalmente de la naturaleza exterior y del paisaje, amaba con preferencia: el lúgubre ambiente del cielo, en armonía con lo melancólico de la escena terrestre. Porque aquella Gloria, tan parecida a primera vista en la forma, y tan diversa en el fondo de las de Tintoretto, lejos de ser la "alma región luciente" y el "prado de bienandanza" con que todos soñamos, es una especie de áspero y desabrido juicio final, que a nada placentero convida, y donde los bienaventurados, lejos de ser "espíritus gozosos", parece que esperan con angustia la sentencia. ¡Hondo contraste, el de este anheloso "inmortal seguro", con aquella paz tranquila, cuasi alegre, que respiran hasta los condenados en los pórticos de las catedrales del siglo XIII!

UNIDAD Y SÍNTESIS.

Pero semejante *Paraíso* completa al *Entierro*; y el que pintó la tierra de aquel modo, no pudo traducir a otro idioma menos desapacible la mansión de los justos. Por eso, cuando se llega a penetrar la íntima unidad de concepción que ha presidido en ambas mitades, y a percibir con qué tono, tan unísonamente vigoroso, vibra en una y en otra la misma idea, a través del persistente e indoblegable genio del artista que, a semejante altura, hay que admitir, cuerdo o desacordado, íntegramente —se comprende que aquella Gloria y aquellas nubes, construídas, dentro de su extraño tipo, con magistrales pinceladas trágicas; a despecho de todas las desarmonías, durezas, terrosidades, incorrecciones y acritudes que puedan con justicia imputárseles, viven tan intensamente como los personajes, y son las que convienen al conmovedor entierro del piadoso procer castellano. El sentimiento de intranquilidad, que al principio produce la parte alta, y que nos induce hasta a hacerla desaparecer, para dejarnos gozar descansadamente de la baja, bórrase entonces, y la perturbación que nos causaba, se torna en sosiego; obsérvase que, lejos de disminuir al lado de la celestial, aumenta la honda impresión que nos causa la escena terrestre; conclúyese por no poder contemplar ni concebir una sin otra, por desear lo que antes disgustaba y por advertir que, desprovista del interés vivo y humano, atada al pasado, relegada a segundo término, menos cuidada en la ejecución y más exacerbada en el acento, es, con todo ello, la Gloria tan *significativa* como el Entierro, y que, entre los dos únicamente, es como puede llegarse a formar idea cabal de la obra y de la personalidad del Greco.

Ningún otro de sus lienzos nos da a conocer tan cumplidamente como este las cualidades que le caracterizan, no solo en la época, que puede considerarse de apogeo o plenitud, sino durante toda su vida artística, después de su llegada a España. Por eso hemos querido examinarlo despacio: porque compendia todo lo que el Greco es y representa en sus diversos aspectos. Viva encarnación del ambiente nacional, en fondo y forma; realismo familiar, contemplativo misticismo; alta idealidad humanista; espíritu trágico; concentración y sobriedad; equilibrio y desequilibrio; intensidad nerviosa, medida y desmedida; entonaciones grises y entonaciones agrias; enlace con el pasado y avance al porvenir. Pues el *Entierro* —en lo esencial, verdadera leyenda de género— significa, a fines del siglo XVI, lo que otro *Entierro* de menos valor y altura, pero análogo al de Orgaz en la tendencia, *L'Enterrement à Ornans*, representó a mediados del siglo XIX: la protesta contra todo falso heroísmo y romanticismo de segunda mano, y la vuelta a la concepción naturalista y a la honda e inagotable poesía de la vida diaria[170]. Hasta en la técnica indica un punto medio; pues, sin abandonar los procedimientos venecianos, es mucho más ligera y espontánea que en sus cuadros anteriores, y no tan simplificada aún como en su último tiempo. Y para que nada falte en esta síntesis, del *Entierro* brotan las dos expresiones más típicas de la obra del Greco; aquella que le hace indiscutible: los *Retratos*; y aquella que, en lo religioso, le hizo popular, y donde hasta el propio Pacheco lo pone por modelo: los *San Franciscos*, cuyas múltiples repeticiones se hallan inspiradas esencialmente en las dos cabezas de frailes con capucha.

Seguro es que el españolizado cretense no soñó jamás, a pesar de sus pretensiones, y acaso sorprenderíase al oirlo, que tanto alcance tuvieran, ni tanta trascendencia encerrasen sus cuadros; ni yo pretendo, claro es, en modo alguno, que él se lo propusiera; pero tal es la condición de la obra de arte, y quién sabe si de toda obra humana. Ejecutada, como producto espiritual, conscientemente, hay en ella, sin embargo, mucho más, y a veces muy otra cosa, de lo que el artista quiso darle; elementos que trascienden de su intención actual, única de que se puede responder; que nacen, sin él sospecharlo, del gran fondo subconsciente en que el espíritu se mueve, y que solo pueden salir a luz tras la asimilación lenta y posada

---

[170] *El entierro en Ornans* (1849) de Gustave Courbet, es un enorme lienzo (3,15 x 6,68), actualmente en el Museo de Orsay (París), que provocó un enorme escándalo por su el estilo y dimensiones, exageradamente desproporcionadas con el tema tratado: un episodio históricamente intrascendente —como en el caso del Entierro del conde de Orgaz. Y es que lo que pretendía era, precisamente, una crítica a los géneros y, más concretamente, a la pintura histórica entonces tan en boga. Destacaba con ello Courbet la impotencia del artista para representar hechos que no había vivido, y proponía un realismo muy acorde, por lo demás, con la reciente revolución social de 1845.

y con el punto de vista propicio, que vienen con el tiempo.

LA FECHA.

Una cuestión crítica de importancia resta todavía, sobre la cual desconozco si se ha llamado la atención antes de ahora: la fecha del cuadro. Según el testimonio más antiguo, que es el de Villegas, el lienzo debió pintarse después del 23 de Octubre de 1584, en que el Cardenal Arzobispo D. Gaspar de Quiroga dio licencia para ello. Y, sin embargo, en la punta del pañuelo blanco, que asoma en el bolsillo del pajecito, aparece con trazos negros, y después de la acostumbrada firma del pintor —esta vez sin el $K\varrho\acute{\eta}\zeta$— una tercera línea, que contiene, en cifras griegas, la fecha de 1578, siendo esta la segunda y última vez que he hallado en sus obras semejante pormenor. Los helenistas, dentro y fuera de España, a quienes he consultado, piensan que las cifras no admiten diferente interpretación.

No siendo verosímil suponer un error de escritura, paréceme que, desde el punto de vista documental, es mucho más fehaciente el propio testimonio del Greco que los de Villegas y Pisa; aunque, para corroborarlo, conviniera encontrar la provisión y licencia del arzobispo "en que mandó se pinte y ponga el milagro en la pared de la capilla..." así como la escritura del contrato que se haría, a no dudar, entre el párroco y el artista; documentos que he buscado, hasta ahora, infructuosamente. Mas, desde el punto de vista pictórico, o sea el objetivo y crítico en este caso, sin tener en cuenta para nada datos literarios y documentales, ajenos al cuadro mismo, me inclino, y así lo he hecho, como se ha visto, a considerarlo posterior, no sólo al *Expolio* pintado en 1579, sino al *San Mauricio*, que no se entregó hasta 1584. A mostrarlo tiende todo el análisis, que del fondo, la composición y la técnica de la pintura he procurado hacer, y donde se observa, que, tanto en el espíritu como en la forma, el Greco había adquirido por completo, para decirlo de una vez, carta de naturaleza en Toledo.

La parte baja del *Entierro*, sin rastro de anteriores motivos ni modelos; impregnada de monótonas coloraciones grises y donde, aunque Pisa no lo dijera, es evidente que "se hallan retratados muy al vivo muchos insignes varones de nuestros tiempos", no puede haberse pintado antes del *Expolio*, donde va a morir, como vimos, su fase italiana, y con ocasión de cuyo pleito sabemos, que, por entonces, el Greco aún no comprendía bien el castellano, que era sólo "estante", forastero, y sin ningún arraigo en la ciudad, lo que no se compadece con las necesarias relaciones sociales que supone, y lo empapado que debía estar ya un año antes, en 1578, en la atmósfera toledana, para servirse de ella y traducirla con semejante facilidad y fidelidad en el *Entierro*. Por otra parte, es raro que en el dicho pleito de 1579 se nombre exclusivamente el retablo de Santo Domingo el Antiguo, fechado en 1577, como si fuera la única pintura que había venido el Greco a hacer a Toledo, y que tenía ya "concluido y puesto", y no se cite para nada cuadro de tanta resonancia como hubo de ser el *Entierro*, y que debía estar, de ser exacta la fecha de la firma, terminado en 1578. Por último, el retrato del pintor a que hemos hecho referencia en el primer capítulo y que aparece —séalo o no— como un mismo indubitado modelo en el *San Mauricio* y en el *Entierro* —la octava cabeza empezando a contar desde el extremo de la izquierda, y que mira de frente al espectador—, ofrécese en este, a todas luces, con rasgos de menos juventud que en aquel; lo que hace pensar, que, terminado el *San Mauricio*, por lo menos, hacia 1582, no podía el Greco o el modelo que fuese, en suma, tener más edad en 1578, ni, por tanto, haberse pintado en esta fecha el *Entierro*[171].

RETRATOS.

Por desgracia, fuera de este probable retrato del Greco, solo otros dos conocemos de entre toda aquella serie de ilustres toledanos: los de ambos Covarrubias[172], hijos del insigne arquitecto del Alcázar. A Antonio, el jurista y maestrescuela de la catedral, pertenece aquella nobilísima cabeza, vista casi de perfil, de espaciosa frente, afilada nariz y barba blanca, la de mayor actualidad entre todas, que, con cuello blanco de eclesiástico, se muestra a la mano derecha, y en cuyo parado semblante indícanse con finura los rasgos de la profunda sordera que padecía. Sabio helenista y docto en letras sagradas y

---

[171] *A día de hoy, sigue sin haberse determinado la fecha del cuadro.
[172] *Sobre los Covarrubias, ver más abajo, capt. 10.

profanas, probablemente gustaría del trato del pintor cretense, y tal vez fuera uno de sus amigos y protectores en Toledo; lo que explicaría los varios retratos que de él nos dejó el Greco, así como que se sirviese de su figura para modelo en diferentes composiciones.

El otro eclesiástico, también de barba blanca, que, hacia la mano izquierda, corresponde con el anterior, parece sea el hermano de éste, D. Diego, toledano como él, delegado en el Concilio de Trento, cuyo decreto de reforma redactó, obispo de Segovia, teólogo, jurisconsulto y presidente del Consejo de Castilla y del de Estado; una de las grandes figuras españolas, en suma, de la política, la Iglesia y las letras en el siglo XVI. Debe notarse que D. Diego murió en Madrid en 1577, o sea en el mismo año en que vemos firmar al Greco su primer cuadro en Toledo, y antes, por tanto, de que el *Entierro* se pintase; lo que obliga a pensar que no es obra directa, y que hubo de servirse para esta figura, o de distinto modelo, o de anteriores imágenes, como ya le veremos hacer en otras ocasiones.

Es tradición que el sacerdote revestido de sobrepelliz representa al párroco de Santo Tomé, D. Andrés Núñez de Madrid, por cuya iniciativa pintose el cuadro: mas no sé el fundamento en que aquélla descanse. Si parece probable que el Greco quisiera perpetuarlo en su obra, encuentro igualmente verosímil que, tratándose del párroco, lo hiciese representando el papel de oficiante; y me afirma en esta idea el encontrar en el medallón del pluvial, junto al libro, la media figura de San Andrés, tan significativa en este caso como lo son en la capa de San Agustín, las de San Pablo, amado e inolvidable del Greco, Santo Tomás y Santa Catalina de Alejandría. El sacerdote de la sobrepelliz, bien pudiera ser, en cambio, aquel Pedro Ruiz Durón, ecónomo, que cita la inscripción de Alvaro Gómez[173].

RÉPLICA.

No siendo el cuadro de devoción general, se comprende que no existan de él numerosas réplicas ni copias antiguas, a diferencia de lo que pasa con el *Expolio*. Solo una se conoce, citada por vez primera en Palomino (pág. 426) del siguiente modo: "Y en la casa profesa de

---

[173] *Estas identificaciones de Cossío, siguen sin ponerse en entredicho actualmente.

la Compañía (de Jesús) hay otro quadro también de su mano y del mismo asunto en dicha ciudad (Toledo), pero sin gloria arriba, el cual executó el Dominico a instancias de aquellos padres en demostración de gratitud por haber sido aquel suelo donación del Conde de Orgaz... y lo cierto es que uno y otro cuadro parecen de Tiziano."

La pintura pasó a la Academia de San Fernando de Madrid cuando la expulsión de los jesuítas, y allí ha permanecido catalogada desde 1804 con el número 305, hasta que en 1902 fue trasladada al Museo del Prado; pero está muy lejos de parecerse a Tiziano, en el estilo, y al original, en cuanto al mérito, ni ser tampoco, como Stirling cree (t. I, pág. 184) el bosquejo para el lienzo de Santo Tomé, y por añadidura, admirablemente pintado. No; el cuadro de los jesuítas parece una copia, en vez de acabada y lamida, como es uso, franca y descuidada; caricatura, hasta cierto punto, del original; lo que explica, en algún modo, la idea de Stirling. Esta libertad, algunas buenas pinceladas, y las ligeras variantes que se notan, sugieren la sospecha de si se haría, acaso, en su mismo taller y tal vez por su hijo[174]. De todas suertes, ni él la quiso prohijar, porque no la firmó, lo que ya es sospechoso, ni nadie la puede tener por digna enteramente del autor del *Entierro*.

---

[174] *Las hipótesis de Cossío tampoco han sido discutidas a día de hoy. "Lo más probable es que estemos ante una copia tardía, realizada por un solo pintor, un artista habilidoso que ha imitado la superficie pictórica del original, pero no el característico trabajo por estratos pictóricos y veladuras empleados por el cretense y sus más directos colaboradores. En cualquier caso, se trata de un pintor que conoce bien toda la producción del Greco" (RUIZ, L.: *El Greco en el Museo Nacional del Prado. Catálogo Razonado,* Museo Nacional del Prado, 2007, pp. 238-241).

CAPITULO 8.- El Colegio de Doña María de Aragón, en Madrid. La capilla de San José, en Toledo. El Hospital de la Caridad, en Illescas. Otras obras congéneres.

Plan. — El Colegio de Doña María de Aragón. — La capilla de San José. — El Hospital de Illescas. — El "Sueño de Felipe II". — "San Pedro". — "San Ildefonso". — La "Despedida de Cristo y la Virgen". — La "Crucifixión". — La "Sacra Familia". — "San Luis". —Réplicas.

PLAN.

Hemos de ser más breves que hasta aquí por lo que toca al resto de la vida y labor del Greco, o sean los treinta años, poco más o menos, que van desde el *Entierro del Conde de Orgaz* hasta la muerte del pintor. Semejante desproporción en el plan general de este trabajo se justifica por dos razones. La primera: que los diez años estudiados fueron los críticos y de prueba para el Greco, en los que se trasforma con rapidez su personalidad italiana, se afirma la española y se pronuncia la peculiar que hubo de distinguirlo siempre; y nada importa más, sobre todo en caracteres como el de Theotocópuli, que el asistir en tales momentos a la gestación de su espíritu. La segunda estriba en la importancia de las obras analizadas, en las que, al parecer, puso el maestro su empeño como en ninguna de las restantes. Si así no fue, es lo cierto que esas son las famosas. Y lo son con justicia: porque no hay otras en donde vuelva a mostrarse tan en conjunto como en ellas la riqueza de composición, alcance expresivo, diversidad de modalidades y ajuste de técnica. Y así se explica que el público estudioso conozca y deba conocer al Greco principalmente por los altares de Santo Domingo el Antiguo, el *Expolio*, el *San Mauricio* y el *Entierro*. El iniciado con refinamiento en los secretos de la maestría podrá, con justicia también, preferir para su goce otros ejemplares menos ruidosos, y bastarán una sola figura, un retrato, una simple armonía de color a provocar su admiración y su entusiasmo; pero, lo mismo el profano que el inteligente, habrán de acudir con preferencia a aquellas grandes composiciones, cuando traten de explicarse sintéticamente el carácter del Greco y el valor de su obra.

Si desde ahora no las hay ya tan amplias y significativas, en cambio existen muchas congéneres entre sí, bastantes en número para permitirnos señalar nuevas etapas, no como ensayos fugaces, sino como trasformaciones, que causaron estados duraderos en la vida artística del pintor. Conócense además los suficientes datos documentales para poder fijar la época a que corresponden estos cambios; pues se sabe, con cierta aproximación, las fechas de algunas de las más características composiciones. Lo que, por el momento, no ofrece tanta facilidad, es la clasificación segura de *todos* los cuadros en orden cronológico, ni siquiera la agrupación de los mismos, de modo cierto que no deje lugar a dudas, dentro de cada una de las distintas maneras que el pintor ha ido atravesando. Dificúltanlo la insuficiencia de estudio comparativo, tanto por lo disperso de los cuadros, como por las malas condiciones en que se ofrecen muchos de ellos para ser examinados; la escasez de trabajos anteriores que exciten a nueva reflexión y crítica, y lo proteico del espíritu y de la técnica del Greco, mostrándonos a veces, en obras que han sido ejecutadas, sin género de duda, en un mismo tiempo, rasgos de factura y sobre todo de colorido que, a primera vista, y sin ojo experto, llevarían a clasificarlas en épocas distintas. Con tales salvedades, y sin la menor pretensión de darlo por definitivo, intentaré un primer ensayo de agrupación, tanto, ahora, por lo que toca a los cuadros de mayor importancia, únicos que he de citar en el texto, como luego en el Catálogo de las obras completas, que al final aparece.

El Colegio de Doña María de Aragón.

El primer trabajo del Greco, de que se tiene noticia, después del *Entierro*, fueron las pinturas para el "Retablo del Colegio de religiosos calzados de la Orden de San Agustín, en Madrid", llamado vulgarmente, por su fundadora, "de Doña María de Aragón", señora de ilustre linaje y dama de la Reina Doña Ana, cuarta mujer de Felipe II. Palomino dice que "también es suya la escultura y traza del retablo de la Iglesia" y Ceán añade que lo "ejecutó en 1590". No sé de dónde procede esta fecha, pero no debe andar descaminada, porque en la iglesia del Colegio se dijo la primera misa el 11 de Abril de 1590, y es verosímil suponer que el retablo acabaría entonces de colocarse. Nada arguye en contra de esta fecha que el Greco no cobrase su obra hasta los años de 1598 a 1600, según se desprende de las cuentas de Alonso de Arévalo, halladas por D. Cristóbal Pérez Pastor en el protocolo de Madrid; pues he averiguado en el de Toledo, que en este caso, como en tantos otros, hubo pleito; que "por provisión de Su Majestad se mandaron pagar mil ducados al dicho señor Dominico Greco"; que este embargó los bienes de doña María de Aragón, y que, por escritura, en Toledo, a 22 de Junio de 1599, a petición de los albaceas de doña María, y tal vez con la esperanza de cobrar más fácilmente, levantó el embargo.

Ni del retablo ni de las pinturas, por todo lo cual se pagó al Greco 65.300 reales, he podido encontrar descripción, antes de que en 1820 se dispusiese el Colegio para instalación de la Cámara única, cuyo salón tornó a ser luego iglesia, hasta que en 1835 convirtiose el edificio en Palacio del Senado. Palomino cita aquellas como ejemplares ridículos, "así en lo descoyuntado del dibujo como en lo desabrido del color"; Ponz, como "de lo extravagante que se ve de aquel artífice"; y Ceán dice tan solo de los asuntos que "pertenecen a la vida de Cristo". Es verosímil pensar que los lienzos pasarían al Museo Nacional establecido en el exconvento de la Trinidad, que se formó principalmente con los cuadros de los suprimidos monasterios; pero su Catálogo solo indica la procedencia de uno, que no nos interesa por no ser auténtico, entre los diez que atribuye al Greco, y que luego, al deshacerse el Nacional, pasaron al Museo del

Prado. En el Catálogo de este, es donde se halla la indicación de que el número 2.124, que representa el *Bautismo de Cristo* (imag. 72), viene de la Iglesia de Doña María de Aragón. Y con tal dato tenemos la pista necesaria para seguir la cronología de las obras del Greco.

A la época del *Bautismo* creo que pueden referirse otros dos cuadros de composición, que hay en el Prado: la *Crucifixión* (imag. 71), y la *Resurrección* (imag. 74). No constando su procedencia, no me aventuraré a asegurar que sean también del Colegio de agustinos calzados, pues bien pueden haber venido de otras iglesias de Madrid, para las cuales, en aquel mismo tiempo, trabajara el pintor. Pero lo que salta a la vista es la analogía que estos tres cuadros —sacados ya a luz, por fortuna, con otros varios del Greco, de los oscuros lugares, en que por mucho tiempo estuvieron con menosprecio relegados— guardan entre sí y todos ellos con la Gloria del *Entierro*, tanto en la concepción como en la técnica. El mismo taciturno y encapotado espíritu que en aquella; igual pasta de color; idéntica sombría entonación, lejos de las frías claridades de la *Trinidad*, con la que allí mismo pueden compararse; y apagadas y fundidas en una tinta monótona, las descaradas acritudes del *San Mauricio*. Al montarse de nuevo los cuadros, han quedado al descubierto, por fortuna, las márgenes laterales de los lienzos, donde el artista limpiaba sus pinceles. Aquellos brochazos, en que domina casi exclusivamente el ocre y el carmín oscuro, explican la tonalidad opaca y terrosa de las carnaciones y del ambiente en este grupo de cuadros, que proceden inmediatamente de la parte celestial del *Entierro*.

Tan melancólica y angustiosa como la *Crucifixión* es la *Resurrección*, con ser tan diverso el asunto, y muy poco menos que ambas el *Bautismo*. En todos, recogida la escena, concentrada la acción, y destacándose las figuras, lo humano y dramático, sobre un fondo perdido y, más que triste, lóbrego; en todos, la lucha del realismo de la expresión y del desnudo con las fórmulas tradicionales; en todos, la sobriedad y equilibrio de composición; en todos, las incorrecciones salpicadas, en medio de la solidez constructiva; en todos, los escandalosos alargamientos, al lado de la dignidad y la elegancia; en todos, la acentuada expresión nerviosa, junto a la individualidad y la vida inmortales.

Lo que el *Bautismo* conserva todavía del clásico molde italiano y lo que en su interior hay, sin embargo, de espíritu refractario a ese tipo, puede verse, comparándolo con el cuadro que del mismo asunto tiene Tintoretto en el Prado: disperso y movido, bañado en el paisaje y en el ambiente natural, el veneciano; recluido a la vida interior, escueto y austero, en fondo y forma, el español del Greco. La figura de Jesús es en el *Bautismo* la menos importante. Sólida y bien construida, pero demasiado correcta, y de suave placidez inexpresiva, rara en el artista. En cambio, no pueden ser más suyos, por el vigoroso acento, el descarnado Precursor, en contraste con aquellas mujeres toledanas, tan espirituales y con tan poco aspecto de espíritus puros, que sostienen las vestiduras del Señor; y aquel anciano naturalista, tan alejado de toda clásica ampulosidad —la mejor figura del cuadro, por la expresión, por el dibujo y por la brillante y jugosa blancura del manto—, que, más que bendecir, parece amonestar, entre hosco y risueño, a las otras sutiles criaturas, tan lejanas igualmente, como las de abajo, del tipo consagrado para la belleza femenina y para los ángeles, pero por cuyos rostros y hechiceras actitudes desborda la vida interior del sentimiento.

La *Crucifixión*, asunto que vemos aparecer ahora por vez primera, como el *Bautismo*, en la obra del Greco, es de las tres composiciones la que con más intensidad acusa el temperamento del pintor. Sobria, dura, lúgubre, anhelante, angustiosa, con figuras angulosas y cortantes, que más parecen estatuas de madera labradas a golpe de hacha, interesa observar cuán fielmente reproduce, sin embargo, todavía, después de tantos años, el esquema de aquella famosa *Crucifixión*, que Rafael pintó en sus primeros días para Castello della Pieve, pero ¡con cuán contrario espíritu! Es la italiana, la dulce y plácida *Crucifixión* de un temperamento armonioso, de un pueblo abierto a la Naturaleza, bañado todavía en luz que nace; la española es la *Crucifixión* de una raza ceñuda y de un tiempo amargo, destacada en las tinieblas, con violentas luces arrojadas, ángulos y aristas por doquiera, con una especie de carcomido cadáver por Virgen y una Magdalena consumida, histérica, de ojos extraviados, abrazada a la cruz con espasmos, en el paroxismo del amor y de la contrición, y que "muere porque no muere". Es la *Crucifixión* de nuestra mística, la que responde al *Entierro,* la que todos aquellos caballeros deben tener a la cabecera de sus lechos, la que cuadra a la castiza y legendaria devoción española de la *Guía de Pecadores*[175], intensa y áspera, sin arrumacos ni exóticas dulcedumbres. En aquella Magdalena y en aquel ángel, que en tan inverosímil escorzo de espaldas, la ayuda con el pañuelo a enjugar la sangre que mana de los pies de Cristo —las dos figuras que el pintor añade a la composición rafaelesca— está, como en resumen, todo el Greco.

El camino andado desde su llegada a España puede verse comparando la *Resurrección* del Museo con la de Santo Domingo el Antiguo de Toledo (imag. 55). La atmósfera gloriosa, el sepulcro, el espacio, las lejanías, el sabor italiano, en suma, han desaparecido. El Cristo surge de una revuelta masa de carne, toda con la misma opaca entonación, y el naturalismo de su figura, sin el menor acento heroico, no se ha llegado esta vez a dignificar tanto como otras. Acentúase el carácter realista de los tipos, la extrañeza en la disposición de la escena, el extravagante retorcimiento de las actitudes y la violenta fuerza expresiva. El ángel de la *Crucifixión* encuentra aquí digna resonancia en el guardia derribado de espaldas, en el centro del cuadro, desnudo de gran firmeza, pero que parece estrambóticamente colgado por los pies de los de Cristo, como si fueran dos figuras invertidas, en simétrica oposición y desdoblamiento. Indudable es que las formas proceden de la decadente inspiración romana, pero el ambiente local y la expresión realista, que las ha invadido, nos llevan luego a pensar en algo más fresco y jugoso, que, de alguna suerte, respira vida y que por ello, sin sustraerse a la ineludible ley del tiempo y del medio, se halla, en lo esencial, más cerca que de la muerta repetición de moldes agotados, del soplo que anima a los tumultuosos grupos de Signorelli en la Capilla de Orvieto.

No solo a esta época, sino al mismo grupo de obras procedentes del Colegio de agustinos calzados, pienso que ha de pertenecer la encantadora *Anunciación* (imag. 73) que del Museo del Prado fue enviada en 1883, cuando el Greco era poco estimado, a la Biblioteca-Museo de Villanueva y Geltrú, donde hoy se conserva[176]. Su

---

[175] **Guía de pecadores*. Obra de Fray Luis de Granada, publicada en 1583, con el subtítulo: "En la cual se enseña todo lo que el cristiano debe de hacer, desde el principio de su conversión hasta hasta el fin de la perfección.

[176] * La hipótesis de reconstrucción del retablo que se baraja aun hoy, da por seguro las cuatro pinturas propuestas aquí por Cossío, es decir: *El Bautismo, La Resurección, La Crucifixión* y *La Anunciación*. A ellos, el hispanista alemán August Liebmann

semejanza en todos respectos con el *Bautismo*, y hasta sus dimensiones, muy aproximadas a las de este, me hacen sospechar si ambos ocuparían los altares laterales de la iglesia de Doña María de Aragón; sirviendo de apoyo a esta sospecha, por una parte, el encontrar estos dos mismos asuntos repetidos, luego, como veremos, y en aquella disposición, en el Hospital de Tavera; y por otra, el saber[177] que, cuando la sala volvió a ser iglesia, a fines del reinado de Fernando VII, quedaba en ella un altar con este asunto de la *Anunciación*, que era el título del Colegio, lienzo que probablemente pasaría al Museo Nacional y después al del Prado[178].

El *San Basilio* —mejor, *San Benito*— (imag. 60), es obra de segundo orden, afeada además por restauraciones; el precioso *Santiago* (imag. 77, en realidad, *San Roque*)[179], de Doña María del Carmen

---

Mayer añadió dos más: *Pentecostés* (imag. 75) y *La Adoración de los pastores* (imag. 76). De los seis, los cinco primeros podemos verlos en el Prado (incluida *La Anunciación*), y el sexto (*La Adoración de los pastores*) se conserva en la colección del Museo Nacional de Arte de Rumanía de Bucarest. En la imagen 70 bis reproducimos la propuesta de reconstrucción de José Manuel Pita Andrade y Antonio Almagro Gorbea (*Sobre la reconstrucción del retablo del Colegio de doña María de Aragón*, en Actas del Congreso sobre el retablo del Colegio de Doña María de Aragón del Greco: Museo Nacional del Prado, 16 y 17 de octubre de 2000).

[177] Madoz, Diccionario geográfico. Artículo, Madrid, t. X. Pág 745.

[178] *María Cruz de Carlos Varona, dice que de *La Anunciación*, hay al menos trece versiones, en que se incluyen cinco relativas a *La Encarnación*, todas ellas conocidas como *La Anunciación*. De La Anunciación, propiamente dicha, "tenemos ocho cuadros, aunque sólo la mitad están considerados como obras autógrafas del Greco: se trata de los existentes en la Galleria Estense de Módena, el Museo Nacional del Prado, Museo Thyssen-Bornemisza y colección particular madrileña. Todos considerados autógrafos, se fechan entre 1567 y 1576. A este grupo se añadirían otros cuatro cuadros de la misma temática y de autoría discutida; el más tardío (Madrid, Fundación Central Hispano) fue realizado en su mayor parte por su hijo Jorge Manuel. Del segundo tipo, *La Encarnación*, tendríamos cinco ejemplos realizados entre 1597 y 1607: los existentes en el Museo del Prado, Museo Thyssen-Bornemisza y Museo de Bilbao, Hospital de la Caridad de Illescas y Catedral de Sigüenza, aunque éste último también se cree de taller." ("La Anunciación / La Encarnación: el debate sobre El Greco y la imagen religiosa'. María Cruz de Carlos Varona. Texto que tomamos de la web del Museo Thyssen-Bornemisza).

[179] *Si nos atenemos a la lámina que como tal acompaña Cossío (núm. 42), a las dimensiones que consigna al pie de la misma (0,43 x 0,37), y al propio dato que aquí nos confirma como propiedad de doña María Carmen Mendieta, según Isabel MATEO GÓMEZ, no se trata de Santiago sino de San Roque, y pertenece actualmente a la Hispanic Society de Nueva York. Harold E. WETHEY —sigue diciendo MATEO GÓMEZ— lo recoge (1967) como una interesante copia de escuela.

Mendieta, trozo fino y selecto; y la *Cabeza de Santo*, de D. Antonio Vives[180], la cual parece ser resto de otra composición más grande, son cuadros, que, a juzgar por la analogía que guardan con los anteriores de que venimos hablando, en cuanto a espíritu, técnica y colorido,creo deben colocarse también en este tiempo.

LA CAPILLA DE SAN JOSÉ.

Entre 1595 y 1600 ejecuta el Greco dos grupos de obras, en las cuales, lo mismo por la idea que por la manera de pintar, le vemos libre de esta especie de crisis lúgubre que domina en las que siguen al *Entierro*. Estamos en un nuevo aspecto de su arte y especialmente de su técnica. Me refiero a los "altares de la Ilustre Capilla de San José de Toledo", y a los de la "Iglesia del Hospital de la Caridad, en la villa de Illescas".

La Capilla de San José es el primer templo dedicado en la Cristiandad al Santo Patriarca, y fue edificada por los hermanos testamentarios del caballero Martín Ramírez en las casas de este, que habian sido antes del marqués de Montemayor. En ellas y por invitación de Ramírez, se albergó algún tiempo Santa Teresa con otras religiosas, esperando que aquel les edificaría allí el convento que les había ofrecido. Murió sin cumplirlo; los albaceas pusieron obstáculos, y, en su lugar, se fundó la actual Capilla, de estilo grecoromano, bendecida en 26 de Diciembre de 1594. En su Archivo se conserva una escritura hecha en Toledo en 13 de Diciembre de 1599, de transacción y concordia entre el patrono y capellán mayor doctor Martín Ramírez, catedrático de Teología de la Universidad, sobrino del fundador, y el Greco, en la que se declara que, ante el Visitador general de la ciudad, hubo pleito, porque a Ramírez le parecía muy subida la tasación que las partes habían hecho del retablo construido y puesto por el Greco en la Capilla y que "para evitar las

MATEO GÓMEZ, I. (2015). *Nuevos campos abiertos a la investigación a partir de algunas exposiciones dedicadas a la obra de El Greco*. Arbor, 191 (776): a279. doi: http://dx.doi.org/10.3989/arbor.2015.776n6006 (web visitada el 30/10/2016).
[180] *En la edición de *El Greco* de Espasa Calpe (Colección Austral), de 1983, figura entonces como de propiedad de los herederos de William van Horne. Por lo demás no aparece en las láminas de la edición de Victoriano Suárez de 1908.

costas y gastos que habían de suceder continuando el pleito... aprobaba la tasación en los 31.328 reales."

Por el documento sabemos, además, que Dominico se encargó de dicha obra por escritura, en 20 de Noviembre de 1597. Así, ejecutó el retablo en dos años, y, aunque nada se dice de las pinturas, es seguro, no que son suyas —que en esto no cabe duda alguna— sino que entonces se hicieron; pues, sobre que no hay motivo alguno para suponer lo contrario, formando como forman parte integrante del retablo, en la escritura mencionada "se encarga Martín Ramírez de pagar luego a Francisco Medina lencero mili y cinquenta y tres reales que le deve el dicho Dominico Greco", lo cual sería, sin duda, por la tela que necesitó para los cuadros.

Estos son cuatro: dos, en el retablo o altar mayor, y uno, en cada altarcito lateral. Y aunque estos últimos no aparecen citados en la escritura, el estilo acusa que todos debieron pintarse al mismo tiempo. En el centro del retablo, un inmenso *San José* (imag. 78), el titular de la Capilla, de pie, en actitud de caminar, con cayado en la mano derecha, y protegiendo con la izquierda al Niño Jesús, que marcha a su lado, extendiendo el brazo izquierdo, como para indicar la ruta. Tres ángeles, en las más extrañas y difíciles actitudes, se precipitan desde la altura, derramando flores sobre la cabeza del Patriarca, cuya enorme figura reposada se destaca gigantesca sobre un fondo perdido de cielo nuboso. Solo allá abajo, en lontananza, percibense los cerros de Toledo, y el característico perfil de la ciudad, con los monumentos que más la distinguen; el castillo de San Servando, el puente de Alcántara, las murallas, la torre de la Catedral, aunque imposible de ver desde aquel sitio, y el Alcázar, sin los chapiteles de las torres, añadidos más tarde. Paisaje, que, con caprichosas modificaciones, para buscarle carácter y significación, repetirá, de aquí en adelante, siempre en la misma extraña e inverosímil perspectiva, como una especie de concesión a la realidad del espacio, o de símbolo estereotipado; la menor cantidad de tierra, para que las figuras, única cosa que le preocupa, asienten sus plantas.

El otro cuadro del altar mayor está en el ático y representa la *Coronación de la Virgen* (imag. 79). Sentada de frente en las nubes, con las manos juntas sobre el pecho, en actitud orante, los pies sobre la media luna, la mirada, en alto, contemplativa. A su derecha, Jesús, a su izquierda, el Padre Eterno, envuelto en manto de total blancura, y ambos sentados paralelamente sobre las nubes, llevando en la izquierda un fino cetro y sosteniendo con la derecha, extendidos los brazos, la áurea corona sobre la cabeza de la Virgen. Encima, la blanca paloma entre cabecitas de ángeles; y en la parte baja del cuadro, seis medias figuras, tres a cada lado, probablemente el fundador del templo y su familia.

En el altar lateral de la epístola, la *Virgen* (imag. 26). de nuevo, sentada también de frente y sobre nubes, pero ahora con el niño desnudo en el regazo y con cabezas de ángeles por nimbo, lo mismo que a sus plantas. A su altura, en el aire, dos ángeles adultos, uno a cada lado, en actitud de adorar a Jesús; y sentadas, a los pies de aquéllos, una frente a otra, dos medias figuras de mujer de infinita belleza y elegancia: Santa Inés, llevando el candido cordero sobre la mano y antebrazo izquierdos, y con la derecha al pecho —*leimotiv*, que vuelve a sonar, después de tanto tiempo; nueva aparición, hasta en los rasgos fisonómicos, del hermoso joven del cuadro de los Mercaderes— y ¿Santa Tecla?[181] con la palma del martirio y la mano derecha sobre la cabeza de un león, en cuyo frente puso el Greco las iniciales de su nombre y apellido[182].

Al lado opuesto de la iglesia, en el altar del Evangelio, y contrastando con semejante composición de *Sacra conversazione*, tan rara ya por lo tradicional, al cerrarse el siglo XVI, aparece un adolescente (imag. 23) sin pelo de barba, con la cabeza descubierta y rapada, lechuguilla y puños encañonados, media armadura damasquinada, bordados gregüescos y calzas apretadas, que, montado en descomunal caballo blanco, de negros arreos, y en actitud de marcha, trata de dividir con la espada su verde capa para compartirla con un inconmensurable mendigo, de carnación verdosa, que está de pie a su derecha, desnudo y suplicante. Por fondo, el cielo. No hay más tierra que la que se pisa; y a lo lejos, la consabida y simbólica silueta de Toledo. Es evidente que se trata de la conocida leyenda de San Martín de Tours, en memoria del fundador de la Capilla. Pero hay tal vitalidad en esta escena, tan íntima expresión nacional, tanta

---

[181] *Hoy se identifican las santas, definitivamente, como Santa Inés y Santa Martina, tal y como el propio Cossío lo hizo constar en una edición posterior. Tanto este cuadro, como el de San Martín, al que se va a hacer referencia inmediatamente, están hoy en la Galería Nacional de Washington. Evidentemente, la elección tanto de Santa Martina como San Martín tiene que ver con Martín Ramírez, que fue quien encargó los cuadros a El Greco.
[182] *La delta y zeta griegas.

fuerza sugestiva, tan sin igual encanto y poético romanticismo, que a ello se debe atribuir, más que al desconocimiento de aquel pormenor histórico, el que algún crítico extranjero, echando a volar la fantasía, como es frecuente, en cosas de España, le parezca ver en el asunto ¡nada menos que al Príncipe don Carlos a caballo, o más bien el famoso episodio de la vida del Cid, en que el héroe tiende piadosamente la mano a un leproso![183]

Respírase con libertad en este tranquilo y diminuto templo, libres ya de la obsesión del *Entierro* y de los cuadros en que se prolonga su tétrico espíritu. Ahora, es el reino de la serena placidez, del amor, de la ternura, de la infancia, de la belleza, de la juventud gallarda y generosa. Acreciéntase la sencilla sobriedad de concepción y acentúase el familiar naturalismo. Nada de vastas y complicadas composiciones. Pocas y grandes figuras en cada cuadro, sin vestigios de ambiente heroico. La misma intensa expresión espiritual que antes; la misma alta idealidad, pero más reposo y equilibrio. A la técnica lenta y empastada, sucede otra más fácil y espontánea; disminuye el cuerpo de color; la imprimación es ligera, y deja ver el lienzo; las veladuras, tenues; la pincelada, cada vez más rápida y larga; los contornos, esfumados; la mancha, suave, y el color, puesto directa y briosamente al lado de otro color, sin fundir, tratando de buscar la mezcla óptica, la armonía en la retina, antes que en la paleta. Eliminadas las opacas tonalidades ocres y terrosas y las acritudes de ultramares y cromos, reinan ahora en absoluto, manejados con fácil dominio los tonos argentinos, las medias tintas compuestas, los blancos de plata, el verde, el rojo y el amarillo pálidos; todo envuelto finamente en gris y en una general entonación carminosa. Discreta y ponderada sinfonía de valores, sin desafinaciones ni acritudes, buscando, más que la brillante riqueza, la impresión de la realidad en las suaves transiciones del colorido por medio de tintas apagadas, cuyo carácter es la distinción y la elegancia. En el grato silencio de esta escondida Capilla toledana, subyugados por la honda expresión y original sencillez de San José y del Niño; por la candorosa espiritualidad de la Virgen, las santas y los ángeles, por el misterioso encanto romancesco del caritativo, señoril hidalgo mozo, sentimos la fascinación de la pacífica musa del sosiego, que ha podido inspirar al cretense, lejanos ya sus juveniles años, tan frescas melodías, bañadas

---

[183] *Tableaux anciens de la Gallerie Charles I, Roi de Roumanie*. Ya citado.

en el gris claro de las serenas y melancólicas luces otoñales.

EL HOSPITAL DE ILLESCAS.

Las mismas cualidades distinguen al segundo grupo de cuadros a que antes hice referencia: los pintados en la Iglesia del Hospital de la Caridad de Illescas, antigua fundación del Cardenal Cisneros. Palomino, Ponz y Ceán atribuyen al Greco la traza, el retablo, las estatuas y pinturas, asi de este templo, como del de religiosos descalzos de San Francisco, de la misma villa, del cual nada queda.

Documento auténtico para asegurar la fecha de estos trabajos no lo conozco; pero, si hemos de dar crédito a los citados autores, debieron ejecutarse poco antes de 1600; pues tanto Palomino como Ceán afirman que en ese año se falló a favor del Greco el pleito que el alcabalero de Illescas habíale puesto para que pagase contribución por la venta de las obras. Los pleitos, como se ve, persiguiendo al pintor; aunque esta vez fueron con la Hacienda. El hecho debió tener resonancia entre los artistas y contribuir a su respeto hacia el Greco, pues la sentencia favorable alcanzada por este, y el fundamento de ella, alegáronse posteriormente, en las diversas ocasiones en que la Administración reclamó su tasa a los pintores, como argumento principal para eximirse de ella, por parte de estos. Fue, al parecer, la primera vez en España que la pintura se declaró exenta de tributos; y, por si el Greco, defendiéndose por sí mismo, como se asegura que hizo, fuera el autor del argumento que sirvió para el fallo —cosa nada inverosímil, según la idea que de él nos han trasmitido sus contemporáneos— helo aquí, como dato curioso, según se desprende del informe, que el Licenciado D. Juan Alonso de Butrón hizo en el pleito, que, por la misma causa, sostuvieron Vicente Carducho y otros pintores; famoso litigio, en que informaron además Lope de Vega y otros hombres ilustres.

"Los pintores defienden su arte con las inmunidades que la hicieron libre desde su nacimiento... Dicen que no ciñen las palabras de la ley las obras de sus manos, por ser solo acomodar el ingenio con este arte al objeto que se trata de pintar: contrato innominado, *do ut facias*, que no admite gabela; locación con más propiedad que venta, de que jamás se ha pagado alcabala, como lo ha interpretado la costumbre, que se admite sin embargo de los rigores de la ley del Reino, por ser interpretativa de ella, y así está declarado por leyes posteriores y en caso semejante lo ha juzgado el mismo Real Consejo, Tribunal soberano..." Este juicio, a que se refiere, es el del pleito del Greco. Así lo añade Butrón en el "Fundamento tercero. Que, en conformidad de lo referido, el Consejo de Hacienda ha sentenciado en favor de la pintura, en el pleito que el alcabalero de Illescas trató con Dominico Greco, sobre los cincuenta mil maravedís de la alcabala del retablo que hizo para la Iglesia de la dicha villa, y que el Consejo debe juzgar por esta decisión este pleito"[18-]. Sentencia que el Consejo confirmó definitivamente, en revista, en 11 de Enero de 1633, declarando "que los pintores no paguen alcabala de las pinturas que ellos hicieren y vendieren, aunque no se las hayan mandado hacer; y con que se haya de pagar alcabala de las que vendieren, no hechas por ellos, en sus casas, almonedas y otras partes"[185].

De semejante argumento debió originarse la tercera leyenda sobre el Greco, a saber: la de que no vendía, sino que empeñaba sus cuadros. Y aunque Palomino (pág. 427) dice que lo hacía solo "durante la demanda, porque, como la alcabala se paga solo de lo que se vende, no vendiendo no causaba alcabala", como a renglón seguido añade que "aseguran que el *Expolio*... está empeñado y aun hecha escritura de ellos, se explica que se acreditase el error. Ya vimos, en su lugar, lo inexacto de la última afirmación, y ahora, por el informe de D. Juan Butrón y por la sentencia, se comprende que el Greco no empeñaba, sino que vendía y podía vender sus cuadros sin pagar alcabala, porque la venta se consideraba, en este caso, como contrato innominado, en que no se daba una mercancía por dinero, sino que "se aplicaba el ingenio con arte" a la cosa que se trataba de pintar.

A cinco aplicó el suyo el Greco en el Hospital de la Caridad; es decir, cinco son los cuadros que de él se conservan todavía en aquella Iglesia, aunque es de sospechar que también hiciera un sexto. El retablo (imag. 80) acusa la más íntima semejanza con el de San José. No se puede dudar de que, siéndolo el uno, es también el otro del Greco, y ambos del mismo tiempo, formados por un solo cuerpo alto de arquitectura con capiteles corintios, entablamento y frontón

---

[184] Carducho, Dialogas, págs. 561-490
[185] *Ibid.* pág. 519.

clásicos, roto el último por otro cuerpo menor, con su ático. El centro del altar, en vez de tener pintura, como en Toledo, se halla aquí libre, para dejar sitio a la tradicional imagen de bulto de la Virgen titular de la Iglesia, y ricamente vestida, a la genuina, pero antiestética usanza española. En el cuerpo alto, pintó el Greco —entre dos estatuas de madera, que representan la Fe y la Esperanza— la *Caridad*, figura de mujer cubierta desde la cabeza con amplísimo manto, bajo cuyos pliegues cobíjanse a cada lado dos medias figuras de tamaño natural, apoyadas en bastones y en muletas con aspecto de enfermos. En la bóveda del presbiterio, y dentro de moldura ovalada, repite la *Coronación de la Virgen*, que vimos en Toledo, pero sin donantes; y sobre la cornisa de las paredes laterales del mismo presbiterio, bajo los lunetos y arranques de la bóveda, en moldura circular, al lado de la epístola: el *Nacimiento de Jesús* —la Virgen y San José adorando al Niño, que se halla sobre un blanco lienzo— y al del Evangelio: la *Anunciación* —la Virgen arrodillada y el ángel en alto[186]—.

En el altar lateral del Evangelio, en el crucero de la Iglesia, que es

---

[186] En esta forma dispuso el pintor sus composiciones. y así han permanecido, hasta que en nuestros días una bárbara restauración ha profanado todo aquel retablo. Se ha dorado por completo y tan ruínmente como ahora es costumbre, no solo la arquitectura, sino las estatuas, haciendo desaparecer el primitivo estofado; se han arrancado de los lunetos los lienzos circulares, para colgarlos en las paredes del presbiterio; se ha trasladado la *Caridad* del frontón —sustituyéndola por una flamante ñoñez— al altar lateral de la epístola, donde, para amoldarla al marco, siendo este de medio punto, se ha tenido la osadía de añadir al lienzo más de treinta centímetros, por la parte alta; se han barnizado las telas, sin limpiarlas y sin atirantarlas; se han pintarrajeado ridículamente, lo mismo que los muros, las dos estatuas de profetas, que ocupan las hornacinas a los lado del retablo, y que son obra también del Greco...

Mientras semejantes atrocidades puedan cometerse, en 1903, y a las puertas de Madrid, no habrá motivo para indignarse de que los extranjeros quieran comprarnos el *Entierro del Conde de Orgaz*. Cuantos tesoros de arte guardan, desde la más humilde iglesia hasta la Catedral de Toledo, pertenecen a la nación, la cual debe prohibir en absoluto su venta. Mas, para que esta medida sea eficaz, hace falta antes catalogar con inteligencia, conservar con respeto y exponer dignamente, en los mismos sitios en que se encuentra ahora, toda aquella riqueza artística. Para poseerla hay que merecerlo. No basta lamentarse. Agitar y encauzar la opinión en tal sentido, no solo con palabras, sino con hechos, fomentando por dondequiera las sociedades locales y las misiones para la protección del arte, influyendo en el gobierno o mandándolo desde el mismo, es un deber elemental de todo aquel a quien en serio le duela tan bochornoso abandono.

donde se halla el quinto cuadro, nos dejó el Greco uno de los trozos más escogidos, tanto en técnica como en realismo poético de fuerza expresiva. Una sola figura, uno de esos tipos sugestivos, en que se trasparentan fidelísimamente los rasgos ideales de la raza y del tiempo. Es *San Ildefonso* (imag. 81), discípulo de San Isidoro, abad de los dos monasterios agalienses, en Toledo, su patria, metropolitano de su silla hacia la mitad del siglo XVII, venerado como nadie en la ciudad y en la Catedral, donde a cada paso se encuentra su imagen recibiendo la celeste casulla de manos de la Virgen; personaje, en suma, como el Conde de Orgaz, netamente toledano. Está en su gabinete, sentado a la mesa, en actitud de escribir su libro sobre la virginidad de María. Apareciósele esta, una vez terminada la obra, según cuenta el abad Juan Tritemio, "teniendo el mesmo libro en sus manos y dándole las gracias por tan gran servicio, afirmaba le había sido muy agradable." Mas, al parecer, no fue este el momento escogido para la representación, pues, aunque la Virgen se halla en el cuadro delante del Santo, no trae libro en sus manos, sino al Niño. El libro está todavía escribiéndose, y el Santo, apoyando extendida sobre él la mano izquierda, levanta la derecha con la blanca pluma de ave entre los dedos, y, mirando a la Virgen, queda suspenso un instante, en serena inspiración contemplativa.

El que se haya familiarizado con la literatura clásica española y con sus descripciones de interiores domésticos; el que haya husmeado con deleite en sacristías, salas capitulares y rancias viviendas de clérigos ricos; el que se haya empapado en nuestro ambiente nacional, podrá penetrar el vigoroso casticismo de este anciano seductor por su amable austeridad, por su digna sencillez, y la fragancia local de aquella habitación, tan sobriamente lujosa, y de todos sus pormenores, desde el sillón con remates de bronce y rojos borlones de seda, y el tapete de faldas de terciopelo encarnado con ancha franja, fleco, presillas y agremanes de oro, hasta la blanca Virgen sobre la peana, ante el rico brocado, reproduciendo la misma imagen, aunque tratada con más esbeltez, que en el altar de la Iglesia se venera; de esta página histórica, y de este prototipo de nuestros escritores místico humanistas del siglo XVI, en el momento de su trabajo... que así hubieron de ser y así meditarían y escribirían sus libros los dos grandes Luises, el de León y el de Granada. Hasta el gris de las carnaciones es aquí más ceniciento y verdoso que en la capilla de San José; más sobrios los valores de blancos y negros; más oscuro el fondo; más intenso el carmín; más severa y adusta, más española, en suma, la entonación del cuadro.

En el ya citado Catálogo del Museo del rey de Rumania, encuentro que el número 163, perteneciente al Greco, representa el *Matrimonio de la Virgen* (imag. 82). Y como sus dimensiones no son sino algo menores que el hueco del altar lateral de la epístola, compañero del de *San Ildefonso* en el Hospital de Illescas, y en dicho hueco, en lugar del cuadro que el maestro debió pintar para aquel sitio, hubo, hasta la última restauración, precisamente un *Matrimonio de la Virgen*, insignificante pintura del siglo XVII, sospecho que de aquel sitio procede, o al menos es réplica del original que allí había, el de Bucarest. Y me afirma en semejante sospecha el colorido y el carácter de la técnica, descritos en el Catálogo, y que concuerdan con la época que nos ocupa, así como la analogía entre ambos *Matrimonios* en la manera de disponer el asunto; pues, aunque se ve que el cuadro actual de Illescas no es copia del Greco, me parece que el pintor, al trazar su composición, inspiróse en la antigua. Por otra parte, ya veremos que no es esta la única sustitución, que ha habido en altares, de cuadros del Greco, hecha después de su muerte.

EL "SUEÑO DE FELIPE II".

Y aquí terminan las obras de fecha más o menos fija correspondientes a este período. Para encontrar otras, que, por su técnica, puedan referírseles, tenemos que volver, ante todo, al Escorial y dirigirnos, primero que a ninguna, por su notoriedad e importancia, al famoso *Sueño de Felipe II* (imag. 83), que los apasionados admiran hoy en las mismas Salas capitulares que el *San Mauricio*.

Desdichadamente para los que se deleitan en legendarias fantasías románticas, no hay de *Sueño* en el asunto otra cosa que el título, tan moderno, además, que aparece, por vez primera, el año 1857, y sin la menor justificación histórica, en el *Catálogo de los cuadros del Real Monasterio de San Lorenzo...* redactado por D. Vicente Poleró. Pero ni hay indicación con carácter real o fantaseado, acerca de semejante *Sueño* en los biógrafos de Felipe II, ni las *Descripciones* del Escorial, anteriores a dicho *Catálogo* llaman al cuadro de tal suerte. El nombre, sin embargo, ha hecho fortuna, aun entre los críticos, lo que demuestra cómo prospera la leyenda en tierra abonada; pues si no consta en documentos que el Rey soñase nunca lo que allí se representa, el contemplador halla que no tuvo más remedio que soñarlo; y se complace en ver con cuan vigorosa fidelidad ha conseguido el artista encarnar el tipo del "Rey prudente", que vive en nuestra imaginación, y las visiones que, dentro y fuera del Escorial, debieron atormentarlo. "Tú me has contado a mí mi propio sueño", dice Justi que, como Platón, hubiera podido exclamar el Monarca[187].

La primera vez que hallo citado el cuadro es en la *Descripción del Escorial* del P. Santos (pág. 142). Es además el único que nos dice lo que, a su juicio, quiso representar el pintor. He aquí su propia descripción, tan exacta como ingeniosa. "Una Gloria de Dominico Greco de lo mejor que él pintó, aunque siempre con la desazón de los colores; mas aquí tienen disculpa, que para pintar la Gloria de Dios no es fácil hallarlos acá acomodados; pues los más vivos no pueden llegar a significar la fuerza de aquella Majestad suprema, ni vista ni oída de los hombres. De ordinario llaman a este lienzo la Gloria de Greco, por un pedazo de Gloria que se ve en lo superior; mas también en lo inferior se ven, a un lado, el Purgatorio y el Infierno con los habitadores de su fuego y condenados; y a otro, la Iglesia Militante, cuyo copioso número de fieles se muestra, puesto en oración, levantadas las manos y los ojos al cielo, y entre ellos Fhilipo Segundo, que se conoce en su retrato; y en medio de esta Gloria está el nombre de Jesús, a quien adoran los ángeles humillados; y juntando esta adoración con la que en la tierra le están dando los hombres, y singularmente este Prudentísimo Rey, siempre rendido a la alteza de semejante nombre, podemos decir, al mirar al otro lado al Infierno y Purgatorio, rendidos de la misma forma, que quiso significarnos aquí el artífice, aquello de San Pablo, *In nomine Jesu omne genuflectatur Coelestium, Terresiriam et Infernorum*[188]. Ella es una historia ejecutada con toda excelencia; el acierto del dibujo ya es muy conocido en el autor y aquí lo muestra en el gusto de las posiciones y habitudes elegantes

---

[187] *Destaca Natalia Cossío de Jiménez, en su edición para la Colección Austral de Espasa Calpe, que gracias a lo que aquí dice su padre y la cita del P. Santos que leeremos a continuación, el cuadro ha pasado a llamarse *Adoración del nombre de Jesús*. Además, también es conocido como *Alegoría de la Liga Santa*.

[188] *Para que al nombre de Jesús, doblen todos las rodillas, en el Cielo, en la Tierra y en el Infierno.* (Carta a los Filipenses, 2.10).

que tienen las figuras, con propiedad y desahogo, sin que las confunda la multitud".

Conociendo el afecto del Greco hacia San Pablo, se justifica más la sospecha del P. Santos, y es muy verosímil que aquel texto sirviera realmente al pintor para componer su Gloria. Porque yo creo que, a pesar de la exactitud de las observaciones del erudito monje, lo que el artista quiso o tuvo encargo de hacer fue una Gloria, es decir, un cuadro funeral para Felipe II, como el que Tiziano había pintado para Carlos V, lienzo que el Emperador conservó en Yuste durante su vida, y allí estuvo sobre su sepulcro hasta que Felipe II lo llevó al Escorial, donde sería conocido, como hoy continúa siéndolo en el Prado, por la *Gloria* de Tiziano. Para hacer juego con ella, y dedicada a Felipe II, pintaríase la que todos, por esto mismo, llamarían *Gloria del Greco,* aunque con la del maestro no tuviera la del discípulo, aparte del nombre, parentesco alguno, ni en la composición ni en el estilo. Semejante radical contraste, en punto a la concepción, entre ambas composiciones, antagonismo en que ha venido a parar aquella diferenciación iniciada ya con tanto brío en la *Asunción* de Santo Domingo, con que el Greco se presenta en Toledo, y aun el diverso espíritu que reina entre el *Sueño de Felipe II* y el *Purgatorio* de Tintoretto (imag. 84), de la Pinacoteca de Parma, con el cual guarda, en lo exterior, más analogía que con Tiziano, son notas que ofrecemos al paso, a la atención del estudioso, para que se pueda comprender la honda trasformación verificada en el artista, y nos inducen a pensar, tanto como la técnica del lienzo escurialense, que no ha podido este pintarse, sino hacia la época de la Capilla de San José y del Hospital de Illescas.

Aunque no sin algún recelo, me inclino a colocar la ejecución de este cuadro, que es otra página de la historia de España, en año posterior, y no lejano, al 1600. Me induce a ello la moderación y hermosura de los ángeles, en intimidad con los de la *Virgen* de la Capilla toledana; la manera fantástica y concentrada de concebir y componer la parte baja; la extraña originalidad de la llanura terrestre, perdida en el horizonte, con la multitud arrodillada, que, en su espíritu e interpretación, recuerda a Goya; y sobre todo, la audacia de lanzar, en medio de aquel derroche de color de las vestiduras pontificias e imperiales, sobre el vibrante tapiz oriental y el rico almohadón de brocado, la negra mancha de la ruin y descolorida figura del monarca: sincero arrojo de interpretación naturalista, ensayo disonante, si es que no solitario, en aquel tiempo.

Los escritores meramente eruditos, al hablar de este cuadro, o han repetido al P. Santos, o lo han calificado de "caprichoso", o no le han dado importancia. Palomino, sin duda por ser más técnico, dice, ponderándolo, "que no se puede hacer más"; y entre los modernos, solo encuentra alabanzas. Las frases que Justi (Z. f. B. K. pág. 217) le dedica me parecen justificadas. "Nunca, dice, se ha derrochado en este espectro tanto espíritu de dibujo y color. Ni la aguja de Callot ha podido dar más vida con pocos rasgos a sus figurillas. Y en cuanto al colorido, hay que pensar en algo enteramente moderno, en Mariano Fortuny." Dudo, en cambio, que el crítico, estudiando, al parecer, cronológicamente las obras del Greco, haga bien en colocar esta entre el *Retrato de Pompeyo Leoni*, que supone hecho hacia 1578, y el *San Mauricio*, pintado hacia 1582.

A mi juicio, el llamado *Sueño de Felipe II* estaría mejor clasificado veinte años más tarde que aquél. Así me lleva a pensarlo, como he dicho, su concepción, pero, sobre todo, el dato más esencial, que es la factura. El tapiz, el almohadón , los guantes, las cabezas de último término, son pormenores en que se persigue francamente la sensación, y están manchados con una libertad, que solo corresponde a esta época. He buscado hasta ahora inútilmente alguna noticia documental que hiciera luz acerca de este punto. Cuando el cuidadoso P. Sigüenza no menciona en su minuciosa descripción un cuadro como este, dedicado, al parecer, nada menos que al regio fundador, no es aventurado suponer que el lienzo no se hallaría aún en el Monasterio antes de 1605, en que publica la Tercera parte de su *Historia*. Felipe II no era hombre, después de la repulsa del *San Mauricio*, para encargar cosa alguna al Greco, ni para dejarse retratar por él en argumento de tanta importancia. Y el pintor no se hubiera aventurado de nuevo, en cuadro para el rey y en vida del mismo, a composición tan extraña y fuera de los moldes tizianescos, ni a exponer a aquel, ante el público, a tan escudriñadora e irreverente mirada del hermoso joven cardenal que tiene a su derecha. Por todo ello, y por el aspecto fúnebre, ya indicado, del cuadro, me inclino a creer que fuera encomendado al Greco por la Comunidad, años después de la muerte de Felipe II (1598), y para ponerlo sobre su sepultura. No deja de ser significativo, en apoyo de esta idea, el que la primera vez que se cita el lienzo por el P. Santos sea en la Sacristía del Panteón. Finalmente, para obra de tal interés, ¿a quién podía la

Comunidad recurrir mejor que al Greco, por aquellos años, en que su reputación se había firmemente asentado en Toledo, donde "vivía y hacía cosas excelentes", y cuando ya los extranjeros, que en el Escorial le hicieron competencia, se habían marchado, y los nacionales dignos de hacérsela no habían aún aparecido?

"San Pedro". "San Ildefonso".

Dos lienzos de esta época hay todavía que admirar en el Escorial, y se hallan en la Sacristía. Un *San Ildefonso* (imag. 85), y un *San Pedro* (imag. 86), de tamaño natural. Excelentes ejemplares para observar cómo la fantasía del artista continuaba adaptándose de modo distinto a cada asunto, aun siendo igual y excelente la técnica en ambos. Excitábase al contacto del tipo clasico-heroico del Apóstol, erguido sobre el simbólico peñasco, como penetrante inolvidable visión llena de vida, gigantesca estatua de manto amarillo, destacada en el espacio y, más que movida, retorcida por el huracán, como los pinos de las cumbres. ¡Con cuán estricta fidelidad, en cambio, al carácter local, con cuán serena ecuanimidad y austera y familiar mansedumbre, se nos muestra, otra vez, como en Illescas, el prototipo del arzobispo toledano! Revestido ahora de pontifical, de pie, de frente y con mitra a la cabeza, con la mirada baja, leyendo en un libro, que sostiene abierto, en escorzo, a la altura del pecho, con la mano izquierda enguantada de blanco, como la derecha, con la que coge el báculo pastoral —espléndido trabajo de orfebrería de estilo greco-romano— es esta figura alargada, como siempre, por el firme ajuste de su construcción, por su íntima naturalidad, por lo sincero y sobrio de su factura, en que se busca el efecto solo con lo estrictamente necesario, y por la elegancia de las suaves apagadas entonaciones carminosas de la casulla, el blanco frío del alba y de los guantes, el verde amarillento de la manga del báculo y las armonías de negros, carmines y anaranjados, sobre el blanco de la tira central y de la mitra, todo, en tan justa medida, acaso el trozo de pintura del Greco más ejemplar para el porvenir y la mejor muestra del influjo que ha ejercido en Velázquez.

D. Diego fue probablemente quien lo escogió con el San Pedro, para el Escorial; pues ambos figuran entre los cuadros que el P.

Santos describe en las ediciones de su obra posteriores a la primera de 1657, como enviados por Felipe IV para adornar la Sacristía y las Salas de los Capítulos, en una de las cuales, en la del Vicario, se hallaban entonces[189]. Y supongo además que proceden de la Iglesia de San Vicente de Toledo, en cuyo altar mayor hay ahora dos copias antiguas de ambos lienzos, con moldura de medio punto, como tuvieron los del Escorial, según puede verse, y de las mismas dimensiones que estos, con corta diferencia.

"DESPEDIDA DE CRISTO Y LA VIRGEN".

Del ático de este altar de San Vicente sustituyóse también, por la copia, que ahora en él figura, el lienzo original de la que llaman *Despedida de Cristo y la Virgen* (imag. 87),. Debió ser casi idéntico al hermoso ejemplar de este mismo asunto y época, que guardan hoy, desdichadamente en clausura, las monjas toledanas de San Pablo Ermitaño[190]. Extraña composición y poético modo de tratarla. Dos medias figuras, de tamaño natural, Cristo y la Virgen, parece como si quisieran, no ya penetrarse, sino fundirse con la mirada. La Madre retiene con su mano izquierda la izquierda del Hijo y escucha con honda emoción, apretando la derecha sobre el pecho, como para protestar de su amorosa obediencia, lo que Jesús le habla. Su factura es libre; su entonación general, carminosa. La pequeña réplica citada en el catálogo de Bucarest es la única que conozco de este asunto[191].

---

[189] Ninguno de ellos figura entre los 41 que comprende la tan discutida y hoy, al parecer, apócrifa: *Memoria de las pinturas que la Majestad Catholica del Rey Nuestro Señor Don Philippe IV embia al Monasterio de San Laurencio el Real del Escorial, este año de MDCL VI descriptas y colocadas por Diego de Sylva Velazquez… La ofrece, dedica y consagra a la posteridad D. Juan Alfaro, impresa en Roma, en la officina de Ludorico Grignano año de MDCL VIII.* Publicada por D. Adolfo de Castro en las Memorias de la Academia Española. Madrid, 1871, t. III, p. 479 y siguientes.

[190] *Actualmente en la Colección Danielson en Groton (Massachusetts). Según la edición de *El Greco* de Espasa Calpe (Coleccón Austral) de 1983.

[191] *Existen más versiones o réplicas, como la del Museo de Santa Cruz o el Museum Boymansvan Beuningen de Rotterdam.

"Crucifixión".

Sin hacer más que nombrar la preciosa *Cabeza de la Virgen* del Museo de Estrasburgo (imag. 88), idéntica, aunque muy superior en mérito a la del Prado (imag. 89), tres obras dignas de mención especial citaré todavía, correspondientes, a mi juicio, a este período; las tres, en Francia. La primera es la *Crucifixión* (imag. 90), que, por donativo de M. Isaac Pereire a la municipalidad de Prades (Pirineos Orientales), se ha conservado, desde 1865, en la Sala de audiencia del Palacio de Justicia de aquella ciudad hasta 1904 en que, por virtud del decreto sobre emblemas religiosos, fue quitada de aquel sitio y se entregó al municipio, que no la ha expuesto de nuevo todavía[192]. Es de espíritu menos sombrío, más templado y humano que la del Museo de Madrid. Las dos medias figuras de los donantes: un clérigo, con sobrepelliz blanca, y un caballero, con negra ropilla, parecen tratadas de la misma manera que las que se ven en la *Coronación de San José* o en la *Caridad de Illescas.* Tal vez sea este *Crucifijo* el mismo que Ponz (t. I, pág. 174), vio en Toledo en un altar, a los pies de la iglesia de monjas jerónimas de la Reina, diciendo que es de la buena manera del Greco, y que tiene dos figuras de medio cuerpo en ademán de adorar a Cristo; pues en 1836, y con motivo de la exclaustración, debió ser vendido[193].

"Sacra Familia".

La segunda obra es la más preciosa *Sacra Familia* de cuantas pintó el Greco (imag. 92). Poséela en París el pintor D. Raimundo de Madrazo[194], y lo mismo en sus tipos, que en su ejecución y

---

[192] *Desde 1907 en París, Museo del Louvre.
[193] Noticia histórica de la exclaustración de Toledo con relación a las obras de arte, en *Bibliotecas y Archivos,* por D. R. amador de los Ríos. España Moderna, I. Noviembre de 1902, página 124.
[194] *Desde 1909 en la Hispanic Society de Nueva York.

entonaciones, aunque más frías estas aquí, guarda estrecho parentesco con la Virgen de la Capilla de San José, de Toledo. Domina en aquel lienzo, como en este, el encanto poético de la escena, la suprema elegancia de los tipos, la fuerza constructiva, la intensidad vital, la magia del colorido. Hay en sus expresivas desnudeces, la franca naturalidad, sin afectación, de los primitivos; y en el carmín, el azul oscuro y el amarillo de las vestiduras, se logra, tal vez, el más feliz hallazgo de las tonalidades, un tanto violentas, que el artista perseguía desde el *San Mauricio*. La mantilla blanca, sobre la cabeza de la Virgen es, por lo espontáneo de su ejecución, la nota del cuadro que más le acredita de pertenecer a esta época. Pero, sobre todo, tiene, acaso más que ningún otro, ese ambiente realista de eterna universalidad, que, dondequiera que llega a producirse, nos hace olvidar asunto y época, para considerar la obra como de nuestros días.

"San Luis".

El tercer ejemplar (imag. 91), se encuentra ahora en el Louvre, desde hace dos años.

Representa un caballero en la fuerza de la edad, puesto de pie, cortada la figura, que es de tamaño natural, por algo más arriba de las rodillas; visto de tres cuartos, y el semblante casi de frente. Lleva el rostro afeitado, melena corta, y corona flordelisada en la cabeza. Viste rica armadura del siglo XVI, la misma, al parecer, que sirvió en el *San Martín* de Toledo, y cruza su pecho, de izquierda a derecha, a modo de ancha banda, arrollado manto de seda bermeja. En la mano derecha, doblado el desnudo antebrazo, sostiene delicadamente un fino cetro, que termina en la tradicional mano de los antiguos reyes de Francia. La izquierda, algo más abajo, se apoya sobre el yelmo, y lleva en ella otro cetro, como el anterior, pero rematado en una flor de lis; y el yelmo lo sostiene un pajecillo, de pelo rizado, media figura lujosamente ataviada con lechuguilla y puños de encaje, coleto gris y mangas de seda blanca con tiras amarillas. El fondo, mitad perdido, mitad lleno con la parte inferior del fuste y el basamento de una columna greco-romana.

Me parece que se trata de una imagen de San Luis, inspirada en

parte, acaso, en alguna antigua estampa, y compuesta con tan
desusado aspecto como convenía al carácter del pintor, utilizando el
erudito alarde de los dos cetros, la corona, la melena y la cara afeitada,
y un resto aún de manerista heroísmo en el desnudo antebrazo.
Ninguno de sus caracteres abona la caprichosa atribución de D.
Fernando V el Católico, Rey de Castilla y de Aragón, con que se
publicó en *The New York Herald*[195] y con que continúa en el Louvre[196],
y que no pasa de ser otra nueva fantasía romántica como las ya
citadas, con las que se pretende excitar artificial y falsamente el interés
del público.

Por contraposición a la *Sacra Familia* de Madrazo, nos hallamos
aquí en pleno dominio del gris plata, un tanto verdoso, en las
carnaciones; del carmín violado y de las armonías apagadas. La
factura se acerca más a los cuadros de San José, que a los de Illescas.
La honda y sentimental expresión del personaje, impregnado de un
sello de profunda y varonil melancolía, y el esmero de la ejecución
podrían resistir el contraste con los más felices momentos del artista,
si la figura principal no hubiera sufrido en restauraciones o limpiezas,
principalmente en la cara y en el brazo desnudo, ennegrecidos acaso
por la desaparición de las veladuras, como parece confirmarlo la
inmotivada línea de carne que viene a interrumpir la unión de la gola
con el pequeño cuello blanco que sobre ella aparece. El paje es el
trozo que mejor se conserva.

RÉPLICAS.

No sé que exista réplica alguna de este cuadro, lo que aumenta su
originalidad, tratándose del Greco[197]; pero sí de la mayor parte de los
otros correspondientes a este capítulo. El aficionado no debe dejar de

---

[195] *Supplement d'art*, París, Domingo 27 diciembre, 1903.

[196] *Desde 1909 figura ya en la ficha y catálogos del Louvre como San Luis.

[197] *Posteriormente tuvo conocimiento Cossío de la réplica (imag. 93), conservada
actualmente en el Museo del Greco de Toledo, en cuya ficha consta que fue
adquirido por el Marqués de la Vega-Indán en Londres, con supuesta procedencia
de las Comendadoras de Santiago, de Granada. Sin embargo, Cossío lo suponía
procedente de Guadix. Estuvo en el Museo Romántico 1953, en que fue trasladado
al Museo del Greco.

ver, en la Sacristía de la Iglesia de la Magdalena[198], en Toledo, porque allí puede contemplarla de cerca, una hermosa y maltratada repetición en pequeño, del *San José*, de la Capilla (imag. 94). El *San Martín* fue muy deseado, porque son varios los ejemplares atribuidos y más o menos auténticos, que de él se conocen: los de Mister John Sargent, el gran pintor, en Londres; Madame Syngros, en Atenas; el Rey de Rumania, en Bucarest; y M. Luis Manzi, en París, este último el mejor, a mi juicio, entre todos, admirable por su factura, ya del último tiempo.

También la *Coronación* hizo fortuna. Don Pablo Bosch es dueño, en Madrid, del precioso ejemplar que reproducimos (imag. 95)[199]. Desprovisto, como el de Illescas, de los donantes que tiene el de Toledo, conserva la noble espiritualidad de las figuras, el intensivo acento, hasta en la media luna, la delicadísima armonía de azul, carmín y blanco, y la espontánea ejecución, que deja en muchos sitios el lienzo al descubierto. El estudioso hará bien en comparar esta *Coronación* con la que Tintoretto tiene en San Giorgio Maggiore (imag. 97), de Venezia, y la de Velázquez, en el Prado (imag. 96) . Los tres ejemplares forman una serie de sugestiva elocuencia para la historia del arte, y en especial para el papel que representa el Greco, de verbo mediador entre Italia y España.

De la *Sagrada Familia* no hay que hablar: asunto de tan gran devoción estaba llamado a repetirse, con o sin variantes. Así, hay, en efecto, un ejemplar que se acerca al de París[200] en diseño, época, importancia y hermosura, pues es uno de los trozos más armoniosos, de más suave poesía y de excepcional tonalidad cálida en la obra del Greco: el que ocupa el ático del altar lateral del norte en la iglesia del Hospital de Tavera, en Toledo (imag. 99). Los otros dos ejemplares que conozco, con más figuras que las anteriores, y esas de cuerpo entero, son iguales entre sí; pues si bien al del altar del Hospitalillo de Santa Ana, en Toledo (imag. 100)[201], le falta la figura de San José, que se ve en el del Prado (imag. 98), tengo casi por seguro que ha sido borrada en aquel, o más bien cubierta intencionalmente, al colocarse el cuadro en el altar barroco en que hoy se halla, con objeto, sin duda,

---

[198] *Hoy en la sacristía de la Catedral de Toledo.

[199] * Hoy en el Prado.

[200] * Hoy en Nueva York, como ya hemos indicado.

[201] * Hoy en el Museo de Santa Cruz (Toledo).

de que la figura de Santa Ana, destacándose sola, ganase la importancia que allí le corresponde, como titular de la Capilla. Este cuadro, que ha sufrido, por desdicha, graves restauraciones, pertenece igualmente a la templada y armoniosa época de que venimos hablando. El desnudo del Sanjuanito —por fortuna, libre de repintes— que lleva en la mano la canastilla de frutas, es un encanto de construcción y de naturalista delicada gracia expresiva. El ejemplar del Museo de Madrid es inferior al de Toledo en todos conceptos y, a mi juicio, inicia ya la postrer manera en la labor del Greco. En el Catálogo de Bucarest se señala aún, con el núm. 777 otra *Sacra Familia*[202], que parece seguir el modelo de las dos anteriores y corresponder a muy última época.

El asunto de *Sacra Conversazione* de la Capilla de San José ha tenido también su resonancia. La Virgen y el niño de ese cuadro reprodúcense en el que procedente de Torrejón de Velasco —donde sabe Dios el tiempo que en la Casa Consistorial llevaría sirviendo de mampara— vino hace poco más de un año al mercado y no sé ya dónde se halla[203]. La composición (imag. 102) se completa con otros elementos de la *Sacra Familia*, tales como el San José, ofreciendo ahora frutas al Niño, y la actitud de la joven del lado opuesto, apoyando su brazo derecho en el hombro de la Virgen, como esta hace allí con Santa Ana. Si en vez de las restauraciones, con que se ha pretendido mejorar el deplorable estado del lienzo, se hubiera conservado intacto y con el mayor respeto lo poco hermosísimo que de él quedaba, y por donde se ve que corresponde también a este armonioso período, no hubieran ciertamente perdido nada ni el arte ni el Greco.

De la *Resurrección* del Prado, no conozco más que una pequeña réplica, con restauraciones y de poca importancia, que el conde de San Luis posee en esta corte. El *Bautismo*, volveremos a encontrarlo en seguida, no como mera réplica, sino como ejemplar significativo de una nueva manera; lo mismo que pasa con la *Anunciación*, cuyas varias repeticiones pertenecen manifiestamente al último tiempo. En cuanto a la *Crucifixión*, ni de la de Madrid ni de la de Prades hay réplica exacta, si bien abundan los Crucifijos del Greco. Son estos, en

[202] *Pintura que hoy no hemos localizado, reproduciendo por ello la lámina 45ter de la edición de *El Greco*, de Cossío de Victoriano Suárez, de 1908 (imag. 101).
[203] *Actualmente en The Cleveland Museum of Art de Ohio, USA (imag. 102).)

general, tanto los meramente atribuidos como los auténticos (imag. 103), de menos importancia y valor que otras composiciones, y también me parece que la mayoría, si no la totalidad de ellos, corresponden al último período. Reproducen uno u otro tipo de las dos Crucifixiones ya indicadas; casi siempre en reducido tamaño; raras veces con las medias figuras de la Virgen y San Juan al pie de la Cruz y frecuentemente con el convencional paisaje simbólico, animado por unas cuantas figuritas casi imperceptibles, a pie o a caballo.

Réplica, en pequeño, de la *Despedida* es el número 167 del Catálogo de Bucarest. M. Degas, el famoso pintor impresionista, poseía en París la del *San Ildefonso* de Illescas, también reducida: ejemplar descuidado en la factura, ennegrecido y de poca importancia[204]. En cambio, ha de celebrarse la pequeña repetición, con ligeras variantes, que del *Sueño de Felipe II* guarda en Keir (Escocia) Mr. Archibald Stirling-Maxwell[205]. Preciosa tabla de diferentes proporciones que el lienzo del Escorial, pues es larga y estrecha, causa por la cual ha desaparecido en ella alguna de las figuras de la izquierda. De ejecución abocetada y algo dura, muestra con más intensidad y menos fusión que el original los amarillos, verdes, carmines y negros; pero resaltan sobre todo con vigor y extrañeza, y avaloran su originalidad las intensas *turnerianas* manchas anaranjadas.

---

204 *Actualmente en la National Gallery of Art (Washington).
205 *Hoy en la National Gallery de Londres.

213

CAPITULO 9.- El hospital de Tavera. La Asunción, de San Vicente. La Adoración de pastores. El retablo de Titulcia.- La Pentecostés. La Oración del Huerto.- Amor profano.- El Laoconte. Apostolados Santos.

El contrato y los cuadros de Tavera. — Último estilo. — Pacheco y el Greco. — La "Asunción". — La "Adoración de Pastores". — El Retablo de Titulcia. — La "Pentecostés". — La "Oración del Huerto. — Amor profano". — El "Laoconte". — "San Pedro". — "La Magdalena". — "San Jerónimo". — Apostolados. — El "Salvador"

EL CONTRATO Y LOS CUADROS DE TAVERA.

Llegamos ahora a la última fase en el arte del Greco; aquella en que le alcanza la muerte; sin que sea dable, hasta el presente, poder decir con precisión cuándo comienza. Un solo documento ha servido de guía en esta época, para fijar las fechas: el contrato para el Retablo de Tavera. A él puedo agregar otros dos: la identificación del *Retrato de Paravicino*, del que se hablará más adelante, y el autógrafo del pintor, de que ya se hizo mérito en el capítulo 1, relativo a *la Asunción de San Vicente* (imag. 20). Vengamos al contrato hecho por el artista, ante el escribano Miguel Díaz, en 16 de Noviembre de 1608, para construir los Retablos del Hospital de San Juan Bautista, fundación del Cardenal Tavera, en Toledo, llamado vulgarmente de Afuera, por hallarse extramuros y en el arrabal de la ciudad. Esta obra no puede señalar sino el término de la evolución; pues, comparando las condiciones del contrato con el estado actual de los altares, y a juzgar por el plazo de cinco años que se le daba, desde que cobrara el primer anticipo de 30.000 reales —que no fue hasta el 19 de Mayo de 1609[206]—, me inclino a pensar, no solo que este fue el último trabajo del Greco, sino que el artista murió sin terminarlo.

Merece observarse que nada se estipula en el convenio en punto a pintura, sino "en quanto a fábrica, ensamblaje, escultura, dorado y estofado" . En el Retablo mayor, no aparecen hoy, en efecto, aparte de la arquitectura y estatuas, más que tres malos cuadros de época posterior; pero en los colaterales hay otros tres, que son del Greco, y que, se me figura fueron puestos allí, después de muerto su autor, por Jorge Manuel, quien, según la cláusula 24, había de suceder a su padre en la dirección de la obra. ¿Los tenía el Greco preparados ya en su taller y con destino a aquellos sitios? Es probable, especialmente en cuanto se refiere a uno de ellos, el que ocupa el lado de la epístola, si atendemos, no solo a que el asunto del cuadro, *San Juan bautizando a Jesús* (imag. 104), es enteramente adecuado al Santo titular del Hospital, sino también a que lienzo de tan gran tamaño es difícil se haya pintado más que de encargo y exprofeso para el altar a que se destinase. Preciso es consignar, sin embargo, que las dimensiones primitivas de la tela no convienen con el tamaño actual del hueco, según puede verse en los bordes laterales, donde asoman, de alto abajo, dos zonas de pinceladas hechas simplemente para cubrir fondo o para limpiar los pinceles, y sobre todo en la parte inferior —un metro, poco más o menos, desde los pies de Cristo— que es añadida, y donde se ofrece, en claro contraste con el espíritu y técnica del resto, una vulgar representación del Jordán, ejecutada harto groseramente. Todo lo cual hace suponer que las dimensiones de los altares cambiaron en el curso de la obra, tal vez después de muerto el Greco, si es que el lienzo no fue aprovechado de algún otro sitio.

---

[206] Esta carta de pago se halla ya citada por Ceán (t. 5, pág. 5), pero no el contrato, que halle también en el archivo de protocolos de Toledo (apénd. 13).

Sobre el *Bautismo*, en el ático del altar, y perteneciente también, como aquél, al último estilo, hay un *San Pedro*, réplica de las muchas que el pintor hizo del mismo asunto, y cuya presencia allí, tal vez responda a honrar el nombre del famoso cronista Dr. Pedro Salazar y Mendoza, administrador entonces del Hospital, y quien encarga la obra. La encantadora *Sacra Familia* —citada ya en el capítulo anterior (imag. 99)— que en la parte alta del otro altar lateral hace juego con el cuadro precedente, y con él además contrasta por su armoniosa entonación y poética suavidad, no pudo ser hecha para el sitio que ocupa, porque no corresponde, en modo alguno, a esta última época, sino a la anterior ya estudiada. Debió nacer en los mismos días que la *Virgen* de la Capilla de San José, y su presencia aquí es indicio de que Jorge Manuel, rebuscando, tal vez, por una y otra parte, llenó como pudo los retablos que su padre habría de haber pintado, si viviera.

Confírmalo, a mi juicio, la falta del cuarto lienzo original, el otro grande del altar del evangelio, correspondiente al del *Bautismo*. En su lugar, aparece una pintura muy insignificante, de aquel mismo tiempo, que representa la *Anunciación*, lo que es significativo de que este era probablemente el asunto que el Greco hubiera tratado; ya que años antes, en otro caso análogo, en que tuvo que pintar también altares de magnitud semejante para el Colegio de Doña María de Aragón, en Madrid, le hemos visto poner, en uno, el *Bautismo*, y tal vez la *Anunciación* también, en otro. Es verosímil sospechar, ante esta coincidencia, que, por encargo o espontáneamente, quiso repetir los mismos asuntos en Tavera, si se tiene en cuenta además su afición a las réplicas.

De las dos *Anunciaciones* de gran tamaño, que, además de la de Vilanueva y Geltrú, existen, la del marqués de Urquijo, en Madrid, no conviene con el altar de Tavera, ni por su estilo ni por sus dimensiones, y tampoco la de Bucarest, por el segundo extremo.

No creo que el Greco llegase a pintar el lienzo, y que este fuese sustituido posteriormente por el actual; porque, en tal caso, habrían dejado en su lugar, según hicieron con *San Pedro y San Eugenio* en el altar mayor de San Vicente, de Toledo, una copia, más o menos correcta del mismo, y en la que se verían los rasgos de las varias que existen de este último tiempo, como la de la iglesia de San Nicolás, de Toledo (imag. 105)[207]; ni mucho menos pienso, dado el carácter de

---

[207] *Hoy en el Museo de Santa Cruz, de Toledo.

Theotocópuli, que, simultáneamente y en competencia con él, encargaran el cuadro a otro pintor. Me parece más lógico, en vista de todos los antecedentes, suponer que el Greco lo dejó sin pintar al morir, y no habiendo en su estudio obra hecha de tan grandes dimensiones con que reemplazarlo, encomendaríase entonces a cualquier otro artista. A Ponz le pareció de Barroso; y Ceán añade, sin duda inspirándose en aquél, que "lo pintó cuando fué a Toledo, en 1585 a tasar, con Hernando de Avila, pinturas de Luis de Velasco en el Claustro de la Catedral"; cosa imposible, porque la obra de los Retablos de Tavera no comienza, como hemos visto, hasta 1609, y Barroso muere hacia 1590. Pero poco importa ignorar el autor, dada la insignificancia de la pintura. De todo lo cual resulta que el *Bautismo* del Hospital de Afuera es una referencia auténtica para agrupar los cuadros del último estilo del Greco[208].

ULTIMO ESTILO.

¿Qué hay en este de nuevo? Un solo rasgo, mantenido ahora, no ocasional y esporádicamente como hasta aquí, sino con persistencia y continuidad en las composiciones, el espíritu y la técnica de esta época: la *exacerbación* de todas las cualidades que, desde antiguo, vienen formando su original carácter. El resorte ha llegado al límite extremo de tensión. Ni hay nuevos tipos, ni nuevos asuntos; pero la representación de unos y de otros se halla quintaesenciada. La intensidad nerviosa de la expresión llega ahora al paroxismo. Las aberraciones de dibujo parecen intencionales, como si toda corrección fuera para el artista vulgar convencionalismo, o como si con ella se hiciera imposible lograr el deseado acento. Las figuras, tal vez, no son más largas que treinta años antes, pero sí más descoyuntadas, como si el pulso estuviera vacilante y tembloroso al dibujar el desnudo; los gestos, ademanes y actitudes, tienen afectación, no ya intensiva, sino extática y delicuescente. Los cuerpos

---

[208] *Posteriores documentos confirmarían lo aquí afirmado por Cossío. Él mismo lo corroboró en trabajos posteriores. Para el propio Fernando Marías, *El Bautismo de Cristo* es una magnífica y personal invención compositiva del Greco que concluiría en zonas superficiales su propio hijo Jorge Manuel.

quieren "quebrarse de puro sotiles", si es que no convertirse en espíritus. La ejecución no es rápida, sino calenturienta; la pincelada no es suelta, sino furiosa; las manchas, en rebelde independencia, aparecen sin fundir en el lienzo; el conjunto, abocetado. Sobre la base de las antiguas tonalidades, sin acritudes ni durezas, excítanse ahora los grises plateados y las suaves moderadas armonías carminosas, y aparece, como preocupación fundamental, casi única, el influjo del color en los circundantes; las inundaciones de unos en otros, y el estudio del valor de las luces arrojadas, en contraste violento con las oscuridades.

Parece como si fondo y forma quisieran descorporeizarse, convertirse en algo vaporoso, fantástico, o simbólico, pintado, no "con la voluntad", como las *Meninas* sino solo con el pensamiento, y por el pensamiento, siempre febril, alambicado y conceptuoso. En la época, que bien puede llamarse del *impresionismo* en el artista. A ella corresponden los lienzos que más escandalizan, porque realmente no parece sino que el Greco los pintó solo para sí mismo, sin cuidarse del público y abandonándose por completo, despreocupadamente, gustase o no gustase la obra, a la exclusiva satisfacción de sus geniales impulsos.

Excelente ejemplo para comprobar lo que venimos diciendo ofrece el *Bautismo* de Tavera; pues siendo pura réplica, con casi imperceptibles variantes del que pintó el Greco veinte años antes para Doña María de Aragón (imag. 72), produce efecto diverso, tan solo porque fondo y forma, dibujo y colorido se han exaltado en el último vertiginosamente. Nada ayudará tanto a comprender esta postrera modalidad del artista como comparar entre sí aquellas dos obras. El lienzo de Tavera, idéntico en lo esencial al del Prado, ha *excedido*, en todos sus elementos, el límite de aquellas usuales convenciones, que el mero contemplador se resigna a admitir de buen grado, y no hay en él un solo rasgo que no cause escándalo. En cambio, el estudioso que llega a penetrar el espíritu del pintor, dominado el primer movimiento de sorpresa, comienza lamentándose de aquel descomunal desnudo, que le perturba y ofende, y acaba por olvidarlo, para no ver más que las finas espirituales elegancias rebosantes de vida y los audaces ensayos de color, de que el cuadro está lleno. Aquel atormentado cuerpo de Jesús y, sobre todo, aquella torturada ondulante pierna, ahuyentan al público tan ofensivamente, que ni quiere ni le es dado ya ver allí otra cosa. Diríase que el Greco se propuso conseguir tal efecto, poniendo así a prueba, con cierto humorismo, el grado de iniciación de los contempladores en los secretos del arte.

La producción en este último tiempo fue muy abundante, aunque no la más refinada y selecta. A ella corresponden, en general, las numerosas repeticiones, hechas a la ligera, de Crucifijos, Apostolados, San Franciscos y otros santos, como si el pintor, sólidamente asentada su autoridad y fama, hubiera impuesto su estilo al mercado y, dominando el material en absoluto, cuidara, más que de la perfección, de aceptar y satisfacer toda clase de encargos, ganoso de adquirir aquellas riquezas, con que tan fastuosa vida, según Jusepe Martínez, llevaba en Toledo.

PACHECO Y EL GRECO.

Por entonces fue, tres años antes de su muerte, cuando Pacheco le visitó en aquella ciudad, y lo que de él refiere explica a maravilla la obsesión en que el colorido debía tenerle, la exaltación de sus opiniones, la extraña singularidad del hombre y del artista y el perturbador efecto que causó en el sensato espíritu del preceptista clásico, efecto que produciría igualmente en todos sus congéneres. Defiende Pacheco en su libro (t. I, pág. 318) la superioridad del dibujo y ensalza por ello a Peregrin Tibaldi sobre todos los que pintaron en el Escorial, "porque mejor que ninguno lo aprendió del divino Micael Ángel... De suerte que por haberse adelantado en la parte del dibujo a ejemplo de su gran maestro le constituye por mayor pintor, no siéndolo en el colorido". Y ahora añade: ¿Por donde me maravillo mucho (y perdóneseme este cuento traído no por emulación) que preguntando yo a Dominico Greco el año 1611 ¿cuál era más difícil, el dibujo ó el colorido? me responde que el colorido. Y no es tan de maravillar como oírle hablar con tan poco aprecio de Micael Ángel (siendo el padre de la pintura) diciendo que era un buen hombre y que no supo pintar. Si bien, a quien comunicó con este sujeto, no le parecería nuevo el apartarse del sentimiento común de los demás artífices, por ser en todo singular como lo fué en la pintura."

Discute en otro pasaje (t. I, pág. 421) sobre las "dos maneras de obrar en la pintura, la una por arte y ejercicio que es científicamente, la otra por uso solo, desnudo de preceptos" y al menospreciar esta última, diciendo de los que la siguen que "no obran verdaderamente como artífices, ni es arte en ellos la pintura" se encuentra con que "se verifica en los tales la opinión singular de que no lo es, seguida de Dominico Greco, contra la de Aristóteles y todos los antiguos..." Después de lo cual, hablando del bosquejo y los retoques (t.II, página 75), no podía Pacheco dar a las obsesiones coloristas del Greco y a su técnica otra interpretación que la siguiente: "Porque, quién creerá que Dominico Greco trajera sus pinturas muchas veces a la mano y las retocase una y otra vez para dejar los colores distintos y desunidos y dar aquellos crueles borrones para afectar valentía? A esto llamo yo trabajar para ser pobre."

Crueles son para muchos los borrones del Greco, es cierto; pero más crueles que a nadie tuvieron que parecer a Pacheco, habituado a su propia almibarada y meliflua pintura. Sin embargo, hay muchas veces que no son crueles, sino benignos, y en todas ocasiones, logrado o no el efecto, con éxito o con fracaso, llevan dentro algo más que la pueril afectación de *valentía* que el preceptista ingenuamente les atribuye. Encierran, ante todo, otra valentía, no afectada, sino real y verdadera: la que consiste en el empeño de buscar y traducir efectos de luz y color, vistos a través de la propia original individualidad del artista y sin respeto a cánones; audaces ensayos técnicos, adecuados al rebelde temperamento de aquel singular artífice, que, en pleno clasicismo, arriesgábase honradamente a sostener que Miguel Ángel no sabía pintar, y a contradecir a Aristóteles. Bien podía aventurarse por nuevos intrincados caminos, perderse en ellos, y desbarrar mil veces, a trueque de acertar una sola, para bien del arte futuro, quien había ya sobradamente acreditado, y lo justificaba todavía en los retratos, que sabía también *moderarse*, y que no necesitaba para mostrar valentía de buena ley echar mano de *crueles borrones*.

LA ASUNCIÓN.

Bastaría, en efecto, la gloriosa *Asunción* de la iglesia de San Vicente, de Toledo —que tengo por su mejor obra de esta época (imag. 20)— para perdonar al Greco, si lo necesitase, todas las extravagancias y crueldades de su último tiempo. Y si el buen

Pacheco hubiera podido tener más ojos que los de un seudo-clásico unilateral y exclusivista, habría sabido entrever al menos, en aquellas encantadoras disonancias, lo que poco más tarde su glorioso yerno llegaba a descubrir detrás de ellas y tan discreta cuanto calladamente recogía, para honor del maestro y del discípulo y para consagración del hondo influjo de ambos en la historia del arte.

Valentía hay, es cierto, insuperable valentía, en este lienzo, como en tantos otros del Greco; pero no cándida, ni artificiosa, ni fingida, sino espontánea, natural, legítima, producto de la audacia loca, de la inaudita temeridad y arrojada violencia con que está concebida y ejecutada: sin freno, sin moldes, sin preceptos, sin más ley que la exaltada fantasía y la innovadora técnica del artista. Valentía que mana de la singular originalidad de aquella composición iconoclasta, que, brotando en sutil ondulante llamarada del ramo de rosas y azucenas, se lanza aguda y veloz en afilada ráfaga, desde los desnudos punzantes pies del ángel —cristiana *Victoria de Samotracia*— hasta la rauda paloma; del acertado nerviosismo de los tipos; de la intensidad con que rostros, cuerpos y vestiduras expresan con rara exquisita elegancia una íntima delectación contemplativa, un melancólico arrobamiento, una indecible mezcla de voluptuosidad y de ascetismo; de las violentas explosiones luminosas; de la tumultuosa inundación de colores y ardiente penetración de unos en otros, que *wild, sensitive, eloquent seems to speak a new language with vehement imperfection*[209]; del ambiente vital, en suma, que todo lo llena, y haciendo olvidar excesos, aberraciones, crueldades y extravagancias, acaba por ejercer sobre el contemplador una fascinación irresistible.

Considero a este lienzo, como el prototipo que el Greco hubiera deseado lograr siempre en su último tiempo, y como el ejemplar que más estrecho enlace guarda con las tendencias y aspiraciones del impresionismo en el arte moderno. La fuerza, la vida, la originalidad, el realismo, la fantasía con medida y con exceso, abundan en otros cuadros del Greco, pero ninguno ofrece tan de manifiesto como esta flameante *Asunción* las inquietudes, tal vez las angustias, que el problema del color debía causarle, y no conozco tampoco otro suyo, ni, antes de él, ajeno, donde tan resuelta y conscientemente se haya pretendido mostrar el influjo de una tinta sobre las circundantes. La violencia con que el rojo carminoso del ángel de la izquierda, sobre el

---

[209] Symons.

que resbala la luz, inunda los blancos, azules, amarillos y grises de las demás figuras —exacerbación de lo que moderadamente comenzó en el *Expolio* (imag. 65)—, es, a mi juicio, una estupenda página, "vehemente" sí, pero no "imperfecta", e imborrable en la historia del colorido.

Y aquí viene la importancia crítica del autógrafo (imag. 17) del Greco, a que hice referencia en el capítulo primero. Clasificado había la *Asunción* de San Vicente (imag. 20), atendiendo solo a su estilo y su técnica, como el más importante ejemplar entre todas las obras de los postreros días del artista; los documentos que he descubierto después, han venido a confirmar este juicio. Encargado el cuadro en 1608, no se terminaba hasta 1613, solo meses antes de la muerte del Greco.

Basta comparar las dos grandes *Asunciones* del pintor: la de Santo Domingo (imag. 21) y la de San Vicente (imag. 20), es decir, la que abre y la que cierra su vida en Toledo, para sentir, más aún que para comprender, cuán honda y sustancial ha sido la evolución de su arte. Nada tan educador para el estudioso como proponerse con reflexiva crítica este análisis.

De ninguna de ambas conozco exacta réplica; pero las restantes veces que el Greco ha tratado este asunto, y hasta ahora no sé sino de dos, lo ha hecho inspirándose en un tipo de composición muy cercano al del último tiempo; y tales variantes, lo mismo pueden ser posteriores a la *Asunción* de San Vicente (imag. 20), que preparaciones próximas para llegar a ella. Me inclino a esto segundo, al observar la falta de arrebato, la moderación que caracteriza, por ejemplo, a la preciosa que posee el marqués de Vega-Inclán (imag. 106)[210], llena, a pesar de su entonación algo sombría, de todas las finezas, refinamientos y exquisiteces de técnica, correspondientes a esta última etapa.

---

[210] *Hoy, en la Colección Thyssen y definitivamente considerada una "Inmaculada": "El cuadro de *La Inmaculada* –que se venía denominando *Asunción*, hasta que Mayer identifica su temática en 1911– procedía de una colección particular de Cádiz, de la que pasó a Miguel Borondo de Madrid y después al marqués de Casa Torres, que también la cedió para la exposición del Prado en 1902. Vega Inclán poseía la obra en 1905. (Ana Carmen Lavín Berdonces: *El Greco entre dos siglos: De la construcción de un pintor al nacimiento de un mito*. En el Catálogo de la exposición "Doménikos Theotokopoulos 1900. El Greco". Museo del Palacio de Bellas Artes. México D.F. 2009. Pág. 29).

La adoración de los pastores

No en todos los cuadros de este tiempo podemos deleitarnos de igual modo mediante las claras y luminosas tonalidades que en la *Asunción* nos cautivan. Con iguales condiciones expresivas y técnicas, y con idénticos intentos coloristas, es más frecuente hallar ahora composiciones de atmósfera oscura y juego de luces y sombras. A este género pertenece la fantástica *Adoración de pastores* (imag. 107), que ha adquirido recientemente el Museo de Nueva York[211], así como la que hoy ocupa el ático en el altar de Santo Domingo el Antiguo de Toledo (imag. 28)[212], una y otra, ejemplares hondamente penetrados de ambiente impresionista. Todo trasciende allí a sabor local y a naturalismo; pero rebosa a la vez la exaltación en todo, lo mismo en los tipos que en la última pincelada. Los personajes son punzantes espectros. Notas dulces vibran en el radiante Niño, y en el esplendoroso mancebo vestido de blanco; exaltadas también, pero su aire melódico es lo que atrae y cautiva a aquellos, a quienes seguramente ahuyenta lo desusado de la escena. El que busca en estas composiciones verdad, fuerza, expresión, solidez, logra encontrarlas, sobreponiéndose al primer efecto de extravagancia que producen. En las manos de la Virgen, en el desnudo del Niño, en la cabeza del buey, por ejemplo, modelos de sobria factura, puede bien observarse cómo el contorno —de acuerdo con la impresión que la realidad nos ofrece— se pierde en las tintas de los colores adyacentes, rasgo que, al par de todos los demás, acusa el Greco en este último tiempo.

---

[211] *Y sigue en el Metropolitan Museum of Art de Nueva York.
[212] *Actualmente en el Prado.

El Retablo de Titulcia

A él pertenece igualmente el *Retablo mayor* de la iglesia de Titulcia o Bayona, en la provincia de Madrid[213]; y creo que sea la obra más importante, en cuanto a magnitud y conjunto, que por entonces pintó nuestro artista. Compúsose de cinco lienzos, con escenas de la vida de María Magdalena. Hoy solo quedan cuatro. En el lado del evangelio: *Cristo hablando con Magdalena en casa de esta*, y el *Ángel apareciéndose a la Santa*. En el lado de la epístola: la *Aparición de Jesús a Magdalena* (imag. 108)[214] después de resucitado. Falta el segundo de esta parte: la *Comida en casa de Simón* (imag. 109), donde se ve a Magdalena derramando perfumes sobre la cabellera de Cristo[215]. Este lienzo creo debe de ser uno de los dos que hoy se hallan en París, en poder del señor Ivan Stchoukine y del Príncipe de Wagram; pues la importancia, la época y las dimensiones de ambos convienen igualmente con el lienzo que falta en Titulcia. El quinto cuadro está en el ático: *Asunción de la Magdalena* (imag. 110)[216], y en él nos muestra el pintor, con la audaz naturalista despreocupación que le caracteriza, a la santa completamente desnuda, de pie, de frente y sostenida en el aire por dos ángeles, apareciendo aquí nuevamente otra reminiscencia de Alberto Durero (imag. 111)[217]; desnudo de mujer muy raro en el Greco, y más raro todavía, tanto en él como en los demás pintores de la época, el encontrarlo expuesto, tan sin rebozo, en un altar, a la veneración de los fieles.

Si los lienzos se hubieran vendido al Cardenal Portocarrero,

---

[213] *Hoy se sabe, y el propio Cossío llegaría años después a la misma conclusión: que estos cuadros no son obra de El Greco, sino de su hijo Jorge Manuel, si bien la influencia de aquel, especialmente en las composiciones, resulta incuestionable.

[214] *Más conocido como "Noli Me Tángere" ("No me toques"), actualmente en Madrid, Fundación Lázaro Galdiano.

[215] *Hoy en el Art Institute of Chicago, aunque hay otras versiones. Esta de Chicago, que es la que reproducimos, se atribuye en la web de dicho museo al propio Greco.

[216] *Único que se conserva en su lugar de origen, en Titulcia (Madrid).

[217] Véase su estampa, núm. 121 de Bartsch, reproducida por Scherer, núm. 181. *[Nosotros reproducimos el ejemplar de la Biblioteca Nacional de España].*

quien, según Palomino, ofreció por ellos "cinco mil pesos y poner otros de mano de Lucas Jordán", tal vez se hubieran salvado de ser groseramente embadurnados, como lo han sido, supongo que en el siglo XVIII. Una mano hábil y concienzuda es probable que lograse restituir la pintura a su pureza primitiva, pues el repinte me parece superficial; mas, por ahora, semejante desdicha nos priva de aquilatar al pormenor sus cualidades. No conozco otra réplica de estos asuntos que la arriba indicada.

La "Pentecostés"

La *Pentecostés* del Museo del Prado (imag. 13), restaurada en gran parte, y que también es de este tiempo, guarda estrecha analogía, en espíritu, disposición y modelos con la *Comida en casa de Simón*, y es ejemplar muy característico del promedio usual de la labor del Greco en sus postreros días. Ni sorprende por su excelencia ni por su abandono; y aunque rebosa de la típica exaltación de todos los elementos, no llega, sin embargo, al delirio que alcanza en otros cuadros.

La "Oración del Huerto".

Delirante es ya la *Oración del Huerto*, del Museo de Lille (imag. 112), y ambiente frenético envuelve al angustiado Cristo, de rodillas sobre rocas salvajes; al ángel humildoso, arrodillado también sobre nubes más agrias que las peñas; a los apóstoles, que duermen retorcidos; a las puntiagudas escuálidas olivas; a las míseras flores; a la tétrica media luna, que, asomada a un rompimiento del cielo, ilumina la tierra. Pero es éste un frenesí saludable, cuando lleva consigo la abundancia de vida y la fecundidad colorista, que ha infundido en esta perturbadora composición, mucho más turbulenta que inusitada.

El ejemplar de este mismo asunto que se conserva en el oratorio

226

del palacio de los duques de Medinaceli en la villa de este nombre, sigue las huellas del de Lille; y el del convento de las Salesas Nuevas de Madrid es más moderado, pero también más insignificante[218].

"AMOR PROFANO".

En esta escala ascendente, el grado extremo, tal vez lo representa mejor que ningún otro lienzo el que, también restaurado, posee hoy el pintor D. Ignacio Zuloaga, y es conocido con el inexplicable o arbitrario título de *Amor profano* (imag. 113). A mi parecer, pudiera más bien tratarse de alguno de los pasajes del *Apocalipsis* relativo a la Resurrección; con cierta verosimilitud, el del capítulo VI, versículo 9. La enorme figura arrodillada explicaríase por el Evangelista, análogamente a como se ve en algunos paños de la tapicería del Palacio Real de Madrid, o en las mismas estampas de Durero. Las figuritas desnudas, bajo la inmensa y pesada tela, más parecen resucitados que ninguna otra cosa, y aspecto tienen de clamar los que están de rodillas. Si, como se me asegura, por el restaurador del Museo del Prado, D. Julián Jiménez, que intervino en su forrado y limpieza hacia 1880, el cuadro actual es solo la mitad inferior del primitivo, y el carácter religioso de lo representado en la parte superior es lo que condujo a bautizarla con el nombre de *Amor sagrado* por oposición a la baja, no sería extraño que lo que en realidad estuviera representado en ella fuese el cordero y demás símbolos apocalípticos.

Sea lo que quiera, el cuadro, como digo, señala en todos conceptos el último límite de la manera exacerbada del Greco, y a ello conspiran la febril precipitación y la especie de indiferente abandono con que se halla ejecutado, a la vez que la abundancia de desnudo y lo extraño y misterioso del asunto, tan propicio para entregarse el pintor, sin freno, a su extravagante modo de componer y a su descoyuntado sistema de expresar: eternas piedras de escándalo para

---

[218] *Se conocen más de una docena de versiones de esta obra, entre las que destacan la que reproducimos, del Museo de Bellas Artes de Lille; la de Santa María la Mayor, de Andújar (Jaén), y la conservada en la Galería Nacional de Londres.

todo contemplador equilibrado. Desde tal punto de vista, este lienzo viene a rematar digna y típicamente la vida laboriosa de un artífice, en quien, con más o menos acento, pero constantemente y sin interrupción, ha dominado siempre el desafuero[219].

EL "LAOCONTE".

Quedaría aquella incompleta, si antes de cerrarla no se hiciese mención especialísima de una obra del mismo género que la precedente, de igual época y estilo, pero superior a ella en cualidades técnicas y, sobre todo, en interés histórico. Me refiero a la *Muerte de Laoconte y de sus hijos* (imag. 114), que largos años estuvo en el palacio de San Telmo, en Sevilla, y que hoy posee el Infante D. Antonio de Orleans[220]. Es el único asunto que hasta ahora se conoce en la extensa labor del Greco, inspirado en la poesía clásica, y suena, entre tanto motivo bíblico y sagrado, como canto del cisne al terminar la vida del artista, eco de melancólicas añoranzas de la patria lejana y de su primera educación helénica.

Eternamente fiel a su realismo, Troya es Toledo, y la terrible escena no ocurre en la playa, sino en el arrabal, fuera de la Puerta Nueva de Bisagra, que se ve en el fondo, y hacia la cual marcha el "monstruoso caballo, funesto don hecho a la casta Minerva." Para la cabeza de Laoconte, aunque utiliza el mismo escuálido modelo de viejo, que repitió siempre en sus compungidos *San Pedros*, procura adaptarlo al tipo y expresión de la del célebre grupo; mas, por lo que toca a la composición general, el cuadro difiere esencialmente de la escultura vaticana. No era hombre el Greco, que, en un asunto clásico y erudito como este, se lanzara a caprichosas innovaciones, sin base artística o documental en que apoyarse. Debió tenerlas, en efecto, de una y de otra clase, pues, al componer su cuadro, le vemos

---

[219] *Hoy en el Metropolitan Museum of Art de Nueva York con el título "La visión de San Juan", conforme, por tanto, a lo que aquí indica Cossío. Destinada a un altar lateral de la iglesia de San Juan Bautista de Toledo. Parece tuvo una influencia decisiva en "Las señoritas de Aviñón" de Picasso, obra de referencia del cubismo.
[220] *Desde 1946 en la National Gallery of Art (Washington).

seguir con acierto las huellas de los relieves de Luzerna (imag. 118) y de Madrid (imag. 115), más a propósito por su naturaleza para traducirse en pintura que el grupo exento del Belvedere

El *Laoconte* del Greco, cuya actitud viene a reproducir, después de tantos años, la figura de uno de los soldados de la *Resurrección* de Santo Domingo el Antiguo, de Toledo, yace en tierra, diagonalmente, aunque en sentido inverso en el cuadro de como se halla en el relieve de Madrid. El hijo mayor, que repite también otra de las figuras del *Apocalipsis*, se halla en el cuadro a la izquierda, y en los relieves, a la derecha; pero en todos se encuentra en actitud muy semejante: de pie y enteramente desligado del padre. En cuanto al hijo menor, muerto ya, al lado opuesto, su extraña disposición en escorzo, cabeza abajo, con el brazo derecho rodeando aquella, son pormenores de tan íntima analogía entre el relieve de Lucerna y el lienzo, que excluyen toda idea de coincidencia casual, y hacen presumir que el Greco debió conocer, si no precisamente esos mismos ejemplares, otros parecidos y originarios probablemente de un mismo modelo.

Es digno de observarse que la serpiente, en el cuadro, acomete al rostro del padre y no al costado, como en el grupo, variante que aparece también en la caricatura del *Laoconte* que compuso Tiziano y que fue grabada en madera en el mismo siglo XVI por Niccolo Boldrini (imag. 116)[221]. ¿Conoció el Greco la estampa? Su completa analogía en este punto con el cuadro es muy chocante. Hirth y Muther[222], que la reproducen, piensan que Tiziano pudo hacer el dibujo cuando estuvo en Roma, de 1545 a 1546, y en tal caso sería la segunda representación que tenemos del grupo, después de la de Marco Dente[223], que nos lo muestra tal como apareció y antes de las

---

[221] En el *Manuel de L'amateur d' Estampes...* -por M. Ch. le Blanc. París, 1854, t. I, pág. 428, en el artículo: Boldrini (Niccolo) —pintor y grabador en madera, que nació en Vicenza, al principio del siglo XVI y trabajó en Venecia hasta 1560—, se cita: "lám. 21. *Le grand Singe et ses petits*, satyre sur le Laocoon de B. Bandinelli: Tíz. Vecelli". [*Nosotros reproducimos el grabado de la Biblioteca Nacional de España].

[222] *Quatre siecles de Gravure sur bois...* Munich, Georges Hirth, London, H. Grevel et Co. 1893. "Pl. 150. Niccolo Boldrini, d'aprés *Titien*. Trois singes, imitant le groupe du Laocoon. Comp. Fassavant *Le Peintre Graveur*, t. IV, página, 343, núm. 97, hauteur: 280 mm. largeur; 410 mm. Cette feuille est de le plus haute importance au point de vu archeologique."

[223] "Marc de Ravenne. La statue du Laocoon, tres grande piéce en hauteur, marquée sur la base: MARCUS RAVENNAS. Cette Estampe est tres rare et tres remarquable parce qu elle nous represente ce monument dand l'état qu'il fut

restauraciones. Agregan aquellos que el cambio tal vez obedezca a que así estuviese por entonces restaurada la escultura. De todas suertes, conviene añadir que en una de las medallas contorneadas, que se conocen con la representación del *Laoconte*, la serpiente acomete en la misma forma a la cabeza del padre y no al costado. Y si la autenticidad de la medalla es cuestionable, no lo es ciertamente la de la famosa pintura de Pompeya, descubierta en 1875, y en ella ocurre lo mismo (imag. 117)[224]. He aquí una serie de pormenores que tal vez ofrecen interés para la personalidad del pintor y para la arqueología del asunto.

Todavía falta algo. El Greco añade a la derecha del lienzo dos figuras también desnudas y en pie: una mujer y un hombre. Aquella, en actitud tranquila, parece volver la cara a otro lado, por no mirar la escena; este, por el contrario, hace con el brazo izquierdo ademán de amonestar por su temeraria impiedad al desdichado sacerdote de Neptuno. Ambos son jóvenes, y, a mi entender, deben interpretarse como Apolo y Artemis[225]; lo que nos confirmaría en la idea de que el artista, versado en la cultura helénica, inspirose para trazar su composición, más que en Virgilio, en la antigua leyenda griega, derivada de los poetas cíclicos post-homéricos, especialmente de Aretinos de Mileto[226], conforme a la cual hay que observar dos circunstancias: primera, que las serpientes matan a Laoconte, y a *uno solo* de sus hijos, hecho que se halla más claramente manifiesto en los relieves y en el cuadro que en el grupo; si bien en este, ya Goethe, con su admirable penetración, observó que el hijo mayor parece estar a punto de librarse; y segunda, que el castigo le fue impuesto a Laoconte, más por haberse casado contra la voluntad de Apolo Tímbrico, de quien fue sacerdote, que por haberse atrevido a blandir

---

découvert, el qu'elle nous fait conneitre les parties qu'en ont été restaurées" *Dictionnaire des artistes dont nous avons des Estlampes avec une notice detaille de leurs ouvrages gravés.* A Leipzig, chez Jean Gottlob. Immanuel Braitkopf, 1778.1. pág. 656.

[224] *Lessings Laokoon.* Herausgegeben und earläutert von Hugo Blümner. Berlin, 1880, II, *Anhang. Uber antike Repliken der Laokoon- Gruppe und anderweitige Darstellungen der Laokeon-Sage.*

[225] *La identidad de estas figuras sigue siendo objeto de debate actualmente.

[226] El fragmento dice: ευ αυτω δε δυο δραουτεζ επιφανεντεζ του Λαοχοωντα χου ετερον των παιδων διαφθειρονσιν. Dum haef fiunt, duo dracones aparent et Laocoontem altero filiorum enecant. Véass *Cyclicorum poetarum fragmenta. Excerpia e Procli Grammatica Cherstomathia, en volumen Homeri Carmina et Cycli epici Reliquiae*, pág. 584, de la Biblioteca Didot.

su lanza contra el caballo de Ulises y de Epeo.

En el inventario del Palacio de San Lorenzo, hecho en 1791, a la muerte de Carlos III, he visto citado un cuadro "con la historia de Laoconte ceñido de las culebras, copia del Tiziano, tasado en treinta doblones"[227]. Y como semejante copia no existe hoy en los palacios reales ni en el Prado; ni tengo noticia de que Tiziano, aunque experimentó el influjo del famoso grupo[228], pintase nunca este asunto; y por otra parte, las dimensiones de aquélla, "dos varas en quadro", según el inventario, se aproximan mucho a las del lienzo en cuestión, el cual, como hemos dicho, procede de San Telmo, no sería aventurado sospechar que el Laoconte inventariado como copia del Tiziano fuese el mismo del Greco. Un Laoconte, por lo demás, romántico y cristiano; entre místico y trágico; huesudo, resignado, espiritual, nervioso. A nada recuerda tanto como al dios Pan de Signorelli, en el Museo de Berlín, o a los resucitados de la capilla de San Brizio.[229]

"SAN PEDRO".

Con el *Laocoonte* se enlaza, por el modelo de que se sirvió, como hemos dicho ya, uno de los asuntos que más ha repetido el artista al final de su vida: *San Pedro en la prisión* o las *Lágrimas de San Pedro*; nuevo Laocoonte atormentado por las serpientes del dolor y del

---

[227] San Lorenzo. Legajo 30. 1791. 6 Mayo. *Inventario de Pinturas formado por fallecimiento de los Señores Reyes Don Felipe V y Don Carlos III. — Cartas, órdenes, autos y diligencias sobre el apeo de las Pinturas de los Cuartos de S. M. en los años 1771 y 1773 y razón de los sitios en que se colocaron* t V. Archivo del Palacio Real de Madrid.

[228] El Dr. Oscar Fischel lo señala en el altar de la *Resurrección*, que, dividido en cinco compartimientos, pintó el maestro, en 1522, para Brescia. *Tizian. Des Meisters Gemalde in 230 Abbildungen, mit ein erbiographischen Einleitung.* Stuttgart und Leipzig. Deutsche Verlags-Anstal, 1904, págs. XVII y XVIII.

La siguiente nota, relativa a Tiziano, es también inresante en este respecto:

"San Nicolo Vescouo vestito con la pianeta e tiene el pastorale in cui riportó gentilmente la testa del Laocconte." *Le maraviglie dell'arte ouero le vite de gl'illustri pittori veneti dello Stato...* descritte dal cavallier Carlo Ridolfi. In Venetia, 1648. I.ª parte, pág. 155.

[229] *Hoy sigue sin conocerse otra versión que la de la Galería Nacional de Washington aquí tratada.

remordimiento. Anciano de barba blanca; melancólica figura de medio cuerpo, envuelto en manto amarillo, el dolorido rostro mirando al cielo, cruzadas las manos, de donde cuelgan las llaves, y compungido amargamente en el fondo de oscura cueva cubierta de yedras. A la izquierda, en lontananza y de pie, un ángel vestido de blanco, con las alas extendidas, en medio de clara explosión luminosa, que inunda el camino, por donde se acerca una gentil doncella, vivo recuerdo de aquella otra, ya tan lejana, del cuadro de los *Mercaderes*.

El viejo es espectral, como la mayoría de sus tipos de este último tiempo, y la composición muy interesante, por el carácter del modelo y por los efectos de luz, que se aprecian sobre todo en aquellos ejemplares más cuidados, como el de la Sacristía de la Capilla de San Pedro, en la Catedral de Toledo; el que posee en Vitoria D. José María de Zavala, y en el del marqués de Vega-Inclán (imag. 119)[230].

"La Magdalena", "San Jerónimo".

Otros dos temas ha tratado el Greco análogamente al anterior, así en el espíritu como en la forma: la *Magdalena* y *San Jerónimo*; pero en estos, al repetirlos, introduce variantes, las cuales, tanto en uno como en otro, redúcense, en lo esencial, a dos tipos, en consonancia con las épocas y la exaltación creciente del artista. Así puede verse, por lo que hace a la *Magdalena*, que abunda en ejemplares más o menos auténticos, comparando el italianista del Colegio de Ingleses de Valladolid (imag. 120)[231], donde la arrogante placidez de la figura, su místico sereno arrobamiento, su plenitud de formas renacientes, y hasta el cielo y el campo en que se muestra, acusan, no una factura de su primer tiempo, pero sí una concepción producto de reminiscencias tan tizianescas como que trae su origen directo de las *Magdalenas* del Ermitage y del Palacio Pitti, comparándolo, digo, con el tipo neto español, mucho más abundante: una *Magdalena* consumida, desgreñada, absorta en oscuras lobregueces, ante el Cristo y la

---

[230] *Hoy en el Museo de El Greco, en Toledo.
[231] *Actualmente en el Worcester Art Museum.

calavera (imag. 121)[232]. Contraste que, si no tan violentamente, repítese también entre el *San Jerónimo* que posee en Madrid Doña María Montejo (imag. 122)[223] y el que se halla en París en poder de M. Paul Mersch[234]. Del primero, no he visto otra réplica. Del segundo, el mejor ejemplar es, tal vez, el que, bastante maltratado, se halla en la iglesia parroquia de Burguillos.

APOSTOLADOS.

Tema desenvuelto también en figuras independientes es el del *Apostolado*. De entre los tres, que conozco completos, y alguno o algunos más, que andan descabalados, ninguno tan importante como el que adorna la misma Sacristía de la Catedral de Toledo, donde está el *Expolio*. Son doce tipos, más el *Salvador* —pues la Virgen, que con él hace juego, no es auténtica— caracterizados con la más intensa individualidad y fiel realismo. Modelos concebidos una vez, y que el pintor se complace en repetir siempre que se trata de representar al mismo personaje. Su estilo general y la sencillez y amplitud de su factura, sin preparación veneciana, acusan claramente pertenecer a la última época. Y así se comprende que no figuren aún en la Sacristía en el inventario del Cardenal Sandoval y Rojas, el año de 1601. No pienso, sin embargo, que sean muy posteriores a esta fecha, si se atiende a su moderada exaltación y al realista equilibrio de que es acabada muestra, por ejemplo, la figura de *Santiago el Mayor*, que tengo por la más perfecta de la serie, y por una de las más interesantes y acertadas que durante toda su vida pintó el Greco.

El Apostolado, que, hasta hace poco, se conservó en el convento de monjas de San Pelayo, de Oviedo, y que hoy posee en dicha

---

232 *De este tipo hay localizadas, al menos tres: la del museo del Cau Ferrat en Siches, que es la que aquí reproducimos; la de la Hispanic Society de Nueva York (anteriormente propiedad de E.M. Fischolf), reproducida por Cossío en la edición de 1908; y la de la colección Mausaveu de Oviedo. Hay una cuarta, la iglesia de San Ildefonso de Toledo, que ofrece dudas sobre su autoría, pues hay quien la atribuye pincel de Luis Tristán.

233 *Desde 1943 en la Galería Nacional de Washington.

234 *Actualmente en la Hispanic Society de Nueva York.

ciudad el marqués de San Feliz[235], es posterior al de la Catedral, no tan cuidado como este, cuyos tipos, en líneas generales, reproduce con ciertas variantes, y alguna de sus figuras, la de *San Pablo*, por ejemplo, es muy hermosa.

El límite máximo de excitación, desequilibrio y anormalidad, en cuanto a figuras aisladas, ha de buscarse en el *Apostolado de San Pedro Mártir*, hoy en el Museo de Toledo[236](imag. 124-136). Del obsesionante y aterrador *San Bartolomé* (imag. 127), tan extraño cuanto poéticamente vestido de blanco, no cabe decir sino que es un loco furioso escapado del antiguo y célebre Hospital del Nuncio, allí vecino, porque es imposible traducir con más verdad que lo hace aquel alucinado apóstol el completo extravío de las facultades mentales.

Alrededor del *Santiago* y del *San Bartolomé,* han de colocarse, respectivamente, por su moderación o su desequilibriorio, las figuras sueltas, al parecer de apóstoles, que se conocen. Las buenas son muy pocas, y entre ellas merecen especial menciónn la de M. Rouart, en París[237] y la que en Madrid guardan las condesas de Añover y Castañeda[238]. Del *San Pablo* (imag. 5)[239] que el pintor introduce en todos sus *Apotolados*, no conozco variante. En idéntica forma se repite en los dos ejemplares que hay sueltos: el del marques de Castrosema, en Madrid y el del Sr. Riaño, en Valencia. Y solo cuando lo muestra en unión con *San Pedro*, como en el lienzo de la marquesa de Perinat[240], único de que tengo noticia, si no cambia enteramente los tipos, varía al menos la habitual composición de ambos apóstoles[241].

---

[235] *Desde 2002 en el Museo de Bellas Artes de Asturias.

[236] *Hoy en el Museo de El Greco.

[237] *Actualmente en el New College de Oxford.

[238] *Actualmente en la Hispanic Society de Nueva York.

[239] *Natalia Cossío anota a pie de página, en su edición para Espasa-Calpe (colección Austral), la variante que hoy sigue en propiedad de la marquesa de Narros, que reproducimos (imagen 5).

[240] *Se exhibe hoy en el Museo Nacional de Estocolmo.

[241] *En el Museo Nacional de Arte de Cataluña hay otra variante de San Pedro y San Pablo juntos.

El "Salvador".

El Salvador (imag. 124) también es igual siempre en los apostolados, pero he visto de el una variante (imag. 137) en que, además de bendecir con la mano derecha, sostiene en la izquierda el mundo con la cruz encima, y que aquí es por completo de frente, repite hasta en el ligero nimbo luminoso el Cristo bendiciendo de Tiziano, que se conserva en el Ermitage. Dicho ejemplar, firmado solo con las iniciales, lo poseía en Madrid, hasta hace pocos meses, D. Luis María Castillo, y hoy lamento no saber dónde para y no haber podido reproducirle aquí, porque es uno de los trozos de mayor pureza, encanto y solidez en la obra del Greco[242].

El educador contraste, de que hemos hablado, entre la primera y la última *Asunción* (imágs. 21 y 20), se vuelve a ofrecer de igual modo, entre el *San Sebastián* de Palencia (imag. 64) y el del marqués de Casa Torres (imag. 70), que probablemente son también el primero y el último pintados por el artista. Al hablar de aquel (Capt. 4), hubo ya de indicarse lo sustancial de tan profundo cambio. Allí, es el desnudo vigoroso de un hombre sano, robusto, que, en medio de amplia naturaleza y bajo cielo de claras entonaciones, sufre el martirio con la indiferente serenidad de un dios helénico. Aquí, son las débiles carnes palpitantes de tierna doncella lánguida, nerviosa, que, atada a un tronco seco y sobre abigarrado manchón de nubes en fondo perdido, muere estremeciéndose en espasmos y deliquios, atravesada por las embriagadoras flechas de un amor celeste. Y todo ello, aquilatado con el íntimo deleite de una técnica plagada de sutiles concupiscencias coloristas. A este género debe pertenecer también el *San Sebastián* que figura con el número 96 en el Catálogo del Rey de Rumania[243].

Cerremos, por fin, la serie de motivos de este tiempo, mencionando, al menos, los Santos pareados; forma anticuada, que usaron tambien otros pintores de la época: El Mudo y Sánchez Coello, por ejemplo, en los altares del Escorial, pero sin el

---

[242] *Hoy felizmente localizado en la National Gallery of Scotland (Edimburgo).
[243] *Este cuadro se da por desaparecido en el catálogo sobre la exposición de El Greco en Méjico, en 2009. Ya en 1990 se daba cuenta en la prensa de la desaparición de numerosas obras de El Greco en Rumanía (ABC de 17 de marzo de 1990, pág. 49).

pronunciado sabor de arcaísmo que toma en el Greco. La persistencia en este, de esa forma, hasta sus últimos años, durante los tres primeros lustros del siglo XVII, es otro rasgo más para la explicación de su carácter. En medio generalmente de un paisaje, como hicieron los cuatrocentistas, muéstranos, unas veces, a los dos *Santos Juanes* (imag. 138), según se ve en el lienzo de la iglesia de los jesuítas en Toledo[244]; y otras veces, a uno solo de ellos, al lado de *San Francisco* (imag. 139), con cuya figura aparece el último ciclo de asuntos religiosos, que nos resta por tratar en la obra del Greco.

---

[244] Adquirido por el Estado Español en 1998 para el Museo del Prado, y depositado actualmente en el Museo de Santa Cruz de Toledo.

CAPT. 10.- SAN FRANCISCOS. RETRATOS. PAISAJES.

SAN FRANCISCOS.

No hay figura de santo que el Greco haya tratado con más amor ni repetido con más insistencia que la de San Francisco. Pudo no ser este su tema predilecto; pero es lo cierto que por él, más que por otro alguno, vive en la fantasía popular: manifiesta señal de que acertó el artista a traducir fielmente la representación que en Castilla podía caber de aquel "glorioso poverel di Dio". De aquí las numerosas réplicas, con o sin variantes, que el pintor hubo de ejecutar para satisfacer encargos. Pacheco, además (t. II, pág. 304), atribuye al Greco la gloria de ser en su tiempo el mejor pintor de San Francisco, lo que explica la existencia de las infinitas copias e imitaciones de tal asunto, hechas, tal vez, en la segunda mitad del siglo XVII, y que corren todavía como originales del artista. Tratolo este probablemente desde el comienzo de su carrera, y durante toda ella; aunque al final de la misma es cuando más debió reproducirlo, según el estilo de los ejemplares que nos quedan. Por este motivo, y por conservar a la serie su unidad y el interés monográfico que la acompaña, se ha creído preferible tratarla aquí, de una vez, cerrado ya y conocido hasta su conclusión el desarrollo histórico de la pintura del Greco. Lo mismo se hace y por iguales razones, con los *Retratos* y con los *Paisajes*.

Hay motivo para ser breves. *Retratos* y *San Franciscos* proceden, como ya vimos, de un origen común. Ambas series brotan, en lo que tienen de español, de la misma fuente: el *Entierro del Conde de Orgaz*. Allí queda dicho y allí ha de buscarse, por tanto, sin necesidad de repetirlo ahora, todo lo esencial que interesa para la inteligencia de estos dos órdenes de asuntos: pues, de una parte, clérigos, frailes, santos y caballeros son retratos, no más que retratos, y el cuadro entero, como entonces se dijo, el fiel retrato, jamás superado, del alma castellana en aquel tiempo; y por otro lado —volvemos a repetirlo—, de aquellos frailes, en que más directa y claramente se encarna el ambiente místico-nacional de la obra, han nacido todos los *San Franciscos* españoles del Greco. Esta inmediata relación puede verse en el que adorna el altar de Santa Bárbara, en la iglesia de San Nicolás de Toledo, y el cual no es otra cosa que el mismo fraile gris que ya conocemos; así como el *San Agustín*, que con él hace pareja, repite igualmente los rasgos y vestiduras con que se halla caracterizado en el *Entierro*.

Y he dicho "españoles", porque existe afortunadamente un ejemplar, uno solo hasta ahora, que, pintado o no en España, se aparta del tipo que creó el Greco para sus *San Franciscos* castellanos, y sirve, por tanto, a manera de excepción, para poner de relieve el cambio esencial experimentado por el artista en su modo de concebir y de componer, a medida que fue derramándose en el espíritu de la tierra y de la raza y por él dejándose penetrar rápidamente. Esta joya (imag. 41), perteneciente, como ya se dijo (cap. 2), al renombrado pintor y entusiasta del Greco D, Ignacio Zuloaga, es una tabla pequeña, que, por su empastada factura, semejante a la *Anunciación* del

Prado (imag. 30), por su abundancia de veladuras y su técnica de esmalte, así como por el espíritu con que está concebida y compuesta, revela pertenecer, si no a la época italiana, a los muy primeros años españoles del Greco. La firma que lleva en finísimos caracteres mayúsculos, según la primera usanza de su autor, contribuye a acreditarlo. Y sorprende observar cómo esta tablita, que por todas sus condiciones debiera ser una miniatura, se halla ejecutada con la amplitud y libertad que corresponde a las obras de grandes dimensiones. Nadie pensaría sino que realmente las tiene, si hubiera de juzgarse de ella por la fotografía.

Entre los ejemplos, que podrían agregarse a los muchos ya citados, para comprender el cambio radical que durante su vida, en fondo y forma, experimenta el Greco, no es el menos claro y relevante el del contraste que ofrece esta pintura con cualquiera de sus otros *San Franciscos*. Escójase, para mayor exactitud, uno de igual composición, v. gr., el que posee en Madrid el marqués de Cerralbo (imag. 140), que tengo por de los mejores, y que, sin duda, corresponde al último período. No creo que entre ambas obras medien menos de treinta años; y sin embargo, la fórmula para disponer las figuras apenas cambia. En la mitad izquierda, San Francisco, caídos los brazos, las manos extendidas, la mirada en alto, recibiendo los estigmas; en la mitad derecha, su amigo y discípulo, el hermano León, a quien el susto ha derribado en tierra, ofrece al contemplador, de un modo entre naturalista y afectado, solamente su espalda y su tonsura. Pero aquí concluyen las identidades. El áspero y rocoso paisaje del monte Alvernia, con estrecho valle, que se prolonga a la derecha, sembrado de duros árboles serranos, como los fondos de Velázquez, se trasforma en cueva lóbrega, sin más planta que alguna misera yedra colgante, ni más rocas que la peña sobre la cual, unas veces, y ante la cual, otras, se arrodilla San Francisco. El lejano horizonte, el cielo abierto, los irisados celajes del crepúsculo, las medias tintas azules y carminosas, que inundan los cortantes nubarrones, entre los cuales aparece el diminuto crucifijo, se han fundido en un solo manchón oscuro, sobre el que se destacan las figuras grises del Santo y del hermano, ejecutadas solo con blanco y negro, e iluminadas violentamente en los bordes por destellos arrojados desde un pequeño rompimiento, siempre en alto, y convertidos las más veces, en súbita detonante explosión luminosa.

Es un ejemplo más del proceso, tantas veces notado, de

simplificación de los accidentes y de concentración del interés en lo humano. No es ya el personaje de la tablita, con pertenecer esta a la primera mitad de la vida del Greco, el clásico San Francisco italiano —y esto nos inclina a creerla española—; no es el aventurero elegante, tierno, alegre, amoroso, "tutto seráfico in ardore"; sino un tipo vulgar, rayano en ordinario, un buen fraile de casta labriega, soberanamente hermoso por su realismo y perfección técnica, pero de la familia de los tipos plebeyos de Velázquez, cercano, más todavía que a los *Ermitaños*, al *Cristo de la columna* y a los hijos de Jacob sobre todo. No sabemos si el Greco pintaría algún otro *San Francisco* anterior a este y concebido más a la italiana: lo que puede asegurarse es que este fue, comenzando por aquí la trasformación, quien dio la fórmula y fijó el tipo del San Francisco castellano, escuálido, lúgubre, espiritado, neurótico, hijo legítimo de la ascética y conceptuosa mística nacional, de que se hizo mérito ya en el *Entierro*.

Así son todos sus *San Franciscos*, y así continuaron siendo en la pintura y en la escultura españolas: ya se hallen recibiendo los estigmas —ejemplares del Escorial (imag. 141), del marqués de Pidal (imag. 142),[245] y de D. R. P. de Quinto (imag. 143)[246]— ya en éxtasis ardiente ante el Crucifijo —ejemplares de D. R. García (imag. 144)[247] y D. F. Brieva (imag. 145)[248]; de la iglesia de Burguillos y del marqués de Castro Serna (imag. 146)[249]; del Museo de Lille y de D. S. Moret (imag. 147) —; ya en honda meditación, contemplando la calavera, que sostiene con ambas manos, como en el ejemplar del Colegio de Doncellas[250], en Toledo y en otros muchos, que repiten este mismo modelo[251]. Esta última representación, que trae involuntariamente al recuerdo la imagen de Hamlet en el campo santo, por aquellos mismos días engendrada, es, sin duda alguna, la más original y más castiza, pero también, como no podía menos, la más lejana, de aquel trovador de Dios, dulce y humano, y de los serenos frescos que,

---

[245] *Hoy forma parte de la Colección Abelló, y fue exhibido públicamente en una exposición de CentroCentro (Palacio de Cibeles de Madrid), en el año 2014.

[246] *Actualmente en la Galería Nacional de Irlanda de Dublín.

[247] *Ahora en el museo Lázaro Galdiano de Madrid.

[248] *En la actualidad forma parte de la colección José Lladó de Madrid, proveniente de la colección Blanco Soler.

[249] *Hoy en la colección Federico Torelló de Barcelona.

[250] *Actualmente custodiado en la Catedral de Toledo.

[251] *Nosotros reproducimos la versión del Museo del Prado (imagen 148).

inaugurando el ciclo, consagrole Giotto en Asís: cándida serenidad, que la iconografía de la Orden conservó en Italia.

FRANCISCANOS.

Al Santo Patriarca, siguen los inmediatos franciscanos: San *Antonio de Padua* y *San Bernardino de Siena* (imágs 149 y 150); los dos en el Museo de Madrid. En tal orden deben enumerarse, si se atiende a la época en que fueron pintados, pues el segundo es muy posterior al primero; pero no en cuanto al mérito. Aunque el *San Antonio* seduce por su ingenua poética sencillez, que todavía recuerda la de los primitivos, no es, sin embargo, fuerte como labor pictórica. En cambio, el *San Bernardino* es, en todos respectos, una obra maestra, fielmente característica, en fondo y forma, del último tiempo. La sobria, firme y amplia factura; la igualdad de ejecución, pues tanto valor tienen las blancas mitras, como el rostro del santo; la fina gama monocroma, y la picante espiritualidad de la romántica figura, totalmente moderna, actual, hasta con la enfermiza intensidad de expresión de ciertos tipos de "intelectuales" de nuestros propios días, prestan a este lienzo un irresistible encanto para todo contemplador, que, no obstante el raro aspecto de aquel franciscano, sepa dejarse cautivar por él y alcance a percibir tantas delicadezas.

DOMINICOS.

Pero, al lado de la seráfica, hay que poner todavía la serie, mucho menor en número, de los santos dominicos: porque se halla interpretada con el mismo extático ardor que la primera. Ya sea el fundador, o algún individuo de la Orden —lo que no es fácil decidir por la falta de atributos— siempre nos aparecen de rodillas, doloridos, y contritos ante el Crucificado. Así se nos muestra en el hermoso ejemplar del Sr. Sanz Bremón, de Valencia (imag. 151)[252], el mejor que conozco, y asi en otros varios, por ejemplo: el de Mr. L. R. Ehrich, en Nueva York; los de D. Pedro Gil y M. Degas, en París; y los de la Catedral e iglesia de San Nicolás, en Toledo (imag. 152)[253]; siendo este último la postrera y más atormentada fase del asunto en manos del artista. El cual, como se ve, adopta para Santo Domingo el mismo molde penitencial y contemplativo, e igual modelo maciliento y meláncólico, que para el andante y soñador caballero umbrío; abandonándose a su fantasía, a riesgo de oscurecer los tradicionales rasgos de aquel castellano viejo de Caleruega, gran progenitor de inquisidores, a quien retrata San Buenaventura: "benigno ai suoi ed ai nemici crudo". (Paraíso, XII).

RETRATOS.

Sin contar todos los retratos del *Entierro*, los de donantes en varios cuadros, los esparcidos en otras composiciones, y los de la (probable) familia del pintor de que se habló en el cap. 1, todavía queda en la labor del Greco, y con el exclusivo carácter de retratos independientes, una serie de treinta y ocho, la mayor parte conocidamente auténticos; y solo cuatro, cuya atribución puede ser más o menos dudosa. Hay que agregar doce, que se citan en libros y catalogos de crédito, pero cuyo paradero ignoro y que no creo son ninguno de los hoy conocidos. La investigación dista de hallarse agotada. Baste decir que tres de los más importantes se han fotografiado, con especial permiso, y por vez primera para este libro[254]; y si uno de ellos, el del *Cardenal Tavera*, se admiraba ya por

---

[252] *Esta obra pertenecía en 1982 a la Fundación Banco Urquijo, siendo exhibida en la exposición "El Greco de Toledo" de ese mismo año. Esta fundación, con la desaparición del Banco Urquijo se integró en la Fundación Xavier Zubiri. La versión que reproducimos es la de la colección del doctor Gustav Rau subastada en Londres en julio de 2013 por 10,7 millones de euros, venta de la que se hizo eco la prensa como la de más alto precio de una pintura española antigua.

[253] *Hoy en el Museo de Santa Cruz.

[254] Esta fotografía, lo mismo que otras, hechas también para este trabajo, han

todo el mundo, los otros dos, el de *Niño de Guevara* y el de *Paravicino*, se hallaban todavía sin catalogar ni citar en parte alguna, y escondidos en casas particulares, de difícil acceso al estudioso, de donde recientemente han salido fuera de España, comprados por museos y particulares. Aún hay más. Pocos años hace que el ya citado diligentísimo escudriñador de pinturas marqués de Vega-Inclán, a quien, en este respecto, debo mucha gratitud, descubría en Sevilla, y desde allí con generosa bondad me enviaba, para que gozase de las primicias de su contemplación, la admirable cabeza de Paravicino, que hoy posee el marqués de Casa Torres[255]. Y hace todavía menos, que juntos abríamos la caja, donde se encerraba otra réplica, en busto, del Cárdenal *Niño*, desconocida también, y por él igualmente encontrada en la misma Sevilla.

Figura, pues, el Greco dignamente, en cuanto al número —que, por lo que hace al mérito, no puede dudarse— entre los grandes retratistas. En España, antes de Goya, solo hay un pintor de primer orden —y no incluyo en semejante categoría a Sánchez Coello ni a Pantoja— que le supere: Velázquez; lo que no es maravilla, dada la especial posición del artista en la corte. Y si se trata de la calidad, solo con D. Diego igualmente admite el Greco, en España, parangón en retratos.

Recordemos cuánto asombró el suyo propio a los pintores de Roma. Para sobresalir en este género, aparte de la indispensable habilidad técnica, hace falta, más que nada, aquella intensa fuerza de penetración, que sabe percibir de un golpe y acierta a fijar, sin tanteos ni vacilaciones, la resultante característica de todo el proceso espiritual del individuo, dispersa, hasta entonces, en situaciones varias y momentos diversos. Especie de intuición, si así puede decirse, de la fotografía compuesta. Por haberla poseído, fue el Greco, ante todo y sobre todo, un pintor de almas. En este especial respecto, no lo hay más alto en la pintura española, porque ninguno ha sabido dar actualidad más eterna a sus personajes; y de aquí el vivo interés que despiertan y la profunda emoción que causan en los contempladores educados, sobre todo en aquellos que, en cualquier época, se han

---

circulado liberalmente y a esto se debe el que algunas se hayan reproducido ya en revistas nacionales y extranjeras.

[255] *Anotaremos a pie de página las oportunas precisiones sobre estos retratos, cuando se aborde específicamente cada uno de ellos.

abierto con mayor espontaneidad a los aires de vida moderna.

Espíritu nutrido de cultura y artista de ideas, el Greco debió complacerse frecuentando la sociedad más ilustrada del medio en que vivía. Jamás en sus retratos, y solo por rara excepción en sus composiciones, aparecen tipos ordinarios. Para él no existieron, ni el monstruoso bufón, ni el rufián picaresco de Velázquez y Goya. Su mundo fue esencialmente aristocrático; más de la aristocracia del talento que de la sangre; clase directora; intelectuales, como hoy se diría. Y no pocos de sus retratos debieron ser entusiasta y generosa labor de amigo. Indúcenme a pensarlo así, tanto el carácter de aquellos personajes retratados, cuya identificación no parece discutible, como las señales que acompañan a algunos otros, entre los muchos, todavía incógnitos. De la primera clase solo hay catorce, entre los treinta y ocho, cuyo paradero hoy se sabe, y aun, en realidad, redúcense a ocho, pues los seis restantes no son sino réplicas.

Descartando los cardenales Tavera, Niño y Quiroga, que debieron ser encargos para el Hospital de San Juan Bautista, para el Convento de San Pablo Ermitaño y para el Refugio, en Toledo, tenemos a su protector en Roma, Julio Clovio; a Pompeyo Leoni, otro insigne artista, quién sabe si su introductor cerca de Felipe II; al canónigo Antonio de Covarrubias, erudito y helenista, tal vez su amigo íntimo y su defensor en el Cabildo de Toledo; al hermano de aquel, el famoso don Diego, Obispo de Segovia y Presidente de Castilla y de Estado, el primer jurisconsulto español de su tiempo; a Rodrigo Vázquez, el implacable juez en la causa contra Antonio Pérez, y a Fray Hortensio Félix Paravicino, el elegante predicador a la moda, el literato culterano, que hubo de canjear su imagen por aquel tan instructivo cuanto enrevesado soneto. Entre los desconocidos, hay que añadir: dos frailes, tres clérigos, un médico, un pintor y un poeta; toda gente profesional y de cultura. Quedan todavía tres damas y trece caballeros, de los cuales solo uno, con hábito de Santiago, tiene aire aparatoso. Los restantes, me inclino a pensar que también nos ocultan, más que guerreros y cortesanos, hombres de letras y de leyes de aquel tiempo.

Si la Historia sale perdiendo, la creadora fantasía poética gana con esta ignorancia en que vivimos de la mayor parte de los personajes retratados. La contemplación de la obra bella, y la elaboración del juicio estético son, a su vez, producciones artísticas; y el espectador culto, como el artista, se siente más libre para dejarse impresionar y para construir sus representaciones, cuando no se encuentra atado a figuras históricas, analizadas ya y desmenuzadas por la erudición y por la crítica. Ante el retrato de un personaje conocido, todos, aun sin quererlo, vaciamos el efecto que nos produce en el molde que de él llevamos formado. Los desconocidos, en cambio, tienen para el estudio y el goce valor universal, análogo al de los tipos creados por los grandes poetas. Con la pérdida del nombre propio, que en este caso es una limitación, ganan la individualidad genérica, se depuran, y como no son arbitrarias ficciones, sino seres que brotan de la misma realidad que los conocidos, tan reales, por tanto, como ellos, al depurarse, desidentificándose, se hacen más verdaderos, por la rica y flexible amplitud que adquieren para encarnar nuestras libres representaciones; y de esta suerte, se elevan a significar para la fantasía contempladora, en vez de un determinado individuo, la esencia individualizada de la raza.

¿Qué importa que no sepamos quiénes son, ni podamos decir de ellos como de los otros: este es Tavera o este es Paravicino, si para el espectador son algo todavía más selecto, porque consienten que en ellos se encarne con mayor libertad el tipo de nuestro pueblo, la percepción clara de lo individual histórico español, dentro de lo humano; si, en tal respecto, vienen a ser, por consiguiente, lo que en poesía el Ingenioso Hidalgo, el Alcalde de Zalamea, García del Castañar o el Médico de su honra? Tales individuos sin nombre son formas vivas, palpitantes, que por su carácter anónimo, incitan a apoderarse de ellos para vestir las concepciones, que, en mayor o menor grado, todos forjamos; y el misterio que envuelve a aquellos rostros contribuye a suscitar la sensación de que así debieron ser los modelos de Alonso Quijano el Bueno, D. Diego de Miranda, los duques, los hidalgos de las novelas ejemplares y del teatro, y todos los demás tipos eternos del siglo de oro de la literatura castellana. Y, de esta suerte, lo que nos priva de identificar a cada uno, diciendo: así fue el personaje, nos impulsa a creer de todos ellos que así fueron *nuestros* santos, nuestros reyes, *nuestros* nobles, *nuestros* políticos, *nuestros* aventureros, *nuestros* cardenales, *nuestros* inquisidores, *nuestros* frailes, *nuestros* clérigos, *nuestros* golillas, *nuestros* poetas, *nuestros* artistas. De este modo se explica que, sin mengua para el valor pictórico de la obra, ni aun para el representativo, pueda un pintor —y el Greco nos ofrece casos de ello— haber retratado a gentes que le fueron personalmente desconocidas. Porque lo mero personal en el arte, como en la realidad, tiene un círculo estrecho y una vida efímera, mientras que lo genérico, individualizado, dura eternamente. Si la erudición demostrara que el *Carlos V en Mülberg* no se parecía al Emperador, este retrato ecuestre de Tiziano continuaría siendo para todos la más real y poética efigie del César, impulsado por el destino, en el crepúsculo ya de su fortuna. *Tavera*, muerto treinta años antes de que el Greco llegase a Toledo, será siempre el gran Cardenal, gobernador de Castilla. Y el V. M. *Juan de Ávila*, a quien tampoco alcanzó vivo el Greco, no será Juan de Ávila, pero sí la más rica vestidura de carne y sangre que nos ha dejado el pincel para personificar el misticismo castellano. "A esto seguramente —más que a lo que piensa Pacheco (t. II, pág. 133)—, tiraba aquella celebrada y graciosa paradoja de Pablo de Céspedes, que notándole cierto amigo suyo que un retrato que acababa de dibujar de lápiz no era muy semejante a su original se lo dijo. A que respondió el Racionero con gran descuido: ¿Ahora sabe v. md. que los retratos no se han de parecer? Basta, señor mío, que se haga una cabeza valiente".[256]

Valientes son todas las cabezas del Greco y, con ello, expresivas

---

[256] Creemos que será de interés leer aquí las, tan breves como sustanciales, palabras, que abundando en este sentido, aunque con muy otra profundidad y alcance, escribe Georg Simmel acerca de la naturaleza del retrato, al comienzo de sus lecciones sobre Kant, en la Universidad de Berlín.

"Cierto que para la inteligencia, el goce y la fecundidad de una concepción filosófica del mundo, es de la más alta importancia que sus partes no queden simplemente unas al lado de otras, como las tierras de un continente, sino que actúen como una unidad orgánica, mediante la unidad de la personalidad creadora que tras de ellas existe. Solo que esta personalidad no es la del hombre histórico y real, sino una imagen ideal, que únicamente tiene efectividad, en cuanto expresión o símbolo para la interior positiva conexión de sus partes. Los rasgos de un retrato, no obstante la mera colocación de unos al lado de otros en el espacio, están mantenidos en una unidad por medio del alma, a cuya expresión cooperan; pero, si esta alma —solo para cuya representación, en último término, aquellos mismos rasgos se ordenan— es la del modelo real, o si éste posee otra enteramente distinta y no conforme a sus rasgos, es cuestión por completo indiferente para la obra de arte y su goce. Basta con que los rasgos, tal como se ofrecen a la contemplación, nos dejen sentir su alma, que les presta el servicio de la unificación. Así, el alma del filósofo de que nosotros nos servimos para la unificación de sus manifestaciones, es solo una función de estas mismas; el símbolo solamente de su conexión, y se halla en una esfera completamente distinta de la realidad histórico-psicológica del hombre aquel que filosofa". *Kant, Sechzshen Vorlesungen gehalten an der Berliner Universität*, von Georg Simmel. Leipzig, 1904, pág. 3.

en grado supremo de los caracteres físicos y morales del pueblo castellano. Para comprobarlo, no hay más que volver la vista en el museo hacia los espectadores; contemplar con ojos expertos los tipos actuales de la sociedad española educada. No hay retrato en toda la galería del Prado a que más fácil y más abundantemente se halle parecido entre los vivos, que estas enigmáticas cabezas del Greco. Contribuye a ello, además, su austera sencillez de fondo y de accesorios; su indumentaria, tan cercana, en sobriedad de forma y colorido, a la de nuestros días; y hasta el pelo rapado y la corta y puntiaguda barba, que invariablemente llevan. La exigencia de sujetarse aquí al natural ata al artista y le obliga a esfumar en sus retratos las huellas de fantástica exaltación. Expresión, dibujo y color son correctos. Pero desborda en ellos el imborrable acento con que el Greco ha sabido acusar los rasgos esenciales del tipo: melancólica y adusta dignidad impulsiva, en el espíritu; sarmentosa y avellanada enjutez, cetrino color, en el cuerpo; que por los "morenicos de color verde" acostumbran a perderse las fogosas en España, según cantan en *Rinconete y Cortadillo*. Y a tales caracteres específicos agrega el pintor aquellos universales que su conciencia de observador y su índole exaltada le llevan juntas a acentuar: la asimetría facial y el ligero estrabismo. Cuando tales síntomas se pronuncian en individuos de una vida intensa cerebral, de un sentimiento apasionado, o de cierta perturbación orgánica, surgen entonces de las blancas encañonadas lechuguillas, aquellos inolvidables rostros de verdor carminoso sobre el negro profundo, ofreciendo al goce, en armonía con las aspiraciones del arte moderno, un admirable estudio de valores, de suprema sencillez monocroma y un conjunto de caracteres nerviosos y desequilibrados.

El Sr. Beruete ha podido decir con acierto (pág. 68), de los retratos del Greco, que son de efecto único. Yo creo, sin embargo, de acuerdo con el Sr. Tormo (pág. 190), que hay todavía otros en la historia que suscitan impresión semejante. Lo que no hace sino acrecentar su singularidad porque me refiero a los del Fayúm, que, desde el siglo II al V, decoraban las momias. La semejanza entre aquellos y estos no es solo a primera vista; resiste al análisis; lo que prueba que la asociación, ni es superficial, ni caprichosa. He aquí los rasgos que la crítica atribuye a las tablas egipcias: "expresión de vida intensa, que penetra en el contemplador, desconcertándolo; figuras taciturnas y enfermizas; acentuado realismo, aire moderno y de completa actualidad; interés psicológico y moral para la interpretación del tiempo y de la raza en la decadencia greco-romana"[257]. ¿No son los mismos que hemos visto en el Greco? ¿Y, acaso sus retratos no tienen como los egipcios, el más alto interés psicológico y moral para el período en que se inaugura la decadencia española?

SU PROPIO RETRATO

Pasando ahora a examinar rápidamente los retratos en orden cronológico —lo que no es fácil, por la casi absoluta carencia de documentos justificativos— debe comenzarse, claro está, por los que ciertamente se sabe, o con verosimilitud se presume, que fueron pintados en Italia. Si el Greco escogió deliberadamente su propio retrato para presentarse, ofreciéndolo como muestra de su habilidad, a los pintores romanos, dio prueba de conocer sus cualidades; porque en apoderarse del carácter y en sorprender la vida individual, pocos lo aventajaron. Por lo que dice Clovio, hay que suponer que el trozo de pintura sería excelente. Sin embargo, las cuatro cabezas de pintores del cuadro de Yarborough (imag. 2) son flojas. Superior, la del miniaturista a las restantes, tal vez por no estar hecha de memoria, aunque muy inferior al retrato que de él nos dejó su protegido y de que ahora hablaremos.

EL "JOVEN, DEL MUSEO DE VIENA".

Pero, antes habría que colocar, si fuese auténtico, el del Museo de Viena, ya citado en el cap. 1, y que representa, de medio cuerpo, a un vigoroso joven, de barba rubia, vestido de negro, con cuello y

---

[257] Girard, *La peinture antique*, p. 250.

puños blancos, y con los guantes en la mano derecha (Imag. 7)[258]. Tal vez es aventurado afirmarlo en absoluto, por faltar suficientes términos de comparación; pero nos inclinamos a pensar que podría, en efecto, ser obra de nuestro artista, si bien pintada en su primera época, antes de 1570 y de su ida a Roma; no solo porque es inferior al retrato de Clovio, con menos vigor de expresión y menos estudio de la cara y de las manos, sino porque le falta el acento personal, que en aquel empieza ya a manifestarse. En suma, un trabajo de juventud, dentro de la categoría general de escuela veneciana. La falsedad del Teoscopoli, de que se habló ya, arguye más en favor que en contra. Raro sería que en la época en que debió escribirse, y fuera de España, se hubiera ocurrido semejante atribución, a no existir ya la firma auténtica o conocerse el autor por otro conducto.

"Julio Clovio".

Más frecuente ha sido lo contrario, como ya se ha visto; y atribuido era a Clovio el del Museo de Napóles (imag. 1), a pesar de la firma, cuando en el siglo pasado se hallaba en la "Camera de' Ritratti del Palazzo del Giardino", de Parma.

En la serie de los conocidos, parece ser este el primero cuya autenticidad no ofrece dudas. Pues, aunque en la última edición de los *Annals* de Stirling (1891), se le califica de "an excellent work, but more probably by an artist of Venice", compréndese que no se tuvo en cuenta, ni la indubitada firma, que, en caracteres griegos, hay sobre el hombro derecho del personaje, ni la conocida relación del Greco con Clovio; circunstancias que vienen a confirmarlo que el estilo ya acredita.

Muerto D. Julio en 1578, a los ochenta años, el retrato, que debió ser hecho después de 1570, nos lo representa en los últimos de su vida, y con marcadas señales de ancianidad. Barba y cabello

---

[258] *Hoy en el Minneapolis Institute of Art, donde figura como atribuido a Jan Stephen Calcar (c. 1499 – 1546), con el título: "Retrato de un hombre con barba roja".

blancos, ancha frente, ojos cansados y piel arrugada. En la forma usual de dos tercios, y de medio cuerpo, caracteriza al personaje el libro abierto, que, con miniaturas en las dos hojas, tiene en la mano izquierda, y al cual señala con el índice de la derecha, sin que en ninguna de ambas se advierta todavía el típico alargamiento. Los libros han sido el casi único recurso accesorio empleado por el Greco en otros retratos, la mayoría de los cuales se destacan sobre fondo unido y oscuro, como este de Clovio, donde también aparece ya la extrema sencillez de elementos que le fue tan grata: el negro profundo del vestido y el blanco frío del cuello, en contraste con la rosada o gris carnación del rostro, que aquí tiene también más de Tintoretto que de Tiziano.

El árbol que por la ventana, en el ángulo alto de la derecha, se descubre, aunque de Venecia procede —como puede verse, escogiendo entre muchos en que análogamente se muestra, por ejemplo, en la *Magdalena del Ermitage*—, se halla, sin embargo, tanto por su estructura como por el sobrio y azulado paisaje en que se destaca, más cerca de los que luego nos ofrecerá Velázquez. Son pormenores exclusivos de este retrato, que no vuelve a repetir en ningún otro de los conocidos.

De este parece copia o réplica el *Curzon portrait*, reproducido en *The Life of Clovio* (página 186), y se explica la presunción de Bradley (pág. 335), de que fuese el mismo que Stefano Lolli cita en su inventario de la Pinacoteca Farnesina (1708), el cual, sin embargo, es el que hoy se halla en Nápóles y hemos descrito.

"VICENTINO ANASTAGI".

A la época italiana, a juzgar por la calidad del personaje, tiempo en que vive e inscripción que le acompaña, debe corresponder otro retrato de extraordinaria importancia (imag. 153), por ser uno de los pocos que el Greco ejecutó de cuerpo entero, y excelente sin duda, si atendemos a lo que de él dice Stirling (pág. 1.357): "A fine full-lenght portrait of Vincentio Anastagi, in a steel cuirass, green velvet breeches and white hose, one of the stout knights of St. John who kept the outport of Christendom against the Turk with the Grand Master Giovanni di Valetta, is probably the best specimen of his

250

pencil in England. It adorns the rich collection of William Conyngham, Esq. On a pedestal near the warriors is the following inscription"[259]. Esta nos informa, en italiano, de las hazañas y honores de Anastagi, y de que murió en Malta el año de 1586, a los cincuenta y cinco de edad. "It is signed by the painter in greek characters"[260], según dice Sir Edmund Head, que también lo cita[261].

Contemporáneo del anterior, tal vez sea —ya que en Italia son excepcionalmente raros los cuadros del Greco de época española— cierto retrato con armadura, del cual daba noticia a Justi (Z. f. B. K., pág. 179), en 1878, el pintor griego Cav. Giorgio Mignati, diciendo que hacía años lo había visto en Roma, en casa de un negociante, que todos lo juzgaban de Tiziano y que el restaurador halló la firma de Theotocópuli.

LA "DAMA DEL ARMIÑO".

Viene ahora, a mi juicio, aquel de mujer de la colección Stirling-Maxwell (imag. 24)[262], que tradicional, aunque falsamente, pasa por *la hija del Greco*[263]. En 1849, aparece vendido en Christie a Mr. Farrer, tal vez el antiguo negociante de cuadros en Bond Street. No hemos tenido la fortuna de averiguar el actual paradero del retrato, y nos holgaríamos de que esta indicación pudiera servir, para dárnoslo a conocer. Sobre este error ya hemos dicho bastante en el capítulo I, pág. 45. No se sabe todavía quién sea la hermosísima y gentil *dama del armiño*; pero su encantadora efigie sirve para enlazar los retratos italianos con los indubitados españoles del artista. Es un eslabón que ocupa, en su género, el mismo puesto que los *Mercaderes* de Beruete y el *San Francisco* de Zuloaga. Razón hay para decir con Mr. Claude Phillips que la obra "is still in the main venetian and vividly recalls

---

[259] *A Hand-Book of the History of the Spanish and French Schools of Pinting*. London, 1848, pág. 83.

[260] *Firmado por el pintor, con caracteres griegos.

[261] *Hoy forma parte de la Frick Collection de Nueva York.

[262] *Actualmente en la Burrell Collection de Glasgow.

[263] *Hoy, caso de pertenecer de verdad a la mano de El Greco, extremo todavía discutido, el personaje retratado se identifica más bien con Jerónima de las Cuevas, la amante del pintor y madre de Jorge Manuel.

Tintoretto"[264]. A reserva de aplicarlo tan solo a los retratos, también puede aceptarse con Mr. Timothy Colé que "the portrait of the artist's daughter would seem to be a unique example among his works"[265].

Pero no me parece acertada la opinión del técnico que aseguraba a Mr. Colé que "unless in the manipulation of the high lights of the ermine fur... you might never know it was a Theotocopuli". Ni menos la radical del Sr. Beruete —aunque su autoridad sea para mí tan respetable—, que atribuye el retrato resueltamente a Tintoretto[266]. Por lo que hace a la ejecución, no son solo "these few scattered lights that bear the unquestioned impress of the master's hand", sino aquello que más adelante, pero sin concederle la debida importancia, nota el mismo Colé, a saber: que "it is cold, hard and light in treatment". Y, en cuanto al espíritu, la autenticidad reside en un rasgo que Colé percibe igualmente, pero al que tampoco atribuye el singular valor que encierra para decidirse en este caso: y es el acentuado aire de reserva, que caracteriza a la joven. Las mujeres de Tintoretto son espléndidas; derrámanse al exterior en cuerpo y alma; mientras que esta, por el contrario, se halla encerrada en sí y mira hacia adentro. Su sobrio continente lleno de dignidad circunspecta, su aspecto discreto y comedido, su aire de actualidad, la fuerte desviación de los ojos, que tanto usa el Greco para intensificar la vida espiritual, la analogía del tipo con el de la joven que sopla la candela (imágs. 32 y 40) y hasta la circunstancia de ver, en pintor tan aferrado a sus moldes, que los otros cinco retratos de mujer que de él nos quedan: —los cuatro del cuadro de la Familia (imag. 22) y el de Mr. Archibald Stírling, en Keir (imag. 154)[267]— todos llevan la cabeza envuelta, aunque con las naturales variantes, en blanca toca de tela trasparente, como el de Londres, nos confirma en la idea de que a nadie puede aquel atribuirse con más verosímiles motivos que al Greco. Su colorido le da, es cierto, posición extraña entre los demás retratos; pero esto no es suficiente para que se le rechace, pues, aparte de que la desemejanza no llega a ser tan extremada que no deje el retrato de ofrecer analogías en dicho respecto con la *Asunción* que estuvo en

---

[264] Spanish Art at Guildhall. Daily Telegraph. 30 Abril, 1901.

[265] *The Century Ilustrated Monthly Magazine.* Febrero, 1902, pág. 637. *Old Spanish Masters, Portrait of the Daughter of El Greco.*

[266] *Gazette des Beaux Arts.* Agosto, 1901.

[267] Actualmente en la colección Rothermere, de la Warwick House de Londres.

Santo Domingo el Antiguo (imag. 21), y con la *Trinidad* (imag. 27), del Museo de Madrid, todos los restantes caracteres, sobre los que destaca el suave recogimiento de que la figura se halla impregnada, nos llevan a considerarlo como hermano natural, que es lo importante, quiero decir, de la misma sangre, de los otros retratos españoles.

"El Caballero de la mano al pecho".

Por la juventud, la hermosura, la elegante distinción, el aire señoril y el lujo de la persona, ninguno más digno de ponerse al lado del que, a mi parecer, le sigue en orden cronológico: e*l Caballero de la mano al pecho* del Museo del Prado (imag. 155). Porque, en cuanto a belleza masculina, noble elegancia, hipócrita sobriedad en el vestir, y porte soberanamente aristocrático, bien puede pasar como prototipo de la caballerosidad este melancólico joven. Hasta en la disposición de las manos parécense una y otro. Hay diferencia, sin embargo.

Mientras la mano de la doncella coge convencionalmente el armiño, donde se funden sus dedos, como para hacer gala del rojo rubí y del zafiro azul de sus dos sortijas, la del mancebo no busca la áurea cadena que lleva al cuello, ni el rico medallón medio oculto en los pliegues de la ropilla, ni el primorosamente cincelado puño de la espada, por bajo de cuya cruz se corta el cuadro; sino que se extiende sobre el pecho con franca naturalidad; más que sin convencionalismo, con un convencionalismo consciente y sincero. Es la misma mano que vimos en el retrato probable de D. Diego de Castilla; la misma de Jesús en el *Expolio* y, como allí, desafiando en interés al semblante[268]. La puntiaguda esbeltez del modelo, percíbese en la finura del cuerpo y en los rasgos del rostro; hasta en la forma de la frente, las extensas convergentes entradas del cabello y el gracioso mechón central, que, prolongando hacia arriba la cabeza, juega con la

---

[268] *Se refiere al retrato de San Ildefonso que hemos reproducido en la imagen 81. Para Cossío el Greco pudo haberse servido de la imagen de don Diego de Castilla como modelo para este retrato. Por lo demás, contrariamente a lo aquí afirmado, ni este extremo ni el de la mano lo ha comentado con anterioridad.

afilada punta de la barba. El autor ha sabido acentuar todo esto, que da carácter al personaje, poniéndolo de frente y recogido, para que no haya curva que perturbe el efecto de la silueta apiramidada de la figura; y a esta impresión vertical contribuye hasta el puño de la espada, que guarda paralelismo con el cuerpo. El caballero no nos mira con esa frecuente afectada distracción de sus congéneres, para que a nuestra vez lo miremos. Se dirige a nosotros, resuelto, cara a cara; viene a confiarnos el motivo de la serena, amarga tristeza que le domina y que asoma a sus ojos. Es el único, entre todos los retratos, firmado con mayúsculas, y esto, juntamente con sus veladuras y empastada técnica, acusan en el artista el primer tiempo.

"UN MÉDICO".

Por su ejecución y exangüe tonalidad gris cenicienta, aproxímasele el catalogado desde antiguo como *Un médico* (imag. 157)[269], a causa, sin duda, del anillo que luce en el pulgar de la mano izquierda, apoyada en el infolio, abierto sobre una mesa, a cuyo lado, de medio cuerpo, como el anterior, y de tres cuartos, se halla en pie el personaje. En aquel, los finos gavilanes de la espada; en este, las páginas de un grueso volumen; ambos, anónimos, son encarnaciones del noble linajudo y del científico o letrado. Uno es el que escribe el libro y la dedicatoria; otro, el duque de Béjar o el conde de Lemos, que desdeñosos lo aceptan o lo amparan benévolos. El doctor es más cadavérico aún que el caballero; su ejecución, menos fundida. En sus manos y rostros, hay algo de la angulosa sequedad de la talla.

---

[269] *"Se han propuesto los nombres de Luis Mercado, catedrático, tratadista y Médico de la Real Cámara, y el de Rodrigo de la Fuente, el médico más famoso de Toledo, según relató Cervantes en La ilustre fregona, caballero con conexiones familiares en la corte y vecino, además, del Greco." (De la ficha del retrato, en el la web del Museo del Prado).

"EL SEÑOR DE LA CASA DE LEIVA".

Es el tercer retrato (imag. 158) que, con los dos de que acabo de hablar, considero del período de *Santo Domingo*, del *Expolio* y del *San Mauricio*; es decir, anteriores a 1584, época del *Entierro*. Desgraciadamente, el lienzo no conserva del original más que recuerdos. De la Catedral de Valladolid, donde estaba, debió salir bastante maltratado. La fotografía, hecha, al venderse con el *San Jerónimo*, en 1904, lo acredita. Cuando lo vi en Madrid, había sufrido ya grave restauración, y en el mercado de París debieron imponerle otra nueva, a juzgar por la fotografía, que Mr. Ehrich me envía desde América, donde el cuadro se halla actualmente, en Montreal (Canadá), en poder de Sir William Van Home[270]. Los deplorables afeites alcanzan lo mismo a lo principal que a lo accesorio, pues la cruz de Santiago ha desaparecido, y hasta la leyenda se ha escrito de nuevo, con bastante torpeza. El dibujo de la persona, algunos pormenores de forma y restos de color, delatan al artista, así como la analogía con el *Caballero de la mano al pecho*, al cual, como queda dicho, se aproxima en época y en factura.

"POMPEYO LEONI".

No conozco el retrato de Pompeyo Leoni que busqué en Keir sin poder encontrarlo, ni me ha sido dable obtener su reproducción[271]. ¿Pertenece a este tiempo? Los indicios eruditos sirven de poco, sin la inspección de la obra. Justi observa que, entre 1578 y 79, debió ir Pompeyo Leoni con frecuencia a Toledo, donde trabajaba en el pedestal para el sarcófago que había de contener los restos de San Eugenio, traídos de St. Denis por Felipe II. Podría añadirse que el escultor estuvo en Italia desde 1582 al 90. Pero, en

---

[270] *Hoy en el Montreal Museum of Fine Arts.

[271] *Actualmente localizado en una colección particular de Ginebra, y que reproducimos como imagen 159.

cambio, acabo de descubrir que en 1604 va a Illescas a tasar el Retablo del Greco. Estos datos, pues, cuando se ignora su relación con el estilo de la pintura, casi nada significan. No puedo hacer más que copiar lo que de ella dice aquel citado crítico (Z.f. B. K. pág. 2 1 6): "El retrato de Pompeo Leoni, bastante posterior al de Clovio y no tan bueno como este, es, tal vez, el primer ejemplo de aquellas efigies de escultor en actitud de modelar, tan en boga más tarde... Una cabeza alargada, ancha por el medio, y acabando en punta por arriba y por abajo, con fuerte y negra barba... Sobre la mesa hay un busto de mármol, casi acabado, de Felipe II, al que trata de corregir algo, examinando al Rey. Con largo cincel, apoyado a modo de palanca sobre un bastoncillo de madera, procura limpiar el hueco entre el cuello y la lechuguilla".

"UN HIDALGO".

El retrato que en el Museo de Madrid se acerca más a la técnica del *Entierro* es el núm. 238[272]. El cuerpo de color se ha aligerado; hay menos veladuras; los toques del pincel son más independientes y más libres; el carmín empieza suavemente a pronunciarse más en las carnaciones. Para el inteligente refinado, es difícil hallar, entre todos los retratos del Greco, un trozo superior a esta cabeza, por el severo ajuste de la ejecución y por la suprema sencillez de fondo y forma: patrimonio tan exclusivo de las obras selectas. Podrá ser duque y hasta de regia estirpe el personaje aquí representado, pero no recuerdo imagen alguna que suscite tanto como esta los rasgos del clásico hidalgo castellano, "hombre de chapa y de buenas prendas, de edad como de cincuenta años, las canas pocas, el rostro aguileño, la vista entre alegre y grave, y que usa para andar de camino una hermosa yegua tordilla". Paréceme que va a abrir los labios para romper diciendo: "Yo, señor caballero de la Triste Figura soy un hidalgo natural de un lugar donde iremos a comer hoy, si Dios fuere servido; soy más que medianamente rico y es mi nombre don Diego de Miranda; paso la vida con mi mujer y mis hijos y con mis amigos;

---

[272] *Hoy catalogado con la referencia P00806, y el título "Caballero anciano" (imagen 160).

mis ejercicios son el de la caza y pesca, pero no mantengo ni halcón ni galgos, sino algún perdigón manso ó algún hurón atrevido; tengo heista seis docenas de libros, cuáles de romance y cuáles de latín, de historia algunos y de devoción otros..."[273]

No es el noble, ni el cardenal, ni el letrado, ni el artista; pero es quien los engendra a todos: es el pueblo ya limpio y pulido; la tierra bien abonada para la producción; la más fuerte trama con que entonces se tejía y continúa tejiéndose la vida del Estado.

LA ¿"FAMILIA DEL GRECO"?

Si queremos entrar en la vivienda del hidalgo a conocer las gentes que la habitan, el Greco nos ha dejado la más realista y fiel imagen de ellas; porque el cuadro de la *Familia* (imag. 22), sea o no la de Dominico, citado en el cap. I y que hacia este tiempo debió de pintarse, representa a todas luces un conjunto de retratos femeninos, puestos en acción, dentro del clásico gineceo nacional, en el íntimo y retirado cuarto de costura, donde viven y trabajan "con la pierna quebrada" las honradas mujeres castellanas. Allí están la hija, doncellica todavía, o, a lo que aquí más me parece, "perfecta casada", llena de modestia y de juvenil belleza, con la almohadilla en el regazo, cosiendo afanosa, y para dar ejemplo, sin levantar de la labor su vista; a su lado, la madre, guardadora solícita y un tanto gruñona, que no le quita ojo por cima de los espejuelos, montados sobre la punta de la nariz y haciendo distraída y maquinalmente calceta, como a su edad corresponde; luego, las dos mozas, criadas de verdad, como nacidas y crecidas en la casa, y por esto, en afectuosa familiaridad con sus amas, mientras dura el trabajo; la una, hilando con la rueca y el huso, la otra, cuidando al niño; este, vestido con esmero, todavía de corto; y el gato sentado sobre la punta de la mesa, completando la escena. Tan clara y franca conversión de retratos en naturalista cuadro de género, si es excepcional en la obra del Greco, lo es igualmente en la pintura española de aquel tiempo, y aun me parece que en la de todas partes.

---

[273] *Texto extraído del capítulo XVI de la Segunda Parte del Quijote, *De lo que sucedió a don Quijote con un discreto caballero de la Mancha*. Este discreto caballero, don Diego de Miranda, es más conocido con el apodo de *El caballero del Verde Gabán*.

Recuérdese que las obras comparables a esta, tanto en Velázquez como en los pintores holandeses, tardarán todavía en aparecer bastantes años.

"Desconocido".

Al período que se extiende desde el *Entierro* hasta la capilla de San José, y en el que se ejecutan las obras de Doña María de Aragón, es decir, aproximadamente, de 1584 a 1594, podrían, tal vez, corresponder los retratos de la colección de Sir John Stirling-Maxwell, en Londres[274], y del Museo Bonnat, en Bayona, así como los dos del Prado, números 241[275] y 246[276].

El de Londres y el de Bayona son dos caballeros de medio cuerpo y en la habitual actitud de tres cuartos. Aquel (161 bis) de fisonomía abierta y simpática, frente despejada con iniciación de calvicie, pelo rubio oscuro, como la barba y bigote, lleva tabardo con vueltas de marta y enseña solo la mano derecha. Abundan en su carnación los toques rosados, y es de los tipos menos españoles del Greco.

El ¿"Duque de Benavente"?

El segundo [el de Bayona], al contrario, es neto español por sus cuatro costados (imagen 161). Cara enjuta y alargada, nariz aguileña, expresión penetrante, grandes ojos, y todo en él, negro, lo mismo el pelo, con entradas, que la espesa barba y el abundante bigote. Hasta el puño de la espada parece negro, y más negra que de ordinario, la

---

[274] Hoy en el museo de Glasgow, por donación en 1967, de la Stirling Maxwell Collection.

[275] Se trata del retrato de Rodrigo Vázquez (imag. 162), al que se va a hacer referencia a continuación.

[276] Caballero desconocido, con número de catálogo actual P00813 (imag. 162 bis).

negra mancha de la capa que cuelga de sus hombros. El tono es frío, y menos intensas que en el anterior las tintas carminosas. Lleva la mano izquierda, excepto el pulgar, dentro de la escarcela, y la derecha, con rara y blanda suavidad modelada, apóyase en el antebrazo izquierdo, al nivel de la cintura. Su noble continente, sus atavíos y la fina randa que adorna la alta gorguera acreditan que, si no es el *Duque de Benavente*, tal y como dice el letrero que tiene por detrás, según se me asegura, es un genuino grande de España, digno, por su porte aristocrático, de hacer pareja con el *Caballero de la mano al pecho*; y por la vida y la perfección técnica, merecedor de ponerse entre los escogidos.

"RODRIGO VÁZQUEZ".

De los dos del Prado, uno es desconocido, (imagen 162 bis); el otro, representa a *Rodrigo Vázquez* (imagen 162). Ambos, en cuanto al mérito, no son de primer orden; y el último, a pesar de su encumbrada presidencia de Castilla, me parece el inferior de todos, dicho sea con el respeto debido a la opinión de Stirling, que lo cree excelente. Verdad es que también atribuye al Greco, como el viejo de sus retratos, el que entonces pasaba por tal[277] y hoy figura atribuido a Tintoretto (núm. 421). No afirmaré que lo sea, pero sí ciertamente que no pertenece al Greco, ni mucho menos que pueda decirse de él "which Velazquez never excelled", como asegura Stirling (t. I, página 285).

"UN POETA".

Junto a este, ya descalificado, citaré por analogía otro retrato, que corre riesgo de llegar también a serlo. Hablo del que figura en el Hermitage con el número 411 (imagen 163). No es más que un busto.

---

[277] Catálogo del Prado, de 1858, 5.ª edición, *Caballero armado, de gorguera y cadena de oro.*

Algunas restauraciones que se observan en la nariz y en otros puntos del rostro no han arrebatado su intensa expresión soñadora a esta hermosa cabeza; ejemplar ajustado en sus rasgos, lo mismo a la psicología del pintor, que al tipo y al genio de la raza. A pesar de lo cual, el Sr. Beruete, según me manifiesta, no lo cree auténtico. Cierto, que la técnica difiere de la que el Greco emplea en la mayor parte de sus retratos, siendo aquí más empastada, trabajosa y ordinaria, menos libre, fácil y magistral de lo que él acostumbra; pero, a mi entender, no se halla tan enteramente fuera de su estilo, ni tan lejana, por ejemplo, de la empleada en la cabeza de *Paravicino* (imag. 164), para que, anulando el valor de los caracteres espirituales teotocopulescos de la figura, me decidan a seguir, por ahora, juicio tan atendible. En su apoyo, sin embargo, debo añadir la forma redonda de la oreja, tan repulsiva al Greco. Un pormenor da singular relieve al personaje: la sobria corona de laurel que, ciñendo sus sienes y destacando sobre el cabello corto y espeso —análoga a aquellas con que Pacheco adornó sus retratos— envuelve toda la figura en ambiente poético. Y como la persona sigue siendo un misterio, pues a Ercilla[278], con quien ha querido identificársele, en nada se parece, a juzgar por las estampas de la época, que de este nos quedan —singularmente el grabado en madera, de Arfe, que ilustra las ediciones de la *Araucana*, de Madrid, de 1578 y 1590—, y además, el cuadro, si no fuera auténtico, me parece, sin embargo, español, del linaje y época del Greco, y, por último, de España procede, bien podría ponerse este retrato al lado de los de la "nobleza", el "pueblo" y las "letras", como genuina representación personal de toda la "poesía" castellana.

SEGUNDA SERIE DE RETRATOS

Los restantes —dos terceras partes todavía— creo que corresponden a la segunda parte de la vida artística del Greco, o sea, a los veinte años que van de 1594 a 1614. Si, por las razones dichas, no me parece posible fijar con rigor el orden en que fijeron pintados,

---

[278] *Actualmente, en el Hermitage, se sigue identificando con el poeta Alfonso de Ercilla y Zúñiga, adjudicando la autoría del retrato al pincel de El Greco.

pienso, sin embargo, que no sería del todo aventurado, atendiendo a su ejecución, distribuirlos en tres grupos, correspondientes a las fases representadas por la Capilla de San José, el Hospital de Illescas y el de Tavera, prescindiendo, desde luego, tanto de fijar límite exacto a cada uno de ellos, como de intentar establecer cronología en los ejemplares dentro de cada grupo. Hay un solo retrato, cuya fecha se induce con exactitud: el de *Paravicino*; y otro, con bastante aproximación: el de *Niño de Guevara*; lo que ayuda también algo a establecer la serie. Tomada esta en conjunto, podríamos decir que, hay un corto número, con rasgos definidos, que la inaugura; un núcleo importante que la constituye y caracteriza, y otro pequeño grupo, con señales igualmente típicas, que viene a cerrarla.

"EL CARDENAL QUIROGA".

Probablemente a este tiempo, entre 1594 y 1600, pertenece el primero de los tres retratos de cardenal que hizo el Greco; el menos importante de los tres, y el último de ellos que se ha divulgado. Es el único enteramente de perfil que del pintor conozco, y su descubrimiento ha servido, como ya se dijo[279], para acabar definitivamente con la equivocada atribución que Justi y Sanpere hicieron del *San Jerónimo* (imagen 38). El retrato, desgraciadamente, es casi una ruina (imagen 39)[280]. Colgado, tal vez a la intemperie, en el Refugio de Toledo, para el que fue pintado, según se infiere de la inscripción que lleva, ha perdido todas las veladuras, y no queda en el rostro, sino el cuerpo de color en blanco y negro. Pero conserva aún en la ejecución tanta fineza, y tal magia expresiva el personaje, que, sin contar el interés que ofrece, como revelador de la técnica empleada por el artista, es todavía este lienzo un hermoso trozo, apetecible para inteligentes tan exquisitos como su dueño, el señor Beruete. No sé si, debido á la vaguedad de la pintura, a la

---

279 *Ver Capt. 2 "San Jerónimo".

280 * Y, lamentablemente, hoy desaparecido. En todo caso, sepa el lector que se da como indiscutible que el San Agustín central del *Entierro del señor de Orgaz*, es un retrato del Cardenal, que fue quien autorizó dicho cuadro, como ya hemos anotado en el capt. 7.

composición de la cabeza, al tipo del personaje, a la templanza con que está representado, o a todo ello junto, es lo cierto que no hay para mí en la obra del Greco otro ejemplar que tan de cerca recuerde a Tiziano.

El arzobispo D. Gaspar de Quiroga es, acaso, la figura más representativa en la última mitad del reinado de Felipe II, y un castizo ejemplo, como Tavera, de esa extraña mezcla, netamente castellana, de principesca opulencia en el cargo y humilde austeridad en la persona. Nacido en Madrigal, en 1513, y de padres castellanos, trae, sin embargo, su origen del Pazo de Lor en Galicia, del linaje de los Valcárcel y Valboa, y «está en cinco grados cabales de consanguinidad canónica con el conde de Lemos, marqués de Sarria»[281]. Colegial en el de Santa Cruz de Valladolid; licenciado en cánones; catedrático de vísperas, de leyes; doctor; vicario general y maestrescuela en Alcalá de Henares; oidor en Valladolid; canónigo y vicario en Toledo; auditor de la Rota en Roma; obispo de Plasencia, cuando el Papa, con humorismo, contesta a su petición: «qui rogat exaudiatur»; visitador extraordinario del reino de Nápoles; obispo de Cuenca; inquisidor general; arzobispo de Toledo, a la muerte de Carranza; a la de Granvela, presidente del Consejo de Italia, y a la de Covarrubias, nombrado también para la de Castilla, la cual renuncia... No le faltó ser nada, oficialmente. Compréndese que no tuviese tiempo sino de rezar maitines y laudes a la media noche; que celebrase misa al amanecer; que dijese que «este solo rato que duraua el decilla y oilla que era suyo, el resto del dia, de la República»; y que, fatigado al final de su vida, solicitara retirarse a Toledo a cuidar de su iglesia. Pero el Rey, de su mano, respondíale «que en lugares mayores le hubiese puesto si los tuuiera para dexalle por padre de sus hijos, que tendrían presto necesidad de su abrigo y consejo».

Liberal con el Monarca, le da, «en vezes, con occasiones de las jornadas domésticas de Portugal y Aragón, y en las invasiones de los Ingleses y en otras, mas de trecientos mil ducados. Esto, demás de las Lanças con que siruio en los acometimientos de los hereges». En cambio, cuando el Rey solicita visitarlo en su última enfermedad,

---

[281] *Crónica del Gran Cardenal de España Dan Pedro Gonçalez de Mendoça...* por el Doctor Pedro de Salazar y de Mendoça... En Toledo. Año de MDCXXV. Pág. 287, cap. XIV y siguientes: *El cardenal D. Gaspar de Quiroga, Arçobispo de Toledo.*

envíale a decir «que pues la vida ya se le yua acabando por la posta, en aquel estado tenia mas necesidad de actos de amor de Dios y de contrición de sus pecados y fauores del cielo».

«Viuio siempre el cardenal con entera salud, porque tuuo muy recia complexión y robusto natural, que le causo el comer templadamente... hazia colación con vn poco de pan tostado... aun en la summa vejez... bebia agua fria de nieue con mucho desorden y á todas horas de noche y de dia tomaba grandes golpes... y estando en conualecencia vna mañana doce de Nouiembre dia de San Diego se puso a rezar a vna ventana sobre vn jardin, traspassole aquella frescura... y no bastando remedio alguno le acabo la vida en veinte dias de el dicho mes y año (1594) como á las quatro de la mañana... Mandóse enterrar en Madrigal con sus padres y al lado izquierdo, como lo han de hazer los buenos hijos... Lleuose el cuerpo a esta villa acompañado de mas de mil y quinientas personas, parientes deudos y criados y diose luto a todos de veintidoseno de Segouia.»

«Fue el cardenal de persona graue y autoriçada y de muy buen cuerpo y dispusicion. El rostro alegre y abultado, el cabello y barba rubio y muy compuesto. De muy buenas costumbres desde que nació, llano y afable. Entretenía mucho las conuersaciones hablando en todas materias aproposito como conuenia, y sabia muchos quentos que contaua con gran donayre. Gracejaua algunas vezes con la vrbanidad que se permite a los Principes... En el vestir y comer y en el tratamiento de su persona fue muy moderado si bien tuuo gran casa de criados con habitos de todas las ordenes militares. Para todos era su palacio escuela de virtud, letras, buena y loable vida... Mas ¿quien creerá esto? Muy pocos años antes que muriesse vsaua de calças de cordellate... Si a ponerse el amicto le sentia perfumado v oloroso lo reñia diziendo que en la yglesia no hauia de hauer otro olor sino de incienso. Menos le consintió en su persona, no puniéndose guantes de ambar ni admitiendo perfumes de pastillas o pebetes ni de nada. El a lo menos no lo hauia menester, porque el olor natural de su persona fue tan fragranté como el de Alexandro. La coyfa o paño de la cabeça se le perfumaua con Anime, por ser necesario para su salud... Jamas consintió sábanas de Olanda, siempre fueron de lienço como las camissas y nunca se pudo acabar con el lo contrario. Por mas frio que hiziese no dio lugar á que se le calentase la cama aun quando era muy viejo. Al entrar en ella dezia muy ordinariamente: Bendito sea Dios que tengo esta cama en que dormir, muchos haura que no la tengan y preguntaualo á los circunstantes y al punto proueya la necesidad que le proponian... Desdichado el que no alcanza siete pies de suelo! —decia á sus íntimos, rehusando el Sagrario de Toledo, que el Cabildo le ofrecía para su enterramiento — con mis padres me quiero enterrar, que soy el mayor pecador que nació de las mujeres, y no merezco besar las losas de tan grande santuario quanto mas tenelle por sepultura... Muchos se lo oyeron y yo entre ellos, que todo quanto posseya era de los pobres, hasta el cuello de la camissa, y que no le enterrasen en sagrado si fundase Mayorazgo. Que no tenia necesidad de hazer testamento, pues todo era de los pobres. Cumpliolo como dixo, y no quedo por su voluntad vn ducado de renta a pariente suyo.»

Rasgos, tan sencillos y vulgares, entresacados a granel de los muchos referidos con amorosa ingenuidad por quien fue su letrado y lo conoció familiarmente, tal vez parezcan prolijos en este lugar; pero son reveladores del tipo, del país y de la raza, y creemos que dan más intensa vida, y ambiente más íntimo a esta hermosa efigie del cardenal Quiroga, haciéndonosla, en suma, más amable que todos sus birretes, mitras, capelos y presidencias.

¿«Retrato del Greco»?

Otro anciano que, como el anterior, posee también el Sr. Beruete (imag. 11)[282], debió ser pintado igualmente al finalizar el siglo XVI, o en los primeros años del XVII. Un hombre calvo y de barba rala; más que viejo, prematuramente gastado; de expresión enfermiza y dolorida. Hermosa cabeza, en cuanto a ejecución, por su extraordinaria suavidad y blandura, y mucho más interesante todavía por sus rasgos morales. Es de las pocas colocadas de frente; y nos mira con penetrante dulzura inmensamente amarga, con aire de infinito agotamiento. Bajo el ropón de pieles, parece tiritar con el frío de la terciana. Por retrato del propio Greco fue vendido a su actual dueño, y como tal comienza a divulgarse, según ya dijimos (cap. 1). Sus caracteres le hacen digno de serlo; y yo siento no poder

---

[282] *Hoy en el Metropolitan Museum of Art de Nueva York.

abandonarme sin reservas a tan sugestiva atribución, porque me privo del refinado goce que han de experimentar los que ven en esta puntiaguda y consumida cabeza la misma de aquel singular Theotocópuli, cuando ya al final de su vida, con sus anárquicos conceptos de arte, escandalizaba a Pacheco.

"LA DAMA DE LA FLOR"

A este primer grupo paréceme corresponder también otro retrato (imag. 154), interesante por su originalidad; pues se trata de la imagen de mujer que más indubitadamente el Greco nos ha dejado en su segunda época. Posee esta rara preciosidad, en su casa de Keir (Escocia), Mr. A. Stirling-Maxwell[283]. Es una joven de aspecto inteligente y distinguido. El busto, de tres cuartos, vestido de negro; el rostro, casi de frente, el pelo castaño oscuro, con la habitual sencillez peinado hacia arriba, dejando la frente despejada, la cabeza cubierta por amplia trasparente toca blanca, que cae sobre los hombros y el pecho, y en lo más alto de aquélla, como único adorno, una sencillísima flor blanca verdosa, con seis pétalos largos, puntiagudos, y algunas hojas verdes de la misma especie. Los ojos, negros y grandes; la expresión, tranquila.

Por la exquisita sobriedad de composición y de colorido, respírase en este retrato, tal vez como en ningún otro, el ambiente moderno. Vestido, paño blanco, y accesorios, se hallan tratados con extrema soltura, casi como boceto; el semblante, por el contrario, con amorosa delicadeza. En cuanto al modelo, me parece que no es esta la primera vez que lo hemos visto; pues la fisonomía de la joven recuerda a la del paje del *Entierro*, y me inclinaría á creer que es la misma figura, años más tarde.

---

[283] *Hoy en la Colección Rothermere en la Warwick House (Londres).

"Desconocida"

He dicho antes «más indubitadamente», porque no creo pueda colocarse en el mismo grado de certeza que la anterior, otra cabeza de mujer (imag.156), que pertenece al Marqués de !a Vega Inclán[284], y que, como del Greco, se expuso en Guildhall, en 1901, con el caprichoso título de la *Princesa de Eboli*, y se publicó en Hispania, con el no menos arbitrario de *La Mujer del Greco*. Las formas alargadas, lo acusado del esqueleto, la intensidad del mirar, la tristeza, la mantilla blanca, y especialmente la sobriedad y los toques sueltos y ligeros, con que se halla pintada, suscitan con fuerza la impresión de un Greco. Y así, no es extraño que Claude Phillips[285], que hallaba en esta figura algo siniestro, afirmase que cabía poca duda, en modo alguno, sobre la exactitud de la atribución. Aunque yo no pensase que pueden existir los motivos que he dicho para creerla auténtica, bastaríame esta nota de una autoridad respetable, no ciertamente para jurar en sus palabras, pero si para incluir en este sitio, llamando la atención acerca de ella, la imagen de semejante dama misteriosa, ya que el estudio, cada vez más penetrante, de los técnicos es el único medio de esclarecer las dudas.

El "Cardenal Niño de Guevara"

A completar este primer grupo de retratos, y formando con los anteriores vivo contraste, viene ahora el más espléndido y magnifico entre todos los del Greco (imag. 166)[286].

Sáltase desde el dulce atractivo de la hermosa doncella de Keir[287], a los austeros rasgos de un viejo inquisidor, cejijunto y entrecano, que nos escudriña severamente a través de extrañas, casi grotescas, antiparras. Pásase, de la intimidad de una sencilla cabeza, tratada con

---

[284] *Actualmente en el Philadelphia Museum of Art.
[285] Spanish Art at Guildhall. Daily Tdegraph, 30 Abril, 1901.
[286] *Hoy en el Metropolitan Museum de Nueva York.
[287] *La dama de la flor.*

sobria elegancia, a la aparatosa ostentación de un príncipe de la Iglesia, de cuerpo entero, sentado en sillón de terciopelo rojo, vestido de seda encarnada y de encajes blancos, y en servicio de cuya aparente y llamativa riqueza nada se ha escatimado al espectador: desde los pies, calzados de carmesí y ambos visibles, hasta el birrete, del mismo color, en la cabeza; desde los cuatro preciosos anillos en las manos, hasta el labrado pavimento de mármol blanco y negro y la puerta de maderas finas, que con el soberbio envejecido brocado de oro comparte, por mitad, el fondo. El mismo enorme cartel de la firma, en el sitio más visible, rebosa opulencia. Ejemplar excepcional de lo que en este género pomposo, opuesto a lo que acostumbraba, le era dable alcanzar al pintor, no dudo en considerarlo, desde este punto de vista, como su más importante y estupendo retrato. Bien puede, sin riesgo, colgarse al lado de los más famosos, y sobre todo de aquellos sus congéneres, como el Julio II y el León X, de Rafael, el Paulo III, de Tiziano, que le precedieron en tiempo y fórmula, así como el Van Thulden, de Rubens, el cardenal Bentivoglio, de Van Dyck, y el Inocencio X, de Velázquez, que le continuaron, en uno y otro respecto. En nada les cede este fastuoso prototipo de la Inquisición española, y con el último especialmente guarda estrecha analogía, no tanto por la disposición de la figura, que viene ya, como se observa, en cierto modo consagrada, sino por la semejanza de tintas, tonos y accesorios, por el enorme vigor realista de ambos semblantes, que a cien leguas declaran su común estirpe, y por la factura; pues que en esta obra, como en ninguna otra, puede el estudioso darse cuenta de si existe o no parentesco espiritual y técnico, consciente o fortuito, entre ambos artistas.

No ya sin pérdida, mas sin mengua siquiera de su carácter, pone en este retrato el Greco, lo mismo en fondo que en forma, toda la prudencia y sensatez de que era susceptible. Queda en la figura la sincera actitud, no disimulada, del personaje, que se hace retratar lujosamente ataviado y busca visible ostentación de manos y sortijas; y aparece en el amplio y extraño arreglo de la parte inferior del vestido, la nota de extravagante despreocupación que distingue al maestro. Subsiste en el color su habitual gama fria, pero nada escandaliza en él, ni desconcierta. El oro viejo mortecino del brocado, el brillante moaré carmesí de los hábitos, el blanco lechoso del largo roquete, son justos y armoniosos para todo el mundo. Por el rostro, que entona pronunciado carmín, circula la sangre; y las finas aristocráticas manos —el trozo, tal vez, más selecto— son prodigio de verdad y de ajuste. La pincelada larga no puede ser más segura ni más sincera, ni los entrecruzados toques más desunidos y valientes. En los pliegues de la seda y en los perfiles del traje, hay algo de la frecuente escultórica dureza de sus telas; mas en la suave blandura de la silueta del rostro, en el modelado y trasparencia de las manos, en la libre, espontánea y aparentemente fácil ejecución de la barba y de los encajes, en el asiento del modelo y en la sobriedad y clase de factura, a nada es comparable como a Velázquez, en sus última obras. Percíbese en la técnica de este retrato, más visiblemente que en los anteriores, su semejanza con los cuadros de la capilla de San José, a cuyo tiempo, en mi sentir, corresponde, o sea al momento de mayor equilibrio en su segunda época, puramente española, y muy simplificados ya los procedimientos venecianos.

La historia del personaje ayuda a pensarlo así: porque «Don Fernando Niño de Guevara, ilustre toledano, Presidente de Granada, y muy apreciado de los príncipes soberanos por su integridad, jurisprudencia y piedad», según reza su epitafio, no fue Cardenal hasta 1596, ni inquisidor y arzobispo de Sevilla hasta 1601, viniendo a morir de sesenta y ocho años en 1609. Entre estas fechas debió hacerse el retrato; y por su ejecución, me figuro que más cerca de las primeras que de la última. Hállase Don Fernando enterrado en la capilla mayor, que fundaron sus antepasados en el Convento de San Pablo Ermitaño, de Toledo, y frente a su sepulcro, donde ahora se ve una mala copia, tal vez colgó la admirable efigie, hasta ser recogida por la casa de Oñate, poseedora del condado de Añover de Tormes, en que radica la familia del Cardenal y el patronato del Monasterio. De ella pasó a manos de su actual dueño, Mr. Havemeyer, de Nueva York[288].

Curioso es leer entre los sonetos de Góngora —que, como es sabido, compuso dos al Greco— el dedicado "A una Galería que en la casa arzobispal de Sevilla hizo el Cardenal Arzobispo Don Fernando Niño de Guevara, donde pintó todos los papas y padres del yermo"[289], por donde se infiere que, siendo el inquisidor aficionado a las artes, tal vez sabría estimar en todo su valer su propio

---

[288] *Ya hemos dicho que hoy la conserva el Metropolitan Museum de Nueva York.
[289] Es el núm. XXIX de la Biblioteca *de autores españoles de Rivadeneyra*. Tomo XXXII. *Poetas Líricos*. Vol. I.

retrato.

Por rara coincidencia, así como existe en el Hermitage el estudio de la cabeza que Velázquez hizo para su Inocencio X, hay igualmente, más que otra cabeza, un medio cuerpo del *Cardenal Niño*, hace pocos años encontrado, como ya dijimos, en Sevilla. Muy estimable también, aunque no tiene la fineza y el esmero del gran retrato, del cual, más que estudio previo, me parece réplica[290].

¿"JULIÁN ROMERO"?

Al lado del de *Niño de Guevara*, he de citar, por su analogía con él, en riqueza, otro retrato opulento, si inferior a aquel en ostentación, superior en conjunto, pues más que simple retrato parece fragmento de composición religiosa. Nada hay, sin embargo, que confirme esta apariencia. Hablo del lienzo, que poseyó en Granada D. L. Eguilaz y hoy tiene en París D. Luis Errazu y que se cree representa a *"Julián Romero* (imag. 167)[291] el de las hazañas, natural de Antequera, comendador de la Orden de Santiago, Maestre de campo, el más famoso de los ejércitos de Italia y Flandes, de cuyos hechos gloriosos están llenas las historias". Así reza la inscripción que lleva en letras blancas y, a mi juicio, apócrifa. No quiero decir que el personaje no sea Julián Romero, sino que la leyenda es posterior a la pintura y nada fehaciente para el caso. Ni Romero era de Antequera, ni el Greco pudo conocerlo, porque murió en Italia, yendo desde este país a Flandes, a principios de 1578; y hacía largos años que se hallaba peleando fuera de España[292]. Pero esto no es obstáculo para que la

---

[290] *Ahora en el Museum Sammlung Dr. Oscar Reinhart, de Winterthur, Suiza (imag. 165), aunque para algunos podría tratarse más que de una réplica, un estudio preliminar de la del Metropolitan Museum de Nueva York.

[291] *Hoy en el Museo del Prado, en Madrid.

[292] "Julián Romero fue soldado en las guerras de Italia, y por su valor llegó a ser Capitán de infantería Española, y sirvio con ella en muchas ocasiones, y jornadas al Emperador Carlos Quinto, y al Rey. Fue Maesse de Campo de infantería Española del tercio de Sicilia con el qual passo a Flandes con el Duque de Alua, y se halló en todas las ocasiones de su tiempo en el cerco de Mons y en las entradas de Olada. Y en tiempo del Comendador mayor de Castilla socorrió a Medialburque, peleando en la mar con la armada de los rebeldes. Hallóse en el saco de Amberes, y fue Maesse de Campo general, y hizo cosas muy señaladas en todo su tiempo. Salio a Italia por

fígura, no siendo de hecho la del famoso capitán, se haya pintado, sin embargo, ya sobre la base de otra anterior, ya sin base alguna, que es lo que más creo, con intención de representarlo. El aspecto del retrato, faltando, como falta, la imagen religiosa, que razone su actitud de donante o de orante, más que de un vivo, parece ser de un muerto, a quien su santo patrocina y recomienda ante el cielo.

En el centro del cuadro y en primer término, se halla el personaje, arrodillado sobre almohadón de terciopelo verde y borlas de oro, con las manos juntas a la altura del pecho, en actitud de súplica, la barba corta, la cabeza algo calva, desnuda, gorguera y puños encañonados, y el cuerpo enteramente cubierto por el blanco y amplio manto de la Orden. En el pecho, asoma el brazo alto de la roja cruz, y debajo del antebrazo, el pomo de la espada. Tras de él, en pie y de frente, un caballero, también descubierto y con barba y pelo cortos, pone su mano derecha en el hombro del santiaguista y, con la izquierda, hace ademán de presentarlo. Lleva armadura y encima, echado a la espalda y prendido al cuello, un manto azul verdoso, salpicado de lises de oro; y a sus pies hay un casco con penacho y una corona real flordelisada. Ambos personajes miran al alto y hacia el mismo sitio. A la izquierda del cuadro se ve la parte inferior de una columna y su pedestal, en el que, con blanco, está pintado el susodicho letrero. El padrino es tan terrestre y realista como el apadrinado, pero lejos de representar al Condestable de Borbón — según se dice, aunque sin fundamento— creo, por los atributos, que se trata de un San Luis, rey de Francia, tratado tan humanamente

---

las pazes que hizo con los Estados el Señor don Juan de Austria, y boluiendo a socorrerle, murió en Alexandria de la Palla lleuando a su cargo toda la infantería." *Historia de las Ordenes Mililartes de Santiago, Calatrava y Alcántara desde su fundación hasta el Rey D. Felipe II, por el Licenciado Francisco Caro de Torres.* Madrid, Juan González, 1619. Lib. III, cap. IV, pág. 182.

En el expediente de prueba para la merced del hábito de Santiago al Capitán Julián Romero (Archivo Histórico Nacional, 72 13), ninguno de los muchos testigos que desfilan dice la edad del agraciado, sino aproximadamente, oscilando entre 40 y 55 años. Afirman que es natural de Torrejoncillo de Huete (Cuenca); hijo de Pedro Ibarrola, vizcaíno y maestro de cantería, y de Juana López Romero, castellana. La información lleva al final la nota "Sin aprovacion". En los Registros de 1558 a 1561, no aparece la toma de hábito del Capitán. En Cédula real de Junio de 1559 se le da la tenencia de Jerez de Badajoz, "aun cuando aun no tiene el habito". En la Cédula real original de concesión, fecha en Bruselas a 10 de Julio de 1558, se dice que "fue herido en el asalto de Sant Quintín en una pierna, de que quedo manco".

como acostumbraba el artista. El recuerdo del *San Luis* del Louvre, de donde proceden armadura, yelmo, corona, lises, y hasta columna y pedestal, me ayuda a pensarlo así. La disposición, casi de perfil, del semblante, que es rara, como ya hemos dicho, entre los retratos del Greco; cierta indecisión y falta de vigor que en él se nota; el convencionalismo en el dibujo y modelado de las manos, me afirman en la idea de que este original retrato, sea o no de Romero, fue hecho, como su congénere, el de Felipe II en el cuadro de *la Gloria*, muerto ya el personaje. Esta circunstancia, y el proceder el cuadro de la casa, en Alcalá la Real, de los marqueses de Lugros, cuyo ascendiente, a lo que se dice, fue Julián Romero, son motivos suficientes, mientras otra cosa no se demuestre, para inclinarse, más que a dudar, a creer que el Greco tuvo encargo de dejarnos aquí, aunque probablemente de fantasía, la imagen de aquel tan célebre maestre de campo. El lienzo vale más por su extraña y poética composición y por la fuerza expresiva de ambos personajes que por la factura, un tanto descuidada, y el colorido, que es opaco y terroso. Resalta excepcionalmente la tonalidad rojiza y carece de grises y carmines, circunstancias que, tal vez, puedan atribuirse a restauraciones y limpiezas poco afortunadas, que en la obra se advierten.

"Desconocidos"

De los tres grupos de retratos indicados, el central se compone, en mi sentir, de doce ejemplares, distribuidos de esta suerte: tres caballeros, un pintor, cuatro clérigos y cuatro frailes. Indumentaria y técnica, en consonancia, acusan que, entrado ya el siglo XVII, debieron pintarse las tres soberbias cabezas del Museo del Prado (imágs. 168; 169 y 170), a cual más vigorosa. Semejantes entre sí en disposición y pormenores, puede estudiarse en ellas, comparándolas con las del primer período, cómo se ha aligerado la técnica y cómo se ha hecho dueño el pintor, cada vez con más firme maestría, de los difíciles secretos de la sencillez en el arte. Desde este punto de vista de la sobriedad, hay una progresión manifiesta, sin que me atreva a decir qué significa a la vez orden cronológico, entre los tres bustos: desde el 168 al 169, que ocupa el término medio, recordando a

271

Velázquez, para concluir en el 170[293], el de menor empaste y cuerpo de color, donde el pincel se desliza con más ligereza y parece que no hay otra cosa que blanco, sobre la roja imprimación al descubierto. Los tres desconocidos tienen su indefectible tranquila tristeza.

"Un pintor".

Compréndese la desilusión que debe embargar a los modernos adoradores del Greco, cuando la implacable critica erudita viene a convencerles de que el hechicero retrato de pintor, hoy en el Museo de Sevilla (imag. 10), a pesar de los "fine hellenic features", que en él creía descubrir Stirling, no puede conservar los rasgos de su ídolo. Si en el anciano del Sr. Beruete (imag. 11) no hay indicios bastantes para afirmar su identidad en absoluto, las pruebas sobran para negársela al joven de Sevilla (cap. 1); y sin embargo, ejercen uno y otro tan poderosa sugestión sobre el contemplador, que, a despecho de todas las erudiciones, y aun dudando de que ninguno de aquellos rostros sea el del Greco, mientras no se identifiquen con certeza, el espíritu, siempre ansioso de personificar sus tipos, pensará en el doliente viejo de Madrid, al recordar a Theotocópuli, ya en el descenso de la vida, defendiendo las preeminencias de la pintura contra el alcabalero de Illescas; y en el atractivo mancebo de Sevilla, al representárselo fogoso, peleando contra todo el Cabildo toledano, por conservar las tres Marías en su flamante *Expolio*.

Cautívanos en este retrato de pintor la esbelta elegancia, y la distinguida naturalidad en la disposición de sus manos; la derecha, con el pincel, la izquierda, con el haz de pinceles y la pequeña paleta, y ambas, tan hermoso estudio del modelo como las de *Niño de Guevara* (imag. 166). Pero lo que más sorprende es la plenitud de moderna vida intelectual que ilumina el rostro. Diríase que pertenece

---

[293] *En el museo del Prado, aprecen respectivamente con los títulos "Retrato de caballero joven"; "Retrato de caballero" y "Jerónimo de Cevallos", ya que a este último, se le ha logrado identificar como tal: abogado afincado en Toledo en 1600, donde ocupó varios cargos. La crítica lo considera como uno de los retratos más importantes, llegando a equipararlo Álvarez de Lopera con el de Fray Hortensio Félix de Paravicino.

esta cabeza a un literato o a un artista de nuestros días, tal como nos figuramos el tipo de los más atormentados trabajadores del pensamiento en los hirvientes centros cosmopolitas de producción sutil, calenturienta y angustiosa. Su técnica recuerda la de los del Museo del Prado (imágs. 169 y 170). L. Solvay (pág. 137) hubiera sido justo, limitándose a notar, como hace con exactitud, que la paleta contiene "les cinq couleurs, ni plus, ni moins, dont il se servait habituellement... du blanc, du vermillon, de la laque de garance, de l'ocre jaune et du noir d'ivoire"; pero excédese al añadir que son "ceux qui composent la gamme restreinte de ses tableaux" y que "tous les autres tons ils les a chassés de sa palette"... No: con aquellos cinco colores podrá haberse pintado el retrato del joven artista y todos los otros, en que el Greco deliberadamente no creyó necesitar de más recursos para traducir con verdad el colorido; pero la esplendorosa *Asunción* de San Vicente (imag. 20), tal vez su última obra, por no citar otras, echa por tierra aquella arbitraria generalización; y los retratos de *Guevara* y de *Romero*, ciertamente que tampoco han podido pintarse con los cinco colores.

¿"EL MAESTRO JUAN DE ÁVILA"?

Vengamos a los clérigos. El más importante de los cuatro que forman el grupo es el que existe en el Museo de Toledo y lleva en la parte alta, con caracteres rojos, la inscripción: *M. Juan de Ávila* (imag. 171),. El Greco no pudo conocerlo, pues el venerable predicador murió lejos de Toledo, en 1569; pero el retrato no es de fantasía; trasciende en todos sus rasgos al modelo vivo. ¿Representará tal vez al jesuíta Alfonso de Ávila, que en la Casa de Toledo vivió hasta 1613? El tipo no es de jesuíta. Antes bien, parece el castizo cura de almas, respirando más amor y bondad que cultura; de honda piedad sincera y masculina; de religión neta, sin arrumacos ni perendengues. Bajando ya la cuesta de la vida, de cabello espeso, barba muy corta y descuidada, moreno y arrugado de piel; conmovida ternura en el rostro, y la mano derecha abierta sobre el pecho, como para convencernos de la sincera bondad de su alma, está lleno este sacerdote de mansa unción evangélica.

La ejecución, afectadamente tosca, realza el carácter de la

persona. Ni hay largas pinceladas, ni suavidad de restriegue, sino toques sueltos con tonalidad más caliente, más rojiza que de costumbre, y sin huellas del frío carminoso. Las manos, ambas visibles, son ejemplo de fiel naturalidad, como siempre que se trata de ajustarse al modelo, sin convencionalismos.

¿"SAN IGNACIO DE LOYOLA"?

Opuestos caracteres distinguen a otro retrato de clérigo, también desconocido, que durante muchos años poseyó en Madrid D. Pablo Bosch y hoy aguarda comprador, en París, en casa de Trotty (imag. 172)[294]. Es un jovencito, casi un adolescente, imberbe, de pelo y ojos negros, volviendo con la mano izquierda las hojas de un infolio y en actitud de explicar con la derecha. Está manchado con poco vigor, probablemente barrido en malas limpiezas, y creo, casi con seguridad, que hecho de memoria. Este sí que tiene en todos sus rasgos, y hasta en su aspecto frío y doctrinal, ambiente jesuítico. Sospecha el Sr. Bosch, y a mi juicio con cierta verosimilitud, que se trata de una representación de San Ignacio de Loyola. Los rasgos del joven convienen con los de la raza vasca, y algo armonizan con los tradicionales, que del famoso fundador se nos han trasmitido. Su actitud, a todas luces hierática, es con evidencia, no la de un estudiante —título con que también se le ha designado—, sino la de un maestro, la de un hombre que enseña; y el ligero nimbo que rodea su cabeza —caso excepcional en el Greco—, indica con claridad que se trata de un santo. San Ignacio había muerto en 1556, y no fue canonizado hasta 1622, cuando el Greco ya no existía, pero fue beatificado en 1609, fecha que concuerda bien con el estilo del retrato; y en Toledo florecía, y en relación con el Greco estaba una de las importantes casas de la Orden —pues para ella se pintó la única copia conocida del *Entierro*—, donde, por entonces, escribía el P. Rivadeneira, discípulo inmediato y conocedor personal de San Ignacio, la vida de este. Ni es inverosímil que la comunidad quisiese tener la imagen del fundador, ni que el Greco fuese el encargado de ejecutarla, valiéndose de antiguos retratos y de referencias de los que

---

[294] Actualmente en la Converse Collection de Santa Bárbara, California.

alcanzaron al Santo. El nimbo, que cuadra bien a la actitud del personaje, no parece haber sido añadido posteriormente.

Sin embargo, si dentro del aspecto de actualidad que tiene la figura, nos fijamos especialmente, como es natural hacerlo, en sus rasgos juveniles, otros dos santos de aquella época, también jesuítas, hay, a quienes pudiera tener más justa y directa aplicación este retrato: San Estanislao de Kostka, muerto en 1568; pero, sobre todo, San Luis Gonzaga[295]. Recuérdese que este último vino a España y llamó la atención por sus virtudes en la corte de Felipe II, cuando solo tenía quince años, hacia 1582, y que en Madrid, es fama, decidió ante la Virgen del Buen Consejo del Colegio Imperial hacerse jesuíta, lo que no podía menos de aumentar, por entonces, su popularidad y devoción en nuestro país. La resonancia de su santidad, durante los seis años (de los 17 a los 23 en que murió), que estuvo en la Orden, así como la de sus milagros, inmediatamente después de su muerte, en 1591, fue extraordinaria. Si a esto se agrega la divulgación del éxtasis, que tuvo Santa Magdalena de Pazzis, el año 1600, y en el que se celebra a San Luis Gonzaga como santo, podría explicarse, aunque este no fuese beatificado hasta 1621, ni canonizado hasta 1727, la indecisa vaguedad del nimbo que rodea la cabeza del retrato, como anticipada consagración de las fervorosas aspiraciones de los devotos.

Si datos positivos viniesen algún día a confirmar, en una u otra dirección, estas meras conjeturas, el cuadro, a pesar de su marcado convencionalismo, ganaría interés histórico, bastante a compensar su endeblez pictórica. En técnica y colorido, forma también contraste con el de *Juan de Ávila*. Es liso de factura; y abre la serie, fría por excelencia, que podríamos llamar de solo blanco y negro, con tenue y general inundación carminosa.

¿"GARCÍA IBÁÑEZ DE MÚGICA"?

Del tercer retrato de clérigo (imag. 173), ha de decirse menos, por su poca importancia. Debo la noticia y la fotografía del mismo a su descubridor mi amigo D. Manuel Gómez Moreno, inteligente y

---

[295] Y por tal parece que se le tiene actualmente, o incluso por un simple estudiante.

concienzudo autor del *Catálogo monumental de las provincias de Zamora, Salamanca y Ávila*. En la Catedral de esta ciudad se encuentra aquel, en la capilla del Cardenal, y parece representar a *Garcibáñez de Muxica Bracamonte*, en cuyo arco sepulcral está colgado. De medio cuerpo, en pie, ante una mesa con tapete verde, la mano izquierda, sobre un libro cerrado, junto al bonete, y la derecha, al pecho. Se halla muy picado y me hace efecto de estar hecho también de memoria. En punto a cualidades pictóricas, pertenece al mismo género que el precedente. Como él, de poco relieve y cuerpo de color, aunque cubriendo por entero la tela, que es fina, y entonado solo con carmín muy suave. La mano derecha, los ojos, la boca y la oreja son sus mejores trozos. Si se refrescase, ganaría mucho.

"Antonio Covarrubias".

En la serie blanquinegra y fría de los dos anteriores, ha de colocarse igualmente el retrato del cuarto clérigo (imag. 174); pero con extraordinaria superioridad respecto de aquellos. Es digno del de Juan de Ávila, a cuyo lado cuelga en el Museo de Toledo, y con el que forma, por la ejecución y colorido, tan fuerte como educador contraste. La hermosa cabeza está construida con sueltos y finos trazos negros, sobre una entonación cenicienta, levemente rosada. No cabe más sencillez, ni menos recursos. En esta especial manera, es, tal vez, el ejemplar modelo. Del personaje ya se ha hablado en distintas ocasiones. No se halla de perfil, como en el *Entierro*, sino de tres cuartos, y bastante más viejo. Si allí contaba —confrontando fechas— alrededor de 60 años, ahora debe encontrarse ya, cumplidos los 75, en su último lustro.

"Un fraile".

Cuatro son, como hemos dicho, los retratos de fraile, aunque solo tres las personas retratadas. Tres, con hábito de trinitario; probablemente también el cuarto, y todos parecen estudios directos del modelo vivo. El que se halla en poder de D. Pablo Bosch (imag.

175)[296] es solo una cabeza de pequeños ojos azules, pelo suelto y ralo, y bigote y barba incipientes, con gran fuerza de expresión y poco atractiva. Excelente ejemplar, por su acentuado realismo, aunque con algunas restauraciones y gastado, tal vez, por limpiezas. Junto al acostumbrado carmín, se observan toques de bermellón, que usa el Greco, a veces, en su último tiempo.

En el *Catálogo de la Exposición del Greco*, celebrada en Madrid, en 1902, se dice que representa a *Juan Bautista Mayno*, mientras que el Sr. Sanpere, en su citado estudio (*Hispania*, pág. 48), sospechaba que podría ser Fray Hortensio Paravicino. Ignoro el fundamento de la primera atribución. Tiene en su contra, sin embargo, que Mayno contaba solo veinte años cuando el Greco murió, y todavía a esa edad no había entrado en la Orden dominicana.

"FRAY HORTENSIO FÉLIX PARAVICINO".

En cuanto a la segunda, el mismo Sr. Sanpere apresurose a rectificarla, en su artículo, *Exposiciones Rosales y Greco*, al conocer la fotografía, que desde 1900 hice sacar para este libro, del verdadero Paravicino (imag. 4), ignorado hasta entonces, no en casa del conde de Oñate, como el Sr. Sanpere publica, sino en la de D. Francisco Javier de Muguiro, donde, al descubrirlo, por casualidad, experimenté uno de los mayores goces que las investigaciones para este trabajo me han proporcionado. La noticia de la existencia del cuadro débola a mis dos respetables amigos, el llorado D. Federico Rubio y D. Juan Uña. Absorto ante aquel excepcional retrato entre todos los del Greco, pues aún no conocía el de *Niño de Guevara*, la gamada cruz roja y azul, característica de los Trinitarios calzados, sobre la blanca sotana, fue una revelación; y antes de saber por los dueños, que, ni tenían noticia del personaje, ni de la antigua procedencia del cuadro, ya había surgido en mi memoria aquel párrafo de Palomino, que dice: "No será justo omitir el célebre retrato, por tantos títulos recomendable, que hizo el Griego de aquel peregrino ingenio, ornamento de su sagrada religión de la Santísima Trinidad y honor de

---

[296] *Hoy en el Prado.

su siglo, el Padre Maestro Fray Félix Hortensio Palavicino, que es cosa eminente y para hoy en poder del Excelentísimo Señor Duque de Arcos..." Mi ánimo adquiría la certidumbre de que tal era y no podía ser otro el que tenía delante. Faltome tiempo para tratar de comprobarlo en la Sala de estampas de la Biblioteca Nacional, donde solo pude hallar un mal dibujo al lápiz, inédito entonces[297], de D. Valentín Carderera, "sacado del original", dice, y con la misma inscripción que el modelo tendría: "P. M. ORTENSIO PALAVESINO". ¿Qué original era este? Probablemente alguno que existiese en el Museo Nacional de la Trinidad, y que hoy se halla perdido. Mas, poco importa. Del Greco, ciertamente, no era, contra la opinión del Sr. Sanpere, porque, además de no tener su estilo, representa al fraile de más de cuarenta años, es decir, cuando el autor había ya muerto. Sin embargo, el dibujo satisfacía a mis deseos, pues no cabe duda de que, a pesar del cambio de edad, eran aquellos, hasta en la disposición del cabello, los mismos rasgos del gran retrato de Muguiro, hoy, ya, por desdicha, en el Museo de Boston.

Aquí está, casi de cuerpo entero y mirándonos de frente, más que sentado, expuesto con afectada gallardía, en el amplio sillón de baqueta, y destacando sobre su alto respaldo, aquel niño de prodigiosa precocidad, que estudiaba latín a los cinco años; doctor y profesor en Salamanca, a los veintiuno; fraile trinitario ahora, y el más famoso y elegante predicador de la Corte, en toda la espléndida plenitud de su hermosura y de sus facultades, a los veintinueve años, ostentando en su mano el infolio propio del teólogo, y el tomito en octavo, correspondiente al poeta, aquel

> *Hortensio celestial, a quien Zoilo*
> *Respeta, el dulce, el casto, el alto ingenio,*
> *Crisóstomo español, nuevo Cirilo,*

que Lope de Vega celebró en su *Epístola*[298]. No mentían ni exageraban los biógrafos, al ensalzar sus dotes físicas. Cuerpo esbelto, porte distinguido, tez morena, ojos y pelo negros, mirada profunda llena de inteligencia, rasgos finos de su progenie italiana; toda su persona es dechado de belleza masculina. Conócese, además, que está

---

[297] La reprodujo luego el Sr. Sanpere en *Exposiciones Rosales y Greco*.
[298] *El jardín de Lope de Vega*. Rivadeneyra, t. XXXVIII, pág. 422.

persuadido de ello; envuélvele cierto ambiente de coquetería, que se refleja en la abundancia del sedoso cabello, blandamente ondulado, y hasta en el romántico rizo byroniano que adorna su frente. Es, en suma, el retrato de un hombre fachendoso, poseído de sí, conquistador, mundano.

Con hermosura más fresca y espontánea, y con más recogido espíritu, nos lo muestra la gentil cabeza que el Greco debió hacerle cuatro o cinco años antes, y que hoy posee el marqués de Casa Torres (imag. 164). Es aquí todavía el fervoroso y místico novicio, de semblante ingenuo, con huellas de vigilia y estudio. Menos trabajado en la ejecución que el anterior, conócese que esta es la cabeza dedicada al amigo, para la intimidad de su celda, y aquél, la figura aparatosa, que ha de ostentarse en la Galería, entre las demás celebridades de la Orden. Por eso, hay, en el uno, más sinceridad, aunque menos ajuste; y en el otro, en cambio, puso el Greco tanto empeño como en el de *Niño de Guevara*. Si no son las manos tan buenas como en este, hay más blandura en el toque, más fuerza en la cabeza, hecha de primera intención y sin retoques; y, gracias a la sobria tonalidad blanca y negra, más atractivo español y contemporáneo, más castizo carácter.

"UN TRINITARIO CALZADO".

En la más estrecha analogía de época, composición y dimensiones con el de *Fray Hortensio*, se nos muestra este último retrato de *Un fraile*, compañero suyo en la Orden, y casi seguro que también en el Convento. Con ocasión uno de otro, diríase que debieron ser pintados. Si el de Paravicino ejerce superior atractivo, por la gallardía, espiritual hermosura y singular encanto del modelo, y si la ejecución del mismo salió, tal vez, más feliz y acertada, no le va muy en zaga, sin embargo, este otro "hermano", que guarda en Madrid el marqués de la Torrecilla[299]. En su factura, sigue las huellas del anterior y nada nuevo puede aquí añadirse. Leves restauraciones

---

[299] Hoy en el The Nelson-Atkins Museum of Art, de Kansas (USA).

ha sufrido, y en la mano derecha, es donde más se notan. Pero poco amenguan la extraordinaria importancia de este lienzo, que, por sus especiales condiciones, merece formar grupo con *Paravicino* y *Niño de Guevara*. El continente grave, la moderada obesidad del retratado, su aire magistral, y, si se quiere, hasta los anteojos que tiene en la mano, sugieren el modelo realista de un "prior del Convento". Porque en *Paravicino* hizo el Greco, no al "monje", sino al "poeta", al hombre seductor por su ingenio, por sus encantos personales y elocuencia. Aquí, en cambio, nos ha dejado al "fraile", sin exageración, ni chabacanería, pero tal y como acostumbramos a figurarnos, por lo general, el tipo de "su paternidad", castizamente.

"LOS COVARRUBIAS".

Sin modelo vivo delante están hechos los cuatro retratos que cierran este período y la serie entera de los del Greco: los dos *Covarrubias*, de la Biblioteca Provincial de Toledo[300], el que lleva también aquel nombre en la Galería Real de Rumania, y el Cardenal Tavera.

A *Don Diego*, muerto en Madrid en 1577, es lo más probable que ni siquiera alcanzara a verlo nuestro artista; y Antonio, que falleció en 1602, no existía ya cuando el Greco trazó este retrato, el último que de él nos dejara: pues yo creo que los cuatro de que ahora hablo, han debido ejecutarse en los cinco años postreros de la vida del pintor. El *Don Diego* (imag. 177), de Toledo, está de sobrepelliz y bonete, con el pectoral pendiente de una cadena. Su hermano (imag. 178)[301] aparece como en el retrato del Museo de El Greco (imag. 174), aunque más acabado y consumido; tal vez, según lo recordaría el artista, a los ochenta años que aquel contaba al morir. Ambos ofrecen el último límite de la serie fría, de que se ha hablado, y de la ejecución que la acompaña, característica ahora por su rara desenvoltura, aparente descuido, inverosímil pobreza de tonos y de cuerpo de color, que da

---

[300] *Actualizando esta información, los dos retratos son: el de don Diego, en el museo del Greco de Toledo, y don Antonio en el Louvre.
[301] *En el Louvre, como ha quedado dicho en la nota anterior.

a los lienzos aspecto de sargas, pintadas solamente con blanco y negro. Ambos, también de palidez espectral, con los eternos toques de carmín; el del Canónigo tiene más vigor que el del Obispo, y los dos muestran la ligereza y extrema simplificación con que, a veces, trabajó el Greco en su postrera fase.

El clérigo de Bucarest, llamado Covarrubias (imag. 179) recuerda algo a Don Diego; pero hay bastante desemejanza entre ambos, para que también quepa pensar que se trata de otra persona[302]. No lo conozco directamente. A juzgar por la fotografía, no solo parece del mismo género que los dos anteriores —y con ellos he creído que debe formar grupo— sino el superior de los tres, tanto por la fuerza expresiva, y el estudio cuidadoso del modelo, como por la importancia de la composición: pues aquí se nos muestra el personaje, abrigado con lujoso tabardo, de pie tras de una mesa, y con ambas admirables manos sobre un infolio abierto, que en aquélla descansa. Y por todo ello, enlázase bien con el cuarto retrato de esta última serie.

"EL CARDENAL TAVERA".

Porque el del Cardenal Tavera (imag. 180)[303] diferénciase también de los *Covarrubias* de Toledo por el interés y el acierto con que, dentro del mismo estilo, se halla ejecutado. Los primeros son a este último, como el *San Bernardino* del Prado, o el *San Francisco* de Cerralbo, a la *Asunción* de San Vicente; y el efecto logrado en el retrato corre parejas con el que nos produce aquel lienzo impresionista. Tan honda es la expresión vital, tan vigoroso el naturalismo, tan estudiada la ejecución del rostro, que nadie pensaría que haya podido ejecutarse sin modelo vivo. No obstante, el Cardenal había muerto en Valladolid, adonde había ido a bautizar al, después

---

[302] *Actualmente se le identifica con el doctor Francisco de Pisa, historiador de Toledo y una de las figuras más ilustres del ambiente cultural de la ciudad en aquella época. El retrato lo conserva el Kimbell Art Museum de Fort Worth, en el estado de Texas (USA), cuya fundación lo adquirió de los herederos de Carlos II de Rumanía en el año 1977.

[303] *En el Hospital de Tavera, Museo Fundación Duque de Lerma (Toledo).

tan famoso, Príncipe Don Carlos, en 1545, más de sesenta años antes de que al Greco se le encargase la obra. El Doctor Pedro de Salazar y Mendoza ya nos dice, en su *Crónica de Tavera* (pág. 374): "mostró también su mucha modestia en que no se consintió retratar, si bien lo procuraron muchos valientes pintores y escultores, particularmente Alonso de Berruguete, que fue de los más celebrados de aquel tiempo. El retrato que se puso en el Cabildo de su Santa Iglesia, y otros que hay en el Hospital, se hizieron después que murió, por orden o mano del mesmo Berruguete". Justo es pensar que, no pudiendo el retrato del Greco incluirse en el número de los hechos "por orden" de Berruguete, muerto en el mismo Hospital en 1561, no estaría hecho todavía en 1603, cuando Salazar escribe: pues, siendo de quien por entonces monopolizaba el arte en Toledo, no hubiese dejado aquél de mencionarlo. Y así, creo lo más probable que el retrato se pintara por los años en que el Greco trabajó el Retablo del Hospital, encargado, como vimos, por el mismo Salazar, es decir, de 1609 al 14. Stirling, muy sensatamente, dice que el Greco "must have copied the mild features of the Cardinal from the work of some older artist"; pero el texto del cronista nos enseña que, por desgracia, no existe ninguna imagen, hecha en vida del prelado.

A esto probablemente se debió el que el Greco no quisiera utilizar las que existían para su obra, y recurriese a fuente más directa y verídica, a saber: la mascarilla del Arzobispo (imag. 181), tal vez una de las varias imágenes que, según Salazar, por orden de Berruguete se sacaron; y que algo maltratada, consérvase todavía en la habitación del administrador del Hospital. Allí la descubrió el ya citado mi amigo Sr. Simancas, y gracias a su bondad tuve conocimiento de ella.

Desde el primer instante se comprende que el Greco no ha hecho, en su retrato, más que abrir los ojos a la mascarilla; y al descubrir cuál ha sido el modelo, se explica la intensa palidez del rostro, que el pintor probablemente quiso acentuar, en uno de esos arranques de honrada sinceridad simbolista, tan propios de su temperamento. En pie, como Tavera decía que habían de morir los ministros de César; de medio cuerpo, con muceta roja, ante una mesa de tapete verde, sobre la que se hallan el birrete y un breviario cerrado, en que apoya extendida la mano izquierda —análoga actitud al conocido *San Jerónimo* de sus primeros tiempos— nos ha dejado el prototipo del clérigo aristócrata, "en el consejo sabio, seguro en la virtud, firme en la ciencia"; modesto, con todo su poderío; sobrio y austero, en medio de su opulenta vida; espléndido favorecedor de las artes, y mezclado en los más altos intereses de la sociedad y del Gobierno.

De linaje ilustre, comienza su carrera como Rector de la Universidad de Salamanca, y se licencia en Derecho, mientras ejerce el cargo. Obispo de Ciudad Rodrigo, son tantas sus limosnas que, "de clérigo rico —escribe— me ha hecho Su Alteza Obispo pobre". Arzobispo de Santiago, Sevilla y Toledo, gasta sus rentas en esplendores de arte para el culto divino. Cardenal, preside los Consejos de Castilla, de la Inquisición y las Cortes del Reino. Él casa a Carlos V y a Felipe II, ayuda a morir a la Emperatriz y bautiza al Príncipe Don Carlos El Emperador le llama su "muy amado amigo" le envía de embajada a Portugal, le da a guardar su testamento y codicilo, le deja por Gobernador de Castilla, cuando su viaje a Gante, con encargo especial de vivir en Palacio al lado del Príncipe; y lo mismo pondera su opulencia, diciendo: "cuando sale de mi Corte Don Juan Tavera la deja sola y desautorizada", que se lamenta de su muerte, exclamando: "Háseme muerto un viejo que me tenía en paz mis reinos." Es el prócer eclesiástico por excelencia, en el momento culminante de nuestro poderío.

El Greco, volviendo a la vida la mascarilla de Tavera, puso en el retrato los rasgos con que el cronista lo describe: "Fue el Cardenal alto de cuerpo, delgado y derecho, de presencia muy autorizada y amable. Tenía el mirar reposado, grave, alegre y honesto. El rostro proporcionado con el cuerpo, más largo que ancho; la frente, llana y ancha; los ojos, grandes, rasgados, verdes y alegres, la nariz, curvada como pico de águila... Las manos, largas, blancas, bien hechas. La habla, sosegada y graciosa. Las razones vivas, agudas, concentradas, elegantes y breves..."

Extraña y castiza mezcla de austeridad y rumbo, "caminando con dos casas tan llenas como la corte de un príncipe muy poderoso; sosteniendo cuarenta pajes y los mismos cargos que el rey en su palacio; gastando 400 raciones diarias..." "...y desayunándose, al amanecer, en verano, y en invierno, después de decir misa, con unas cuantas pasas que habían quedado en vino desde la noche antes". Y muere manteniendo hasta el fin su carácter "perdonando generoso al Emperador 12.000 ducados de los 24.000 que le había prestado, y dejando austeramente por herederos de toda su fortuna a los pobres y enfermos del Hospital de Afuera[304], que había fundado".

He aquí, de un modo provisional y como ensayo, el orden en que, a mi juicio, podrían clasificarse, por ahora, los retratos del Greco. Lejos de darle carácter definitivo; se publica tan solo como tema de discusión y base perentoria de ulteriores y más delicadas observaciones.

"PAISAJES".

Todavía resta hacer mención de dos cuadros, que, por su asunto, no pueden incluirse en ninguno de los grupos anteriores. Me refiero a los paisajes. Es evidente que el Greco ni fue ni podía ser pintor de paisaje, en el sentido estricto que hoy damos a esta palabra. Sin embargo, de lo que era capaz de hacer en este género, da buena idea el preciosísimo fondo del Monte Albernia, en la tabla de Zuloaga (imag. 41), en que se muestra tan original y espontáneo, tan libre y anticipado a su época, como en los cuadros de figuras. Pero el Greco no volvió a repetir este ejemplo. Castilla, cuyo paisaje, según decía con frase penetrante un delicado espíritu, "está en el cielo", empujó más y más su carácter, esencialmente dramático, hacia lo humano; y así lo vemos moverse en los interiores, en los fondos perdidos o en las lejanas y convencionales siluetas de Toledo, que, como ya se dijo, resultan casi un símbolo. Por esto fue grande mi sorpresa encontrar un paisaje del Greco, un verdadero paisaje, con el eterno Toledo, pero sin figuras, y en el que la ciudad ofrece el mismo interés, no mayor, que la tierra y el cielo. Y no hablo de la tan conocida *Vista panorámica* (imag. 31), que todo el mundo puede ver en el Museo Provincial de aquella ciudad; sino de un ignorado lienzo que, en perfecto estado de conservación, tuve la suerte de descubrir y hacer fotografiar, por vez primera, en el Palacio de Oñate, en Madrid, donde hoy habitan las condesas de Añover y de Castañeda, dueñas del cuadro (imag. 182)[305]. Aunque ambos tienen, no solo el mismo estilo, sino el mismo acento personal del pintor, y ambos pertenecen

---

[304] *Así se conoce también al Hospital de San Juan, u Hospital Tavera, extramuros (en las "afueras") de Toledo.
[305] *Hoy en el Metropolitan Museum of Art de Nueva York.

a sus últimos años, las diferencias entre la *Vista* y el *Paisaje* son esenciales.

Trátase en aquella de una obra de encargo, hecha probablemente por y para el Cabildo municipal, en la que el protagonista es Toledo, y la intención, representarlo con la mayor fidelidad posible. Es una especie de perspectiva arquitectónica, documento geográfico-estadístico, con su plano topográfico al lado, su leyenda numerada, sus observaciones para explicarlo y para sincerarse de la libertad de haber introducido ciertos cambios; su clásico símbolo convencional del río Tajo; y todo, a pesar de la marcada intención científica, envuelto en delicado ambiente de arte. Es un Toledo como las Venecias del siglo XV, con Cigarrales y Vega, sustituyendo a las lagunas, y con la casulla de San Ildefonso por escudo, en vez del león de San Marcos.

El *Paisaje*, por el contrario, es pura labor artística, donde un mínimo trozo de la ciudad, casi en silueta, alterada arbitrariamente y sin contemplaciones, a fin de extremar su carácter, sirve de pretexto o de salvoconducto para entregarse a la representación de aquél, entre suave y abrupto, pedazo de tierra, que se ve desde la Huerta de Safón, mirando hacia el Puente de Alcántara, con este en el centro, los cerros de la Sisla y de la Degollada en el fondo, y circunscrito, a Oriente, por el Castillo de San Servando, y a Poniente, por el Alcázar. En el *Panorama*, se halla la ciudad estudiada con tan escrupulosa minuciosidad, que podría cualquier vecino de aquella época encontrar su vivienda; el resto es boceto, lo mismo el campo, que el cielo, que el realista muchacho del verde jubón sosteniendo el mapa, que el pequeño grupo, en alto, de la Virgen y los ángeles, cuyo encanto, animación, fuerza expresiva y colorido, haciendo olvidar su aspecto estrafalario, convierten este tardío boceto del Greco en admirable y selecto trozo de moderno impresionismo.

En el *Paisaje*, campo, ciudad y cielo —pues que figuras no existen, o, para mayor exactitud, solo se adivinan, después de mucho esfuerzo, en unas tenues, casi imperceptibles líneas que hay al lado de una barca, en primer término, y en el camino que conduce al Puente— todo se halla ejecutado con el mismo interés y detenimiento. La *Vista*, de entonación clara, reproduce fielmente el acentuado frío gris ceniciento de la ciudad, sus clásicos carminosos rodanderos, y su aspecto de apiñada colmena, que le dan el incomparable sabor, exclusivo entre todas las de España, para el que la contempla desde la Virgen del Valle.

El *Paisaje* es sombrío. El oscuro verdor del agua, de los árboles y del suelo trasforma la huerta del Tajo, que, si no es risueña, es plácida y clara, en tenebrosa. Los monumentos son plomizos, con luces violentas en los ángulos; la silueta, cortante; la hoz del río, más honda y estrecha que el natural; los cerros, más agrios; el horizonte, negro; el cielo, tormentoso. Todo lo contrario al huerto primaveral de Fray Luis de León, y al "secreto seguro deleitoso" en que se refugiaba. El Greco, sin embargo, no miente ni falsea, *exalta*, conforme a su habitual temperamento, excitado en sus últimos días, el tan frecuente y característico aspecto, hosco y ceñudo, de la naturaleza castellana.

Vista y *Paisaje* son, en tal sentido, la natural continuación de los retratos, porque nos dan la acordada imagen del campo y de la ciudad en que aquellos personajes vivieron. Si la *Vista* tiene sus antecedentes italianos, que el Greco sigue y amolda genialmente a Toledo, al *Paisaje* no se los he encontrado todavía. Tan sin figuras, tan sustantivo e independiente como él, con tanto aire de moderno romanticismo, no recuerdo otro ejemplar en la pintura tizianesca, que es donde habría que buscarlo, dejando a un lado la pintura del Norte, y anterior a 1614, última fecha en que pudo pintarse.

La *Vista* contiene un pormenor de interés singularísimo: las únicas líneas escritas que del Greco nos quedaban, antes del descubrimiento del autógrafo, que publiqué hace un año[306]. Helas aquí con su propia ortografía:

> Ha sido forzoso poner el Hospital de Don Joan Tavera en forma de | modelo porque no solo venia a cubrir la puerta de Visagra mas | subía el cimborrios ó copula de manera que sobrepujaua la ciudad y | asi una vez puesto como modelo y mouido de su lugar me pareció |mostrar la haz antes que otra parte y en lo demás de como viene con | la ciudad se vera en la planta.
>
> También en la historia de nra. Señora que trahe la casulla a S. Ildefonso | para su ornato y hazer las figuras grandes me he valido en cierta manera | de ser cuerpos celestiales como vemos en las luces que vistas de lexos | por pequeñas que sean nos parecen grandes"[307].

[306] *La Lectura.* Madrid, 1905, Lám. 50.
[307] El Sr. Sanpere, en su artículo de *Hispania* (pág. 44), y el Sr. Domenech en su

No encuentro nada tan escogido como estas pocas palabras, con su punta ingeniosa, para cerrar el estudio de las obras pictóricas del Greco.

---

apéndice a la traducción española del *Apolo* de S. Reinach (pág. 426), creen encontrar en estas palabras un intento de explicación de las fórmulas estéticas del Greco y del alargado canon de sus figuras. Yo no pienso lo mismo, porque del texto no se desprende otra cosa que lo que claramente dice, esto es: una ingenua disculpa para sincerarse de la falta de proporción relativa entre el tamaño (no el alargamiento) de las figuras del grupo celeste y los edificios de Toledo.

CAPITULO 11.- ARQUITECTURA, ESCULTURA, DIBUJOS.

Arquitectura.- Retablos.- Escultura.- Dibujos.- Grabado.:

ARQUITECTURA.

Sí antes de cerrar este trabajo no se dijera algo sobre la arquitectura y la escultura del Greco, quedaría incompleto el estudio acerca de su personalidad y de su obra.

Pocas líneas, sin embargo, consagraré a este asunto; pues, como arquitecto y como escultor, sea porque la época no fuese ya propicia para alardes de originalidad en tales artes, sea por la educación fundamentalmente veneciana del maestro, o débase a otras causas, es lo cierto que Theotocópuli quedó lejos de su genial y gloriosa producción pictórica. Fenómeno, que, no siendo exclusivo suyo, tal vez adquiere en él más relieve que en otros artistas del Renacimiento.

En Toledo, si se desechan los pocos restos del antiguo Palacio en el *Cigarral de Buenavista* (capts. 1 y 3), no se sabe, con seguridad, de ninguna obra suya arquitectónica. Descripciones históricas y guías del viajero siguen atribuyéndole la Iglesia de *Santo Domingo el Antiguo* y la *Casa del Ayuntamiento*. En cuanto a la primera, ya hemos visto (cap. 4) que parece ser de Nicolás de Vergara; y, por lo que toca a la segunda, puedo asegurar que es de Juan de Herrera; pues en el archivo municipal de Toledo hallé inéditas las escrituras de su construcción, que he publicado[308], y en ellas, entre obligaciones de canteros, madereros, etcétera, desde 1575 (fecha en que el Greco no debía estar aún en Toledo) hasta 1580, hay tres documentos escritos y firmados por aquel insigne arquitecto, que así lo acreditan.

Convertidos en Palacio del Senado la Iglesia y colegio de *Doña María de Aragón*, en Madrid, que, probablemente, como vimos (capítulo 8), tampoco fue suya —pues en las cuentas, hasta ahora encontradas, solo se habla del retablo— y desaparecida por completo la Iglesia de religiosos descalzos de San Francisco, en Illescas, que también se dice construyó, no nos quedaba para juzgar de la arquitectura del Greco, entre todo lo que de él se cita, más que la del Hospital de Nuestra Señora de la Caridad, en la misma villa (cap. 9). Pero recientemente he hallado en su archivo, que la traza y dirección de las obras hubo de encomendarse a Nicolás de Vergara, y la ejecución corrió a cargo de los alarifes Juan y Mateo Quadrado, Pedro de Ugualde y Juan Martín, entre otros. Resulta, por tanto, que lo que todo el mundo dice que construyó el Greco, no es de él; en su lugar, tal vez lo sea aquello poco que nadie le atribuye.

RETABLOS.

Más datos nos quedan para juzgar al Greco como constructor de retablos, y más seguro es el testimonio que aquellos nos ofrecen. Probablemente, hizo las guarniciones, según entonces se decía, de todas sus obras importantes; y aunque muchas de aquellas han desaparecido, con las que se conservan puede formarse idea de la clase y sucesiva trasformación de su trabajo. En el *Altar de Santo Domingo* (imag. 44), ya vimos (cap. 4) cuan de cerca sigue al modelo italiano. De escaso resalte arquitectónico, sin columnas ni molduras salientes, casi todo él en un mismo plano, parece no tener otro oficio que el de encuadrar la pintura, haciendo resaltar la importancia de esta. Las estatuas que contiene, más que decorativas, son, como ya dije, mera exigencia de la adaptación del retablo a un sitio demasiado alto y desproporcionado para su primitiva y originaria traza.

Desaparecidas las *Guarniciones del Expolio* y del *Entierro*, así como

---

[308] *La Lectura*. Madrid, núm. 53, 1905.

los, *Altares de Doña María de Aragón*, hay que venir a los de la *Capilla de San José*, en Toledo, y a los de la *Caridad*, de Illescas (imag. 80), que guardan semejanza entre sí, tanto como difieren del de *Santo Domingo*. De dimensiones más exiguas que este, en relación con el emplazamiento que ocupan, y casi sin esculturas, excédenle, en cambio, en pesada exuberancia arquitectónica. Entablamento, frontones, columnas y capiteles, siempre corintios o compuestos, son de mucho relieve; el marco se trasforma en obra monumental; y, perdiendo la fina esbeltez que conserva todavía el de *Santo Domingo*, adquieren, en cambio, dentro del clásico trazado greco-romano, la castiza achaparrada proporción de nuestra arquitectura castellana. De la última época, nos quedan dos retablos; uno, probable; el de la Iglesia de Titulcia (capt. 9), y otro, seguro: el del Hospital de Tavera (capt. 9); aquel, con distribución ajedrezada y compartimentos casi iguales entre sí, destinados a encuadrar lienzos; este (imag. 183), compuesto de dos grandes cuerpos, uno encima de otro, de gruesas columnas y pesado maderamen, con nichos para cobijar estatuas; siendo, ambos, excelentes ejemplares de los dos tipos de altar que más se repitieron en España. El primero representa la última fase que adopta el retablo de pintura; en tanto que el segundo, aunque todavía sin el tormento de la línea ni el derroche de frutos y de hojarasca, nos ofrece ya, en cierto grado, la traza y proporciones del inflado retablo barroco, más arquitectónico que escultórico, y el cual pronto y tan prolíficamente iba a invadir los templos.

ESCULTURA.

Pocos elementos hay para juzgar de la escultura del Greco. Descritas quedan (capítulo 4), las cinco preciosas estatuas del *Retablo de Santo Domingo*, y expuestas las razones que me inducen a atribuírselas a Theotocópuli. Si, como creo, son suyas, no volvió a hacerlas mejores. La inferioridad que, respecto de ellas, hay en las de los ocho *Apóstoles*, estofados de blanco, imitando mármol, como el contrato exigía, que componen el *Retablo de Tavera* (imag. 183), se muestra evidente. No es que sean estas despreciables, con especialidad las cuatro de las hornacinas, bien dibujadas, compuestas con amplitud y de sobrio y digno continente; pero tienen poca vida y originalidad, y casi me atrevería a decir que están en el límite de la insignificancia.

Explícase bien la indiferencia general con que artistas y público miran a este retablo, sin que a nadie, fuera de los eruditos, se ocurra, atendiendo solo a su carácter, atribuirlo al Greco. Cuando se hace observar, por ejemplo, la proporción alargada de las figuras, la pequeñez de las cabezas, y la disposición de los extremos y del plegado, se comprende que quizá puede estar allí la mano del maestro; pero no puso en semejantes estatuas ni uno solo de aquellos rasgos decisivos que le hacen inmortal e inconfundible.

Recordemos que fue esta su última obra y que probablemente la dejó inacabada; a lo que puede atribuirse, aparte de ciertos pormenores de mal gusto, que acusan falta de delicadeza en la conclusión del trabajo, la manifiesta inferioridad de las cuatro estatuas de la parte alta. Verdad es que en la pintura, como vimos, no hay suficiente motivo para dolerse de su vejez; y si la violenta exaltación de sus últimos cuadros puede ser para muchos decadencia, hay que convenir en que tal carácter nada tiene que ver con la plácida vulgaridad de sus últimas estatuas.

Con el Convenio de religiosos descalzos de San Francisco, en lllescas, desaparecieron totalmente —sin que me haya sido posible saber lo que se hizo de ellos, a pesar de lo reciente de la destrucción, ocurrida muy entrado ya el siglo XIX—, los dos sepulcros colaterales, que Ponz (t. I, pág. 12) califica de magníficos y describe: "adornados de pilastras con sus frontispicios, y dentro de los nichos dos excelentes estatuas de mármol del mismo autor, puestas de rodillas, con una tarima delante, y en acto de orar: representan a D. Gedeón de Hinojosa, Ministro del Consejo y Cámara de Castilla, y del Consejo y Cámara de Indias, que falleció én 1595. AI otro lado está la estatua de Doña Catalina Velasco, su mujer: ambas son del tamaño del natural, y estos señores fueron los fundadores del Convento e Iglesia". Tal vez serían estos los dos ejemplares más importantes de la escultura del Greco. Desde luego, reunían dos condiciones originales: primeramente, la de ser los únicos sepulcros y estatuas de personajes que de él se citan, y después, la de estar hechos de mármol, cuando toda su restante labor es de madera.

Así, para enlazar a *Santo Domingo el Antiguo* con el *Hospital de Tavera*, solo nos quedan tres obras. Ante todo, las dos estatuas de mujer, representando la *Fe* y la *Esperanza,* en el *Retablo de la Caridad* de

Illescas. Por la analogía de ademanes, conócese su íntimo parentesco con las de igual simbolismo en *Santo Domingo*; pero, en el espíritu y la ejecución, son ya diferentes. Las de Toledo están de pie, con aire reposado, y respiran el tradicional ambiente heroico; las de Illescas, de rodillas, sobre las acroteras, retuercen sus cuerpos con expresión religiosa más excitada, realista e íntima, y sus vestiduras, menos clásicas también y más familiares que las de aquéllas, se agitan, ofreciendo un violento y acusado contraste de ángulos y de planos. En segundo lugar, tenemos las dos estatuas de *Profetas* (imag. 184), que cerca de las anteriores hay en el presbiterio de la misma iglesia, en pie, dentro de sus respectivas hornacinas: *Isaías*, al lado del evangelio, y *Simeón*, al de la epístola, con sus cartelones y textos, que responden al asunto de los lienzos circulares que sobre ellos estaban[309]. La *Fe* y la *Esperanza* están doradas, mientras que los profetas son polícromos, lo mismo en vestiduras que en carnaciones; pero las cuatro pertenecen al mismo género de inspiración, estilo y época. El *Isaías* recuerda mucho a la figura de San Pedro, en el lienzo del Escorial; y la cabeza del *Simeón*, a la del Padre Eterno, en la *Trinidad* del Prado. Las *Virtudes* han perdido hoy toda su pureza de líneas, y los *Profetas* se han convertido en grotescos mamarrachos, por la escandalosa restauración de que ya nos hemos lamentado.

En los libros de acuerdos, cuentas y asientos del archivo del Hospital de Illescas, no he podido hallar el contrato para el retablo, altares laterales y pinturas que los adornan, ni siquiera la fecha exacta en que el Greco empezó a trabajar en tales obras. Como puede verse, el 30 de Abril de 1600 fue Nicolás de Vergara desde Toledo a Illescas "a tratar del altar mayor"; el cual debía estar ya casi terminado, porque el domingo 4 de Junio del mismo año "se mudo y trasladó la vendita ymagen de Nra. Señora de la Caridad de su capilla viexa a su yglesia nueba". Sin embargo, en 18 de Julio de 1603, se pagaba a P.° de Garay por "empedrar el altar mayor, gradas del y capilla de Nra. Señora". Por entonces, tal vez, surgieron diferencias entre los patronos del Hospital y el Greco, sobre la tasa del retablo; porque en 1604 se pagan 416 reales "a Pompeo Leoni escultor y a eugenio

---

[309] El de *Isaías*, bajo la *Anunciación*, dice: Ecce Virgo concipiet et pariet filium et vocabitur nomen ei Eimmanuel. Isai. cap. 7 *[*Una virgen concebirá y parirá un hijo, al que llamará Emanuel]* . — El de *Simeón*, bajo la *Natividad*, dice: Et tuam ipsius anímam pertransibit gladium *[*Y una espada te atravesará el alma]*. Sim. V. DLVC. c. 2.

patricio Pintor y otros dos oficiales maestros dorador y ensamblador que se trajeron de la villa de madrid a esta villa, a ver y tantear el valor del Retablo que dominico griego a hecho en que esta la santa ymagen de Nra. Sra. Por acuerdo del Sr. Prioste y seises para sauer el valor del dicho Retablo para quando se aya de tassar; por combenir anssi al bien y utilidad desta Sta. casa". El rompimiento vino en seguida. Pues por un acuerdo del patronato de 25 de Setiembre de 1606, sabemos que "queriendo la dha. casa y ospítal pagar la cantidad en que dho. Retablo fue tassado el dho. dominico Griego Pintor no quisso Passar por la dha. tassacion... se agravio della y pidió retassa del dho. Retablo y sobre ello Puso Pleito a la dha. cassa y ospital"; por lo cual los seises, todos unánimes, acordaron dar poder al señor doctor Juan de Roxas, prioste, para seguir el pleito. Continuó este en Toledo en los años siguientes, como se ve en las cuentas, por multitud de asientos de los gastos que ocasionaba; pero no he podido averiguar la fecha en que terminó ni el fallo que sobre él recayera.

De las pinturas, propiamente, hay una sola cita, aunque de sumo interés, por lo reveladora de la unidad de carácter, que el artista mantuvo hasta el fin de sus días, así como del eterno conflicto en que se halló con el público, en medio del influjo, casi imposición, que sobre este ejerciera. El día 15 de Mayo de 1606, el prioste y seises del Hospital, molestados ya, sin duda, por la negativa del Greco a admitir la tasación del Retablo, "dixeron que atento que en el Retablo que dominico griego Pintor v. de Toledo Hiço para el altar mayor de la yglesia y capilla desta Sta. Casa en que esta puesta la Santa ymagen de nuestra Señora hiço y Pinto un quadro de la uirtud de la charidad que esta en lo alto del dho. Retablo y en el qual Puso el dho. Pintor dos figuras y Rostros de personas señaladas y conocidas de la dha. ciudad de Toledo con unas lechuguillas grandes abiertas con mucha yndecencia Para el lugar en que esta y porque conviene que el dho. quadro se quite Por el dho. defeto y otros que tiene y se ponga otro en su lugar de buena mano y qual conbenga Para el dho. efeto acordauan y acordaron y cometieron al dho. doctor Juan de rroxas Prioste que se ynforme y busque un buen pintor en la villa de madrid, y asiente y consiente con el que Haga y pinte un quadro de la virtud de la charidad muy bueno y qual comvenga Para poner en el dho. Retablo..." ¿No es este, en el fondo, el mismo conflicto que veintisiete años antes ocurrió con las Marías del *Expolio*? Por fortuna, el cuadro de la Caridad no fue sustituido; y si las Marías continúan "cerca de Cristo" en la Sacristía de Toledo, también siguen las lechuguillas abiertas, con toda su "indecencia", en el Hospital de Illescas. Pero las personas "señaladas y conocidas" que las llevan, permanecen de todos ignoradas.

El tercero y último ejemplar tiene la importancia de ser el único grupo de alto relieve, con figuras cuasi-exentas, que conocemos del Greco (imag. 67); y perdido se hallaba —desde que, a fines del XVIII, desapareció de la Sacristía de la Catedral el altar que el artista hizo para el *Expolio*, y al cual pertenecía—, hasta que tuve la fortuna de dar con él, después de buscarlo mucho tiempo sin éxito, el año de 1901. El punto de partida para intentarlo fue la mención que de dicho retablo hace Ceán Bermúdez, copiando lo que de él dice el libro de la visita evacuada por el Arzobispo Sandoval y Roxas en 1601, a saber: el característico pormenor de llevar en "el banco unas figuras de talla, también doradas, que son cuando Nuestra Señora echó la casulla a San Ildefonso" (cap. 5). Y donde menos podía esperarse, olvidado con otros objetos en una pequeña habitación del nuevo Seminario, descubrí, no el retablo, pero sí lo que con más afán iba persiguiendo: el susodicho grupo escultórico de la casulla, que lleva por detrás señales claras de haber sido arrancado del banco del altar donde el Greco lo puso. Hoy se conserva cuidadosamente en el salón principal del Seminario[310].

La Virgen, con amplio y pesado manto sobre la cabeza, sentada de frente, encima de nubes y cabezas de ángeles, y recordando muy de cerca el modelo y disposición de la que hay en la Gloria del *Entierro*, se dispone a echar la casulla a San Ildefonso, arrodillado a su derecha. Cuatro ángeles, ya mancebos, en pie, los rodean, desnudos el torso y las extremidades. Tres ayudan a la Virgen en su tarea, y el cuarto sostiene la mitra del Santo Arzobispo.

El grupo, que primitivamente fue dorado, hubo de colorearse luego, por desgracia muy torpemente, y perdió por completo la pureza de líneas y de modelado, sobre todo en rostros, manos y demás desnudos. Pero, aun así, y a pesar de los desperfectos que ha sufrido, es el ejemplar más interesante que nos queda para juzgar de la escultura, ya enteramente española, del Greco.

Desde la expresión de las figuras y la composición del grupo,

---

[310] *Actualmente podemos contemplarlo en la sacristía de la Catedral de Toledo, en una vitrina, al pie de *El Expolio*.

hasta las actitudes y proporciones de las mismas y el plegado de paños, todo acusa los originales rasgos del maestro, y viene a corroborar dos hechos: primero, que en la época del *Entierro*, a que pertenece este trozo, el escultor había experimentado la misma trasformación que el pintor hacia el familiar realismo nacional; y segundo, que el uno se hallaba muy lejos de alcanzar al otro en las regiones del genio y de la gloria. Pese a su amigo Góngora, no pudo el Greco dar tanto "espíritu al leño" como "vida al lino". Su escultura hízose, pues, realista y española, al par que su pintura; pero no supo encontrar en esta fase fórmula superior, ni siquiera comparable, a la italiana de las estatuas de *Santo Domingo*; y así, la decadencia en este arte fue continua, hasta llegar a la pobreza que acusa el *Retablo de Tavera*.

No es extraño que no pueda señalarse con claridad un influjo manifiesto de la escultura del Greco en las obras de sus contemporáneos y continuadores locales, cuando en la pintura, como veremos, ocurre lo mismo. Vagamente, alguna traza de su estilo hallaríase en ciertos retablos de Toledo, tal vez, por ejemplo, en el de la iglesia de San Pedro Mártir. Coronando el altar de la epístola, en la parroquial de Miraflores de la Sierra, hay un grupo de la *Virgen poniendo la casulla a San Ildefonso*, que recuerda bastante al del Seminario. Y no estoy lejos de creer que, de los *San Franciscos* pintados por el Greco, pueda haberse originado el tipo de la pequeña escultura de madera del mismo Santo, tan repetida y abundante, sobre todo en Toledo, y cuyos mejores ejemplares se atribuyen, no digo que con justicia, ya a Alonso Cano, ya a Pedro de Mena.

DIBUJOS.

En cuanto a Dibujos, seis hay en la Biblioteca Nacional de Madrid, que, más o menos dubitativamente, se han atribuido al Greco. De entre ellos, solo uno considero auténtico, el *San Juan Evangelista* (imag. 59), mencionado ya en el cap. 4, al identificar la figura del *Retablo de Santo Domingo*; y es el único jalón seguro que puede servirnos de guía para clasificar los que vayan apareciendo. Ejemplar de primer orden, los caracteres, que acreditan en él la mano del maestro, son absolutamente decisivos. En tal respecto, para nada necesita y ninguna fuerza le agrega la línea manuscrita que lleva: "de mano de dominico greco".

"Greco" se lee también en el dibujo de la *Cena*, o sea el que se ha tenido, después del de *San Juan*, por más probable, tal vez a causa del afectado y retorcido movimiento de los personajes, y que, como auténtico, se publicó en *Hispania*. Pero le faltan, a mi entender, la intensidad de expresión, el recogimiento de escena, las proporciones de las figuras, y hasta el acento en el desnudo y en los paños, que distinguen al Greco, y así, me parece una obra tal vez italiana y de poca importancia. Los restantes: *San Sebastián*, un *Santo*, un *Cardenal* sentado y una *Cabeza de hombre* carecen, todavía más, de los caracteres típicos del artista.

Lo mismo ocurre con los pocos que, en colecciones particulares, diciéndolos suyos, he podido examinar despacio. Y como tampoco los he hallado en el Louvre, en el Gabinete de estampas de París, en el Británico, en Berlín, Dresde y Munich, resulta que, hasta ahora, solo puedo mencionar un dibujo del Greco.

GRABADOS.

Sus cuadros fueron *grabados* por Diego de Astor, en Toledo. Así lo acreditan dos estampas de la Biblioteca Nacional de Madrid. La una es excelente prueba, firmada en 1606, y reproduce el tan conocido *San Francisco* (imag. 185). Tal vez sea la misma de que Ceán (t. I, pág. 81) había: "estampa rara y apreciable que conservo, por la corrección del diseño y por la exacta imitación del original de su maestro, que posee D. Nicolás de Vargas". La otra es prueba mediana, y representa, con ligeras variantes, al San Pedro y San Pablo (imag. 186), llevando la fecha de 1608. Otra cita Ponz (t. I, pág. 166), en poder suyo, de la *Natividad*, que entonces se hallaba en una capilla y hoy se halla en el ático del *Retablo de Santo Domingo el Antiguo*. De la *Natividad* es también la que, con fecha 1605, guarda D. P. Bosch, aunque copia, no el cuadro de Santo Domingo el Antiguo, sino el que hoy se halla en el Museo de Nueva York (imag. 107), con muy leves diferencias y la composición contrapuesta. D. C. Ferriz posee otra estampa, que reproduce un *Santo Domingo*, casi igual al de San Nicolás (imag. 152). Fechada en 1606, lleva al pie, y con la leyenda invertida, una ramplona cuarteta, que, por estar dedicada a Santo Domingo, ha servido para identificar las imágenes de esta clase en la obra del Greco, las cuales no hay ya la menor duda de que representan al propio fundador de la Orden. Más estampas habrá seguramente: pues, prescindiendo de nuevos asuntos, a estas pruebas, flojas en general, han de haber acompañado otras mejores, pero no las conozco, ni siquiera por referencias[311].

---

[311] Don José Parada y Santín, catedrático de la Escuela de Pintura de Madrid, en un artículo titulado "El pintor Manuel Arroyo" (*El Liberal*, 29 Julio 1902), dice: "Arroyo nos aseguró tenia planchas de grabados del Greco y documentos auténticos del excéntrico pintor cretense..."

CAPÍTULO 12.- EL GRECO, VELÁZQUEZ Y EL ARTE MODERNO.

El Greco, según sus contemporáneos. — Palomino. — Los neoclásicos. — Los románticos. — Los eclécticos. — Los modernos. — El cambio de estilo. —. La crítica española. — Bizantinismo. — Color y técnica. — Influjos recibidos. —Su influjo en Velázquez.— Sus discípulos oficiales.— Velázquez, su alumno libre.— Su glorificación actual.— Su influjo directo. — Conclusión.

EL GRECO, SEGÚN SUS CONTEMPORÁNEOS.

Tres significativas leyendas se formaron, como ya vimos, para explicar lo extraño del carácter personal y de la obra del Greco. Una, popular; las otras, eruditas. Para el vulgo, educado, siempre y en todas partes, en los lienzos "harto apacibles y de mucha devoción" de los abundantes y eternos "Juan Gómez"; para el gusto de los españoles, que, según el P. Sigüenza[312], "aman

---

312 Hablando de las historias que en el claustro del Escorial pintó el insignificante Miguel Barroso, dice: "... que si fuera Italiano le llamaran el nuevo Micahelo Angelo, y pegarasele tras esto alguna mas valentia, q ha sido comü vicio d los pintores de España afectar mucha dulzura en sus obras, y aballarlas como ellos dizen, y ponerlas como debaxo d vna niebla o de velo, cobardía sin duda en el arte,

dulzura y lisura en los colores" (Ap. Ceán: art. *Juan Gómez*), el hombre que pintaba aquellos desapacibles y descomunales tipos y ponía tanta "desazón" en su colorido, no era posible que estuviese cuerdo. Mediante este expedito procedimiento, más tarde o más temprano, había de inventarse la locura del Greco. Los sabios, por su parte, aseguraron que, al principio, cambió su manera de pintar, fastidiado de que sus cuadros se confundieran con los de Tiziano; y que, al final, lanzaba "crueles borrones, por afectar valentía" (Pacheco). Dos explicaciones sobrado ingenuas, que se han ocurrido siempre en casos semejantes. De ambas cosas fue acusado Góngora, espíritu análogo al del Greco; y de falta de sinceridad suele tacharse toda nueva tentativa artística, que, tendiendo a romper los moldes tradicionales, se halla en desacuerdo con los modelos tenidos por clásicos.

Desequilibrio, aberración, extravagancia, todo puede ser sincero, con tal de estar sentido: porque, si la realidad es una y la misma para todos, las modalidades de interpretación son infinitas, y todas legítimas, todas igualmente aptas para producir belleza: ya que esta se mide, antes que nada, por el grado de intensidad vital de la obra de arte.

La tercera de las leyendas, erudita, como la anterior, va encaminada a exaltar más y más su fama de hombre raro; y es la referente a que no vendía, sino que empeñaba sus pinturas. El número y la calidad de los encargos que tuvo nos dejan la misma impresión, acerca de su persona y de su obra, que los breves textos de Sigüenza, Pisa, Pacheco, Jusepe Martínez, Góngora y Paravicino, a saber: la de que logró imponerse, y fue univesalmente respetado y admirado, pero no entendido. Para todos, críticos, poetas y artistas, fue un sabio y hasta "un gran filósofo"... "elocuente en sus discursos"... Engreído de sí mismo, y envidiado de los demás; "hizo cosas excelentes... y algunas que lo colocan en el número de los famosos pintores... ganó muchos ducados", como trabajador infatigable y estudioso; "contentó a pocos"... "fue en todo singular y de extravagante condición como sus pinturas... y estas, tan caprichosas, que pondrían en confusión a cualquiera bien entendido para discurrir su extravagancia... porque son tan disonantes unas de

no siendolo en la nadób." *Historia de la Orden de San Jerónimo*, Madrid, MDCV, pág. 722.

otras, que no parecen ser de una misma mano".

PALOMINO.

Un siglo más tarde, Palomino limitose a divulgar estos mismos conceptos, contribuyendo más que ningún otro a la formación de las leyendas. Así, a vuelta de frases laudatorias —que significan poco en autor que las prodiga hasta calificar de "estupendas y maravillosas" las medianías del P. Mayno—, lo que, en resumen, queda de su crítica, es la extrañeza, el desequilibrio y la extravagancia del Greco, "que llegó a hacer despreciable y ridicula su pintura, así en lo descoyuntado del dibujo como en lo desabrido del color"... por donde el falso dicho de que "lo que hizo bien, ninguno lo hizo mejor, y lo que hizo mal, ninguno lo hizo peor" (pág. 481), hase perpetuado, como axioma, hasta el presente.

LOS NEOCLÁSICOS.

El neoclasicismo tampoco podía ser favorable al artista. Guiado, ante todo, por la erudición, continuó afirmando que el Greco "tiene en sí toda la manera del Tiziano, y las cabezas manifiestan tal belleza y aire que parecen del mismo Tiziano" (Caimo: *Lettere dun vago italiano*; y Ceán, t. V, pág. 4). Con su típica sensatez, deshizo la leyenda de la voluntaria caprichosa mudanza de estilo (Ceán), sustituyéndola por la idea de que, "siguiendo siempre una manera árida y confusa, le salieron buenos los cuadros que hizo con mucho estudio y consideración, y malos y aun abominables, los que hizo solo para salir del día". (Llaguno y Ceán); juicio que, aparte su ingenuidad, viene en el fondo a decir lo mismo que el antiguo.

LOS ROMÁNTICOS.

Los viajeros y escritores de la época romántica aceptaron sin discusión y propalaron, si es que no inventaron, la leyenda popular de la locura del Greco. Era natural que así ocurriese. ¿Qué cosa más interesante, en este punto, para el romanticismo nacional y extranjero, dada su eterna identificación de "genio y locura", que explicarse al Greco como un "loco sublime"? No era tiempo aún para poder apreciar todo el valor de su obra, ni en cuanto al espíritu, ni menos con respecto al colorido y a la técnica; pero el Greco es, ante todo y sobre todo, un rebelde, y el romanticismo había forzosamente de adivinarlo, entonando el primer himno en alabanza de sus geniales "despropósitos".

Después de decir, con acierto, que los personajes del Greco "dépassent tout ce que Lewis ou Anne Radcliffe ont pû rêver de plus mystérieusement funèbre"... he aquí cómo habla, por boca de uno de sus más genuinos representantes, delante del "escandaloso" *Bautismo*, de Tavera (imag. 104): "Il y a des abus de blanc et de noir, des oppositions violentes, des teíntes singulières, des altitudes strapassées, des draperies cassées et chiffonnées à plaisir, mais dans tout cela règnent une énergie dépravée, une puissance maladive qui trahissent le grand peintre et le fou de génie. Peu de tableaux m'ont autant interessé que ceux du Greco, car les plus mauvais ont toujours quelque chose d'inattendu et de chevauchant hors du possible, qui vous surprend et vous fait rêver (Gautier, páginas 115, 171, 172). Así comienza la rehabilitación del pintor.

Escritores y aficionados románticos son los que divulgan fuera de España su nombre y sus obras; y en un viajero inglés de aquella época es donde por primera vez se lee que "he designed like Michael Angelo"; que "the most masterly freedom of design is always to be seen in the worst of his productions"; que "meny of them appear to have been painted without outline, in the mode of Tintoretto», y que «his bad colour consist of livid hues of purple und lake with ribbands, on streaks, of white and other colours frittering and destroying all harmony» (Cook, t. II, pág. 157). Observaciones técnicas de gran penetración y delicadeza, que no tuvieron, por entonces, eco; pues Mr. Richard Ford, en su popular *Handbook*, concede poquísima importancia al artista, no citándolo siquiera en las listas de pintores, ni en la ojeada sobre la pintura española. Pocas líneas le dedica, al hablar del *Entierro* que él vio «neglected and damaged», y en ellas, siguiendo a Palomino, halla que "he was very unequal; thus what he did well was excellent, while what he did ill was worse than anything done by any body else. He was often more lengthy and extravagant than Fuseli and as leaden as cholera morbus» (pág. 781). Apenas si lo menciona de paso otras dos o tres veces, una de ellas con motivo del

Expolio, al que equivocadamente llama el *Calvario or Christ véaring his Cross*, y que halla "somewhat raw" (página 793). Verdad es que Mr. Ford no es un *connaisseur*, sino un viajero, lleno de amena erudición y de fino humorismo.

Sin embargo, en general, podría, tal vez, notarse cierta superior estimación hacia el Greco, en los escritores ingleses de aquel tiempo, con respecto a los franceses. Los primeros suelen acentuar el lado favorable; los segundos, el adverso. "Unequal", lo halla también Sir Edmund Head (páginas 80-83); pero hace observar que «his great study was coulour» y que se trata de un "strange but admirable master"... cuyo *Expolio* "... from its position and the glow of its colour as well as the grouping of the subordinate personages gives an unity to this work wich has rarely been surpassed"... "Some of El Greco's figures —añade— were extravagant in length of an ashen-grey tone, most singular in so fine a colourist"...; los dos retratos de la *Crucifixión* del Convento de la Reina (imag. 90)[313] los encuentra "both wonderfully painted". Analiza los Grecos del Escorial, que Ford ignora en absoluto; y el Museo del Prado, donde este último se contenta con nombrar al *Cristo muerto*[314], halla Sir Edmund Head, con complacencia, que "possesses no less than ten pictures by this master, meny of them portraits".

Stirling, con no ser entusiasta admirador del Greco, hace observar que "the perpetrator of these enormities sometimes painted heads that stood out from the canvas with the sober strength of Velázquez, and coloured figures and draperies with a splendour rivaling Titian's" (pág. 285). Además, piensa, como ya vimos, que algunos de sus retratos hay, que "jamás los sobrepujó Velázquez", y llega a reunir en Keir seis cuadros del maestro.

Viardot, por el contrario, vuelve a propalar que "changeant brusquement de manière il se jeta dans une voie nouvelle oú, pour être original, il se fit volontairement faux et ridicule"...; apenas si ve otra cosa en sus cuadros que "le dessin fantastique, ce coloris grisâtre, pâle, blafard... tout le parti pris d'une bizarrerie vraiment maladive" (pág. 266). Llega a afirmar que "ses leçons, ses conseils et ses élèves, valaient mieux que ses ouvrages" (página 161). Verdad es que, en la biografía que traza del pintor, ni siquiera menciona el *Entierro*.

---

313 *Hoy en el Louvre.
314 *En referencia a "La Trinidad" (imag. 27).

Los eclécticos.

El moderado e insulso eclecticismo, en que se fue apagando el hervor romántico, era incapaz de comprender, ni mucho menos de estimar, al Greco. Los escritores franceses, Laforgue, Clément de Ris, Lavice, Ch. Blanc, no hacen más que repetir, en el fondo, a Viardot; y, lo mismo que en el período anterior, tal vez Inglaterra es también la que se anticipa, en este, a penetrar el carácter del Greco y la importancia de su obra.

Sir J. C. Robinson, en su *Memoranda of Fifty Pictures,* al describir la tabla *Christ driving the Money-Changers out of the Temple* (imag. 34), hoy en Richmond[315], tiene a su autor por *"capo scuola,* and one of the most original and remarkable professors of the great cinquecento period; possessed of true genius, this high gift was often dashed and mingled with extravagance... As a painter or colourist, ... Greco is entitled to rank with Titian, Paul Veronese, Tintoretto, Rubens, Velázquez and Reynolds, that is, on a level in this particular respect with the greatest representative names in art". Anticípase muchos años, no solo al flamante entusiasmo por el Greco, sino a los más discretos juicios que sobre el pintor se formulan ahora, mediante el sagaz análisis que en breves palabras hace de la personalidad artística y de la técnica de Theotocópuli[316]. Verdad es que estos juicios, ni circularon

---

[315] *Actualmente en la National Gallery of Art de Washington.

[316] At all times —dice— and in all countries, however, the works of this Master will appeal to the artist and true connoisseur with au imperative voice whilst it is perhaps equatly certain they will always remain "Caviare to the multitude". In the dim twilight of the Spanish churches and convents there are still scores of weird-looking canvasses of II Greco, which the uninitiated observer passes over with wonder and bewilderment, the grim angular figures and draperirs, and the flickrring unrest of all the details, affecting him almost as would a harsh tumult of discordant sounds. But to the possessor of real art appreciation, a closer examination of even these unpromising specimens, reveals passages of admirable harmony which he will dweil upon as on sweet music heard fitfully amidst the howlings of a tempest. II Greco's style is altogether peculiar and indescribable. It is however, in many respects like that of Tintoretto, being distinguished by a similar rapid "bravura" execution poverfull jewel-like colouring but, at the same time, careless drawing; but II Greco's gamut of colour is very different, and essentially his own. Unfurtunately,

extensamente, por el peculiar carácter del libro en que se hallan expuestos, ajeno a la propaganda, y más bien dedicado con especialidad a los aficionados, ni era fácil que se hicieran nunca populares, como ya se anticipa a advertir su autor.

LOS MODERNOS.

Sin embargo, la libertad del arte, que se imponía, con tan diversos nombres y tendencias, en el último cuarto del siglo XIX, agitó los sedimentos de la crítica, y la riqueza de ideas, la amplitud de juicios, la finura de percepción, que aquella hubo de ganar, tradujéronse en reacción favorable, hoy creciente todavía, hacia el Greco. Así, Paul Mantz, tan poco indulgente con las desafinaciones, lamentábase, sin embargo, ya en 1874, de que hubiesen colgado a contraluz en la "Exposition en faveur des Alsaciens-Lorrains", "une toile étrange et farouche, *l'Arrestation de Jésus* de Theotocopuli, une peinture que le bon Gautier aurait le droit de qualifier de-truculente"... porque, añadía, "il est bien, que le publique trop habitué aux choses tempérées et chetíves soit quelque fois mis a méme d'étudier l'art dans ses éxagerations et dans ses violences"[317]. Por aquella misma época, P. L. Imbert[318] se fija con interés en los Grecos del Escorial y del Museo de Fomento de Madrid; y en Toledo, ante el *Entierro,* escribe: "La partie supérieure est une gloire où sont disposèes de longues figures d'un coloris argenté, d'une composition étrange mais magistrale. La partie inférieure, admirable de caractère est d'une extraordinaire personalité... Chaqué tète est un portrait d'une facture tres large, d'une touche hardie et savante, d'une execution digne des meilleurs tableaux du Titien. Les noirs des costumes sont d'une qualité harmonieuse qu'on retrouve toujours

---

many of his works have suffered from the same cause, which has deteriorated nearly all those of our own sir Joshua Reynolds, namely, the abuse of the Venetian practice of superficial glazing, the pure and brilliant but too attenuated surface tints, having too often in the lapse of time, almost wanished away, revealing again the black and white solid under-painting."

[317] *Gazette des Beaux Arts*, t X, p. 298.

[318] *L'Espagne, Splendeurs ti Misères. Voyage artistique et pittoresque.* Illustrations d'Alexandre Prèvost, París, Plon, 1875.

chez les maîtres espagnoli; les blancs sont fermes, éclatants et transparents." Algo después, Z. Astruc[319] se embriaga con el pintor, llamándole "luz de Toledo, desconocido más allá de la vieja ciudad." Y cuatro años más tarde, Solvay estudia ya al Greco, equivocadamente, a mi juicio, en algunas de sus observaciones; pero a conciencia. Encuentra que "cet étranger fut, au milieu de la troupe compacte de néo-italiens que l'Espagne allaitait, précisément le plus personnel, le plus espagnol des peintres depuis Morales et Sánchez Coello. On qualifia —dice, hablando de su famoso cambio de estilo— ses nouvelles productions d'absurdes et de fantasques. Hélas! Cette absurdité, ce fantasque c'était le salut, c'était la gloire". Apresúrase, es cierto, a limitar su entusiasmo, añadiendo que «cette gloire il na faudrait pas la grossir outre mêsure», puesto que «le talent du Greco n'est pas digne du premier rang»; pero no desconoce "qu'il a aussi ses grandeurs qu'on a trop souvent mêconnues». Halla en el *Entierro* «une singularité si attirante et si primesautiére, que quoi qu'on fasse on est impréssionné,... c'est du grand style, sans formules, sans banalité, tout en étant étonnemment réaliste, si l'on entend par ce mot ce qui donne la sensation vive de la réalité". Nada de tan elocuente enseñanza, como comparar su juicio acerca de la *Trinidad* del Prado (imag. 27) con el que Lavice hacía del mismo lienzo, treinta años antes. Este último escritor no ve en la composición sino que "Jésus n'est pas simplement affaissé, il est disloqué. Dieu le Pére n'a que la peau sur les os, les anges grimacent la douleur et plusieurs d'entre eux ont des mollets dont l'ampleur dépasse celle de nos danseurs de l'Opéra" (pags, 168, 169). Solvay, en cambio, encuentra que "rensemble a de la grandeur, les figures sont pleines de' caractére, et rien n'est plus émouvant dans sa noble simplicité". Para venir a terminar diciendo: "Artiste d'instinct inégal et sympathique, avec des audaces troublantes, des maladresses enfantines, des ténébres éclairées tout a coup de lueurs géniales, ti ne lui a manqué qu'un peu de science et de sens pour devenir un tres grand maître" (páginas 137, 142). Juicios que forman la base de lo que, en Francia, otros críticos, tales como Lefort, Lostalot y Wyzewa, han escrito después sobre el Greco. El interés y la estimación hacia el mismo se acentuaron de día en día; y el último de los escritores citados, por ejemplo, «n'hésite pas a mettre Théotocopuli au premier ráng des peintres espagnols du

---

[319] *Romancero del Escorial,* 1 883.

XVI siécle, comme le plus personnel et celui dont les oeuvres traduisent le mieux la disposition genérale des esprits dans le pays oú il était venu se fixer» (pág. 32).

En los días que corren, ingleses y franceses hablan del Greco en parecidos términos de interés y entusiasmo. Hanna Lynch (aunque griega), poco después A. Symons, y últimamente Stewart Dick, aquella de un modo más apologético, erudito y pintoresco, estos, con superior crítica y más a conciencia, han estudiado la obra de Theotocópuli, especialmente en Toledo, desde un punto de vista moderno, es decir, libres de preocupaciones legendarias, estimando los influjos del medio, el original valor de su arte, la trascendencia de sus arriesgados ensayos, y escudriñando los rincones de su potente personalidad, que, como dice Symons, «goes back then frankly to first principies; how one personally sees colour, form, the way in wich one remembers expression, one's own natural way of locking at things».

Con análoga orientación, dentro de la natural variedad de temperamentos y de impresiones personales, escriben hoy los belgas y franceses. El abate Hoornaert admira en el artista "la audacia de creador inquieto que concibe un ideal y no llega a darle forma"; y tiénelo por "un iniciateur qui reste en route, rencontrant par fois l'extravagance en cherchant la verité". Leo Bachelin y William Ritter, analizando, algo fantásticamente, los Grecos de la regia colección de Bucarest, en medio de "symphonies en bleu mineur", y de «notes rouges, vertes, bruñes, noires et blanches qui se heurtent et se contrarient, s'orchestrent en un choral fugué, siniestre et sauvage", afirman que "rien de plus étrangement moderne" puede encontrarse. Fierre Mouliet, buscando su encadenamiento en la pintura española, concluye estableciendo "la grande influence exercée par le Greco sur Velázquez, qui devait, quelques années plus tard, trouver une formule plus déliée, plus souple, plus élegante, mais non pas plus profunde ni plus caractéristique de la race espagnole". Y Paul Lafond, por último, ya escribiendo sobre la colección de D. P. Bosch, ya sobre la Capilla de San José, de Toledo, ya en su estudio de conjunto, multiplica por doquier sus alabanzas, diciendo que el Greco "est un penseur sublime qui au moyen de l'image a exprimé des étres et des états d'âme"; que "son oeuvre est une des plus émues et des plus captivantes que l'art ait produites"; y que "il eùt pu diré comme le vieux Buonarrotti: Je marche seul dans les routes non frayées; et avec Delacroix: Tout travail oü l'inspiration n'a pas sa part m'est impossibles".

En Alemania, desde Kugler[320], que ignora en absoluto al Greco, y Passavant[321], que, teniéndolo por "lleno de talento y originalidad, aunque excéntrico", no creía, sin embargo, que hubiera ejercido influjo alguno en la pintura española, hasta Justi, hay un abismo. Harto ha podido verse en el curso de nuestro trabajo, y no ha de repetirse ahora, lo que el crítico alemán, primero en su *Diego Velázquez*, y luego en su *Dominico Theotocopuli von Creta*, ha hecho en favor del Greco, ya esclareciendo datos sobre su persona, ya estimando acendradamente y realzando muchas de sus desatendidas cualidades, en medio de juicios tan poco exactos como el de que «los retratos del Museo del Prado son muy amanerados» y el de que el *Entierro* «está pintado en su peor estilo»[322]. Pero importa hacer notar que, en la nueva edición de su *Velázquez*, Justi ha rehecho el capítulo sobre el Greco[323], y como airada protesta contra la actual rehabilitación del mismo, de la que habla con menosprecio, acentúa el lado desfavorable de las condiciones del artista... «aquel salvaje amaneramiento, que es difícil comprender si no se acepta una perturbación patológica». Casi busca apoyo en el ridículo texto: "ya era loco", que los sacristanes repiten al enseñar sus cuadros. Recarga de negras tintas sus primitivos juicios sobre el pintor, diciéndonos: "Parece llevar el pincel atado a horrible ensueño, ofreciendo, como una revelación, la deforme pesadilla de su calenturiento cerebro. Cual si fueran de caucho, retuerce con dedos febriles las figurillas-modelos, de doce tamaños de cabeza, que colgaba ante sí, y con frenético sablazo, acuchilla sobre el lienzo, sin modelado, ni contornos, en un solo plano, pero en fantástica, simétrica alineación, con azul marino y amarillo de azufre, como colores favoritos, y ya al final, solo con blanco y violeta negruzco." Halla "creíble que todo esto se debiese a

---

[320] *Handbuch der Kunstgeschichte*, Stuttgart, 1861, Vierte Auflage.

[321] "Selbst der talentvolle, origindlc aber excentrische D. Thœtocopuli... ist fast ohne Einfluss auf die Künstler jenœ Landes geblieben". *Die Christliche Kunst in Spanien*. Leipzig, Rudolph Weigel, 1853, pág. 96.

[322] "... die Stück (viene hablando de los retratos: Bildnisse) des Pradomuseums sehr manierirt sind..." "... in seiner schlimmsten Art gemalt ist." *Velázquez*, pág. 79.

[323] En cuestión de hechos, da por seguro lo que antes ponía en duda, a saber: que el cardenal de la catedral de Valladolid, sea el retrato de D. Gaspar Quiroga, y cambia la atribución del cuarto personaje, el desconocido, del cuadro de Yarborough, que antes creía ser el Greco, y de quien ahora dice: "un joven de luengos cabellos, que parece representar a Rafael". Véase lo que de estos dos asuntos hemos escrito [*Capt. 1, "Sus retratos"; y capt. 2, "Aparición de su personalidad"].

una enfermedad del órgano de la vista (como en la vejez de Turner)". Señala como causas psicológicas "el afán de originalidad, la megalomanía, la afectación de bravura: miserias y aflicciones de aquel tiempo, que no podían respetar al extranjero". Clavetea, apoyándose en el "degeneró después", de Ponz, la archisobada cantinela de la decadencia y el cambio cronológico de un estilo bueno a otro perverso. Y concluye afirmando que "nunca orgullo satánico de artista despreció tan audazmente, ni con gesto tan solemnemente patético, a aquello que, en todo tiempo y lugar, se ha llamado naturaleza, arte y razón" (pág. 51). En una palabra, Justi representa ahora, decididamente, las ideas tradicionales acerca del Greco; y la historia no ha podido deparar más fuerte y autorizado corifeo al coro de los eternos escandalizados, que seguirá siendo innumerable.

No figura en él Max von Boehn. En su breve y sustancioso artículo, es un rehabilitador convencido, pero justo y ecuánime, sin alharacas vacías ni delirantes banalidades. La pintura del Greco "fue un enigma para su tiempo" y "el pintor llegó a ser solamente él mismo. Este subjetivismo de su arte, este fuerte elemento personal, que introdujo en sus creaciones, y a todo lo que pintaba imprimió una nota tan extrañamente original, influyó de tal suerte, que sus contemporáneos, no habiendo visto nunca cosa semejante, lo tuvieron por loco, mientras a nosotros, en un alto sentido, aparece solo como un moderno impresionista perdido en el siglo diez y seis. Moderno, no porque hubiese intentado conquistar nuevos dominios del arte o resolver nuevos problemas, sino porque en todo lo que creó puso por delante su personalidad; moderno, en sus reclamaciones del derecho ilimitado de la individualidad. Él quería hablar su propia lengua, porque tenía algo que decir en ella" (páginas 4 y 5). Consideraciones, que no impiden al crítico reconocer con serenidad que "una corriente patológica circula por todo el arte de este hombre", y así lo va mostrando; pero también reconoce que, si "el estilo es enfermizo en su forma, fascinan, sin embargo, el qué y el cómo de sus discursos, pues constantemente habla en ellos un espíritu personal, con frecuencia chocante, pero siempre lleno de interés", y que "de todo en todo, es el Greco el más grande original en los anales de la nueva pintura" (pág. 8). Y así, en tal orden de ideas, termina hermosamente con estas palabras: "El Greco quedó en su arte tan solitario y aislado como todos los grandes; pero su obra, que, potente y típica, abre la historia del arte español, proclama, como una promesa, el dogma de la victoria final de la individualidad sobre la convención y el molde, pues la dicha suprema de los hijos de la tierra es solo la personalidad" (pág. 14).

Por último, en cuanto a los escritores griegos, Bikelas, Constantopoulos y Hannah Lynch, guiados amorosamente por el sentimiento patrio y recabando la filiación helénica del artista, ¿qué otra cosa, en general, habían de hacer, el primero, siguiendo a españoles y franceses, el segundo, a Justi, y la tercera, repitiéndose a sí misma, que aportar flores para la corona, que nuestros días tejen al Greco?

Porque, en la actualidad, considérasele a porfía como un artista genial, sembrador de originales tendencias, labrador de hondos surcos, iniciador de poderosos influjos, tan lejano de la insignificancia, como indigno de la desestima o de la execración en que a veces, y por lo que toca a la inmensa mayoría, ha vivido. Para casi todos es hoy un exaltado, un radical, en concepciones y procedimientos; mas solo para aquellos que simpatizan con su carácter, llega a ser un verdadero maestro, al par de los más altos; no precisamente *por* sus extravagantes disonancias, pero tampoco *a pesar* de ellas, sino *con* ellas; pues, inseparables de su personalidad, hay que admitir esta en bloque, o no admitirla de ningún modo. Sin aquellas, no sería el Greco lo que es; y no faltará quien las estime como esenciales en su obra y aun como el lado más meritorio de ella; unos, por pensar que alguna vez "conviene el escándalo"; y otros, todavía más audaces, por creer que, precisamente en esa escandalosa extravagancia es donde radica la savia de una nueva y mejor vida para el arte.

Los descomunales tipos, tenidos antes por locos desvarios, después por aberraciones visuales de un enfermo (Justi, Harmah Lynch), explícanse, con más acierto, como producto de un originario ideal heroico, que tiene antecedentes en la historia, desde los lejanos de los vasos griegos y los mosaicos bizantinos, hasta los más próximos e intensos de Tintoretto y que en Theotocópuli toman solo el marcado acento que corresponde a la exaltación del artista. Donde antes no solía verse más que la falta de proporción y el desdibujo, vese ahora algo más y algo menos; pues, como en la anécdota de Carducho (páginas 156- 157), puede también contestarse en este caso a los Zoilos que preguntan: —"¿Cómo no ve vuestra md. este pie tan mal hecho y fuera de su lugar? —No los había visto, porque esta mano y este pecho me lo encubrían con su excelencia y dificultad". En el peor cuadro del Greco sobran siempre trazos y planos para encubrir con su libertad y firmeza de construcción todos los aparentes desvarios. Lo que antes no era más que "desazón" y "crueldad", cuando no misérrima pobreza de colorido, ha llegado a ser hoy su mayor gloria; porque convierte al Greco en el más claro representante, entre los antiguos, de una nueva estética del color, que busca el natural a toda costa, y cuya verdad e importancia solo en nuestra época podía comprenderse. Los espectros, que han espantado a la generación educada en el culto de las muelles falsedades de Paul Delaroche y Winterhalter, atraen ahora por su intensa originalidad a las nuevas generaciones, que suspiran por la rebelión y persiguen ante todo en el arte algo que viva.

EL CAMBIO DE ESTILO.

Más o menos explícitamente, todos los escritores sobre el Greco vienen a reconocer y a confirmar el súbito cambio, que, según los antiguos, experimentó el artista, en un cierto instante de su vida, por lo que hace a su técnica. Pero, del estudio que venimos haciendo, se desprende, que hay puntos esenciales que rectificar en tales juicios. En primer término, el cambio, que en el artista se verificó, ni fue de una vez, ni súbito, ni siquiera rápido, sino lento y continuado, aunque manifestándose por impulsiones o períodos alternados de mayor o menor intensidad, según se produce generalmente todo proceso en los organismos y en sus actividades. Desde los más tempranos cuadros del Greco, hemos visto aparecer claramente todos los gérmenes, que, andando el tiempo, y favoreciendo el medio, han de dar sello tan personalísimo a su obra. En segundo lugar, ni se distingue bien entre la crisis de carácter general, relativa al dibujo y al color, y la de carácter especial, que corresponde al realismo, producida principalmente por el influjo castellano; ni se advierte que en esta última fase quedan siempre claros vestigios de su anterior manera. Olvídase, al escindir con sobra de simplificación el estilo del Greco en dos mitades sucesivas, una, "haute montée en couleurs généreuses"; otra, de "teintes presque cadavériques" (Lostalot, pág. 130), que, muy adelantada ya la segunda época de su vida, a que la última mitad se aplica, pintáronse, entre otras muchas, aquellas riquísimas, prodigiosas armonías, tales como la *Virgen* de la Capilla de San José, el *Sueño de Felipe II* y el *Retrato de Niño de Guevara*, en las que todo puede hallarse menos que hubiera perdido el artista el sentimiento del color, como pretende Solvay. Y aparte de otros errores, como el de suponer, según hace Lefort, que recuerda el "desorden candido de un principiante" lo que no es sino quintaesencia de reflexión, pura teología pictórica, desconócese que la exaltación de nuestro artista, más gradúal también de lo que vulgarmente se cree, no alcanza su máximo hasta los últimos años de la vida del Greco, análogamente en esto a Turner, contra lo que Robinson piensa, al establecer, por otro lado con gran acierto, el paralelo entre ambos pintores (pág. 39); ignórase, finalmente, que ni aun a esta postrera etapa es aplicable la simplificación de los cinco colores del retrato de Sevilla, teoría propagada con fortuna desde la primera observación de Solvay, pero que los hechos se encargan de destruir, con sólo recordar, como ya se dijo, la *Asunción*, de San Vicente, de Toledo.

La crítica española.

En España, la crítica profesional, la que con más frecuencia se exterioriza en catálogos, libros y discursos académicos, ha seguido las fluctuaciones de la extranjera con respecto al Greco; pero jamás ha dejado de haber, al par de ella, otra especíe de opinión esotérica, que, sin darse a luz literariamente tanto como la erudita, ha mantenido vivo el culto hacia el Greco, conservando, ya el respeto, ya la admiración, que por él sintieron sus convecinos de Toledo y aun el mismo Pacheco. Esta corriente no ha podido menos de ejercer su influjo y de salir, de vez en cuando, a la superficie. Así se comprende que, en el periodo menos favorable para el Greco, escandalizado Lavice de ver dos de los retratos del pintor en el Prado "placés sur la méme ligne au méme poste d'honneur que des Titiens, des Velázquez, des Van Dyck de premier ordre!" se lamentase de que "chaqué pays a ses prejugés et ses folies tendresses" (pág. 168). Siempre ha existido aquí, en algunos, un fondo de apasionada ternura hacia el artista, una inclinación a considerarlo y amarlo como cosa propia. Y así se da la curiosa incongruencia, de que el corifeo en nuestro país de la crítica pictórica durante cincuenta años, D. Pedro de Madrazo, cuando funciona de erudito académico clasifique al Greco en la escuela italiana (*Catálogo*) y hable de él con fría reserva, y cuando escribe popularmente, lo ensalce y lo coloque entre los grandes maestros de la escuela española (*Almanaque*).

EL BIZANTINISMO.

No es extraño que, con la facilidad y el hábito de contemplar los numerosos cuadros del Greco, tan raros fuera de España, hasta estos días, haya sido aquí donde han tenido origen y luego tomado cuerpo, dos importantes observaciones acerca del pintor; la relativa a su bizantinismo y la que se refiere a su influjo sobre Velázquez.

La primera se ha hecho notar solo desde época reciente, procede del campo erudito y de él aún no ha salido. La segunda es antigua y ha tomado carta de naturaleza, haciéndose popular entre el círculo de los artistas y apasionados del Greco. El origen griego de éste ha servido, sin duda alguna, como excitante para buscar el influjo bizantino en sus cuadros, y lo extraño es que se haya tardado tanto en ello. Hasta donde conozco, Madrazo (*Almanaque*) es el primero que hizo observar semejante carácter, aplicándolo al color; Alcántara nota lo propio; Justi lo refiere a la composición del *Expolio* y a la educación del artista; Constantopoulos insiste sobre lo último; Tormo lo halla en la expresión de las figuras, y Sanpere (*Hispania*), en la técnica, comparando la del Greco con la noticia que el manuscrito del Monte Athos da sobre cómo pintaban los cretenses[324].

---

[324] "Comment travaillent les Crétois.— Peignez ainsi les vêtements: préparez un proplasme foncé, esquissez et faites les reflets a deux ou trois reprises. Employez le fard pour les figures, et peignez-les ainsi qu'il suit: mettez de l' ocre foncé, un peu de noir et trés-peu de fard; employez le proplasme, et achevez d'esquisser avec du noir trés-foncé. Faites les veux. Pour les prunelles, vous n'emploierez que du noir par. Vous mêterez du fard, un peu d'ocre et de cinabre, afin que les chairs ne soient pas jaunes, mais plutôt d'un rouge blanc. Faites attention de ne pas couvrir entièrement le visage, mais seulement les parties éclairées, et d'aller en diminuant sur les bords. Ajoutez un peu de couleur de chair presque blanche, sur les lumières, et redonnez un peu de forcé aux ombres et quelques touches de fard. Vous pourrez

Puede admitirse como muy probable la primitiva educación cretense del Greco, y creo justo aceptar este supuesto, mientras datos positivos no vengan a destruir los indicios tan verosímiles en que se funda. El constante y decidido empeño que el pintor pone en citar su patria, más que el recuerdo de una simple noticia de referencia familiar o la lejana y vaga memoria infantil, parece indicar cierto amoroso sentimiento, alimentado por la nostalgia de juveniles años de aprendizaje, que trascurrieron en la isla nativa. Pero no creo que esto baste por sí solo a explicar el parentesco, más o menos real, más o menos remoto, que, desde los varios puntos de vista indicados y con independencia unos de otros, han señalado los críticos, entre la pintura bizantina y la del Greco. Si se analiza la exactitud y legitimidad de esta impresión, me parece que a despertarla contribuye la concurrencia de varios elementos; no todos en el mismo grado, y aún pienso que cada uno de ellos aisladamente no bastaría a producirla. El más accesible, el de mayor efecto, a primera vista, es la desmesurada longitud, junto con la escualidez y verticalidad de las figuras. Sigue, luego, unas veces, el agrio abigarramiento, la "desazón" del colorido, los "crueles borrones", que llevan a la vaga apariencia del mosaico; otras veces, la monocromía gris cenicienta o pizarrosa de ciertas figuras aisladas, como los *San Franciscos*, que, más vagamente aún, nos conducen a los muros y tablas pregiotescas. Viene, en tercer lugar, con carácter más esencial que los anteriores, pero menos frecuente y llamativo, la agrupación notada del *Expolio*, semejante, por ejemplo, a Cimabue, en análogo asunto, y la tendencia a destacar las enormes figuras aisladas, concentrando en ellas todo el interés sobre un fondo unido: tales como *San José*, de Toledo, *San Pedro*, del Escorial, *San Bernardino*, del Prado, etc. Pero el más intenso y de fondo, al par que el más constante, es la extraña intensidad expresiva de los personajes, que viven solo interiormente y para sí mismos; su absoluta falta de placidez, su aire enfermizo, de resignada protesta. En los retratos lo hice ya notar, por parecerme el lugar más

travailler ainsi pour les pieds et pour les mains. Les cheveux des jeunes gens, vous les ferez de la maniere suivante: faites un proplasme noir foncé; esquissez avec autre noir, et faites les parties lumineuses, qui se fondront avec celles qui sont dans l'ombre. Vous éclairerez d'une autre maniere les barbes et les cheveux de vieillards, en employant le *linum* et en donnant quelques touches de fard." *Manuel d'Iconographe chrétienne greque et latine*, par M. Didron, *traduit du manuscrit byzantin: Le guide de la peinture*, par le Dr. Paul Durand, París. Imprimerie royale, MDCCXLV.

oportuno. Ahora bien, ¿qué parte de todo esto corresponde a la originaria, extraña individualidad del artista, influida por Italia y por España; cuál a su herencia griega o a su probable educación cretense? Aquí deben entrar las reservas. La desproporción de las figuras, cualidad, que, como ya se dijo, lo mismo aparece en el florecimiento de los lequitos atenienses que en la decadencia de los mosaicos ravenates; la "crueldad de los borrones", signo también de escuela o tendencia, antes que de país o de época, ¿no son fenómenos, cuya interpretación más natural puede encontrarse en el influjo de los tipos del Tintoretto y de la ardiente "bravura di tocco", tan grata a los pintores venecianos, al caer todo ello en la originaria y siempre creciente exacerbación personal del artista? Y, puesto que la reminiscencia bizantina de la composición del *Expolio* es, hasta ahora, única y excepcional, en la obra del Greco, no pudiendo señalarse en los demás asuntos religiosos, tratados por el pintor, otros moldes que los usuales italianos, ya simplificados en sentido local, realista, ya trasformados libremente en su época española, ¿no será, más bien, un mero producto de esta misma tendencia hacia el realismo, y ajeno a todo influjo cretense, el extraño aspecto, por otra parte grandemente escultórico, de sus figuras aisladas? Finalmente, la analogía de sentimiento entre sus figuras y los encáusticos greco-alejandrinos, desconocidos para el Greco, ¿no envolverá una pura coincidencia de los mismos con el temperamento desapacible del artista, puesto a interpretar el lado triste de la raza, más que un producto de su primera educación o un fenómeno de atavismo? Si todo esto fuera así, del bizantinismo del Greco, aparte de la afición a repetir una y otra vez sus composiciones, quedaría solo el sentido despectivo de la frase, es decir, el aire de extravagancia. El estudio de las pinturas cretenses, de que habla Constantopoulos, ayudará, tal vez, a decidirse, ya que los datos del manuscrito publicado por Didron no son, ni mucho menos, concluyentes.

COLOR Y TÉCNICA

Si el Greco, como me inclino a creer, hubiera recibido sus primeras enseñanzas artísticas en Creta, legítimo sería buscar allí explicación de su estilo; y, aunque excepciones hay en contrario, es lo probable que aquel hubiese conservado, y que pudiera descubrirse en sus obras, algún influjo de sus primeros maestros. Pero la misma inclinación que siento hacia tal creencia, que todavía no es un hecho, en vez de dejarme seducir fácilmente por todo lo que parezca confirmarla, me obliga, al contrario, procediendo con reserva, a poner de relieve el lado adverso de los testimonios, para no aceptar sino lo que resulte bien probado. Así, pienso que la analogía entre los cuatro colores, que en el manuscrito del Monte Athos se recomiendan, y los cinco que aparecen en la paleta del *Pintor* de Sevilla, dice menos de lo que a primera vista parece; porque, como ya hemos hecho observar, la generalización de dicha paleta a toda la obra del Greco, aun en su último tiempo, sería inexacta y arbitraria, debiendo limitarnos a afirmar tan solo, si no se ha de caer en error, que con tales colores pintó aquella cabeza y, muy verosímilmente, las otras análogas. Pero el Greco, en este caso, lo que hizo fue abandonar, en vez de seguir, las tradiciones cretenses. En apoyo de lo que decimos viene un dato tan significativo como el del nuevo quinto color, la laca de garance, que aparece en la paleta; pormenor elocuente, porque indica dos cosas: la independencia con que el Greco procedía respecto de sus antiguas enseñanzas y el camino por donde buscaba aquello que más le distingue, su nota personal, que nada tiene que ver con la pintura cretense: el delicado gris de sus finas carnaciones. La originalidad, por otra parte, más que en los colores, se halla en el modo de emplearlos, es decir, en el procedimiento y en el predominio resultante de tonos y tintas. Lógico es presumir, por ejemplo, que Tristán usaría los mismos colores que el Greco, y, sin embargo, su entonación es lo que jamás logró asimilarse. En ninguno de aquellos dos respectos aparece tampoco clara la relación del Greco con las recetas cretenses. En cuanto al primero, lo que al artista caracteriza, como hemos podido ver en el curso de nuestro estudio, es justamente la rica y libre multiplicidad de técnica, imposible de reducir a fórmulas, unas veces tan sencillas y otras tan vagas, como son las del manuscrito griego. Véase, en prueba de ello, lo que de la técnica del Greco dice el Sr. Beruete, el más práctico e inteligente crítico español de nuestros días: "C'est un véritable enigme que son procéde: tantót il parait compliqué, tantót il est si simple qu'on peut suivre la trace du coup de pinceau sur la préparation rougeâtre de la toile. Le Greco empâte en general ses chaires sans exagération, a petites touches, et il ajoute quelques coups de pinceau définitifs trés accentués mais trés délicats (pág. 68)." Y, en cuanto al segundo, no es el negro ni el asfalto su entonación característica, sino el gris ceniciento y carminoso. Sus figuras son cárdenas, exangües, cadavéricas, si se quiere, pero jamás rojizas, negruzcas o asfaltosas, como son las antiguas falsas imitaciones de sus cuadros, de donde procede tan inexacta idea. Y es difícil representarse cómo hubiera podido sacar el Greco, ni del colorido, ni de la técnica cretense, la gama de sus tintas, tan pronto, suave, tan pronto, agria; a veces, simplificada; rica y abundante, otras; "les effets de couleur les plus surprenants et les harmonies les plus délicates, en méme temps que les contrastes les plus étranges et parfois méme les plus discordants... la gradation des valeurs dans ses tableaux qu'est a elle seule un enseignement... et les blancs, tantôt brillants et purs, tantót teintés de gris ou de jaune, mais toujours d'une qualité rare". (Beruete, pág. 68.)

INFLUJOS RECIBIDOS.

Nada más lógico que buscar en la herencia acumulada, en el medio ambiente nativo, en las primeras enseñanzas recibidas, el fondo primordial de las cualidades del Greco, acentuado en ocasiones como caso atávico; pero guardémonos de atribuir ligeramente a un supuesto legado de enseñanza bizantina las grandes dotes que han hecho inmortal al artista. Su genial personalidad tiene raices más antiguas, hondas y universales, que meramente las de un primer e incierto aprendizaje técnico. Después de aquella, lo que encontramos, ya con perfecta claridad, son los poderosos, evidentes influjos, asi del arte italiano como de la naturaleza y la vida castellanas. Al elemento originario, débese la intensidad que infunde a sus figuras, el dramatismo, la constante preocupación por nuevos problemas pictóricos, tan contraria a la mortecina quietud de toda clase de cánones; la excitación creciente, que le lleva hasta la extravagancia. Aunque moldeado y fundido de nuevo por su vigorosa originalidad, de Italia procede el tono ideal de su espíritu, su primer colorido y lo esencial de la composición y del procedimiento[325]. Y España le

---

[325] La analogía, en el modo de trabajar, entre el Greco y Tintoretto, ha sido ya notada por muchos. Del primero, dice Pacheco t. II, p. 11: "Dominico Greco me

suministró la atmósfera propicia para su realismo familiar, su tristeza, sus violentas acritudes, la finura de sus carmines y sus grises. Aquí halló un mundo para él nuevo, que había de ser forzosamente visto en alto relieve por ojos extranjeros, penetradores siempre de algo más, y de algo más típico, que quizá escapa a los ojos de los naturales, que nunca salieron de su tierra, y que había de ser traducido con el intenso carácter, que en el mismo mundo descubriría un espíritu, como el suyo, de otra raza y pueblo, no embotado por el hábito de la diaria contemplación de aquel medio.

Hay una nota que constituye, mejor que otra alguna, el fondo originario y permanente de la personalidad pictórica del Greco, a saber: la constante entonación fría que vemos aparecer vagamente desde sus primeros cuadros, y que luego se pronuncia de un modo exclusivo; el empleo, como sistema, de la serie *ciánica* de los colores, del predominio del azul sobre el rojo para buscar el tono, caso admirable por lo original en aquel tiempo, en que la pintura movíase dentro de la serie *xántica*, de las entonaciones doradas y calientes,

---

mostró (...) una alacena de modelos de barro de su mano, para valerse de ellos en sus obras, y, lo que excede de toda admiración, los originales de todo cuanto había pintado en su vida, pintados al óleo en lienzos más pequeños, en una cuadra que por su mandato me mostró su hijo." Del Tintoretto cuenta Ridolfi en *Le maraviglie dell'arte*..., 1648, tomo 11, páginas 6 y 7, que "Esercitauasí ancora nel far piccioli modelli di cera, e di creta, vestendoli di cenci, ricercandone accuratamente con le pieghe de' pannu le parti delle membra, quali diuisaua ancora entro píccole case e prospettiué composte di asse e di cartoni, accommodandoui lumicai per le fenestre recadoui in tale guisa i lumi e l'ombre —Sospendeua ancora alcuni modelli co'fili alie trauature, per osseruare gli effetti che faceuano veduti all' insu, per formar gli scorci posti ne soffitti, componendo in tali modi bizarre inuentioni: le reliquie di quali si conseruano ancora nella stanza secretaria de' pellegrini suoi pensieri."

Analogías y diferencias, por lo que hace al color y al dibujo entre ambos maestros, sugieren también las siguientes citas de Ridolfi (páginas 59 y 60), tocantes al Tintoretto: "Dimandato quali fossero i piu belli colori, disse e il nero ed il bianco perche l'vno daua forza alle figure profondando le ombre, l'altro il rilieuo". — "Hauaua ancora in uso di diré che i bei colori si vendeuano nelle botteghe di Rialto: ma che il disegno si traeua dallo scrigno dell'Ingegno con molto studio, e lunghe vigilie che per cio erada pochi inteso e praticato."

Finalmente, no hace falta ir a Venecia; en muchos Museos y colecciones abundan obras de Tintoretto, en las que se puede hallar un inmediato parentesco con las del Greco, en el espíritu, la composición, el dibujo, el color y la técnica. Sin salir del Prado, compárense especialmente el *Paraíso*, número 398 (así como también el mismo asunto, del Louvre, y del Museo de Lille). El Bautismo de Cristo, núm. 413, y los admirables bocetos pata frisos, números 412, 433, 434, 435, 436 y 417.

llevadas a su más alta expresión por Tiziano. ¿Cuál es su procedencia? ¿El temperamento individual del artista? ¿Las primitivas enseñanzas locales? ¿El influjo de Tintoretto, en quien asoma también aquel carácter? Probablemente todo ello junto. Solo una cosa hay cierta: que al llegar a España se acentúa esta nota, que aquí se exalta de día en día, que ella traduce fielmente, con perfecto sabor realista, el tono de la raza y de la tierra castellanas, y que por ella, mediante las apagadas armoniosas sinfonías de plata y violeta, marca el Greco su honda huella en el más grande de los pintores españoles.

SU INFLUJO EN VELÁZQUEZ.

El Greco ha influido en Velázquez; hay algo en Velázquez, que procede del Greco. Esta apreciación ha sido, desde antiguo, mucho más familiar y corriente que la del bizantinismo, entre los artistas e inteligentes españoles, antes de que también lo fuese, como hoy sucede ya, entre los críticos extranjeros.

Brotaba tal idea fácilmente del continuo parangonar en el Prado los retratos de ambos maestros, aparte de la sugestión en todo tiempo ejercida por Palomino, el primero, tal vez, en publicar semejante analogía, cuando afirma en su *Vida de Velázquez* (pág. 481), que "en los retratos, imitó a Dominico Greco, porque sus cabezas, en su estimación, nunca podían ser bastantemente celebradas". Otra relación indirecta establece todavía Palomino entre el Greco y Velázquez, al decir, refiriéndose a los años de aprendizaje del último, en Sevilla, que "las pinturas que causaban a su vista mayor armonía eran las de Luis Tristán, discípulo de Dominico Greco, pintor de Toledo, por tener rumbo semejante a su humor, por lo extraño del pensar y viveza de los conceptos; y por esta causa se declaró imitador suyo". Desconozco las fuentes en que Palomino se inspiraba para hacer tales afirmaciones; pero, independientemente de la verdad de los hechos, no las tengo, sobre todo a la primera, por ocurrencias e invenciones del biógrafo, y creo, más bien, que expresan el estado de la opinión en aquel tiempo.

Fácil sería examinar paso a paso los textos, para ver cómo los autores, o han afirmado, o no han contradicho ni puesto en duda la relación de Velázquez con el Greco. El repetido y apurado estudio que del primero se ha hecho en la época moderna y la exaltación que de su personalidad se ha producido, contribuyeron a convertir aquella relación en íntimo parentesco, más aún, en poderoso influjo de maestro a discípulo. Y por semejante camino se lanzó la crítica con tal vehemencia, que no tardó en levantarse la natural protesta, por parte de los últimos biógrafos de D. Diego, temerosos, sin duda, del menoscabo que, en la gloriosa independencia del maestro, pudiera producirse. Stevenson y Beruete, aunque comenzando ambos por reconocer, aquel, vaga, este, explícitamente, la relación entre el Greco y Velázquez, han procurado, el primero, desvirtuar la opinión reinante con observaciones, a mi juicio, poco exactas; el segundo, reducir sus proporciones, señalando, con la claridad y el saber que le distinguen, lo único, a su entender, que el pintor de Felipe IV tomó del cretense. El reconocimiento del influjo es unánime; y estoy por decir que es unánime también la apreciación de los elementos comunes entre ambos maestros. La diferencia empieza, al fijar la importancia que debe atribuirse al hecho.

Yo he sido desde antiguo, y continúo siendo, de aquellos que la creen extraordinaria. Expuse mi opinión en 1897 (*Boletín*); y ahora, como entonces, pienso que el Greco es un antecedente necesario en la obra de Velázquez; que la personalidad artística de este, en muchas de sus cualidades, es inseparable de la obra de Theotocópuli y que, sin esta, a juzgar por los hechos, no puede aquella explicarse debidamente. Y tengo la fortuna de que el fino análisis del Sr. Beruete, la más alta autoridad que reconozco, haya venido implícitamente, a pesar de todas sus atenuaciones, a confirmar mi opinión en este punto. Cierto que el ilustre crítico, combinando su perfecta serenidad de juicio con su moderación de lenguaje, empieza por advertirnos, acerca de la relación de Velázquez con el Greco, que "il ne faudrait pas outrer ses conséquences, comme tel qui soutient que le jour viendra peut être où Velázquez passera pour l'éléve du Greco" (pág. 66). Poco importa el sentido literal de la palabra "discípulo". Velázquez no conoció personalmente al Greco, muerto cuando aquel tenía quince años; pero ¿cabría exageración en aplicarle semejante concepto, después de las siguientes observaciones del Sr. Beruete? "Pendant cette période de la vie de Velázquez, se produisit un fait digne de remarque, étant donnée la personnalité et l'indépendance du maître. Il s'agit de l'influence indiscutable qu'exercérent alors sur luí les tableaux du Greco. Il les vit et les étudia sans doute a Tolède... Velázquez, qui s'était sous-trait a l'influence de Rubens et qui avait échappé aux séductions des Vénitiens, trouva sans doute chez le Greco quelque chose de supérieur qu'il tache de s'assimiler" (pág. 66). Hay que advertir que este "algo superior", que Velázquez procuró asimilarse, no era, según queda dicho, lo accesorio, sino nada menos que aquellas cualidades características del Greco, por lo que se refiere al colorido, al gran problema que le preocupaba.

Verdad es que el biógrafo, celoso por la independencia del maestro, asegura que "il ne conna prise a aucune influence étrangére; celle du Greco, que nous avons signalée, seborna a l'adjonction de certaines des qualités de cet extraordinaire artiste a celles qu'avait déjá Velázquez" (pág. 197). Mas, ¿qué influjo, pequeño o grande, consiste en otra cosa que en la unión de ciertas cualidades a las que ya se tienen? Lo que importa fijar, es su profundidad y trascendencia, cosa que no se mide sino por el valor de estas mismas cualidades. He aquí ahora el alcance que el Sr. Beruete les concede: "Velázquez n'eut jamáis une palette exuberante: il n'employait que les couleurs nécessaires a l'obtention de ces tons degrades où sont combinées toutes les teintes du gris. Et il arrivait ainsi, gráce a la finesse avec laquelle sont determines les rapports des différentes valeurs, a des harmonies d'une supréme distínction. C'est a cette qualité, plutôt qu'a son fameux naturalisme, que Velázquez doit d'être tenu aujourd'hui pour le plus original des peintres; c'est elle qui lui vaut la grande influence qu'il exerce sur l'art contemporain" (pág. 196).

Ahora bien, ¿de dónde proceden esos tonos apagados, en que se combinan todas las tintas del gris, esas armonías de suprema distinción, que hacen de Velázquez el más original de los pintores, y a lo cual debe el grande influjo que ejerce sobre el arte contemporáneo? El mismo escritor nos lo dice: "L'adoption par Velázquez de teintes gris argenté dans la coloration des chairs, l'emploi des certains carmins, une plus grande liberté d'éxecution... tels sont les points ou se fait sentir l'influence du Greco... Il lui doit certaines finesses de coloris, une harmonie de tons gris très distinguèe, que ses toiles ne présentaient pas jusque-lá" (pág. 69). "L'étude des oeuvres du Greco lui apprend a employer les gris fins dans le coloris der chairs et enrichit sa palette de plusieurs couleurs nouvelles" (pág. 114).

Después de tales enseñanzas, no de un modernista vehemente apasionado del Greco, sino del más sereno y técnico biógrafo de

Velázquez, a la vez que del más celoso defensor de su independencia, yo creo que hay suficiente motivo para afirmar que no puede concebirse a Velázquez, al verdadero Velázquez, en su pleno desarrollo, sin el Greco, y que no cabe más adecuada denominación para caracterizar la relación que entre ambos existe, que la de maestro a discípulo. En tal sentido, y para gloria de ambos, el Greco fue el único maestro de Velázquez, y Velázquez el único discípulo del Greco.

SUS DISCÍPULOS OFICIALES.

Como tales, sin embargo, han indicado, desde antiguo, los historiadores a su hijo Jorge Manuel, al Padre Mayno, a Orrente y a Tristán. Del primero, aparte del retablo de Titulcia (capt. 9) no conozco más que un solo cuadro: la variante reducida del *Expolio* del Museo del Prado y cuya autenticidad he podido comprobar, cotejando la firma que lleva: *Jorge Manuel Theotocópuli*, con otras del mismo, que hallé en el Archivo de protocolos y en el Municipal de Toledo. Copia insignificante, mas de gran valor como documento; pues nos ilustra, según ya se dijo, sobre la mano que debió ejecutar tantas otras anónimas, entre malas y medianas, inconfundibles con las obras auténticas, pero confundidas con ellas, merced al ambiente familiar, a la réplica de asuntos, a la contemporaneidad de ejecución, y a veces, a alguna que otra pincelada del maestro, en cuyo estudio y para satisfacer pedidos de poca monta, tal vez se trabajaron. Jorge Manuel, por tanto, como pintor, es poco menos que *fabuloso*.

De Mayno y Orrente, no hay para qué hablar. A quien conozca sus obras, siempre causará sorpresa oír que ambos pasaron por el taller del Greco. Tal vez cierta extrañeza que se observa en la *Adoración de los Reyes*, de Mayno (núm. 2.166, del Prado), sea producto de aquel influjo. Es todo lo que puede notarse. En Orrente, ni aun esto. Lo mismo en sus cuadros originales, por ejemplo, en uno de los mejores, la *Casulla de San Ildefonso*, en la Sacristía de la Catedral de Toledo, que en sus imitaciones de los Bassanos, nada recuerda al Greco, ni en el espíritu, ni en la factura.

Con Luis Tristán sucede lo propio. Maravilla ver cómo ha pasado este pintor, y todavía pasa en la opinión vulgar, por una especie de segundo Greco, y hasta, muchas veces, superior a este mismo. Discípulo predilecto suyo, ejecutor, por recomendación del maestro, de aquellos encargos importantes, que este no quería, o no podía ya llevar a cabo en sus últimos años, era natural creer que nadie estuviese en mejores condiciones para experimentar su influjo y asimilarse su estilo. Y de aquí, sin duda, hubo de originarse aquella leyenda, apoyada luego —para la observación superficial, con que la generalidad se satisface— más que por la servil imitación de algunas de sus composiciones, tal como la *Trinidad*, de la Sacristía de los Cálices, en la Catedral de Sevilla (imag. 187)[326], por la multitud de Cristos expirantes y de tétricos *San Franciscos*, unos y otros, en fondos lóbregos, con que Tristán y sus malos imitadores e ignorados copistas inundaron a España. Y aquí concluyen todas las afinidades de Tristán con el Greco. Si este no influyó en aquél, en cambio los cuadros de aquél han influido, hasta hace poco tiempo, en desprestigio de este; pues la observación inexperta, incapaz de analizar con finura, y sugestionada por los datos biográficos, cayó en confundir las obras de ambos y ha venido atribuyendo al maestro las malas cualidades exclusivas del discípulo. Confusión, que trasciende, a veces, hasta a la crítica mejor intencionada, aunque falta de experiencia; y así se ve a Lefort publicar en su *Historia de la Pintura española*, como del Greco, la *Trinidad* de Tristán, de que antes hemos hablado; a Symons, analizar el Retablo, de *Santa Clara*, de Toledo, que es también del discípulo, como obra típica de la juventud del maestro; y a tantos otros, que sería prolijo enumerar, atribuirle precipitadamente opacidades de tintas y entonaciones rojizas y asfaltosas, que jamás tuvo y que caracterizan a Tristán y a sus imitadores. La obra maestra de este, el *Retablo*, de la Parroquial de Yepes, subsiste aún, para probar dos cosas: que su pintura no traspasó el límite de una insignificante medianía y que no acertó a asimilarse ninguno de los rasgos, ni del carácter, ni de la técnica, que distinguen al Greco.

VELÁZQUEZ, SU ALUMNO LIBRE.

Maestro tan peligroso como difícil modelo, Velázquez fue el

---

[326] Firmada: *Luys tristan fa / ciebat ; Toleti 1624.*

único capaz de aprender de él beneficiosamente, apoderándose de los dos elementos esenciales, que para el porvenir contenía su obra. Por una parte, de lo que el Greco no diré descubrió, pero sí afirmó, como nadie antes que él, y de una vez para siempre; de lo que debía ensanchar el horizonte del arte, abriendo nueva edad al colorido; y por otro lado, de aquella alta idealidad, a la que nadie con los pinceles, como el Greco, llegó en nuestra patria, y de la cual fluyen todas las elegancias, noblezas, distinciones y aires caballerescos, que enlazan a uno con otro artista y que son patrimonio común, casi exclusivo, de ambos en la pintura española. El realismo ideal de Theotocópuli ahogó en Velázquez los últimos vestigios del pintor de bodegones y trasformó su castizo realismo prosaico en otro no menos castizo realismo poético. En cambio, con el supremo talento que le caracteriza, sabe sustraerse a todo lo que del Greco podía dañarle. Elimina lo que, agotado ya y destinado a morir, no podía dar fruto para la nueva era: las reminiscencias épico-heroicas, que atan al cretense con Italia, con el Renacimiento y con su educación clásica; y rechaza aquellas cualidades que, por personalísimas, son inasimilables o se trasforman en corrupción decadente, al pasar, con forzado artificio, a otro temperamento. Tales eran: el ambiente de mística tristeza, el sabor de intelectualidad conceptuosa y la intensa exacerbación de las composiciones y figuras del Greco. En D. Diego, solo hallamos reposada y serena contemplación, fino humorismo, ausencia de pretensiones intelectuales, ánimo ponderado, justa medida —quien sabe si, a veces, demasiado justa: que la constante corrección y el no equivocarse nunca tienen también su precio— el más perfecto equilibrio que, infundiendo vida al lienzo, han visto las edades. No hay en este sentido contradicción tan radical, antítesis tan violenta como la que ofrecen los caracteres de uno y otro maestro. Velázquez mantuvo el suyo incólume; no, ciertamente, por carecer de influjos, que son inevitables; sino porque supo fundir de nuevo en el crisol de su personalidad lo que aprendió de Theotocópuli. Su originalidad queda intangible. La pintura no ha producido, tal vez, otra más sustantiva. Pero no por ello se sustrae, como no se ha sustraído ningún otro genio, Fidias y Miguel Ángel inclusive, a las leyes históricas. Y con lo dicho basta para mostrar que el autor de las *Meninas* tiene raíces hondas y abundantes en nuestro Dominico.

A confirmarlo vienen otros hechos muy significativos, aunque de menos importancia. Las dos composiciones religiosas, que Velázquez hizo en su última época, están impregnadas de inspiración del Greco. *La Coronación de la Virgen* del Museo del Prado (imag. 96) puesta en relación con las de San José, de Toledo, Illescas y D. Pablo Bosch (imágs. 78 y 79), asi como el fondo de los *Ermitaños* (imag. 188) comparado con el paisaje del *San Francisco*, de Zuloaga (imag. 41), son preciosos ejemplares para analizar lo que Velázquez tomó y rechazó del Greco; para enseñarnos cómo se puede hacer obra original con motivos ajenos, es decir, hasta qué punto el influjo experimentado por el artista se compadece con su independencia. Si no existiesen tales antecedentes, no me aventuraría a señalar analogías entre los retratos de ambos pintores, porque, al fin, las fórmulas de aquéllos eran entonces demasiado comunes y generalizadas; pero cuando, no ya solo en los cuadros dichos, sino hasta en *Las Lanzas* (imag. 189), se pueden hallar vagas reminiscencias de la composición del *San Mauricio* (imag. 14), ya en la ponderación de sus grupos, ya en la disposición de sus figuras, en el arreglo de picas y alabardas y en el detalle de las mismas lanzas, no me parece aventurado descubrir parentesco entre el *Pompeyo Leoni* y el *Montañés,* así como entre el *Niño de Guevara* (imag. 166) y el *Inocencio X* (imag. 190). Los recuerdos llegar, a veces, hasta a ínfimos pormenores. ¿Quién podrá desconocer que las cabezas de ángeles puestas a los pies de la Virgen en la *Coronación*, de Velázquez (imag. 96), guardan la más estrecha analogía con las que el Greco puso, a los pies del Cristo, en su *Trinidad,* del Museo del Prado (imag. 27)? Por otra parte, no soy yo, sino el Sr. Beruete, quien hace observar que la armadura del *Conde de Benavente* (núm. 1.090 del Museo del Prado) "rappelle par sa couleur et ses réflets celle que porte le principal personnage des Funérailles du Seigneur d'Orgaz..." (pág. 70); y que en los Retratos ecuestres del *Conde-Duque* y de *Felipe IV* del Museo del Prado, lo mismo que en *Las Lanzas*, en uno de los ángulos, "on voit une feuille de papier dépliée et blanche absolument semblable a celle que se trouve dans divers tableaux de Theotocópuli..." (pág. 112).

Dos testimonios conozco de la alta estimación en que Velázquez debió tener al Greco. Los tres cuadros de este que, aparte de *San Mauricio* y de *La Gloria*, hay en el Escorial, llevados fueron por aquel al Monasterio, cuando de orden del Rey, aumentó y arregló sus colecciones[327]. Y entre los cuadros que se hallaron en "el cuarto del

---

[327] "De orden de su Magestad, que Dios haya, compuso la Sacristía, la Aulilla, el

Príncipe por muerte de Diego Velázquez", que era donde el pintor tenía sus aposentos en el Alcázar, tres eran del Greco y los tres retratos: "vna caueça de vn clérigo"..., "medio cuerpo de vna muger"... y "vn viejo antiguo". (*Documentos*..., pág. 423.)

He aquí, por último, una prueba de la simpatía del sentimiento artístico entre ambos pintores. Para el Greco, ya recordamos lo que era Miguel Ángel: "un buen hombre que no sabía pintar". Velázquez, contestando a Salvator Rosa, "está por decir, si ha de ser sincero, que Rafael no le gusta nada... que en Venecia se encuentra lo bueno y lo hermoso... y que es Tiziano el que lleva la bandera"[328].

Admiró Velázquez a los venecianos, pero no los imitó, sino a través del Greco. Su naturaleza de pintor, como la de este, era esencialmente analítica y antidecorativa. Por esto, ninguno de los dos cultivó el fresco, ni las grandes composiciones enlazadas en ciclo. Buscaron, ante todo y sobre todo, el alma de las cosas, la escena simplificada, la traducción de lo puramente individual, la actualidad, el cuadro contemporáneo, la ejecución de un trozo. Y, en ello unidos,

---

Capítulo del Prior y otras pieças de tan grandiosas Pinturas originales, como hemos visto, y iremos viendo, vnas que se estavan aquí desde Filipo Segundo, otras que por su diligencia se truxeron de diversas partes de Europa." *Descripción del Escorial*... por el P. Santos.

[328] Col dir; caro signor per cortesia
Cosa diseu del postro Rafael?
Se haué visto in Italia el bon, e'l bel;
No giudicheu che questo el megio sia?

....

Lu storse el cao cirimoniosamente,
E disse: Rafael (a dirue el vero;
Piaséndome esser libero, e sinciero)
Stago per dir, che nol me piase niente.

Tanto che (repliché quela persona)
Co' no ve piase questo gran Pitor;
In Italia nissum ve da in l'vmor:
Perche nu ghe donemo la Corona.

Don Diego repliché con tal maniera:
A Venetia se troua el bon, e'l belo;
Mi dago el primo liogo a quel penelo:
Tician xe quel che porta la bandiera.
La carta del navegar pitoresco. Dialogo... Opera de Boschini... In Venetia... MDCLX, pág. 58.

como en el arduo problema del color, abren juntos las puertas al arte moderno.

SU GLORIFICACIÓN ACTUAL.

Indiscutible parece ya que Velázquez es el influjo capital, que, de la antigua pintura, recibe la moderna. A mostrarlo, analizando las "lecciones de realismo y de impresionismo", que al gran artista debe el arte contemporáneo, dedica Stevenson lo mejor de su libro. Ya hemos visto, por otra parte, cómo piensa Beruete, el cual extiende a otros pintores actuales el influjo de Velázquez, que sobre Millais y Whistler señala Richard Muther[329], corroborando la observación que este hace, de que "el problema, cuya solución se busca en este siglo, a saber: la representación de los objetos en su atmósfera de luz y de aire, y no en sus líneas y sus formas solamente, como se había hecho hasta aquí, es un problema nuevo en la historia del arte, exceptuando solo la obra de Velázquez" Esa fue, a no dudarlo, su conquista por excelencia, la nota personalísima entre tantas personales; salvaguardia más firme y positiva de la independencia del pintor, que las ilusorias ficciones de imposibles autoctonías. Pero ya era hora, a mi juicio, de recabar la parte, pequeña para algunos, grande según otros, entre los que me cuento, pero parte, al fin, que, en dicho influjo, corresponde al Greco. Encerrado en Toledo, desconocido fuera de España casi en absoluto, no lo ha ejercido, como hemos visto, sino indirectamente, a través de Velázquez, mediante aquellas cualidades afines con él y en que Theotocópuli se anticipó al pintor cortesano. Tal vez hubiera ocurrido lo mismo, si sus cuadros hubiesen abundado en los museos de Europa; porque, hecho para escandalizar y no para atraer, escondió lo genial tras de lo extravagante, y hacían falta nuevos y duros vientos de escándalo, para que pudiera llegar a cumplirse la primera parte de lo que Paravicino anunció en su soneto:

> ... y su extrañeza
> admirarán, no imitarán edades.

---

[329] *Geschichte der Malerei im neunzehnten Jahrhundert.* Munich, 1393. t. II, pág. 508.

Aquellos vientos soplan ya con fuerza, y por eso, hasta los días que alcanzamos no ha sido admirado, con sincero entusiasmo, el verdadero Greco, todo el Greco, no solo el sensato, que admiró e imitó Velázquez, sino el escandaloso, el disonante, el estrafalario, el loco. Claro es que el movimiento ha tenido que prepararse con lentitud y esporádicamente. Fortuny guardaba, como oro en paño, un cuadro del Greco, cuando casi ningún artista de ambiente europeo conocía y se interesaba por nuestro Dominico; Millet poseía otro, que a su muerte adquirió Degas, y que aún conserva; y estos hechos son bastante significativos acerca del camino por donde se ha operado la rehabilitación del Greco en el arte moderno, cuando se tiene en cuenta el temperamento independiente e innovador, cada cual por su estilo, de aquellos tres pintores. En los años trascurridos desde que tracé el plan de este trabajo, la admiración, antes esporádica y privada, se ha generalizado y hecho pública, llegando a penetrar ya hasta en los mismos santuarios oficiales. Un grupo de literatos y artistas catalanes, de los educados en Montmartre, de los que viven más la vida universal dentro de España, levanta en Sitges una estatua al Greco, celebra en su honor románticas fiestas y lleva en procesión sus cuadros al *Cau Ferrat*, como los florentinos del siglo XIV se ha dicho que llevaron a Santa María Novella la Madona de Cimabue. Los jóvenes escritores españoles, la última generación de "intelectuales", hace del Greco uno de sus temas favoritos; cítalo de continuo; se inspira en sus cuadros; se recrea en los lugares en que aquel vivió; respira su ambiente; desentraña su significación; utiliza de él cuanto puede, y, con amor acendrado, pone su alma entera en la hermosa labor educadora de hacer penetrar al Greco en el sentimiento y en la conciencia populares.

Pintores y críticos de los más contrarios temperamentos comulgan en ferviente culto por el olvidado artista. Las grandes revistas ilustradas y los periódicos mundiales comienzan a popularizarlo con artículos y reproducciones de sus obras. Literatos sensacionales esparcen por el mundo un Toledo visto a través del pincel de Theotocópuli. Comerciantes de cuadros y de antigüedades lo lanzan al mercado, a los más altos precios, y se disputan a porfía la caza de un Greco. Sus pinturas huyen de las iglesias, conventos y casas de España hacia las colecciones extranjeras. El *San Luis* de Manzi ostenta ya en el Louvre su serena melancolía; el *Paravicíno*, que hace pocos años identifiqué, casi oculto, en la alcoba de una casa de

Madrid, lo he vuelto a estudiar de nuevo en el Museo de Boston, adquirido por el influjo de uno de los admiradores de la primera hora, el gran pintor Sargent; el *San Jerónimo*, de la Catedral de Valladolid, como el *Niño de Guevara*, de la casa de Oñate, en la Quinta avenida de Nueva York hay ya que buscarlos; hacia ella se encaminará probablemente el *Julián Romero*, de Granada, que en la Laffite aguarda ya de paso; la *Asunción* de Santo Domingo el antiguo, es hoy la joya más preciada de la pintura antigua, en el "Art Institute" de Chicago; y en el Museo Metropolitano cuelga la *Adoración* de pastores, uno de esos "engendros patológicos", que al Justi de última hora repugnan, vendido en España, hace doce años, en precio insignificante, y adquirido, no ha mucho, en más de 200.000 francos, para satisfacción de los modernos "temperamentos problemáticos", análogos al de Theotocópuli; de los "espíritus, ya superiores, ya limitados y groseros, que en accesos efímeros estiman formalmente, como un camino de salud, el desconsiderado y aborrecible abandono de la tradición y de las reglas"; de "los doctos que predican a las gentes seriamente que cierren los ojos a la realidad por obediencia a la fe", de los que brotan cuando "el terreno se halla restaurado para el cultivo puro de aberraciones psicofísicas, multiplicadas por la vanidad y el espíritu de imitación"; de todos aquellos, en fin, para quienes, a mi entender, con menos razón que violencia, declara dicho autor que la "crítica no es ya competente y debe dejar la interpretación al psicópata y al oftalmólogo" (Justi, *Velázquez*, pág. 52).

La admiración, pues, se fragua en estos mismos días; y es aún tan reciente o inestable, que en la famosa *España negra* de Verhaeren[330] no se habla del Greco; Israel, el ilustre pintor holandés, pasa en 1898 por el Prado y por Toledo, sin que una vez lo cite[331]; el *Toledo and Madrid*, de 1903, por Leonard Williams, apenas si lo nombra; y en la más reciente *Historia de la pintura italiana* aparece de paso en una sola línea, y todavía se le llama Teoscópoli...[332]

---

[330] "España negra", de Émile Verhaeren y Darío Regoyos. La edición más reciente, editada por nosotros: *lecturas-hispanicas.com*, Zaragoza, 2015.
[331] Spain. The Story of a Journey by Jozef Isralis... London, 1900.
[332] Storia dell'arte italiana dalle origini al sécolo XX. Di Basilio Magni. 1ª ed. Roma, 1905, t. III, pág. 16.

Su Influjo directo.

Indicadas quedan las causas principales de todo este actual movimiento favorable hacia el Greco. Débese, en primer lugar, a la revelación de su íntimo parentesco con Velázquez. El Greco fue su precursor y, en la historia, sus precursores no son comprendidos hasta que los *mesías* no han penetrado por completo en la vida. Es un proceso regresivo. Estos deben a aquellos su existencia; aquellos deben a estos su rehabilitación. Mientras Velázquez no se ha derramado enteramente por el arte moderno, mientras no se ha visto agotado su influjo, no ha surgido la cuestión de su génesis; y el problema de los orígenes, en todas las esferas, es hoy —en esta nuestra edad de la evolución y esencialmente historicista— el problema por excelencia, el que mayor interés despierta en la vida contemporánea. Solo después de saberse a Velázquez de memoria, se ha entendido al Greco; porque raras veces las innovaciones perturbadoras han pasado a la vida directamente desde los caracteres radicales, sino purgadas de excesos, moldeadas y medidas por otros caracteres de ponderación y equilibrio. Asimiladas por este camino, entonces somos aptos para gustar la rústica frescura, la acre espontaneidad de las precursoras olvidadas primicias. El ojo impregnado de las suaves armonías de Velázquez es el único capaz de percibir todo el valor de las violentas anticipaciones coloristas del Greco. Solo cuando el espíritu se ha hecho a contemplar tanta vida, tanto carácter, tanto realismo de un pueblo y de una época como serenamente manan de *Las Meninas*, llega a descubrir que esa misma vida y realismo y fuerza expresiva de carácter de ese mismo pueblo y de esa misma época también brotan, aunque con intensidad tumultuosa, del *Entierro*. El interés aumenta con la sorpresa del hallazgo de semejante relación, tanto tiempo escondida en las oscuras iglesias toledanas.

Pero, aparte de esto, el Greco no ha llegado a sentirse ni admirarse hasta nuestros días, porque en ningún otro período ha mostrado el arte tan estrechas afinidades, como las que guarda el contemporáneo, con los caracteres del de Theotocópuli.

El clasicismo era impotente para entender al Greco. El romanticismo comenzó su rehabilitación; pero solo el actual neorromanticismo, que llamamos *modernismo*, ha podido acabarla. En él, como en nuestro autor, encontraremos el predominio de lo *intelectual*, que lleva a lo sutil y engendra lo retorcido y conceptuoso. Góngora y Paravicino fueron sus grandes amigos. Góngora y Gracián son modelos de la literatura modernista. ¿Cómo no ha de serlo también el Greco para aquellos pintores que hoy buscan eso mismo intelectual, sutil, retorcido, dislocado, conceptuoso, cuando, según se ha dicho muy bien, él ha sido el primero en «dislocar el dibujo para trasmitir al lienzo, con toda su energía y vivacidad, el movimiento?»

Modelo ha de ser, por este lado, para toda especie de simbolistas y decadentes, para los intimistas, para los pintores de la elegancia nerviosa, para los delicuescentes, para las psicologías complicadas, para el misticismo alegórico, para las misteriosas visiones, para los infinitos aspectos, en suma, del neo-idealismo literario y pictórico, que hallarán en la sutil espiritualidad de las neuróticas figuras del Greco, en el trascendentalismo poético que las envuelve, mucho que responde a su unánime protesta contra la nuda reproducción de la realidad, ya grosera, ya vacía de conceptos y sin alma.

Por otra parte, una tristeza y un pesimismo, más hondos, por ser más reales y menos simples que los poetizados por la generación del año 30, invaden al arte moderno. En la literatura de *La Intrusa* y de *Los Espectros*, en los bretones de Cotet y de Simón, en el Carlyle de Whistler, en los interiores de Lesidaner, en los paisajes de Renoir, en los jardines abandonados de Rusiñol, no puede menos de hallar eco la fúnebre tristeza del pintor toledano.

El neo-impresionismo, con su desdén hacia la forma; sus alardes de incorrección; su tendencia a provocar simplemente las sensaciones, dejando al espíritu libre, ya para completarlas, ya para trasformarlas; sus procesos de eliminación y de simplificación; su estudio de los valores; su ensalzamiento del cromatismo contra el pasado gris monocromo, y contra los elementales recursos del primitivo *plein air*; sus vibraciones de luz; sus sombras azules; sus reflejos anaranjados; sus actitudes coloristas; sus agresiones lumínicas; su dogma de la técnica divisionaria, tiene que sentir atractivo hacia Theotocópuli, por sus líneas dislocadas, sus pinceladas explosivas, sus toques sueltos e independientes, sus iluminaciones por reflejos, su *desmayo, desazón y desabrimiento* de color, su extraña y anticipada apología del colorido contra el dibujo.

Y *únicamente ahora*, en este arte contemporáneo, rebelde, inquieto y desequilibrado como nuestro artista, en este movimiento actual, sin distinción de escuelas, donde, huyendo de la *platitude*[333], que es lo único de que se abomina, todo sistema, toda tendencia, toda extravagancia, toda aberración, toda monstruosidad, encuentra —por fortuna— aplauso, con tal de que la obra haga vivir, suscite intensamente la impresión de la vida, es cuando se ha podido, no ya comprender y perdonar, sino admirar y aplaudir, al Greco estrafalario, al Greco escandaloso, al Greco *loco*.

A mi juicio, es todavía pronto para poder decir si el arte novísimo, que de tal suerte ha venido a coincidir con el Greco, habrá también experimentado ya su influjo. Lostalot afirma que Manet se inspiró en sus retratos; y natural es creer que otros chispazos hayan prendido y prendan en adelante. Por el momento, hay que limitarse a señalar tales coincidencias. Ellas casi bastan a desmentir la segunda parte del soneto de Paravicino y a mostrar que, en un amplio sentido, "las edades han llegado ya, no solo a admirar, sino a imitar la extrañeza del Greco".

CONCLUSIÓN.

"Creta le dio la vida." De su legado familiar nada sabemos. Él es, ante todo, un germen de libre personalidad, extravagante, anárquica. De la raza, trae la finura y lo inestable del espíritu; quizá del primitivo medio, la cultura helénica; de la herencia artística acumulada, el ambiente greco-alejandrino que en sus composiciones y figuras persiste y la bizantina afición a repetir sus fórmulas; de Italia y del siglo XVI, la amplitud de orientación, los destellos de saber universal, el heroico idealismo. El Greco es el último epigono del Renacimiento.

Venecia lo educa en el arte. Tiziano le enseña la técnica; Tintoreto lo seduce por el dramatismo en fondo y forma, por las tonalidades de carmín y plata; Miguel Ángel lo endurece y amarga, lo excita y reconcentra, pero, sobre todo, lo viriliza. La adusta y agria Castilla fue para él benigna, porque lo hizo libre. Solitario en ella, olvida reglas y abandona maestros, se acoge a sí propio, intima con el espíritu y la naturaleza regionales, derrámase en ellos liberalmente, a

---

[333] Huyendo del "tópico".

la vez que se deja penetrar por los mismos; se apodera, al fin, del genio de la tierra y del alma española; traduce fielmente de ellas lo que vibra al unísono con su singular temperamento —la violencia, la dignidad, la exaltación, la tristeza, el misticismo, la intimidad realista, la cenicienta y carminosa monocromía— y tras rápido, ineludible tanteo, llega a hacer obra original y eterna, y encuentra un camino que puede llamar suyo.

Y por él sigue, inquieto, atormentado con penetrante clarividencia por el problema del color y de la luz, que todavía es hoy el problema pictórico; en creciente vertiginosa exaltación de fondo y forma, de líneas y colores, con el ardoroso anhelo de iniciador ferviente; huyendo de toda trivialidad y reposo; incorrecto, informe, desmarañado; nunca flojo ni lamido; despeñándose unas veces, acertando otras, como todo el que se aventura por nuevos derroteros; proclamando que la pintura no es arte, es decir, asunto de recetas ni de cánones, sino labor de inspiración, personalísima; menospreciando a Miguel Ángel, con quien le unen, sin embargo, el perenne descontento y la inquietud de espíritu; constante suscitador, como él, de nuevas dificultades; idealista y realista; claro y diáfano unas veces, como el *Quijote*; intrincado y conceptuoso otras, como el *Persiles*; pintando lo humano mejor que lo divino, y sujetando lo divino casi siempre a lo humano; más libre, más moderno, más actual cuanto más viejo, y siempre rebelde, hasta el último instante de su vida. Este fue el Greco.

Los Mercaderes de Richmond (imag. 34)[334] y *el Ciego* de Dresde (imag. 35) parecen ser, hasta ahora, sus primeros ensayos venecianos. En *el Ciego* de Parma (imag. 3), hay ya maestría e influjo de Roma. *Los Mercaderes* de Yarborough (imag. 2)[335] significan la temible fase romanista. Los de Beruete, la salvación del manerismo, la revelación de la potente personalidad del pintor, que ha fundido, con carácter original, a Venecia con Roma. El *Retablo* de Santo Domingo el antiguo (imag. 44) y el *Expolio* (imágs. 42, 65 y 66) representan la ostentosa y magistral afirmación de esa misma personalidad, penetrada ya fuertemente por los nuevos influjos locales y con notas esporádicas, pero sonoras, del familiar realismo castellano. El *San Mauricio* (imag. 14), la aguda y febril crisis entre lo antiguo y lo nuevo.

---

[334] *Actualmente en la National Gallery of Art de Washington.
[335] *Hoy en el Minneapolis Institute of Art.

El *Entierro* (imag. 25), la perfección y el ideal logrados. *D.ª María de Aragón, San José de Toledo, El Escorial, Illescas*, son los peldaños de la escala triunfal por el nuevo camino realista, siempre impregnado del primitivo idealismo, con medida unas veces, otras con desequilibrio, con paz o con desasosiego, razonable o desaforado, sereno o fúnebre, pero jamás vulgar ni insignificante, siempre lleno de vida, siempre dispuesto a intentar nuevas empresas coloristas; penetrando más cada día los secretos escondrijos del modelo y dominando más cada hora la técnica de su arte. La *Asunción*, de San Vicente (imag. 20), es el producto más escogido de la originaria exaltación del artista, exacerbada al final de su vida; el ensayo más perfecto de las obsesiones de luz y de color que le acosaban; su última profesión de fe pictórica.

Alto y raro ejemplo este que el Greco nos ofrece contra la falsa idea usual del casticismo. Un extraño, un cretense, recriado en Italia, despertando, oreando, encauzando, fijando la eterna tradición de la pintura patria; abriendo el surco, para que en él siembre y recoja, el más grande, el más universal y humano, y por esto el más castizo de los pintores españoles; impregnando de *tristeza* a sus héroes en los mismos días en que Cervantes forjaba su eternamente castizo *Caballero de la triste figura.*

APÉNDICE: Los sonetos de Paravicino dedicados a El Greco

SONETOS DE PARAVICINO

Se transcriben a continucación cinco sonetos que Fray Hortensio Félix Paravicino dedicó al Greco:

El primero está relacionado con el propio retrato que el pintor hizo del poeta. *Al Griego en un retrato que hizo del autor*:

Divino Griego, de tu obrar, no admira
que en la imagen exceda al ser arte el arte,
sino que della el cielo por templarte
la vida, deuda a tu pincel retira.

No el Sol sus rayos por esfera gira
como en tus lienzo basta el empeñarse
en amagos de Dios, entre a la parte
naturaleza que vencer se mira.

Emulo de Prometheo en un retrato
no afectes lumbres, el hurto vital dexa,
que hasta mi alma a tanto ser ayuda.

Y contra veinte y nueve años de trato,
entre tu mano, y la de Dios, perpleja,
qual es el cuerpo en que ha de vivir duda.
- - - - - - - -

El segundo, hace referencia *Al túmulo que hizo el Griego en Toledo para las honras de la Reina Margarita, que fue de piedra*:

Huésped curioso, a quien la pompa admira
de este aparato Real milagro Griego,

no lúgubres exequias juzgues ciego,
ni mármol fiel en venerable pira.

El Sol que Margarita estable mira
le arrancó del fatal desasossiego
desta vana región, y en puro fuego
vibrantes luces a su rostro aspira.

Al nácar que vistió cándido, pone
Toledo agradecido, por valiente
mano de Creta caxa peregrina.

Tosca piedra la máquina compone,
que ya su grande Margarita ausente,
no le ha quedado a España piedra fina.
- - - - - - - -

Un tercero lo suscita una tormenta: *A un rayo que entró en el aposento de un*
pintor:

Ya fuese, Griego, ofensa o ya cuidado,
que émulo tu pincel de mayor vida
le diese a Jove, nieve vi encendida,
el taller de tus tintas ilustrado.

Ya sea que el laurel horror sagrado
guardó la lumbre, ya que reprimida
la saña fue de imagen parecida:
desvaneció el estruendo, venció el hado.

No por tus lienzos perdóno a Toledo
el triunfador del Asia, antes más dueño,
gobernates del cielo los enejos.

Envidia los mostró, templólos miedo,
y el triunfo tuyo su castigo o ceño
hiciste insignias, cuando no despojos.
- - - - - - - - - -

El cuarto, el aquí destaca Cossío: *Al túmulo de este mismo pintor, que era el*
Griego de Toledo:

338

Del Griego aquí lo que encerrarse pudo
yaza, piedad lo esconde, fe lo sella,
blando le oprime, blando mientras huella
zafir, la parte que se hurtó del nudo.

Su fama el Orbe no reserva mudo,
humano clima, bien que a oscurecella,
se arma una embidia, y otra tanta estrella,
nieblas no atiende de Orizonte rudo.

Obró a siglo mayor, mayor Apeles,
no el aplauso venal, y su extrañeza
admirarán, no imitarán edades.

Creta le dio la vida, y los pinceles
Toledo, mejor patria donde empieza
a lograr con la muerte, eternidades.

- - - - - - - - - -

Y por último, un quinto, recién descubierto, publicado por Francis Cerdan, como luego detallaremos:

Titiro el genio superior de Apeles
solo artifice al emulo de Aquiles
pidió a Fidias prestados los buriles
y le usurpó a Lisipo los cinzeles.

E envidiando del Griego los pinzeles
en sus esfuerços se infurdió sutiles
corrigiendo a mil siglos los perfiles
de linos, leños, bronzes. mármol, pieles.

Aqui es verdad la secta, i aqui hallara
del cielo esse fatal desasosiego
seguro Atlante de sus lumbres paras.

Pues si Naturaleza se cansara
de tan contino obrar, pudiera el Griego
ayudarle a sacar las criaturas.

Los cuatro primeros, los hemos tomado de la Biblioteca Digital Hispánica (BNE): Paravicino y Arteaga, Hortensio Félix: *Obras póstumas, divinas y humanas de don Félix de Arteaga.* Imprenta de María Fernández en Alcalá (2ª Edición, 1650). Signatura U/1385. 63; 62v; 73v y 74, respectivamente.

El último, de Francis Cerdan: *Paravicino y el Greco: un soneto inédito y un retrato desconocido.* Criticón, 117, 2013, pp. 5-28. CLESO, Université de Toulouse-Le Miriail. Cerdan lo transcribe de un códice realizado personalmente por Francisco Pacheco, suegro de Diego Velázquez, en Sevilla y que se encuentra hoy en la Houghton Library de la Universidad de Harvard, con la signatura Ms.Span 56, f. 140v. El artículo de Cerdan, en:

http://cvc.cervantes.es/literatura/criticon/PDF/117/117_005.pdf
Web consultada el 23/03/2016.

REPRODUCCIÓN GRÁFICA ACTUALIZADA DE LAS OBRAS TRATADAS

TABLA DE IMÁGENES

(El lector puede examinar en nuestra web todas las imágenes, o descargárselas gratuitamente: *lecturas-hispanicas.com*)

N°	TÍTULO	UBICACIÓN ACTUAL
1	*Giulio Covio*	Museo de Capodimonte (Nápoles)
2	*Cristo expulsando a los mercaderes del Templo*	Minneapolis Institute of Art
3	*Curación del ciego* (de Parma)	Gallería Nazionale de Parma
4	*Fr. Hortensio Félix Paravicino*	Museo de Bellas Artes de Boston
5	*San Pablo* (2 versiones)	Museo Nacional de Escultura (Valladolid) Y colección Marquesa de Narros.
6	*Diversas firmas del Greco*	-------
7	*El joven del museo de Viena* Hoy atribuido a Jan Stephen Calcar (c. 1499 – 1546), con el título: "Retrato de un hombre con barba roja".	Museo de Historia del Arte de Viena.

8 y 9	Sello y firmas Jorge Manuel	Museo numismático de Atenas
10	*Jorge Manuel Tehotocópoli*	Museo de Bellas Artes de Sevilla
11	*Autorretrato* Según J. Redondo Cuesta hoy se interpreta como un retrato de Manusso, hermano de El Greco	Metropolitan Museum of Art de Nueva York
12	Autorretratos (hipótesis)	-------
13	*Pentecostés*	Museo del Prado (Madrid)
14	*Martirio de San Mauricio*	Monasterio de San Lorenzo de El Escorial
15	*¿Iconografía del Greco?*	Lámina 1 de la Edición de "El Greco", de Cossío, de Victoriano Suárez (1908)
16	*La Sagrada Familia, santa Ana y san Juanito*	Museo del Prado (Madrid)
17-18	Autógrafos de El Greco y de su hijo Jorge Manuel	-------------
19	Casa de El Greco y su barrio en Toledo	-------------
20	*Asunción* de la Capilla de Oballe de la Iglesia de San Vicente de Toledo	Museo de Santa Cruz (Toledo)
21	*Asunción* del Retablo mayor de Santo Domingo el Antiguo de Toledo	Art Institute of Chicago
22	*La familia del Greco*	Museo de la Real Academia de San Fernando, Madrid.
23	*San Martín y el mendigo* (de la Capilla de San José de Toledo)	National Gallery of Art (Washington)
24	*La dama del Armiño*	Burrell Collection de Glasgow

25	*El entierro del señor de Orgaz*	Parroquia de Santo Tomé, Toledo
26	*Virgen con niño y santa Martina y santa Inés* (de la Capilla de San José de Toledo)	National Gallery of Art (Washington)
27	*La Trinidad,* del Retablo mayor de Santo Domingo el Antiguo de Toledo	Museo del Prado (Madrid)
28	*La Adoración de los pastores,* para el Retablo mayor de Santo Domingo el Antiguo de Toledo	Museo del Prado (Madrid)
29	*La Piedad*	Hispanic Society of America (Nueva York)
30	*La Anunciación*	Museo del Prado (Madrid)
31	*Vista y plano de Toledo*	Museo de El Greco (Toledo)
32	*Muchacho encendiendo una candela* o *El soplón* (Ver imagen 40)	Museo de Capodimonte (Nápoles)
33	*La Adoración de los Reyes* o *Epifanía* (atribuido a Japobo Bassano)	Kunsthistorisces Museum, Viena.
34	*La purificación del Templo* o *La expulsión de los mercaderes*	National Gallery of Art (Washington)
35	*La curación del ciego* (de Dresde)	Gemäldegalerie Alte Meister (Dresde)
36	*La purificación del Templo* o *La expulsión de los mercaderes* (de Londres)	National Gallery (Londres)
37	*La purificación del Templo* o *La expulsión de los mercaderes* (de Madrid)	Iglesia de San Ginés (Madrid)
38	San Jerónimo (de Londres)	National Gallery (Londres)

39	Cardenal Gaspar Quiroga	Desaparecido
40	*Una fábula* (Ver imagen 32)	Museo del Prado (Madrid)
41	*San Francisco recibiendo los estigmas* o *San Francisco en éxtasis.*	Colección Zuloaga (Ginebra)
42	*El Expolio de la Galería Manfrin*	Lámina 28 de la edición de "El Greco", de Cossío, de Victoriano Suárez (1908)
43	*Toledo por el Sur*	Lámina 13 de la edición de "El Greco", de Cossío, de Victoriano Suárez (1908)
44	*Retablo de Santo Domingo el Antiguo* (Toledo)	Monasterio de Santo Domingo el Antiguo (Toledo)
45	*Retablo Mayor Catedral de Sta. María de Toledo*	Catedral de Toledo
46	*Retablo Iglesia de San Eutropio* El Espinar	Iglesia de San Eutropio El Espinar (Segovia)
47	*Retablo de Santa Bárbara* (Venecia)	Iglesia de Santa María de Formosa (Venecia)
48	*Asunción de la Virgen* De Tiziano (Venecia)	Basílica de Santa María Gloriosa dei Frari (Venecia)
49	*Asunción de la Virgen* de Tintoretto (Venecia)	Gallerie dell'Accademia (Venecia)
50	*Asunción de la Virgen* del Veronés (Venecia)	Gallerie dell'Accademia (Venecia)
51	*El Pensador* de Miguel Ángel (Florencia)	Iglesia de San Lorenzo (Florencia)
52	*Entierro de Cristo* o *El Santo Entierro* de Miguel Ángel (Londres)	National Gallery (Londres)

53	*La Trinidad* de Durero (Madrid)	Biblioteca Nacional (Madrid)
54	*La Piedad* de Giulio Clovio (Florencia)	Galleria degli Uffizi (Florencia)
55	*Resurrección de Cristo* o *Cristo resucitado* (Toledo)	Monasterio de Santo Domingo el Antiguo (Toledo) - Altar lateral
56	*Santísima Trinidad* de Tintoretto (Turín)	Galería Sabauda (Turín)
57	*San Juan Evangelista* (Toledo)	Monasterio de Santo Domingo el Antiguo (Toledo)
58	*San Juan Bautista* (Toledo)	Monasterio de Santo Domingo el Antiguo (Toledo)
59	*San Juan Evangelista*, dibujo (Madrid)	Biblioteca Nacional de España (Madrid)
60	*San Benito* (Madrid)	Museo del Prado (Madrid)
61	*San Bernardo* (San Petersburgo)	State Hermitage Museum (San Petersburgo)
62	*La Santa Faz* (Madrid)	Museo del Prado (Madrid)
63	*La Adoración de los pastores* (Santander)	Colección Botín (Santander)
64	San Sebastián (Palencia)	Catedral de Palencia
65	*El Expolio* (Toledo)	Catedral de Santa María (Toledo)
66	*El Expolio* (Múnich)	Alte Pinakothek (Munich)
67	*La Virgen imponiendo la casulla a San Ildefonso* - Grupo escultórico en madera. (Toledo)	Catedral de Santa María (Toledo)

68	*Cristo abrazado a la Cruz* (Barcelona)	Museo de Arte de Cataluña (Barcelona)
69	*La Verónica* (Toledo)	Museo de Santa Cruz (Toledo)
70	*San Sebastián* (Madrid)	Museo del Prado (Madrid)
70 bis	Reconstrucción del Retablo mayor del Colegio de doña María de Aragón de Madrid. (Según José Manuel Pita Andrade y Antonio Almagro Gorbea).	De las *Actas del Congreso sobre el retablo del Colegio de Doña María de Aragón del Greco*. (Museo del Prado, Madrid. Octubre 2000).
71	*La Crucifixión* del retablo mayor del Colegio de doña María de Aragón (Madrid)	Museo del Prado (Madrid)
72	*Bautismo de Cristo* del retablo mayor del Colegio de doña María de Aragón (Madrid)	Museo del Prado (Madrid)
73	*La Anunciación* del retablo mayor del Colegio de doña María de Aragón (Madrid)	Museo del Prado (Madrid)
74	*La Resurrección* del retablo mayor del Colegio de doña María de Aragón (Madrid)	Museo del Prado (Madrid)
75	*Pentecostés* del retablo mayor del Colegio de doña María de Aragón (Madrid)	Museo del Prado (Madrid)

76	*La Adoración de los pastores* del retablo mayor del Colegio de doña María de Aragón (Madrid)	Museo Nacional de Arte de Rumanía (Bucarest)
77	*San Roque* (Para Cossío, Santiago) (Nueva York)	Hispanic Society de Nueva York (Nueva York) Lámina 42 de la edición de "El Greco", de Cossío, de Victoriano Suárez (1908)
78	*San José con el Niño* (de la Capilla de San José de Toledo)	Capilla de San José (Toledo)
79	*Coronación de la Virgen* (de la Capilla de San José de Toledo)	Capilla de San José (Toledo)
80	Retablo de Nuestra Señora de la Caridad de Illescas	Illescas (Toledo)
81	*San Ildefonso*	Illescas (Toledo)
82	*Los desposorios de la Virgen* (Bucarest)	Museo Nacional de Arte de Rumanía (Bucarest)
83	*El sueño de Felipe II,* hoy más conocido como *Adoración del nombre de Jesús,* y también como *Alegoría de la Liga Santa.* (El Escorial -Madrid-).	Monasterio de El Escorial
84	*El Purgatorio,* de Tintoretto (¿Parma?)	Pintura no localizada
85	*San Ildefonso de Toledo* (El Escorial)	Monasterio de El Escorial
86	*San Pedro* (El Escorial -Madrid-)	Monasterio de El Escorial
87	*Despedida de Cristo y la Virgen*	Lámina 52 bis de la edición de "El Greco", de Cossío, de Victoriano

Suárez (1908)

88	*La Virgen María* (Madrid)	Musée des Beaux-Arts de Strasbourg (Estrasburgo)
89	*La Virgen María* (Madrid)	Museo del Prado (Madrid)
90	*Cristo crucificado con dos donantes* (París)	Museo del Louvre (París)
91	San Luis (París)	Museo del Louvre (París)
92	*La Sagrada Familia* (Nueva York)	Hispanic Society de Nueva York (Nueva York)
93	San Luis (París)	Museo del Greco (Toledo)
94	*San José con el Niño* (Toledo)	Catedral de Santa María (Toledo)
95	*La Coronación de la Virgen* (Madrid)	Museo del Prado (Madrid)
96	*La Coronación de la Virgen, de Velázquez* (Madrid)	Museo del Prado (Madrid)
97	*La Coronación de la Virgen* De Tintoretto (Venecia)	Basílica de San Giorgio Maggiore (Madrid)
98	*La Sagrada Familia, santa Ana y san Juanito* (Madrid)	Museo del Prado (Madrid)
99	*La Sagrada Familia con Santa Ana* (Toledo)	Hospital de Tavera Museo Fundación Duque de Lerma (Toledo)
100	*La Sagrada Familia* (Toledo)	Museo de Santa Cruz (Toledo)

101	*La Sagrada Familia*	Lámina 52 bis de la edición de "El Greco", de Cossío, de Victoriano Suárez (1908), entonces en la Galería Real de Bucarest.
102	*La Sagrada Familia* (Cleveland)	The Cleveland Museum of Art (Cleveland, Ohio, USA)
103	*Cristo en la Cruz* (Toledo)	Museo de Santa Cruz. Depósito de la Parroquia de San Nicolás de Barí de Toledo (Toledo)
104	*San Juan bautizando a Jesús o El bautismo de Cristo* (Toledo)	Hospital de Tavera Museo Fundación Duque de Lerma (Toledo)
105	*La Anunciación* (Toledo)	Museo de Santa Cruz. Depósito de la Parroquia de San Nicolás de Barí de Toledo (Toledo)
106	*La Inmaculada Concepción* (Madrid)	Museo Thyssen-Bornemisza (Madrid)
107	*La Adoración de los pastores* (Nueva York)	Metropolitan Museum of Art de Nueva York
108	*Noli me tangere* (Madrid)	Fundación Lázaro Galdiano (Madrid)
109	*La cena en casa de Simón* (Chicago)	Art Institute of Chicago
110	*El Tránsito de Santa María Magdalena* (Titulcia)	Iglesia Parroquial de Santa María Magdalena de Titulcia (Madrid)
111	*El éxtasis de Santa María Magdalena* de Durero (Madrid)	Biblioteca Nacional de España (Madrid)
112	*La Oración del Huerto o Jesús en el Huerto de los Olivos* (Lille)	Palais des Beaux Arts (Lille)
113	*Visión del Apocalisis*, antes	Metropolitan Museum of Art de

conocido como *Amor Profano* Para un altar de la iglesia de San Juan Bautista de Toledo. (Hoy en Nueva York) — Nueva York

114	*Laocoonte* Washingon	National Gallery of Art (Washington)
115	*Laocoonte* Relieve, mármol, s. XVII (Madrid)	Museo del Prado (Madrid)
116	*Caricatura de Laocoonte,* de Tiziano, por Nicola Boldrini (Madrid)	Biblioteca Nacional de España (Madrid)
117	*Muerte de Laocoonte y sus hijos*	Museo Arqueológico (Nápoles)
118	*Laocoonte*	Reproducción en *Lámina 68 bis* de la edición de "El Greco", de Cossío, de Victoriano Suárez. (1908)
119	*Las lágrimas de San Pedro* (Toledo)	Museo de El Greco (Toledo)
120	*La Magdalena Penintente* (Worcester)	Worcester Art Museum (Worcester)
121	*La Magdalena Penitente* (Siches)	Museo del Cau Ferrat (Siches)
122	San Jerónimo (Washingnton)	National Gallery of Art (Washington)
123	San Jerónimo (Nueva York)	Hispanic Society de Nueva York (Nueva York)
124	*El Salvador,* del Apostolado (Toledo)	Museo de El Greco (Toledo)
125	*San Pedro,* del Apostolado (Toledo)	Museo de El Greco (Toledo)
126	*San Pablo,* del Apostolado (Toledo)	Museo de El Greco (Toledo)
127	*San Bartolomé,* del	Museo de El Greco

	Apostolado (Toledo)	(Toledo)
128	*San Juan*, del Apostolado (Toledo)	Museo de El Greco (Toledo)
129	*San Andrés*, del Apostolado (Toledo)	Museo de El Greco (Toledo)
130	*San Mateo*, del Apostolado (Toledo)	Museo de El Greco (Toledo)
131	*San Judas Tadeo*, del Apostolado (Toledo)	Museo de El Greco (Toledo)
132	*San Felipe*, del Apostolado (Toledo)	Museo de El Greco (Toledo)
133	*San Simón*, del Apostolado (Toledo)	Museo de El Greco (Toledo)
134	*Santiago el Menor*, del Apostolado (Toledo)	Museo de El Greco (Toledo)
135	*Santo Tomás*, del Apostolado (Toledo)	Museo de El Greco (Toledo)
136	*Santiago el Mayor*, del Apostolado (Toledo)	Museo de El Greco (Toledo)
137	*El Salvador o Cristo bendiciendo* (Edimburgo)	National Gallery of Scotland (Edimburgo)
138	*San Juan Bautista y San Juan Evangelista* (Toledo)	Museo del Prado de Madrid, depositado en el Museo de Santa Cruz (Toledo)
139	*San Juan Bautista y San Francisco de Asís* (Madrid)	Museo del Prado (Madrid)
140	*San Francisco en éxtasis*	Museo Marqués de Cerralbo (Madrid)

141	*San Francisco en éxtasis*	Monasterio de El Escorial El Escorial (Madrid)
142	*San Francisco recibiendo los estigmas*	Colección Abelló (Madrid)
143	*San Francisco recibiendo los estigmas* (Dublín)	National Gallery of Ireland (Dublín)
144	*San Francisco en éxtasis* (Madrid)	Museo Lázaro Galdiano (Madrid)
145	*San Francisco en éxtasis* (Madrid)	Colección José Lladó (Madrid) Reproducción en *Lámina 99* de la edición de "El Greco", de Cossío, de Victoriano Suárez. (1908)
146	*San Francisco en oración* (Barcelona)	Colección Federico Torelló (Barcelona)
147	*San Francisco arrodillado ante el Crucificado* (Lille)	Palais de Beaux-Arts (Lille)
148	*San Francisco de Asís y el hermano León meditando sobre la muerte* (Madrid)	Museo del Prado (Madrid)
149	*San Antonio de Padua* (Madrid)	Museo del Prado (Madrid)
150	*San Bernardino* (Madrid)	Museo del Prado (Madrid)
151	*Santo Domingo rezando* (Madrid)	Fundación Xavier Zubiri (Madrid)
152	*Santo Domingo de Guzmán* (Toledo)	Museo de Santa Cruz (Toledo)
153	*Vincenzo Anastagi* (Nueva York)	The Frick Collection (Nueva York)
154	*Retrato de mujer* o *La dama de*	Colección Rothermere en la

	la flor	Warwick House (Londres)
	(Londres)	
155	*El caballero de la mano en el pecho* (Madrid)	Museo del Prado (Madrid)
156	*Retrato de una mujer* (Philadelphia)	Philadelphia Museum of Art (Philadelphia)
157	*Retrato de un médico* (Madrid)	Museo del Prado (Madrid)
158	*Retrato de un hombre de la casa de Leiva* (Montreal)	The Montreal Museum of Fine Arts (Montreal)
159	*El escultor Pompeo Leoni* (Ginebra)	Colección particular (Ginebra)
160	*Caballero anciano* (Madrid)	Museo del Prado (Madrid)
161	*Retrato del duque de Benavente* (Bayona)	Musée Bonnat-Helleu de Bayona
161 bis	*Retrato de un hombre* (Glasgow)	Glasgow Museums
162	*Retrato de don Rodrigo Vázquez de Arce* (Madrid)	Museo del Prado (Madrid)
162 bis	*Retrato de un caballero* (Madrid)	Museo del Prado (Madrid)
163	*Retrato del poeta don Alfonso de Ercilla y Zúñiga* (San Petersburgo)	Museo del Hermitage (San Petersburgo)
164	*Fray Hortensio Félix de Paravicino* (Sevilla)	Museo de Bellas Artes (Sevilla)
165	*Retrato del cardenal Fernando Niño de Guevara* (Winterthur)	Museum Sammlung Dr. Oscar Reinhart (Winterthur)
166	*Retrato del cardenal Fernando*	Metropolitan Museum of Art de

	Niño de Guevara (Nueva York)	Nueva York
167	Julián Romero y su santo patrono (Madrid)	Museo del Prado (Madrid)
168:	Retrato de un caballero joven (Madrid)	Museo del Prado (Madrid)
169	Retrato de caballero (Madrid)	Museo del Prado (Madrid)
170	Jerónimo de Cevallos (Madrid)	Museo del Prado (Madrid)
171	Juan de Ávila (Toledo)	Museo de El Greco (Toledo)
172	San Luis de Gonzaga (California)	Converse collection de Santa Barbara, California
173	Retrato de Garcibáñez de Mújica y Bracamonte (Ávila)	Catedral de Ávila
174	Retrato de Antonio de Covarrubias (Toledo)	Museo de El Greco (Toledo)
175	Retrato de un fraile trinitario (Madrid)	Museo del Prado (Madrid)
176	Fraile trinitario (Kansas)	The Nelson-Atkins Museum of Art (Kansas)
177	Retrato de don Diego de Covarrubias (Toledo)	Museo de El Greco (Toledo)
178	Retrato de don Antonio de Covarrubias (París)	Museo del Louvre (París)
179	Retrato del doctor Francisco de Pisa (Fort Worth)	Kimbell Art Museum (Fort Worth - Texas)
180	Retrato del cardenal Tavera (Toledo)	Hospital de Tavera Museo Fundación Duque de Lerma (Toledo)
181	Máscara funeraria del	Hospital de Tavera

	cardenal Tavera, por Alonso de Berruguete (Toledo).	Museo Fundación Duque de Lerma (Toledo)
182	Vista o paisaje de Toledo (Nueva York)	Metropolitan Museum of Art de Nueva York
183	Retablo de la Iglesia del Hospital de Tavera	Hospital de Tavera Tavera (Toledo)
184	Simeón e Isaías Iglesia de la Caridad de Illescas (Toledo)	Lámina 141 de la edición de "El Greco", de Cossío, de Victoriano Suárez (1908)
185	San Francisco y el lego, grabado de Diego de Astor (Madrid)	Biblioteca Nacional de España (Madrid)
186	*San Pedro y San Pablo* grabado de Diego de Astor (Madrid)	Biblioteca Nacional de España (Madrid)
187	*La Trinidad*, de Luis Tristán Sevilla	Catedral de Sevilla
188	*San Antonio Abad y San Pablo, primer ermitaño,* o *Los Ermitaños,* de Velázquez (Madrid)	Museo del Prado (Madrid)
189	*Las lanzas* o *La rendición de Breda,* de Velázquez (Madrid)	Museo del Prado (Madrid)
190	*Inocencio X,* de Velázquez (Roma)	Palazzo Doria Pamphilj (Roma)

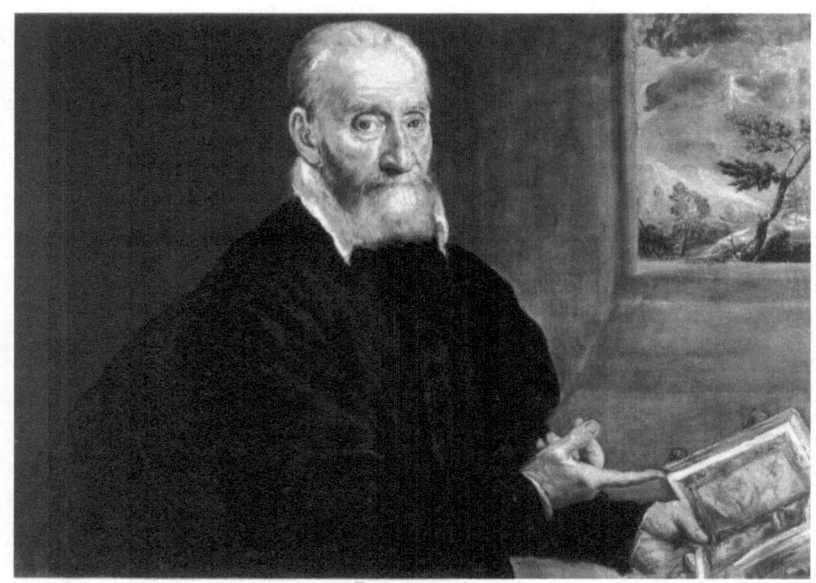

Imagen 1
Giulio Clovio. Museo de Capodimonte (Nápoles)

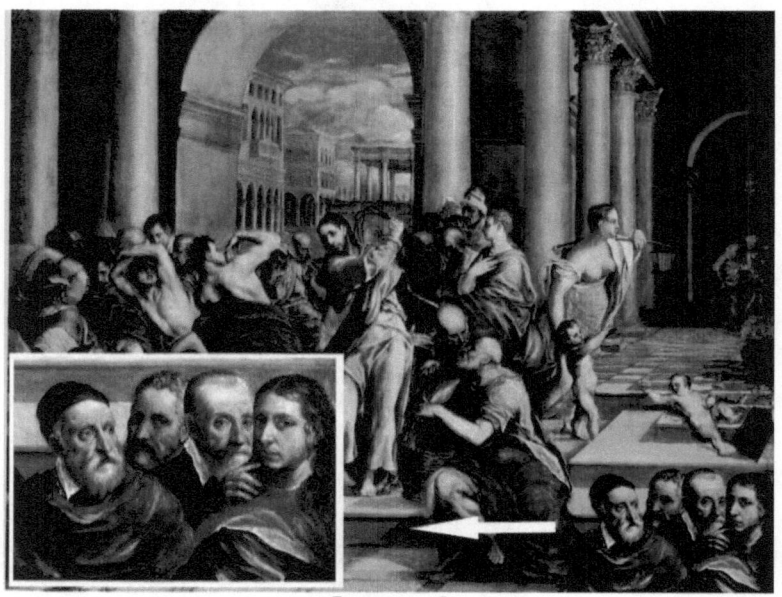

Imagen 2
Cristo arrojando a los mercaderes del Templo. Minneapolis Institute of Art.

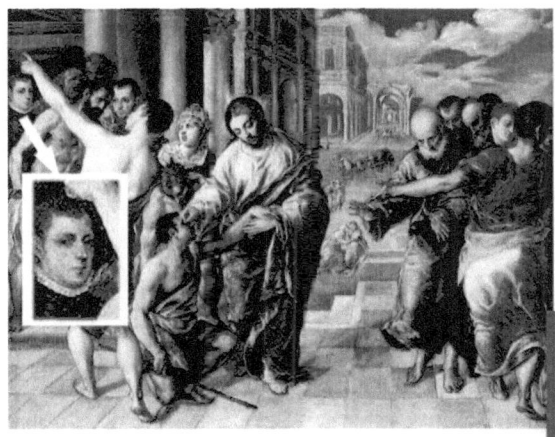

Imag. 3 *Curación del Ciego* (Parma) ¿Autorretrato?

Imag. 4 *Fr. Hortensio Félix Paravicino* (Boston)

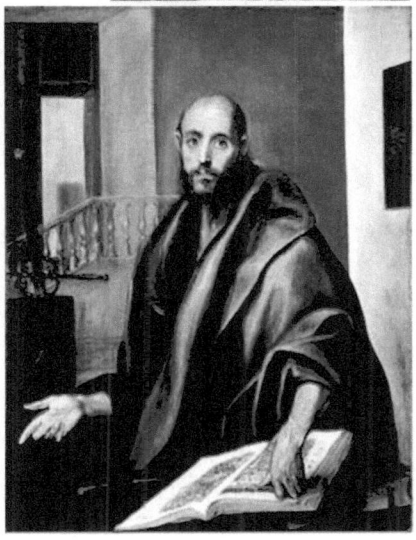

Imag. 5 *San Pablo*
Izquierda, Museo Nacional de Escultura (Valladolid). Derecha, colección Marquesa de Narros

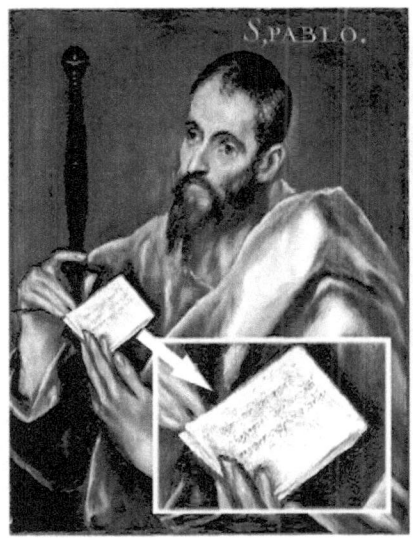

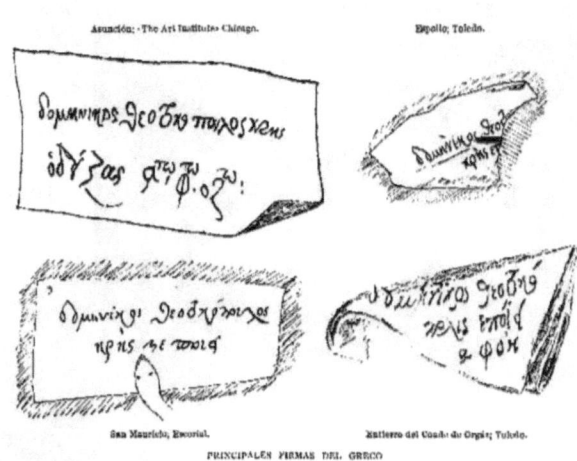

Imag. 6 Diversas firmas de El Greco.

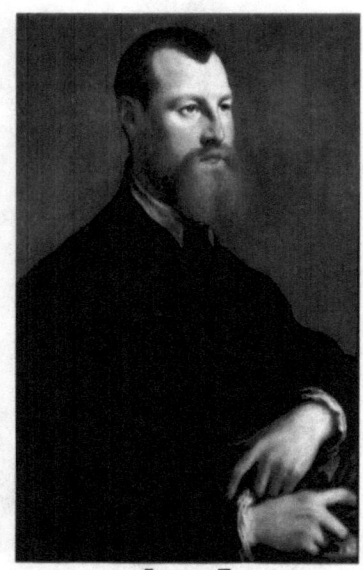

Imag. 7
El joven del Museo de Viena

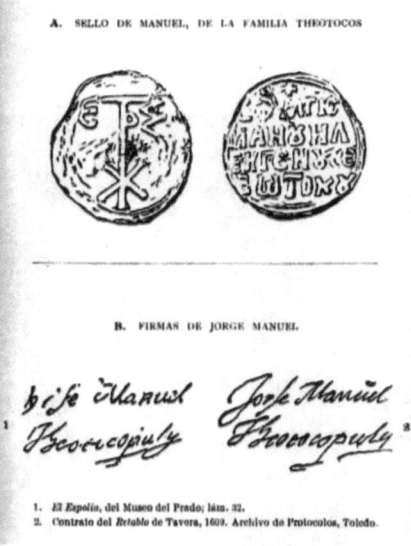

Imag. 8 y 9
Sello y firmas de Jorge Manuel

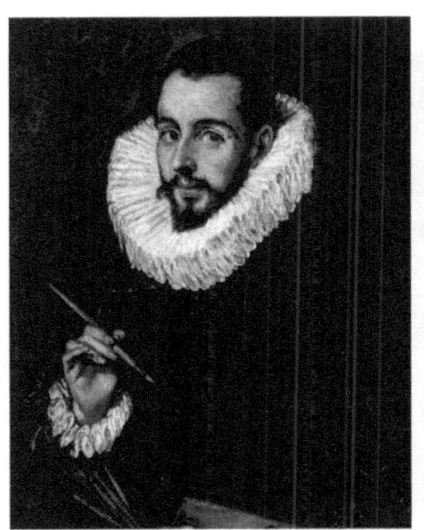

Imag. 10
Jorge Manuel Theotocópuli
Museo de Bellas Artes de Sevilla

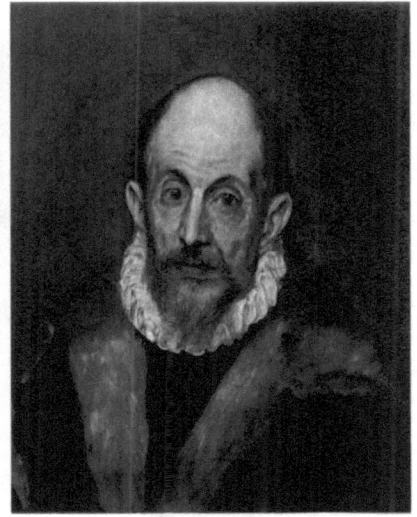

Imag. 11
Manuẹso Theotocópuli
Metropolitan de Nueva York

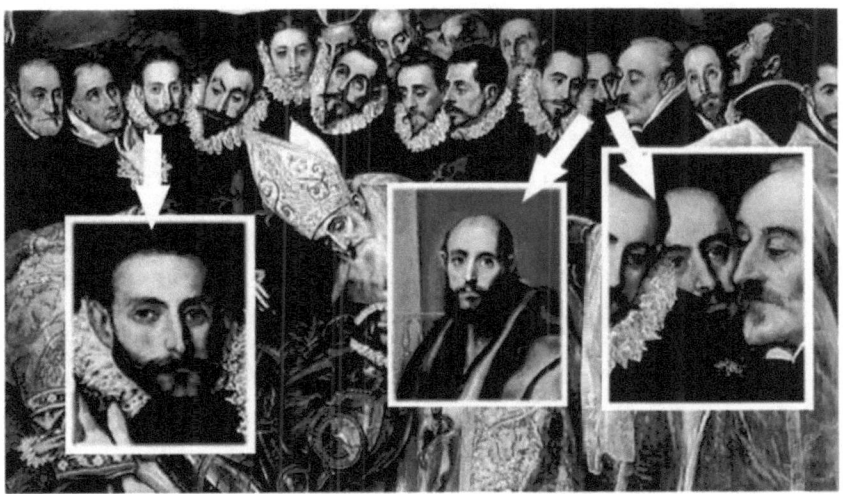

Imag. 12 Supuestos autorretratos en
El entierro del señor de Orgaz.

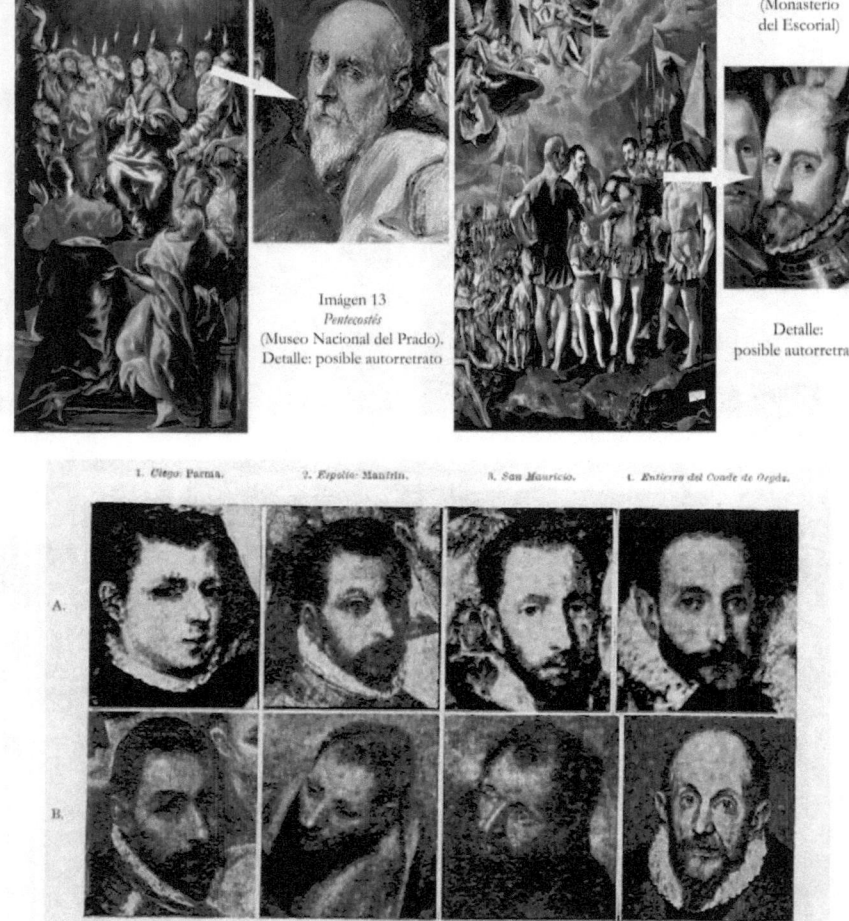

Imágen 13
Pentecostés
(Museo Nacional del Prado).
Detalle: posible autorretrato

Imágen 14
Martirio de San Mauricio

(Monasterio
del Escorial)

Detalle:
posible autorretrato

Imagen 15. "¿Iconografía del Greco?" (Cossío)

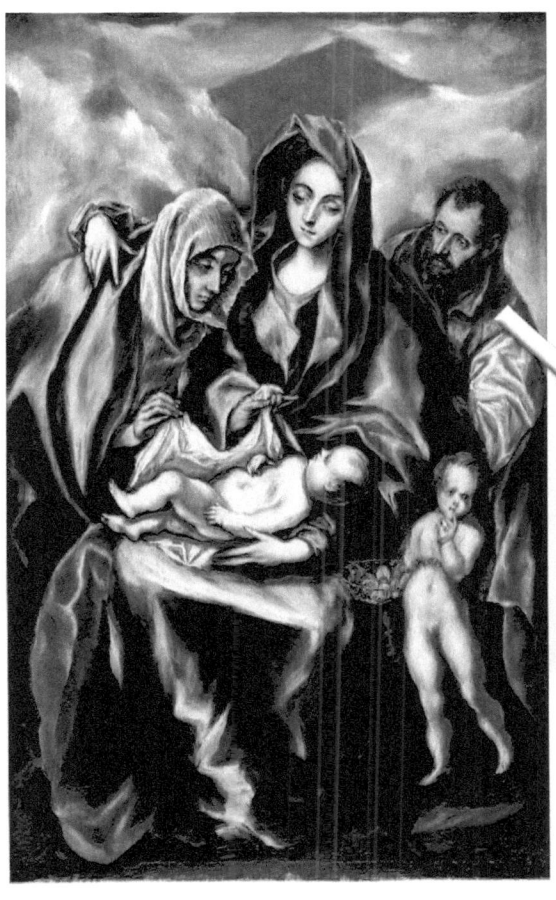

Imagen 16

*La Sagrada Familia,
Santa Ana
y San Juanito*
(Museo del Prado)

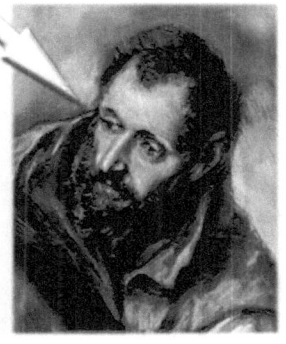

Detalle:
dudoso
autorretrato

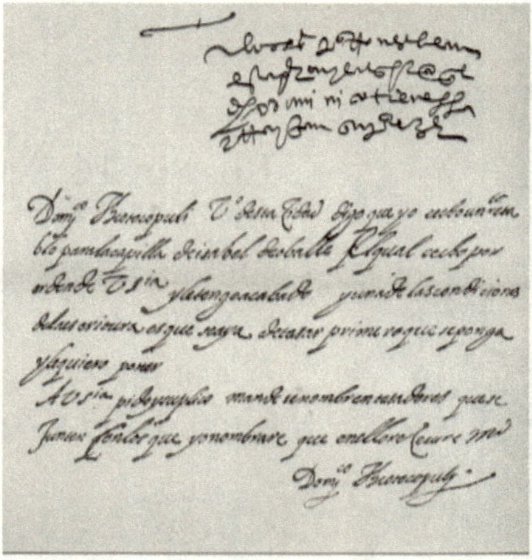

Imagen 17
Autógrafo de El Greco

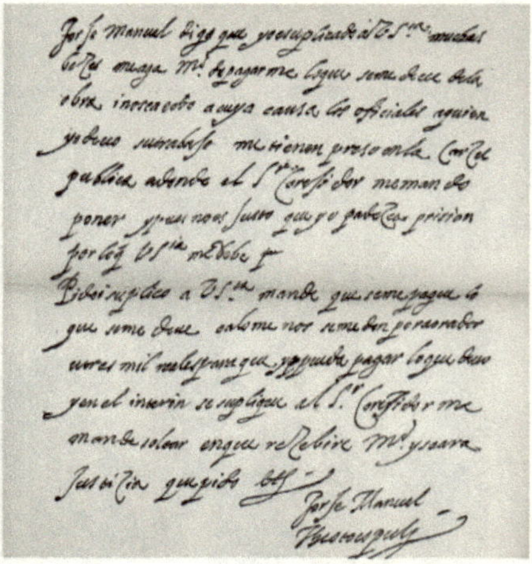

Imagen 18
Autógrafo de su hijo Jorge Manuel

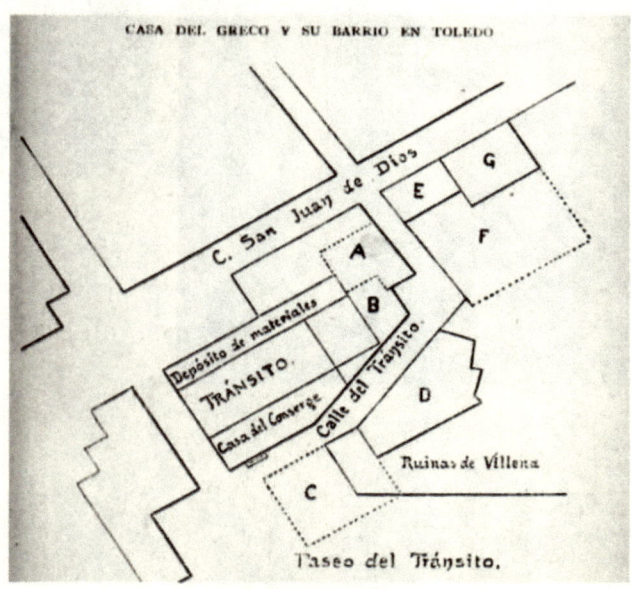

Imagen 19
Casa de El Greco

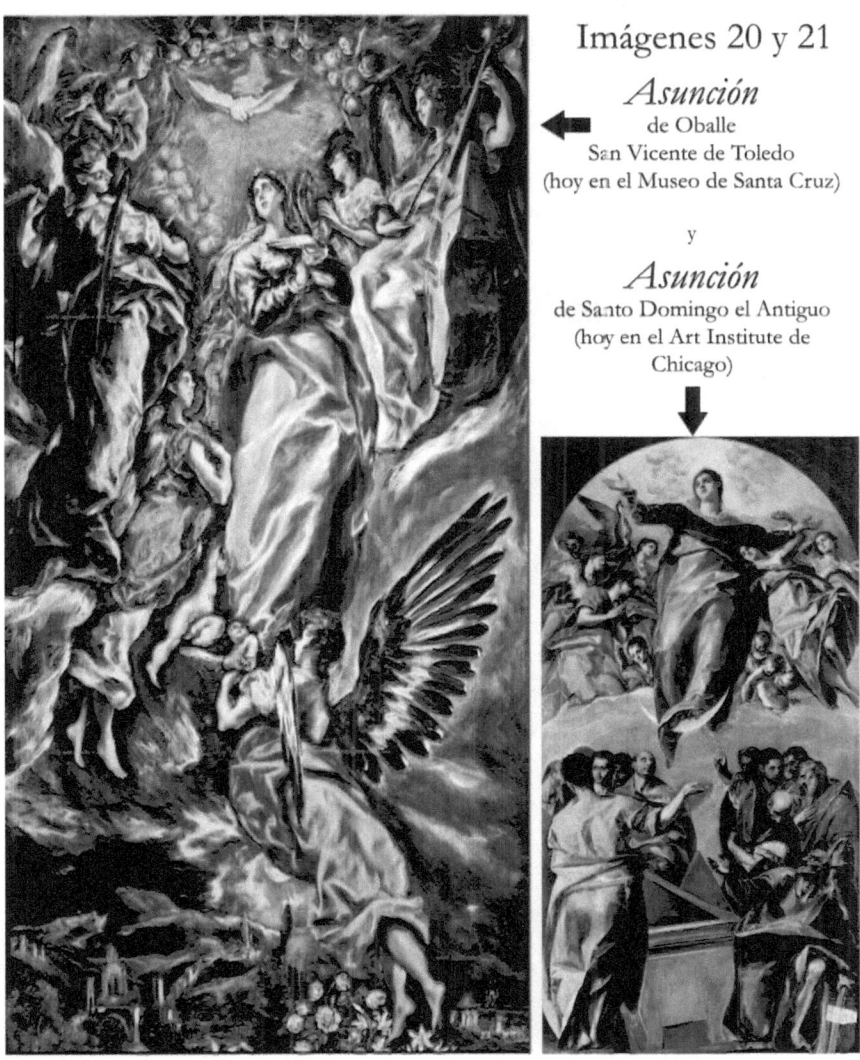

Imágenes 20 y 21

Asunción
de Oballe
San Vicente de Toledo
(hoy en el Museo de Santa Cruz)

y

Asunción
de Santo Domingo el Antiguo
(hoy en el Art Institute de
Chicago)

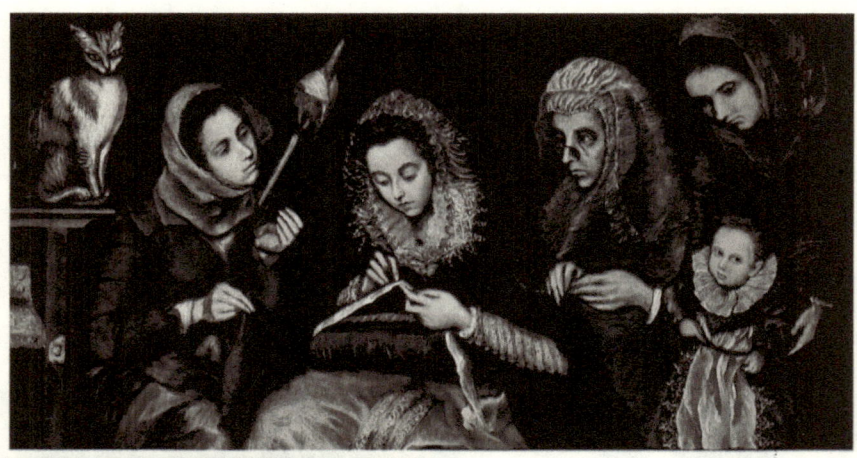

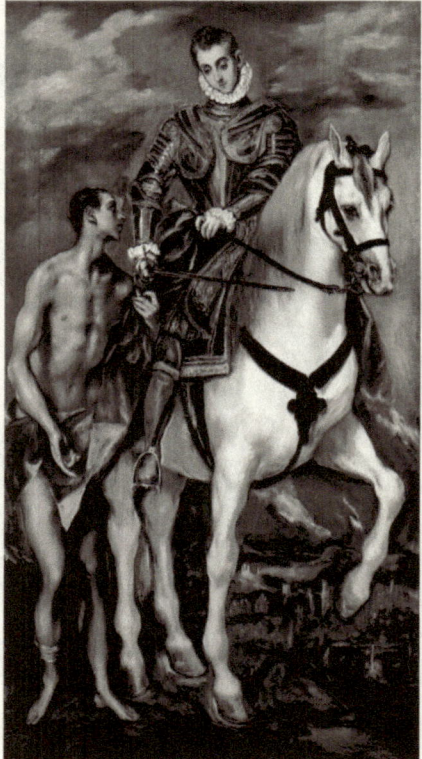

Img. 22: La familia del Greco (Madrid)

Img. 23: San Martín y el mendigo (Washington)

Img. 24: La dama de armiño (Glasgow)

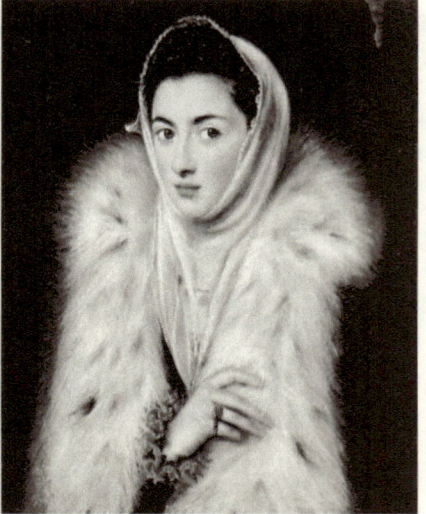

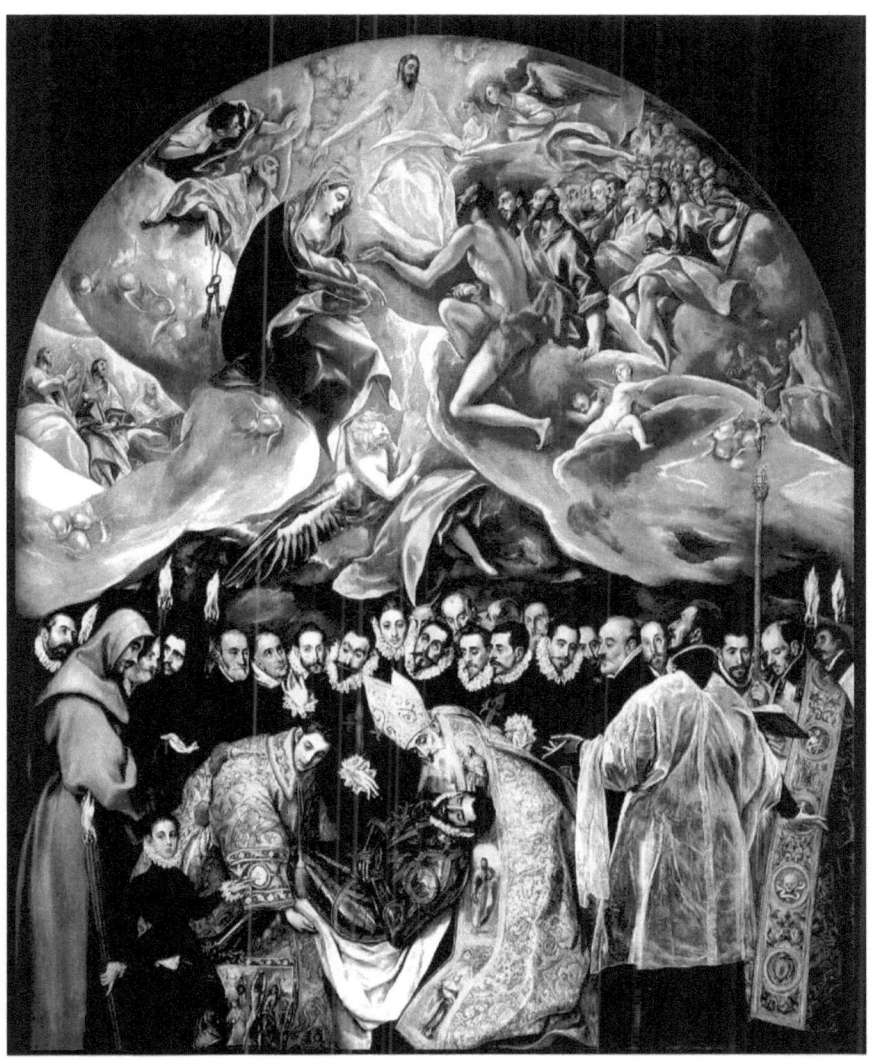

Img. 25
El entierro del señor de Orgaz
Parroquia de Santo Tomé, Toledo

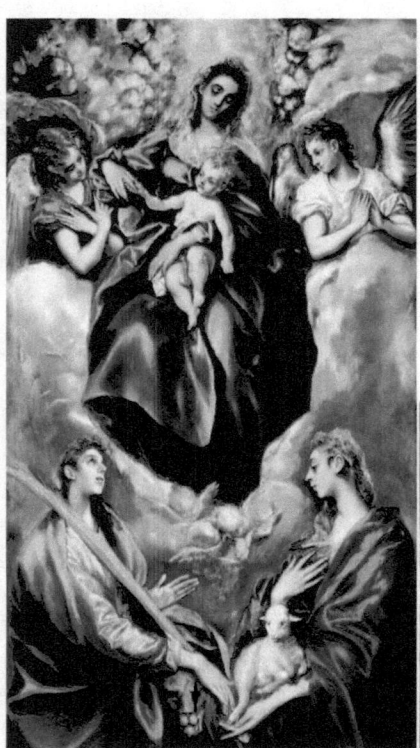

Imagen 26
*Virgen con niño y
santa Martina
y santa Inés*
(Washington)

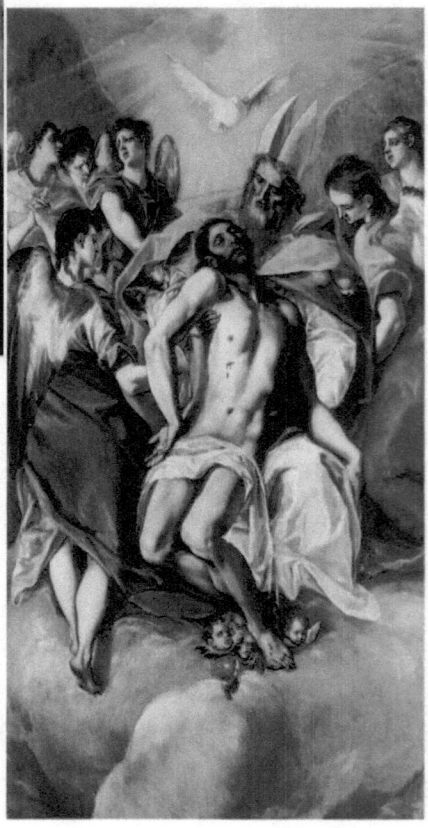

Imagen 27
La Trinidad
(Madrid)

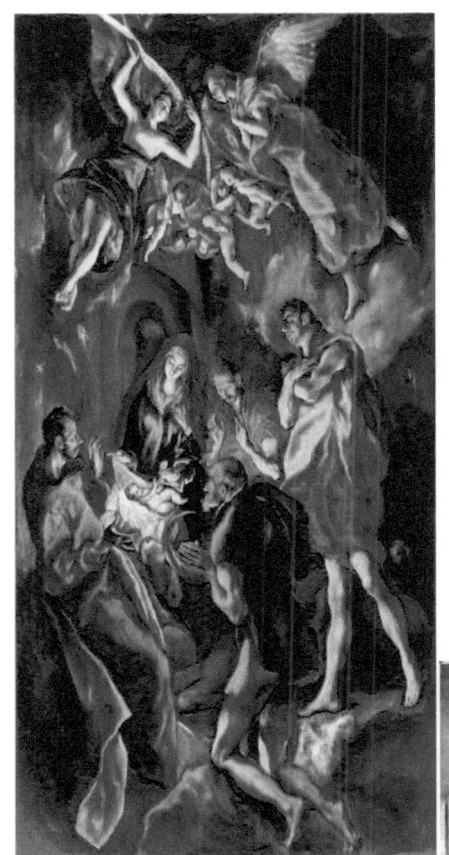

Imagen 28:
La Adoración de los Pastores
(Madrid)

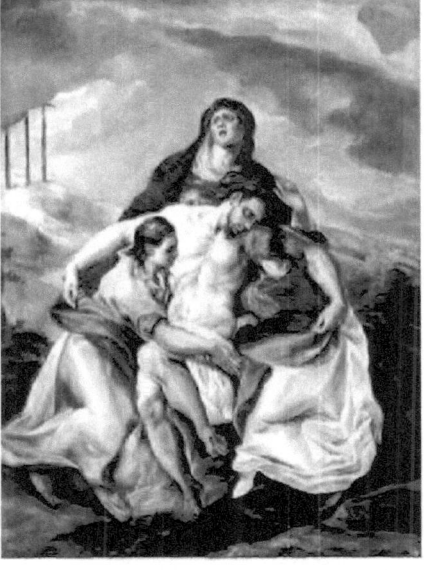

Imagen 29:
La Piedad
(Nueva York)

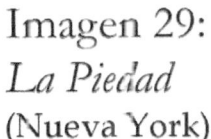

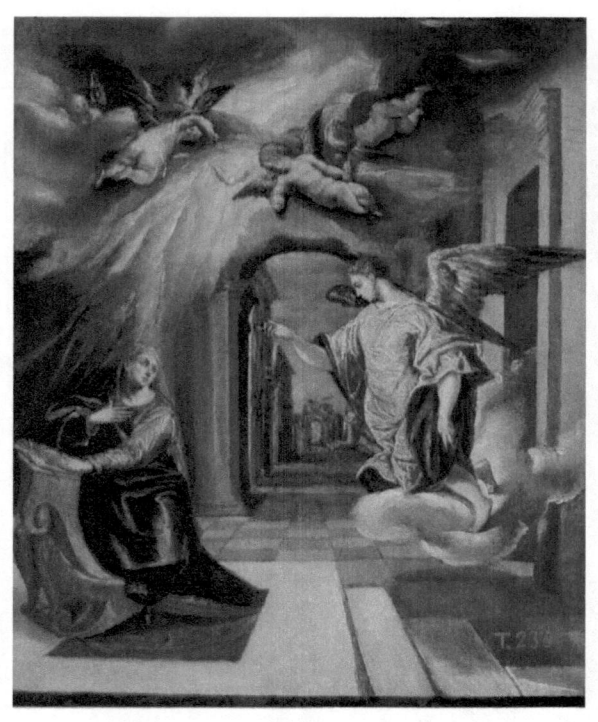

Imágenes 30 y 31
La Anunciación (Prado), y
Vista y plano de Toledo (Museo de El Greco, Toledo)

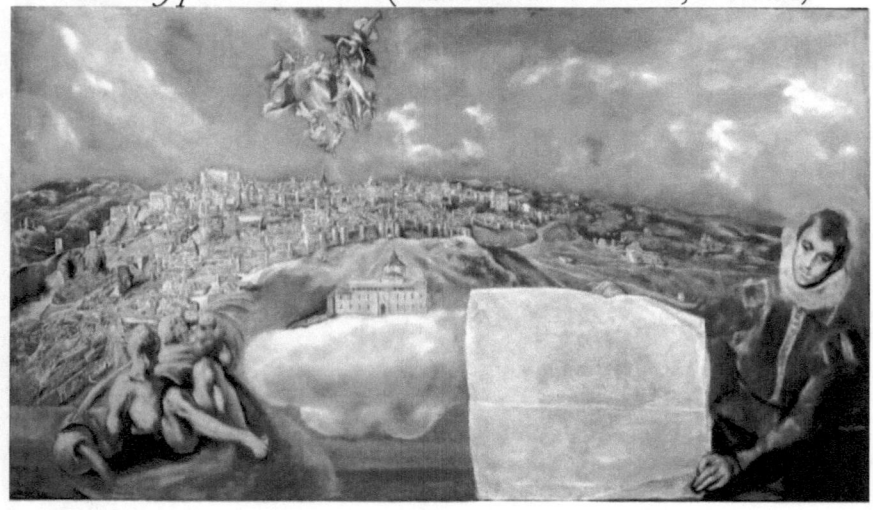

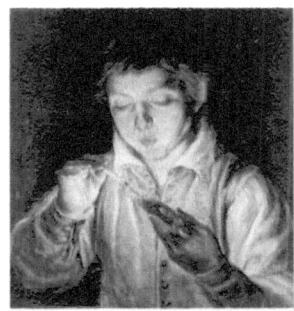

Imagen 32:
Muchacho encendiendo una
candela
o *El soplón* (Nápoles)

Imagen 33:
La Adoración de los
Reyes o Epifanía
(Viena)

Imagen 34:
La purificación del
Templo
(Washington)

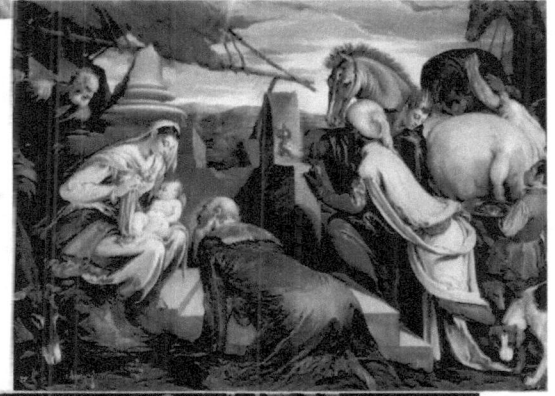

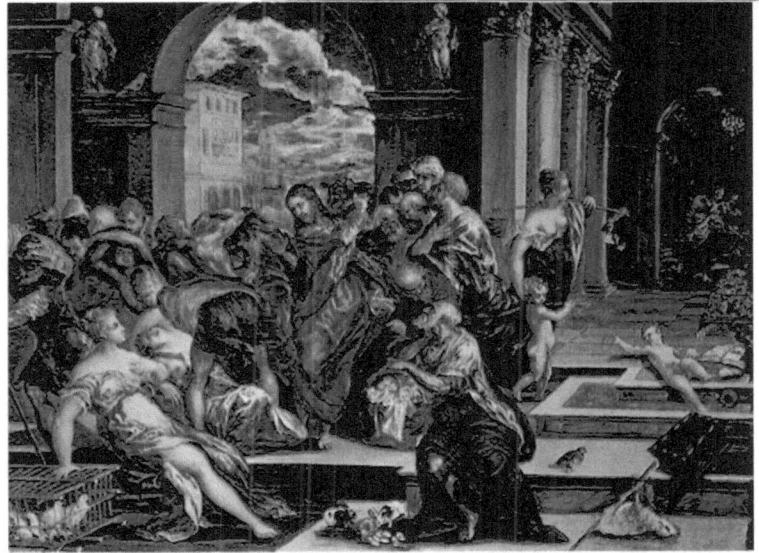

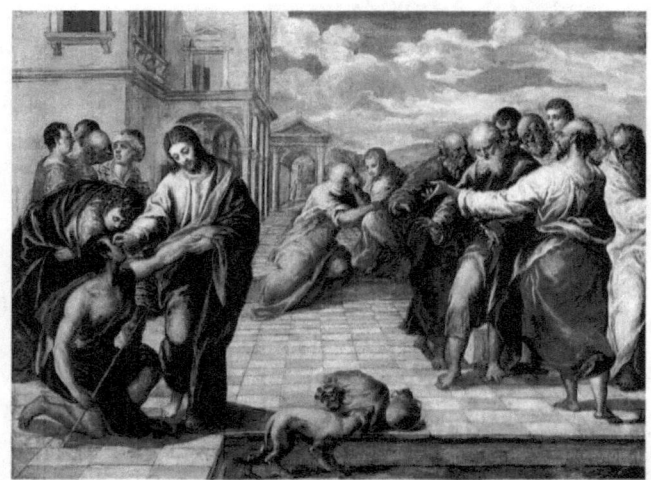

Imágen 35:
Curación
del
Ciego
(Dresde)

Imágen 36:
Purificación del
Templo
(Londres)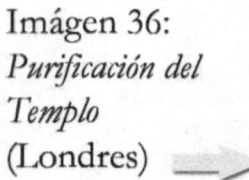

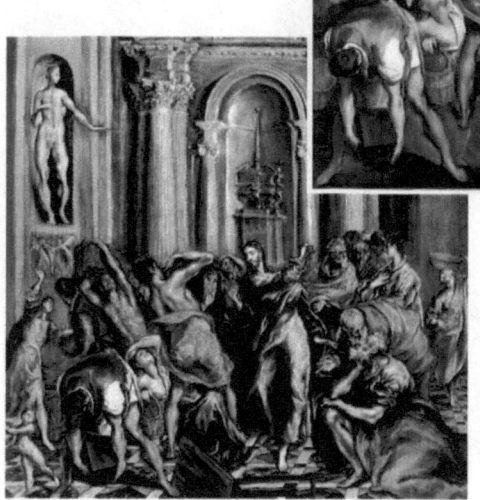

Imágen 37:
Purificación del
Templo
(Madrid)

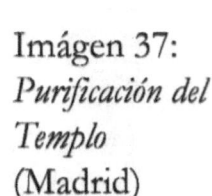

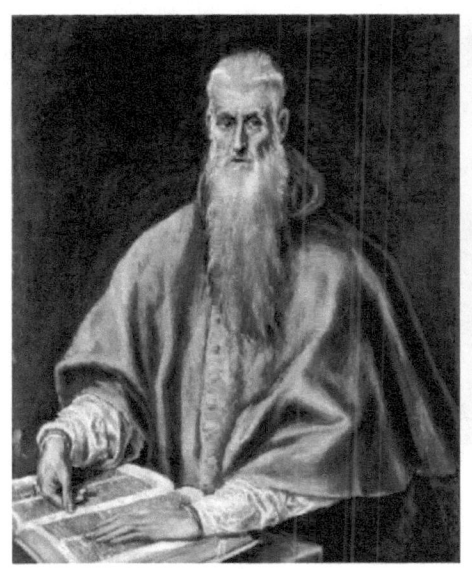

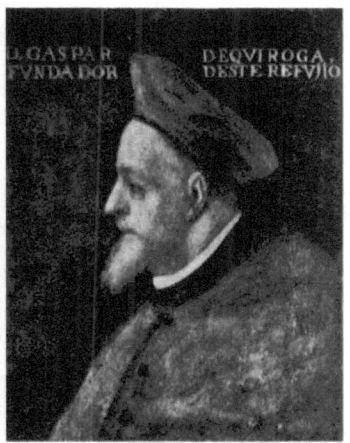

Imagen 39
Cardenal Quiroga

Imagen 38
San Jerónimo (Londres)

Imagen 40
Una fábula (Madrid)

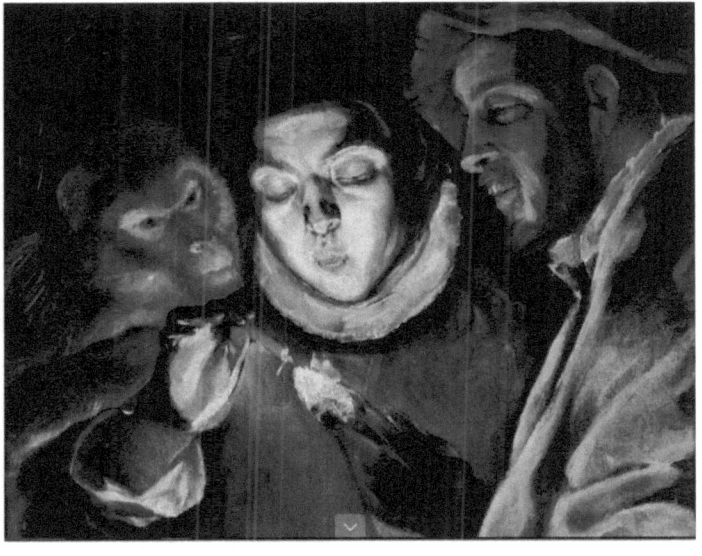

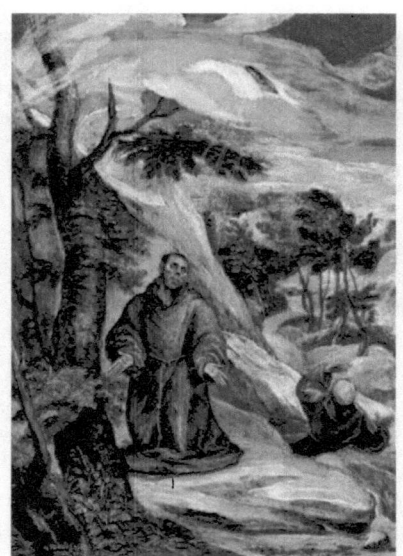 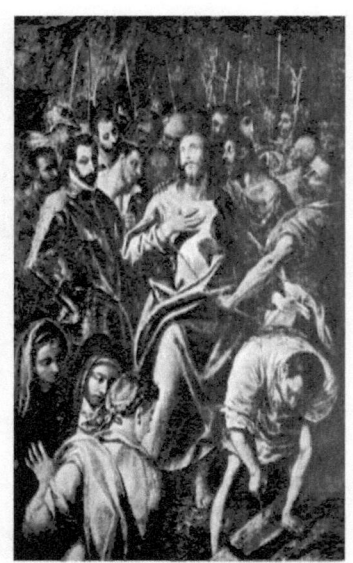

Imagen. 41: *San Francisco en éxtasis*   Imagen. 42: *El expolio*
(Col. Zuloaga, Ginebra)   de *El Greco*, de Cossío, Ed. V. Suárez

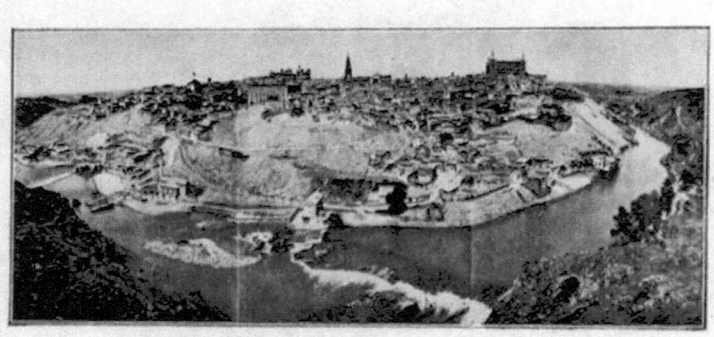

Imagen. 43: *Toledo por el sur*
(Lámina 13 de la ed. *El Greco*, de Cossío, de Victoriano Suárez)

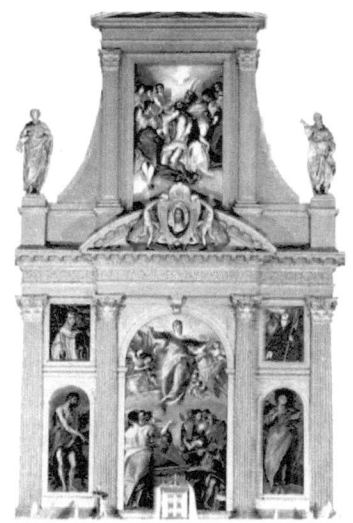

Imagen. 44: *Retablo Sto. Domingo el Antiguo* (Toledo)

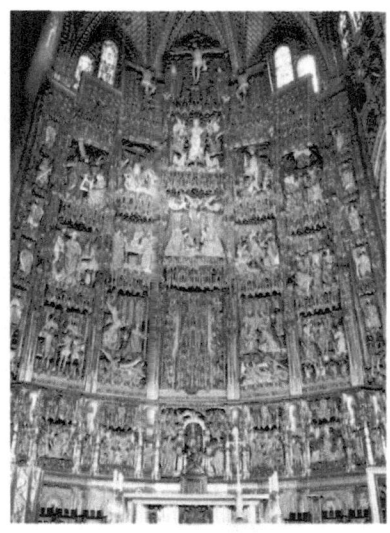

Imagen. 45: *Retablo Mayor Catedral* (Toledo)

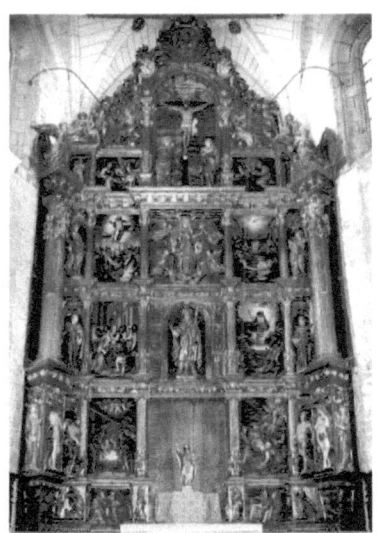

Imagen 46: *Retablo San Eutropio* El Espinar (Segovia)

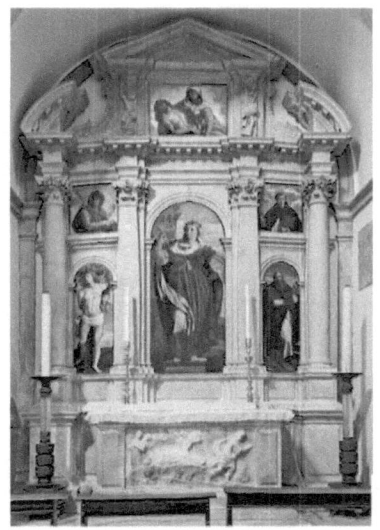

Imagen 47: *Retablo Santa Bárbara* Sta. Mª Formosa (Venecia)

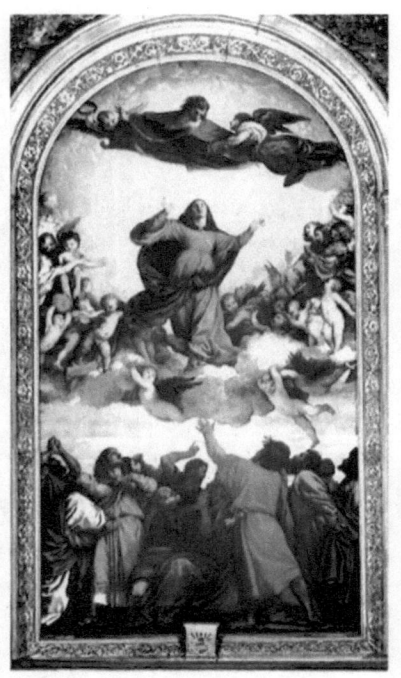

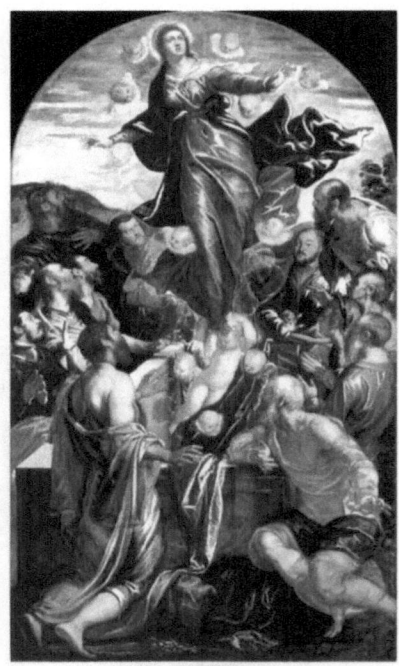

Imagen. 48: *La Asunción de la Virgen*
de Tiziano . Venecia
(Arriba, a la izquierda)

Imagen 49: *Asunción de la Virgen*
de Tintoretto. Venecia
(Arriba, a la derecha)

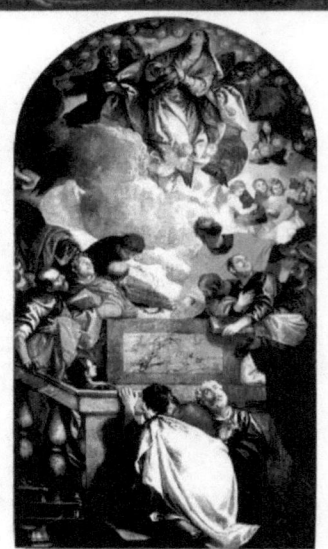

Imagen 50: *Asunción de la Virgen*
de Pablo Veronés. Venecia
(A la derecha)

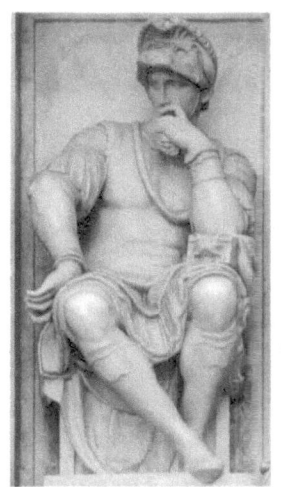

Imagen 51: *El pensador*
de Miguel Ángel (Florencia)

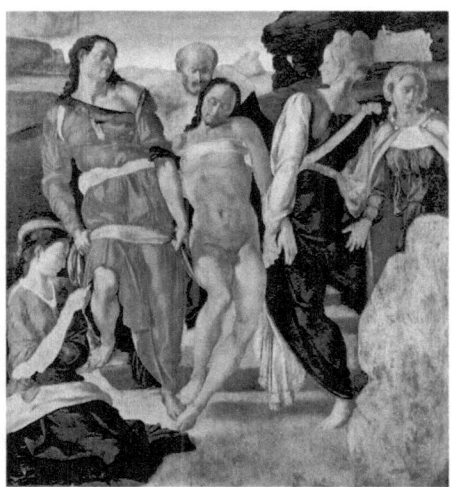

Imagen 52: *Santo Entierro*
de Miguel Ángel (Londres)

Imagen 53: *Trinidad*
de Durero (Madrid)

Imagen 54: *Piedad*
de Giulio Clovio (Florencia)

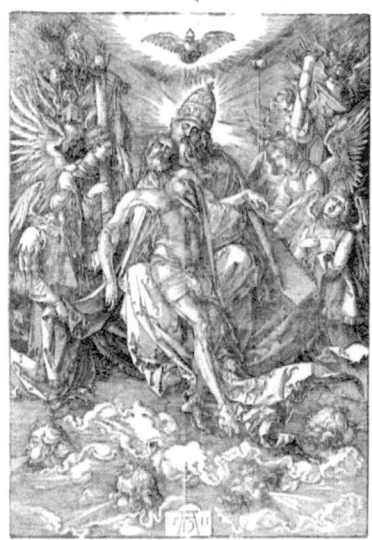

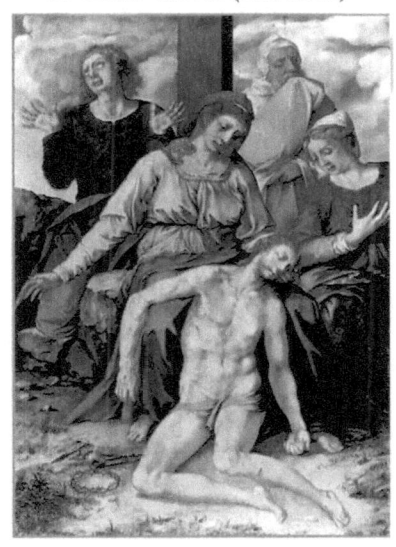

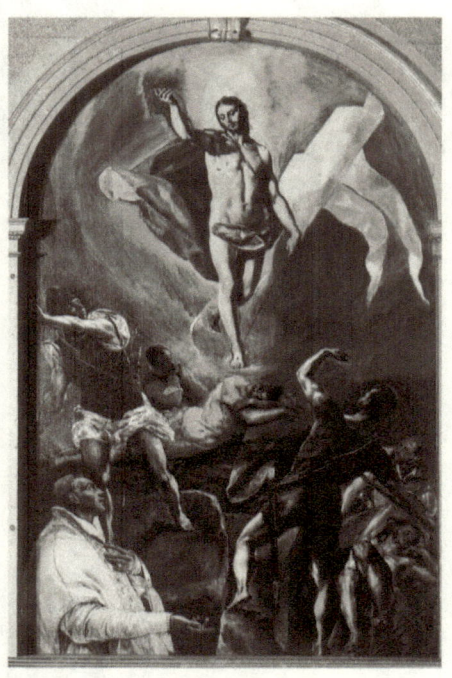

Imagen 55:
Cristo resucitado
(Toledo)

Imagen 56:
Santísima Trinidad
de Tintoretto
(Turín)

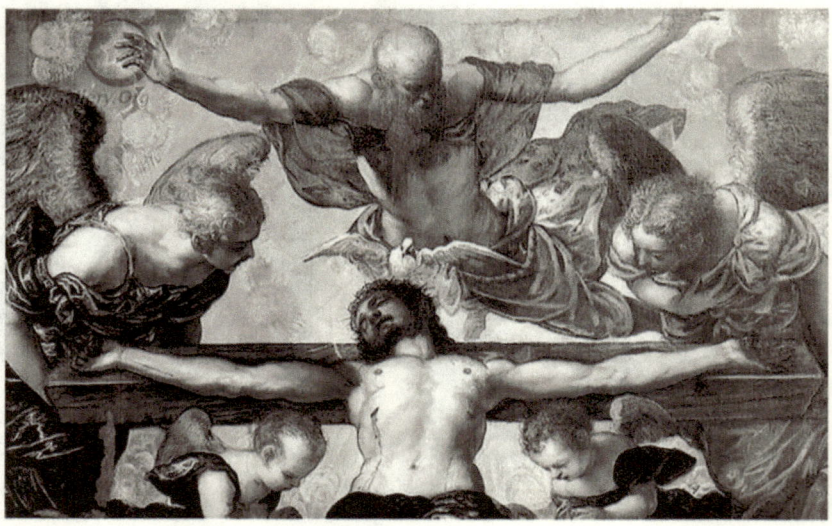

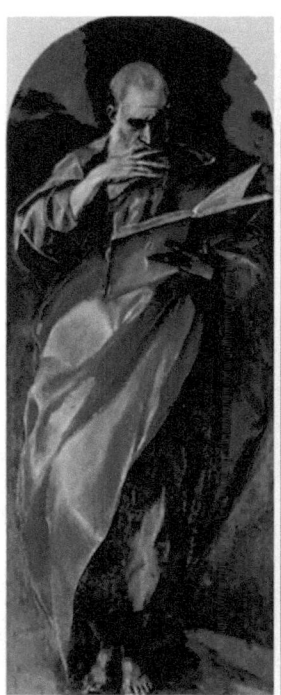 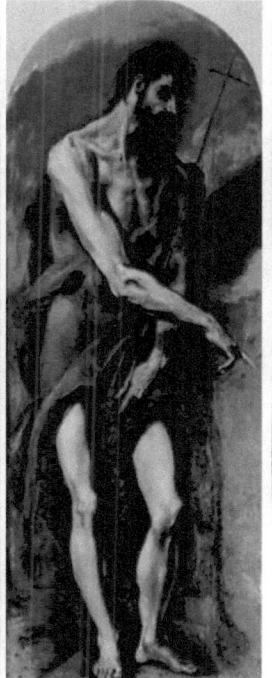 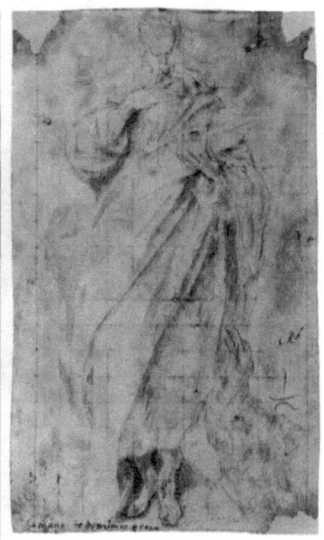

Arriba, imagen 59:
San Juan Evangelista
(Madrid)

Arriba: imágenes 57 y 58:
San Juan Evangelista y *San Juan Bautista*
(Toledo)

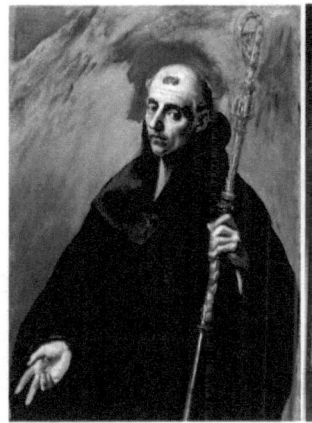 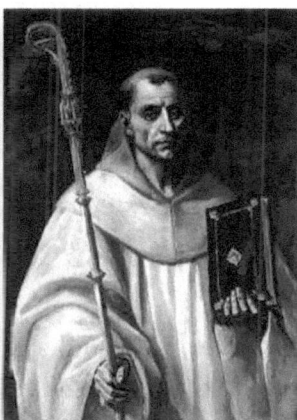

Imágenes
60 y 61:
San Benito
y
San Bernardo
(Madrid y
San Petersburgo)

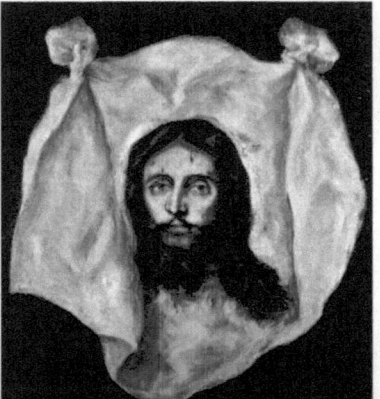

Imágen 62:
La Santa Faz
(Madrid)

Imágen 63:
*La Adoración de
los pastores*
(Santander)

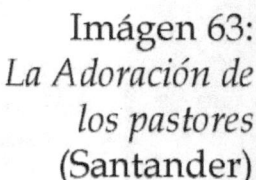

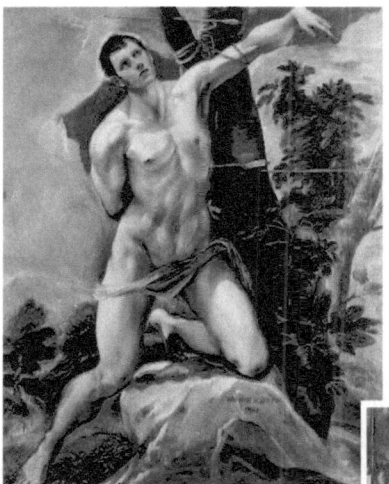

Imagen 64:
San Sebastián
(Palencia)

Imagen 65:
El Expolio
(Toledo)

Imag.66:
El Expolio (Munich)

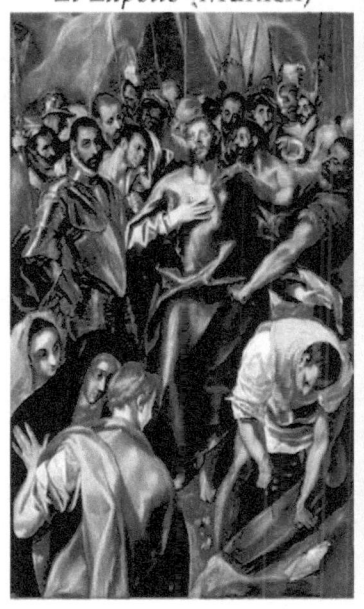

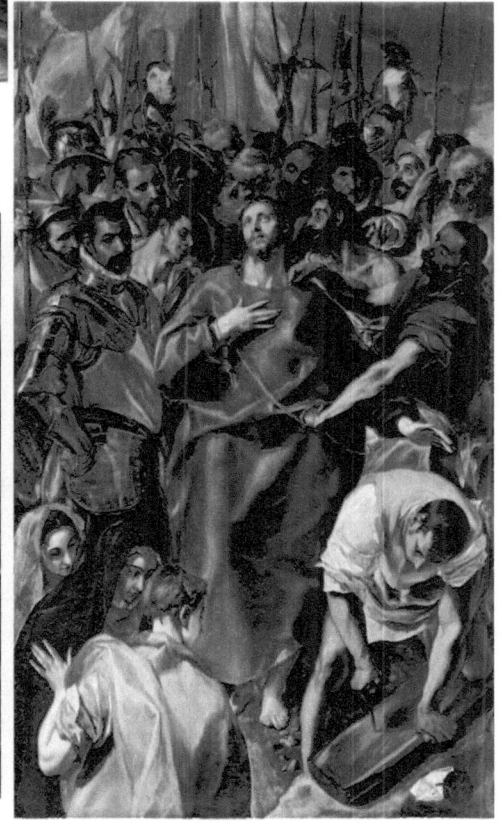

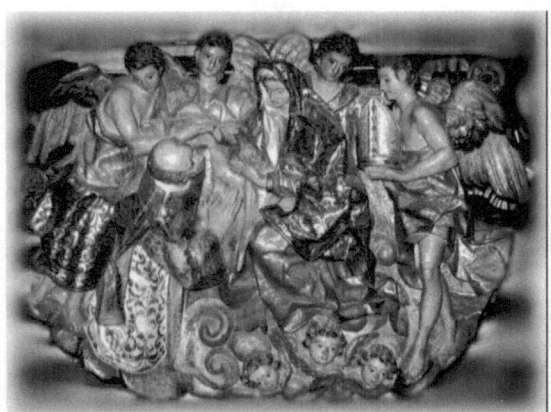

Imag. 67
La Virgen Imponiendo la casulla a San Ildefonso
(Toledo)

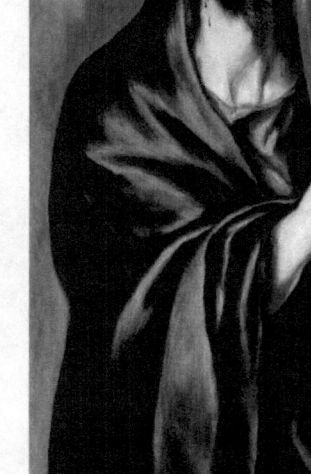

Imag. 68
Cristo abrazado a la Cruz
(Barcelona)

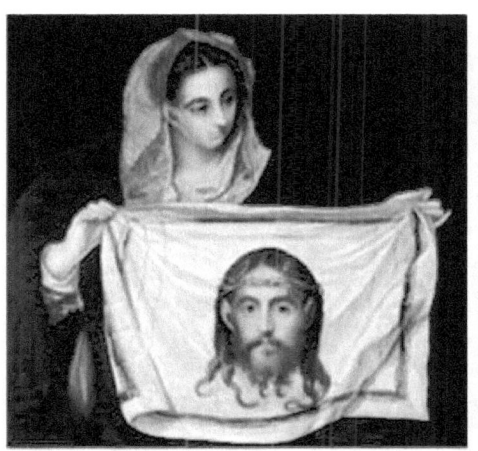

Imag. 69: *La Verónica*
(Toledo)

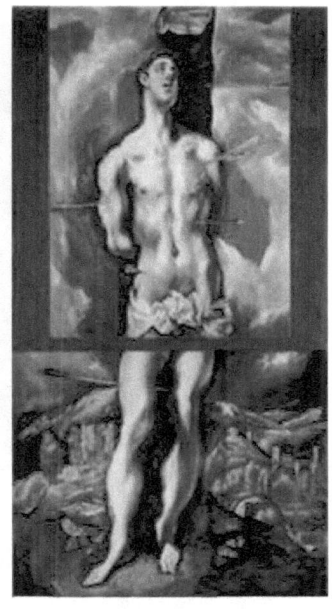

Imag. 70:
San Sebastián (Madrid)

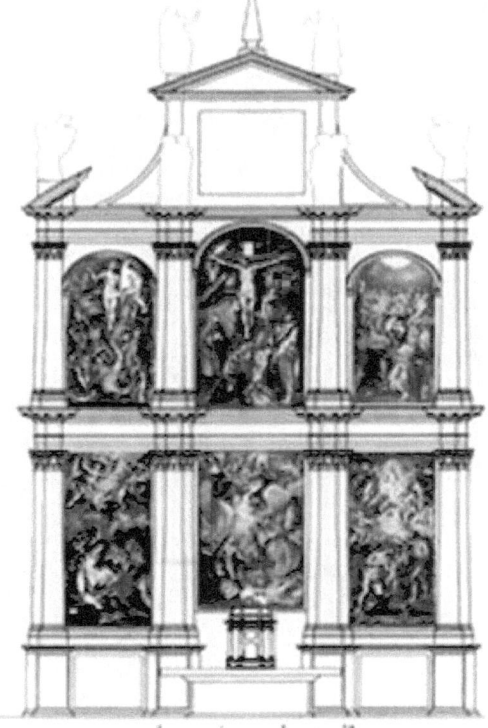

Imag. 70 bis:
Reconstrucción del
retablo mayor del
Colegio de doña María
de Aragón
(Madrid)

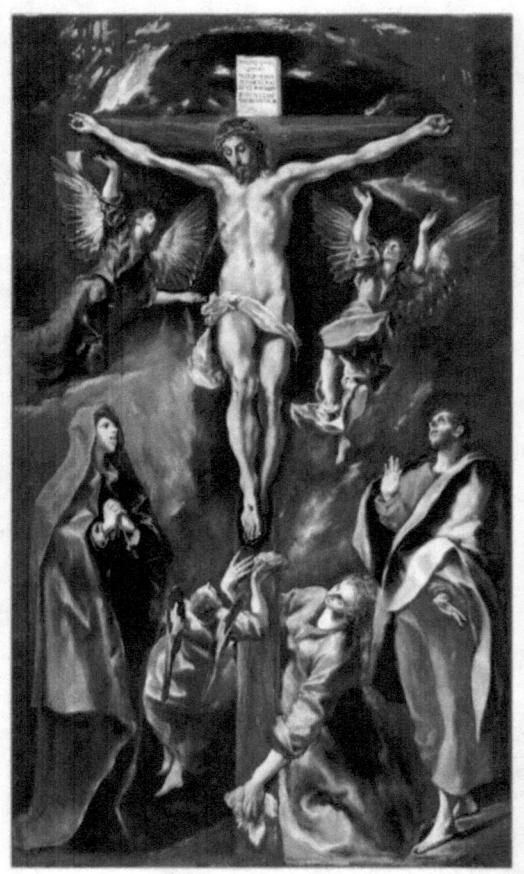

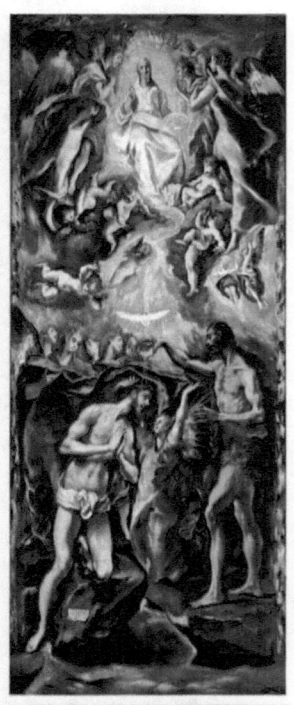

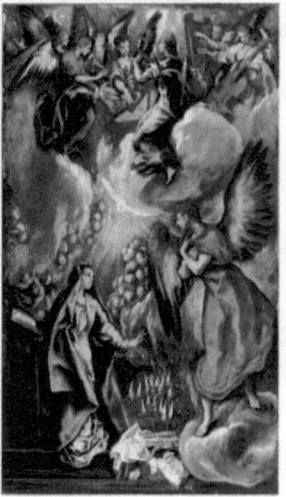

**PINTURAS DEL RETABLO MAYOR
DEL COLEGIO DE DOÑA MARÍA DE
ARAGÓN EN MADRID (I)**

Imag. 71: *La Crucifixión* (arriba izquierda)
Imag. 72: *Bautismo de Cristo* (arriba, derecha)
Imag. 73: *La Anunciación* (abajo)

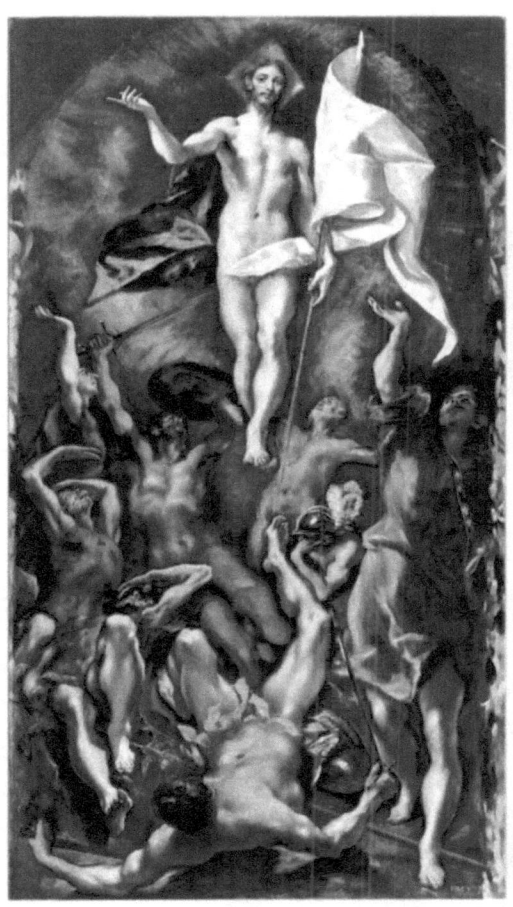

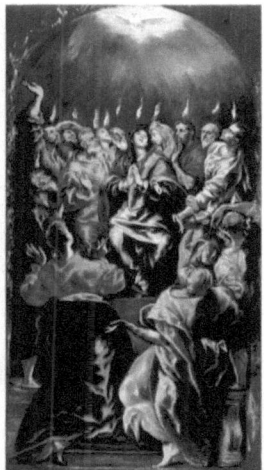

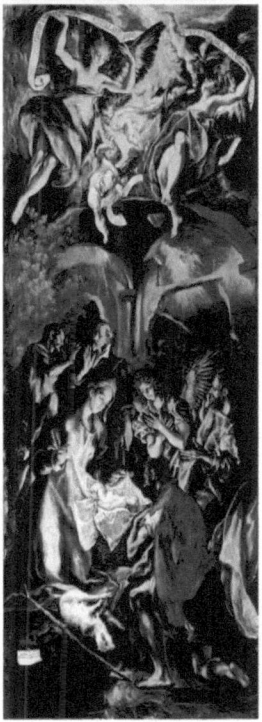

PINTURAS DEL RETABLO MAYOR DEL COLEGIO DE DOÑA MARÍA DE ARAGÓN EN MADRID (II)

Imag. 74: *La Resurección* (arriba izquierda)
Imag. 75: *Pentecostés* (arriba, derecha)
Imag. 76: *La Adoración de los pastores,* hoy en Bucarest (abajo)

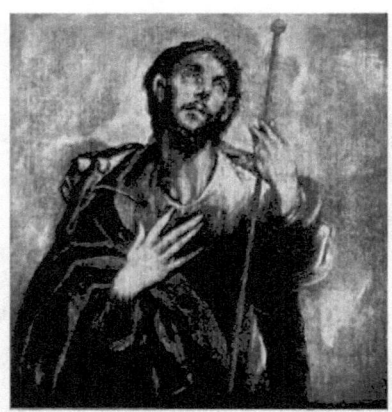

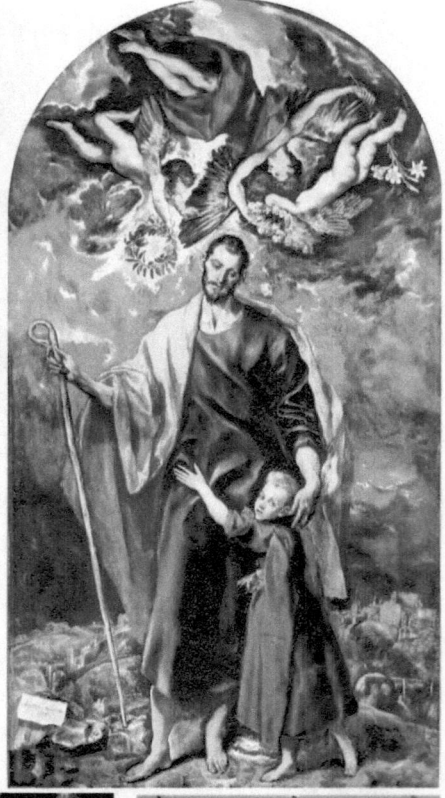

Img. 77: *San Roque* (Nueva York)

Img. 78: *San José con el Niño* (Toledo)

Img. 79: *Coronación de la Virgen* (Toledo)

Img. 80: *Retablo Hospital de Nª Sª de la Caridad* (Illescas -Toledo-)

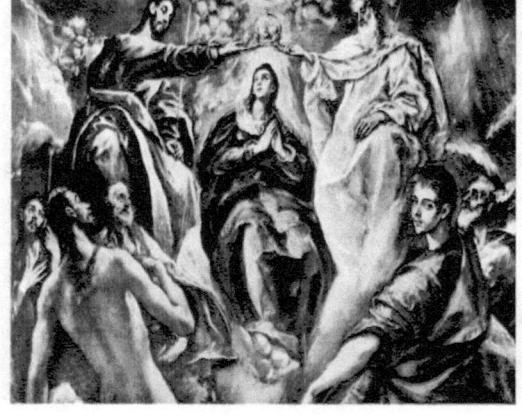

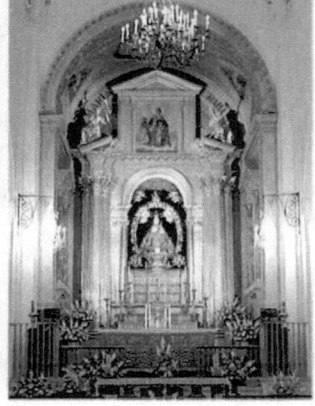

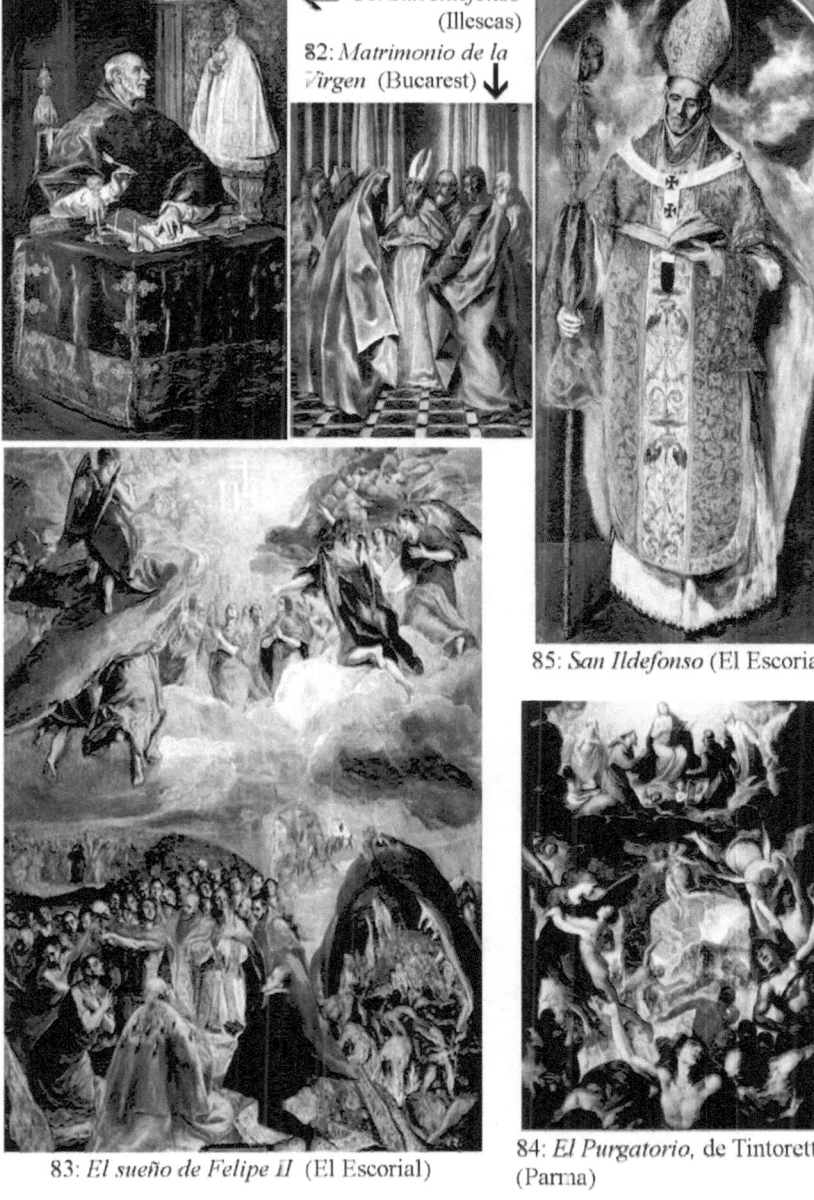

← 81: *San Ildefonso* (Illescas)

82: *Matrimonio de la Virgen* (Bucarest) ↓

85: *San Ildefonso* (El Escorial)

83: *El sueño de Felipe II* (El Escorial)

84: *El Purgatorio*, de Tintoretto (Parma)

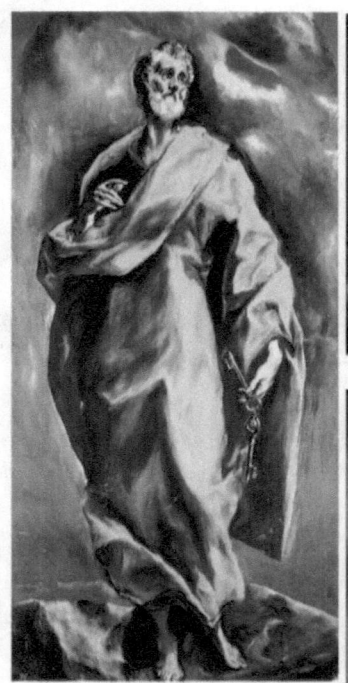

86: *San Pedro* (El Escorial)

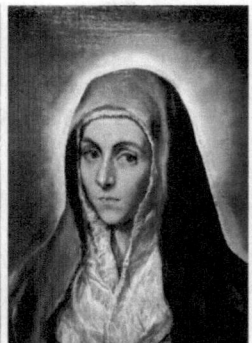

88 y 89: *La Virgen María* (Estrasburgo y el Prado)

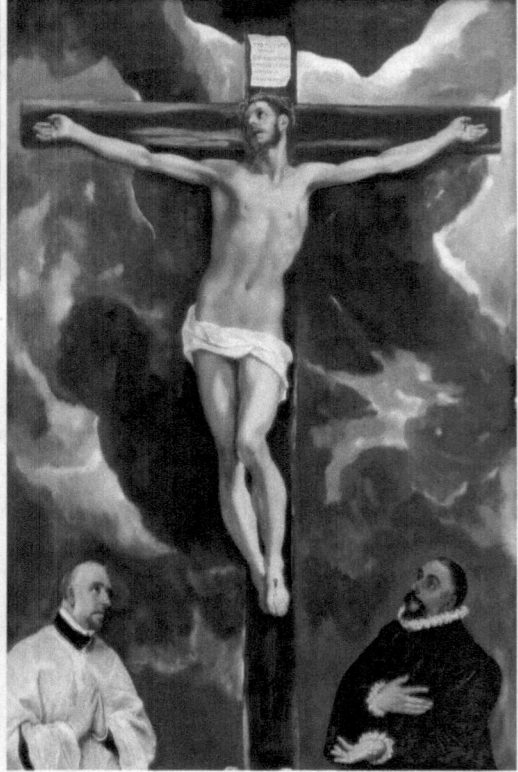

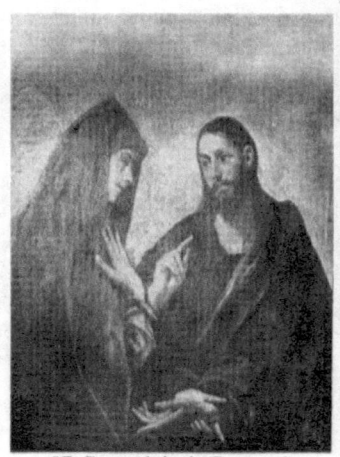

87: *Despedida de Cristo y la Virgen* (Lámina edición Cossío)

90: *Cristo crucificado con dos donantes* (París)

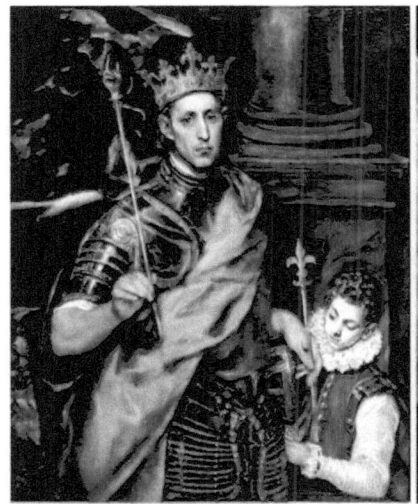
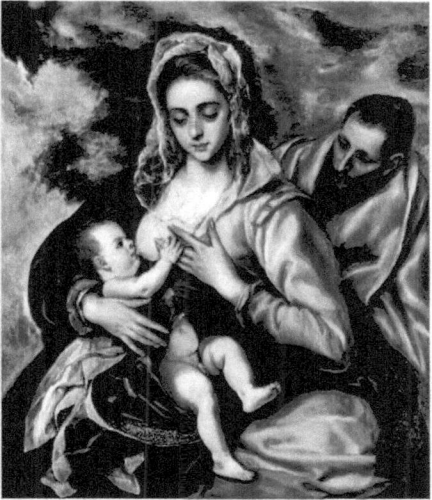

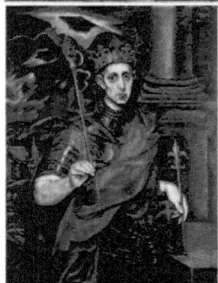

91 y 92: *San Luis* (París) y *La Sagrada familia* (Nueva York)

93: *San Luis* (Toledo)

94: *San José con el niño* (Toledo - Catedral)

95: *La Coronación de la Virgen* (Madrid- Prado)

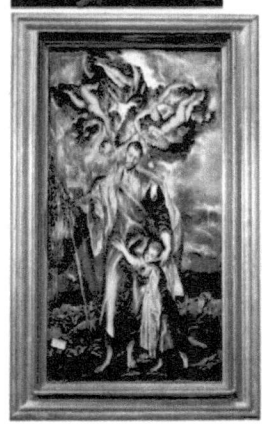

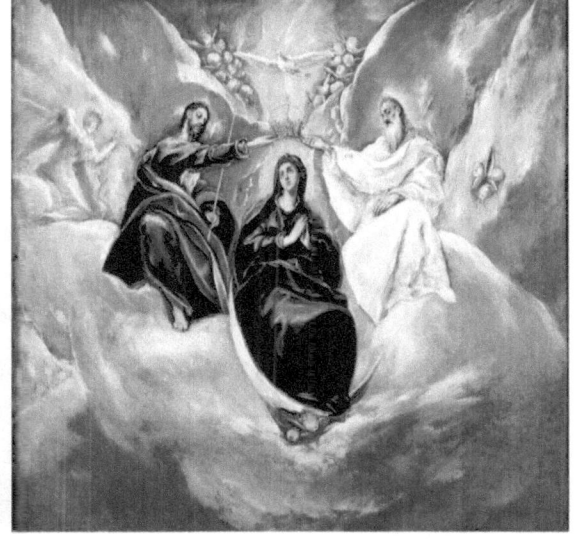

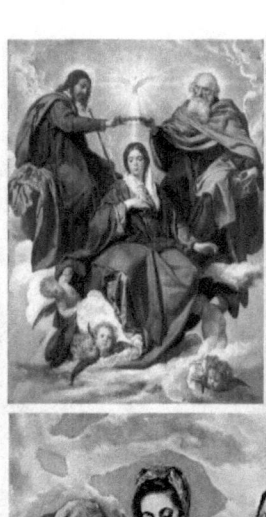

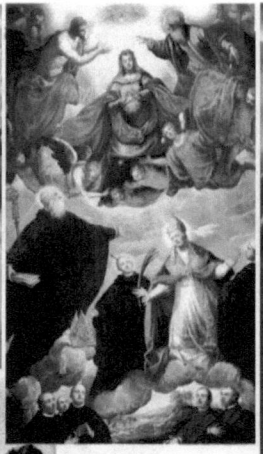

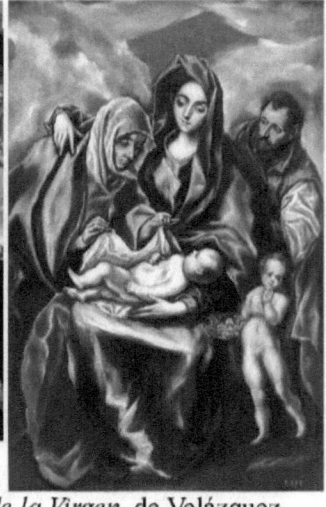

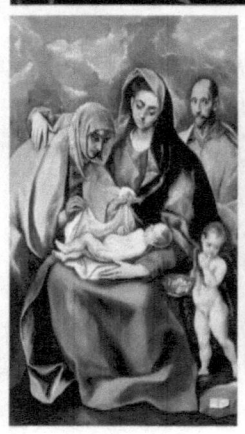

96 y 97 :

La Coronación de la Virgen, de Velázquez (Madrid) y Tintoretto (Venecia)

98 a 102: *La Sagrada Familia* de Madrid (arriba), Hospital de Tavera en Toledo (a la izquierda); y, abajo, de izquierda a derecha: Museo de Santa Cruz (Toledo); Lamina de Ed. Cossío (V. Suárez, 1908), antes en Bucarest; y Cleveland

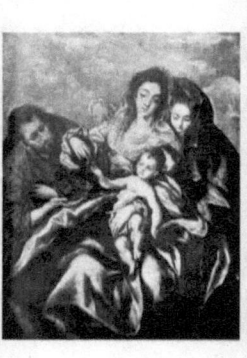

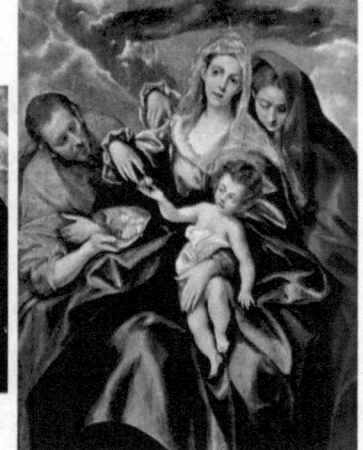

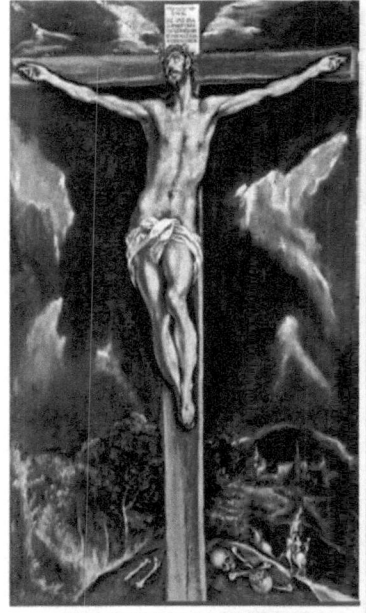

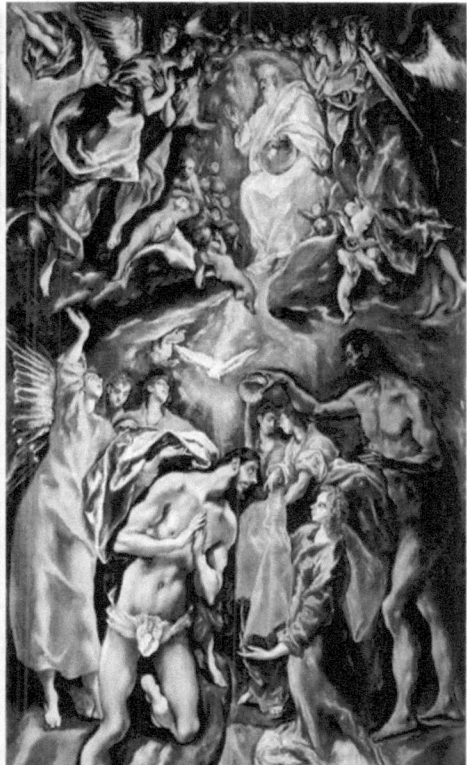

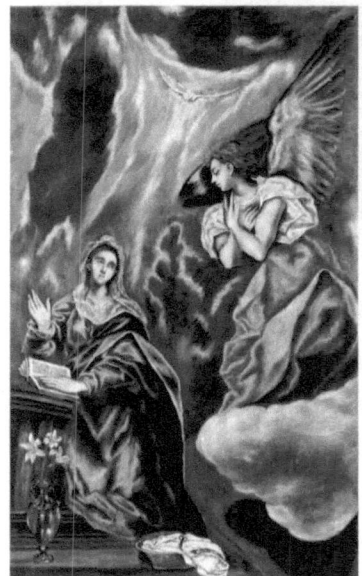

103: *Cristo en la Cruz* (Toledo)

104: *El bautismo de Cristo* (Toledo)

105: *La Anunciación* (Toledo)

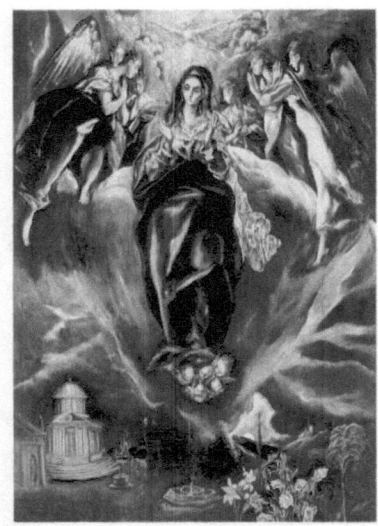

106: *La Inmaculada Concepción* (Madrid)

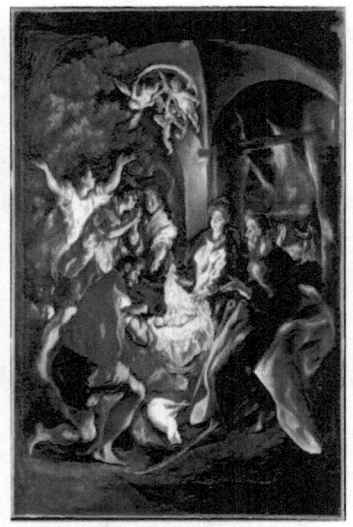

107: *La adoración de los pastores* (Nueva York)

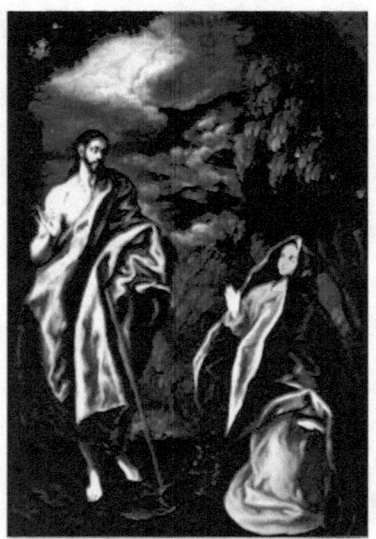

108: *Noli me tangere* (Madrid)

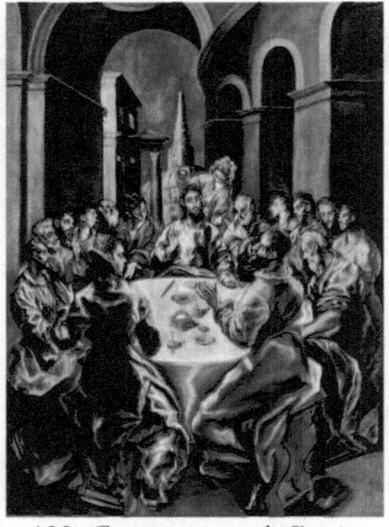

109: *Cena en casa de Simón* (Chicago)

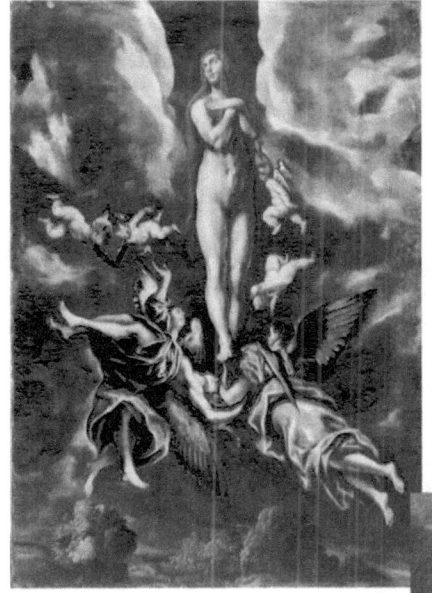

110: *El tránsito de Santa María Magdalena* (Titulcia, Madrid)

111: *El éxtasis de Santa María Magdalena,* de Durero (Madrid)

112: *La Oración del Huerto* (Lille)

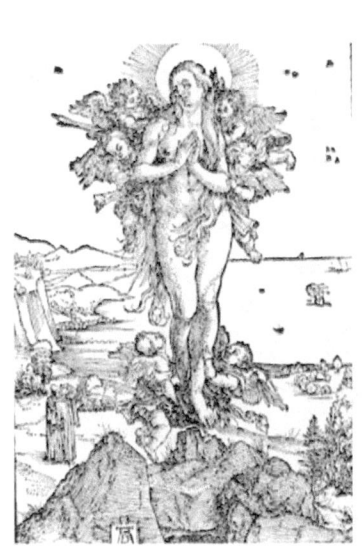

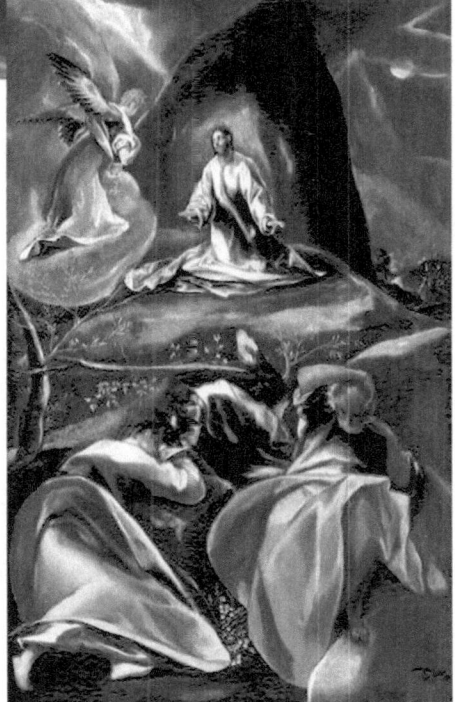

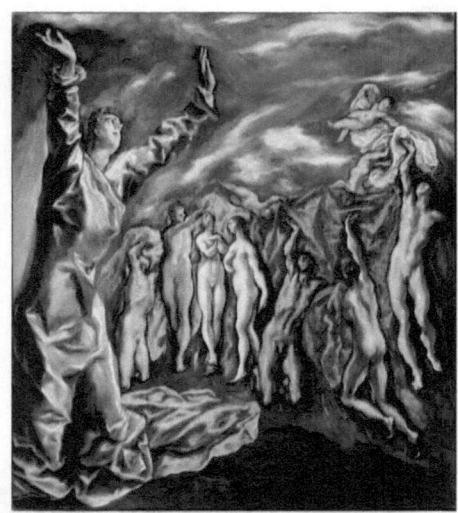

113: *Visión del Apocalipsis* (Nueva York) ←

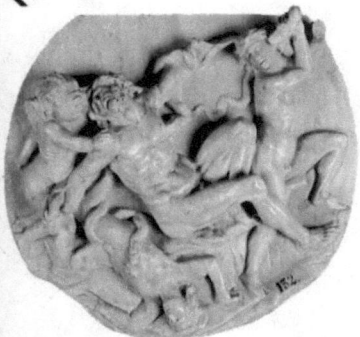

115: *Laocoonte* (Madrid) ↑

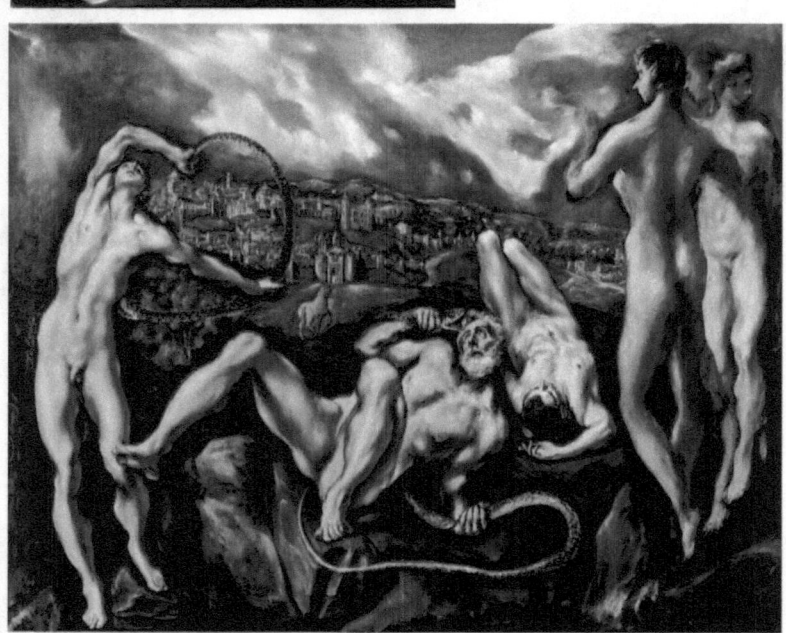

114: *Laocoonte* (Washington)

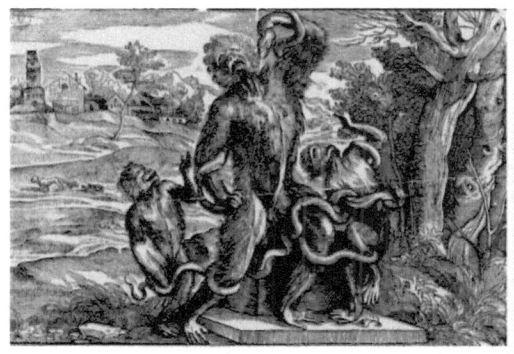

116: *Laocoonte.* Caricatura de
Tiziano, por Boldrini (BNE) ↑

117: *Muerte de Laocoonte*
y sus hijos (Nápoles) →

118: *Laocoonte* (lámina 68 bis, Ed. Cossío
1908, Madrid) →

119: *Las lágrimas de san Pedro* (Toledo)

↓ 120: *La Magdalena Penitente* (Worcester)
↓

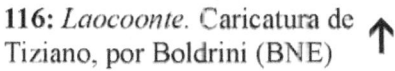

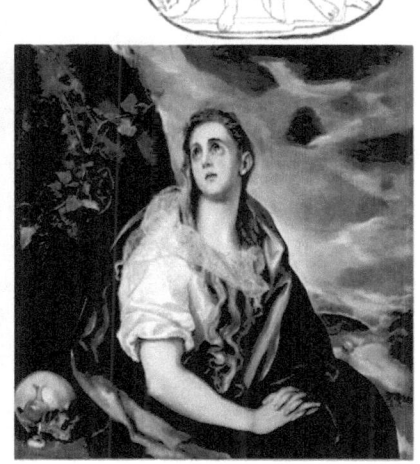

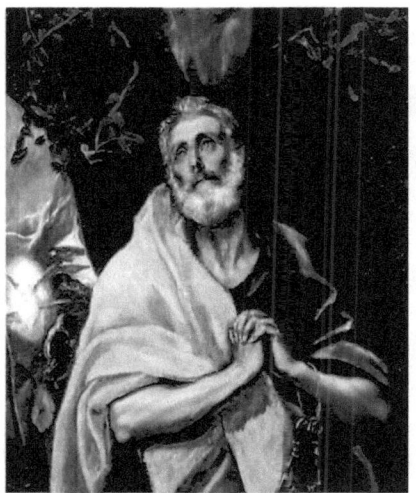

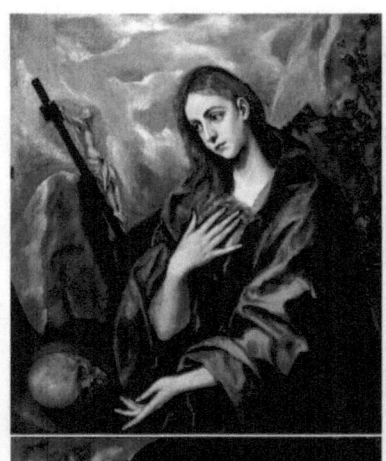

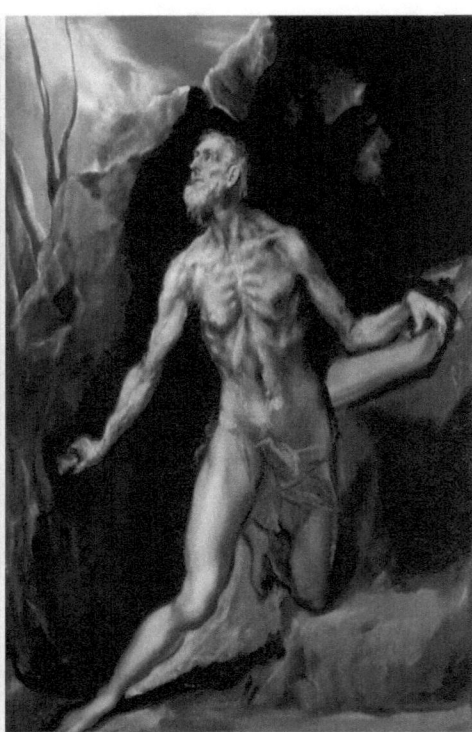

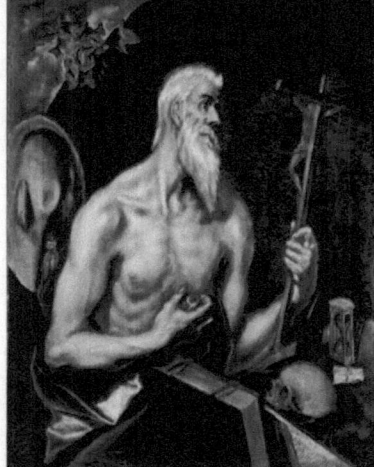

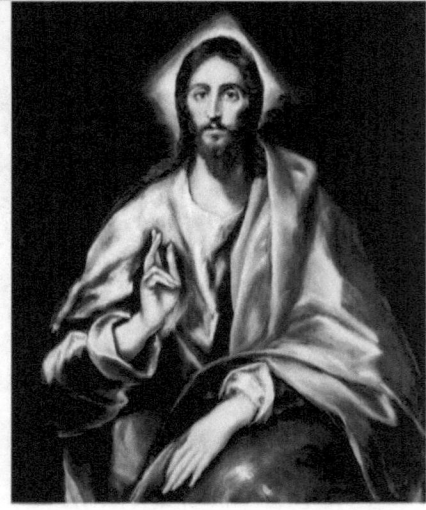

121: *La Magdalena Penitente* (Siches). Arriba a la izquierda

122: *San Jerónimo* (Washington), arriba a la derecha

123: *San Jerónimo* (Nueva York), arriba

124: *El Salvador, del Apostolado (Toledo),* a la derecha

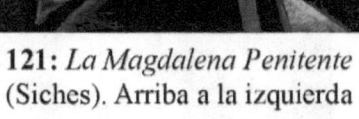

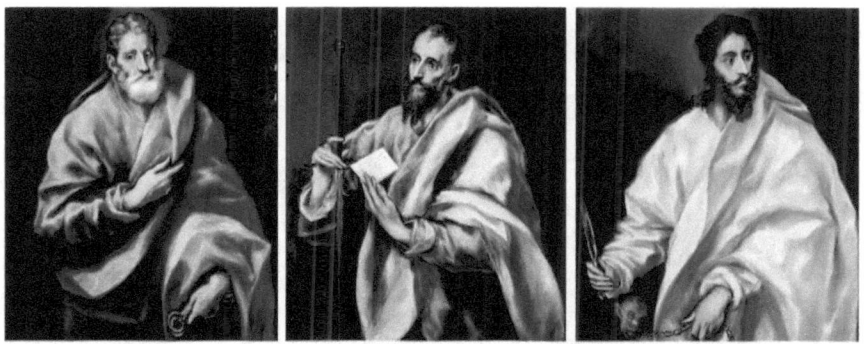

APOSTOLADO DEL MUSEO DEL GRECO DE TOLEDO (I)

De izquierda a derecha y de arriba a abajo: *San Pedro* (125), *San Pablo* (126), *San Bartolomé* (127), *San Juan* (128), *San Andrés* (129), *San Mateo* (130), *San Judas Tadeo* (131), *San Felipe* (132) y *San Simón* (133)

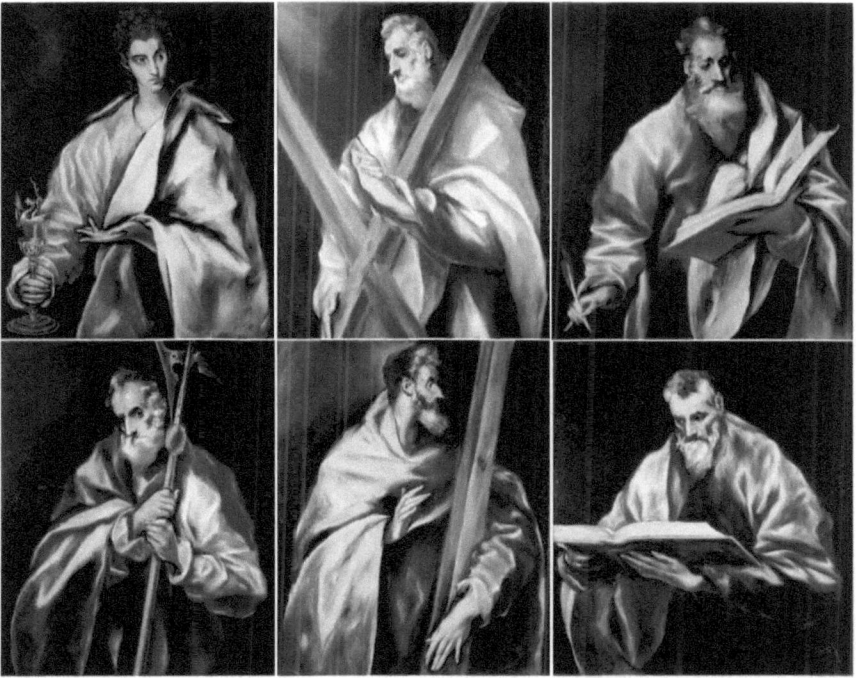

APOSTOLADO DEL MUSEO DEL GRECO DE TOLEDO (y II)

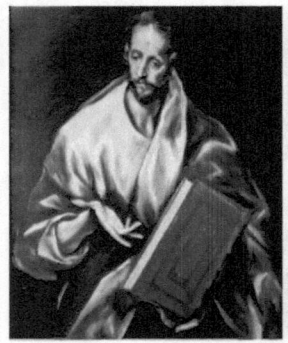 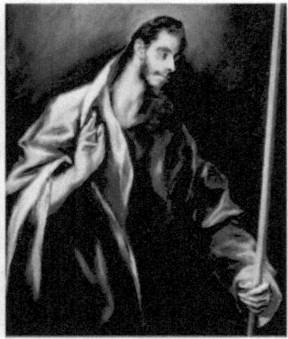 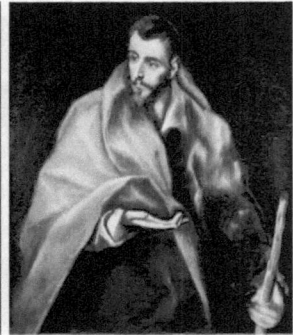

Santiago el Menor (134), *Santo Tomás* (135) y *Santiago el Mayor* (136)

137: *El Salvador* (Edimburgo)

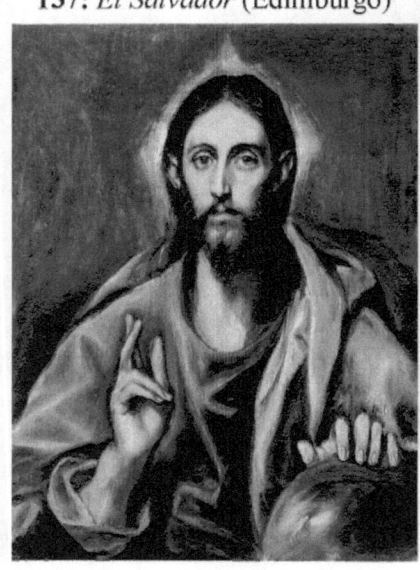

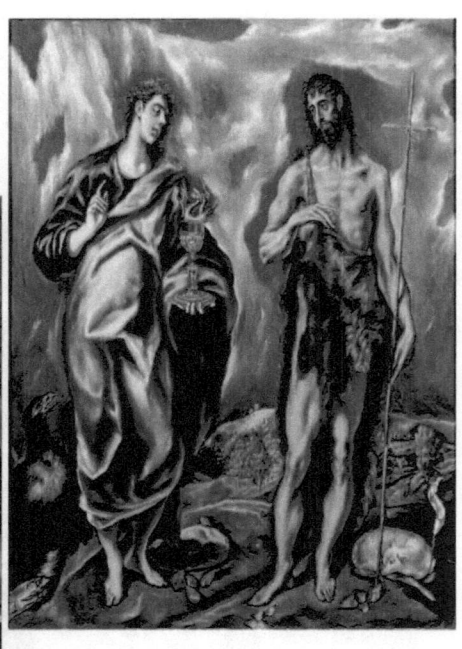

138: *San Juan Bautista y San Juan Evangelista* (Toledo)

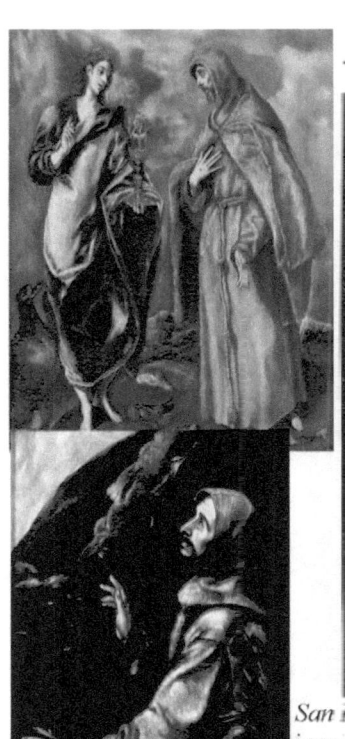

← **139:** *San Juan Bautista y San Francisco de Asís* (Madrid)

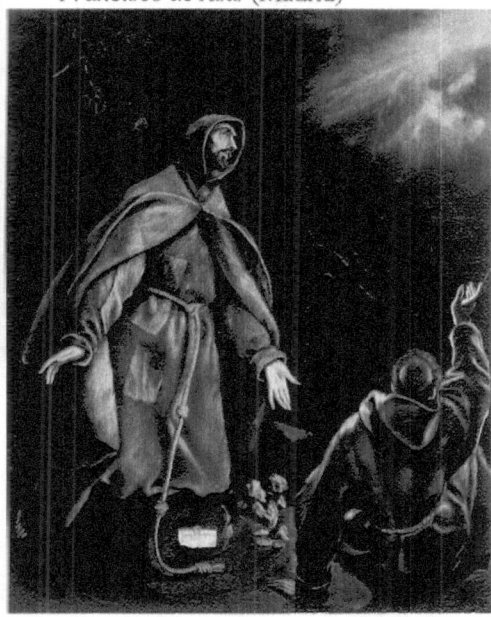

San Francisco de Asís: arriba, en Madrid (**140**); a la izquierda, en el Escorial (**141**), y abajo en Madrid, izquierda, y Dublín, derecha (**142** y **143**)

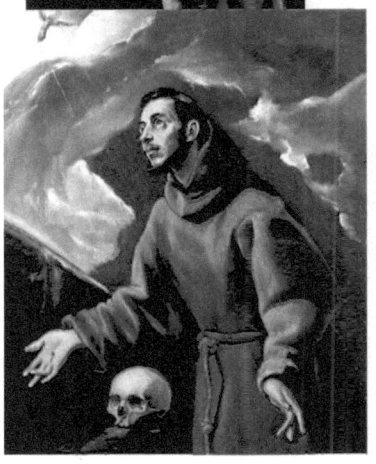

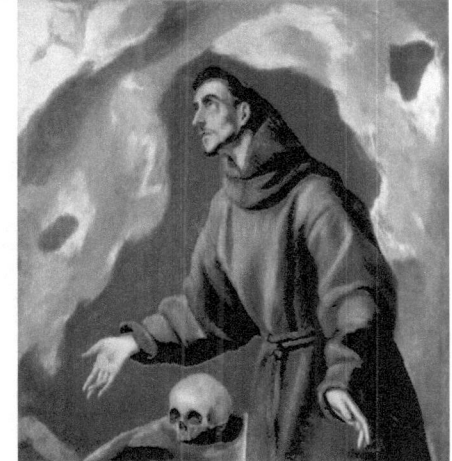

144: *San Francisco en éxtasis*
(Madrid)

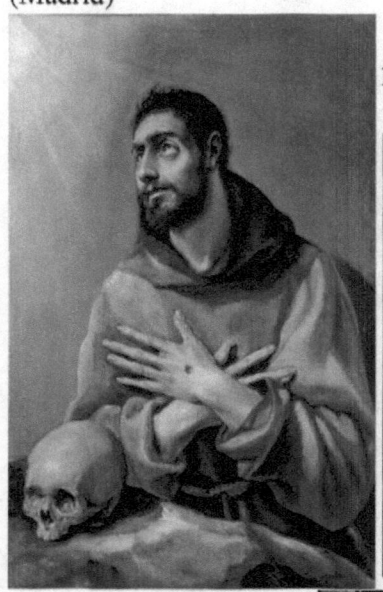

146: *San Francisco en oración*
(Barcelona)

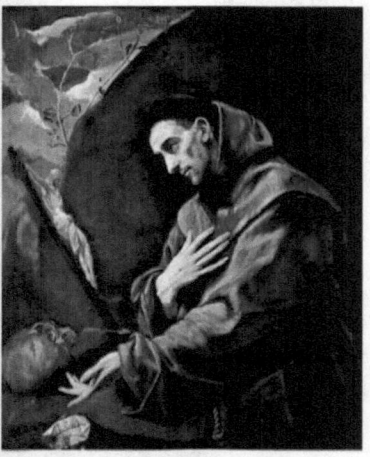

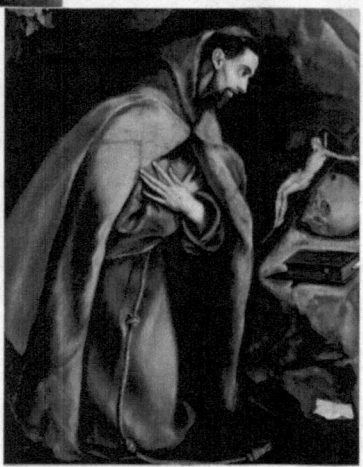

145: *San Francisco*
en éxtasis (Madrid)

147: *San Francisco arrodillado*
ante el Crucificado (Lille)

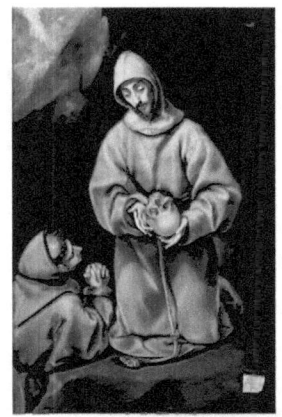

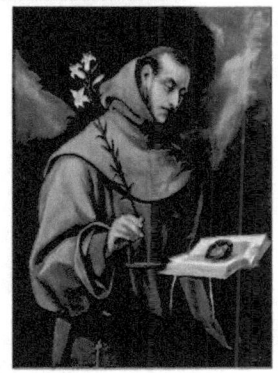

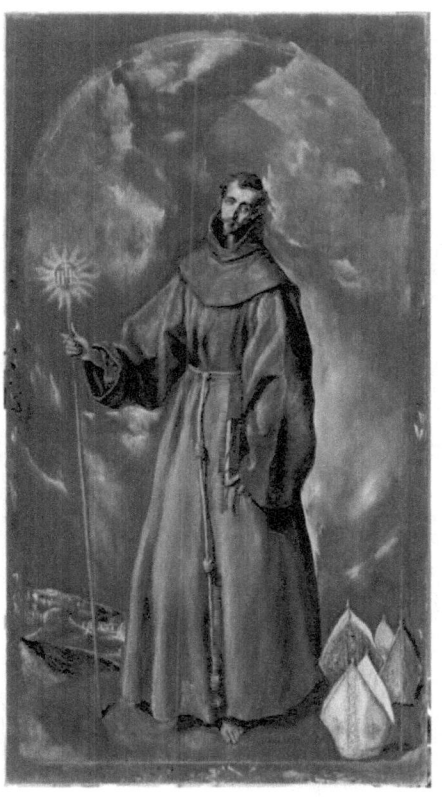

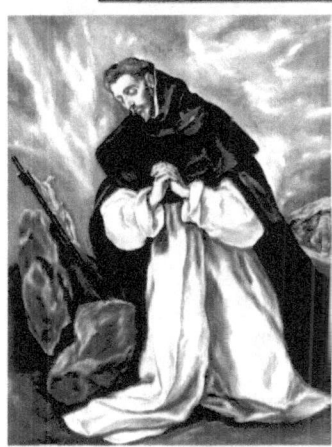

148: *San Francisco de Asís y el hermano León meditando sobre la muerte* (Madrid), arriba, a la izquierda.

149: *San Antonio de Padua* (Madrid), en el centro.

150: *San Bernardino* (Madrid), arriba a la derecha.

151: *Santo Domingo rezando* (Madrid)

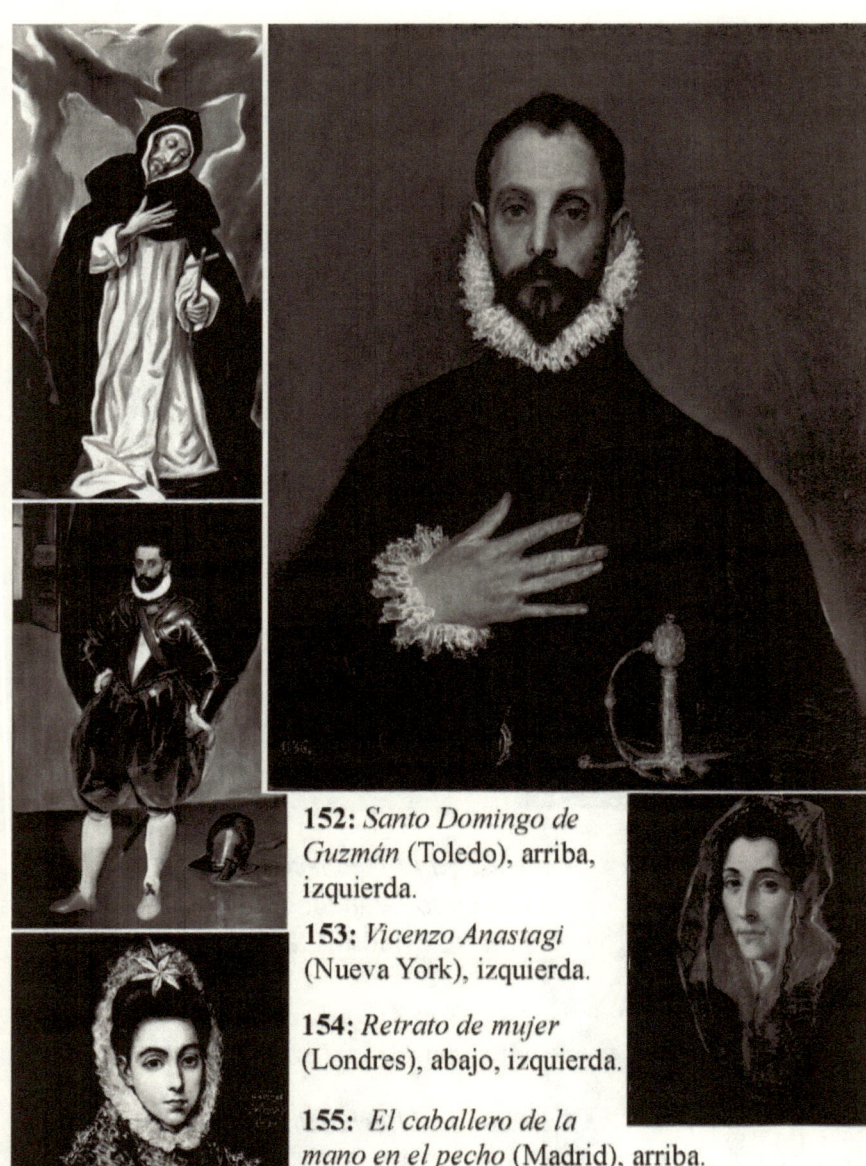

152: *Santo Domingo de Guzmán* (Toledo), arriba, izquierda.

153: *Vicenzo Anastagi* (Nueva York), izquierda.

154: *Retrato de mujer* (Londres), abajo, izquierda.

155: *El caballero de la mano en el pecho* (Madrid), arriba.

156: *Retrato de mujer* (Philadelphia), derecha

157: *Retrato de un médico* (Madrid)

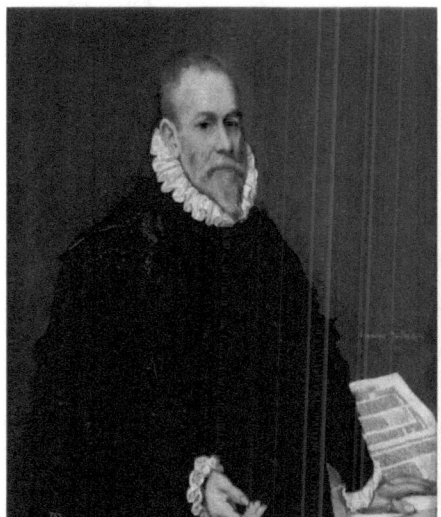

158: *Retrato de un hombre de la casa de Leiva* (Montreal)

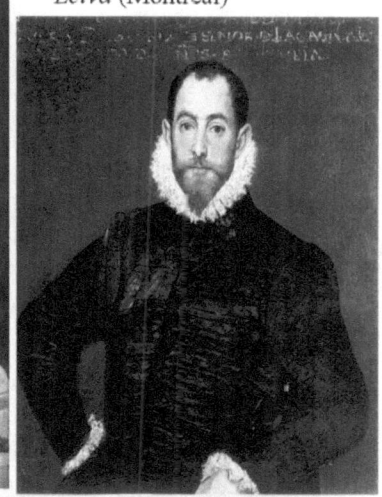

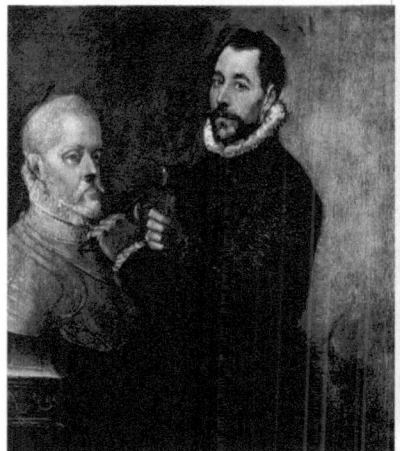

159: *El escultor Pompeo Leoni* (Ginebra)

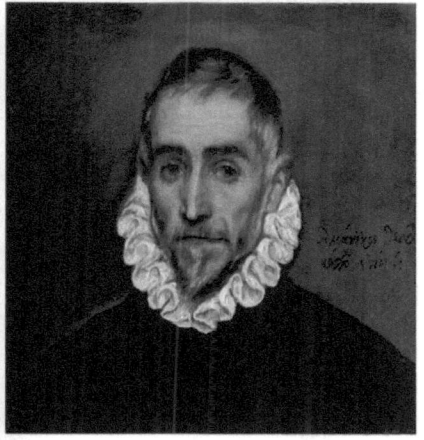

160: *Caballero anciano* (Madrid)

161 y 161 bis: *El duque de
Benavente* (Bayona), izda.; y
Retrato de un hombre
(Glasgow), derecha.

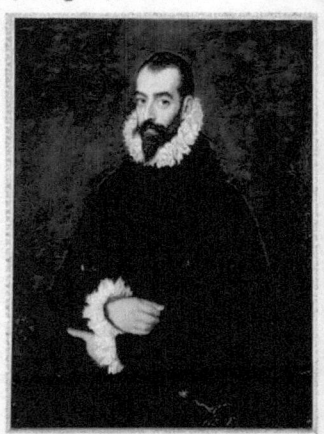

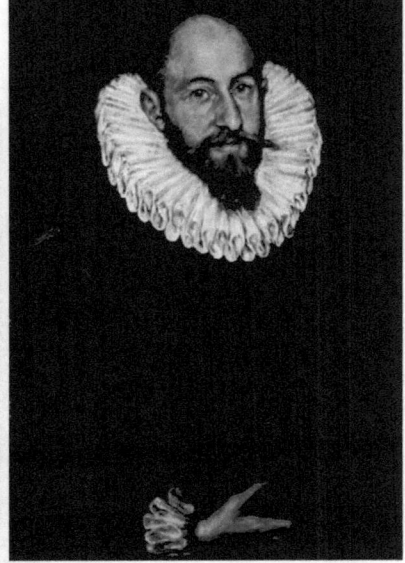

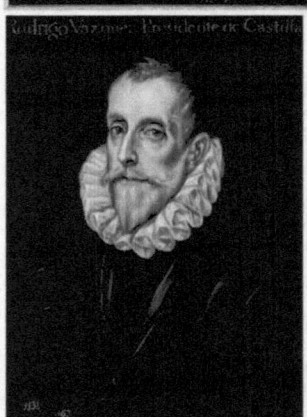

162 y 162 bis: *Rodrigo
Vázquez de Arce,* izquierda,
y *Retrato de un caballero,*
derecha (Madrid)

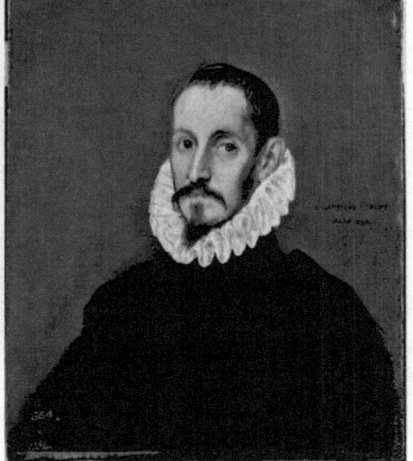

163: *El poeta Alfonso de Ercilla* (S. Petersbugo)

164: *Fray Hortensio Félix de Paravicino* (Sevilla)

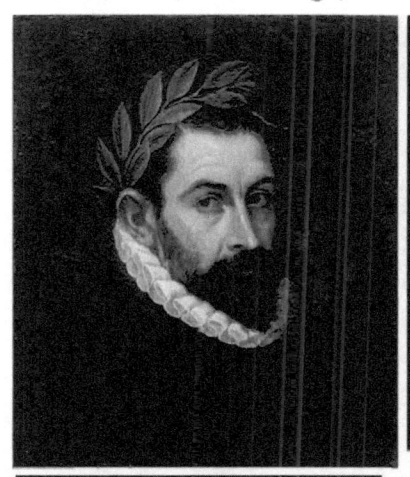
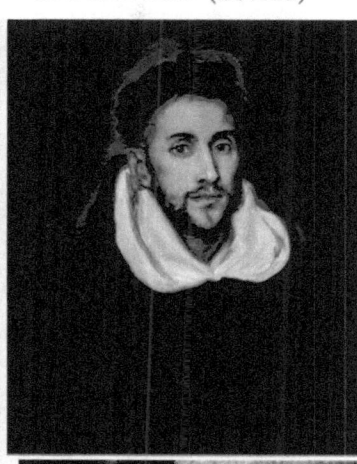

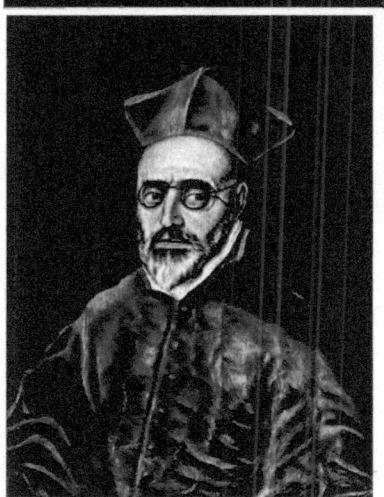
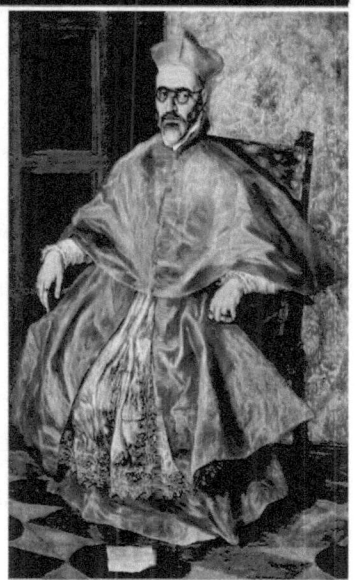

165-166: *El Cardenal Fernando Niño de Guevara.*
Wintertur, arriba, y Nueva York, a la dcha.

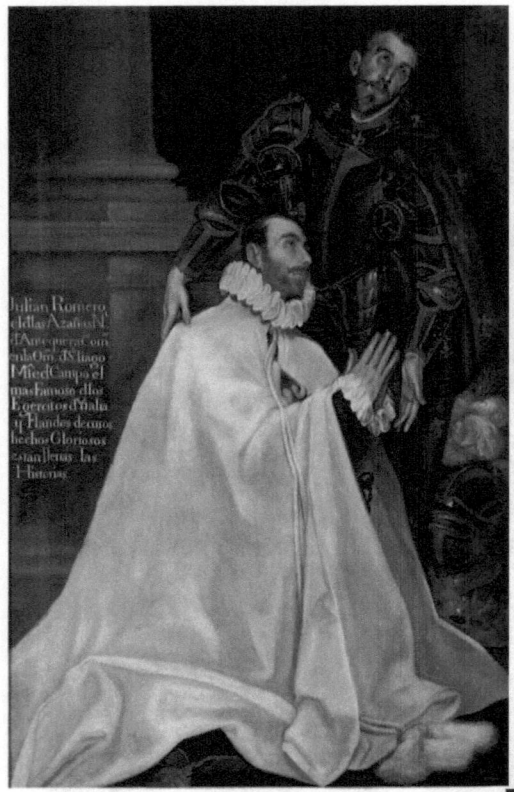

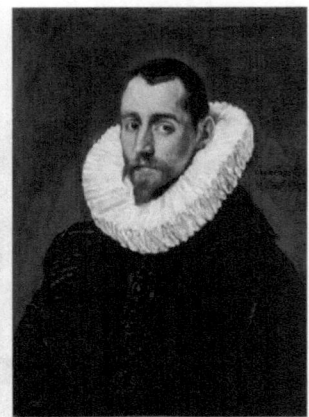

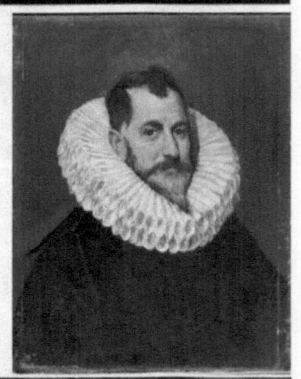

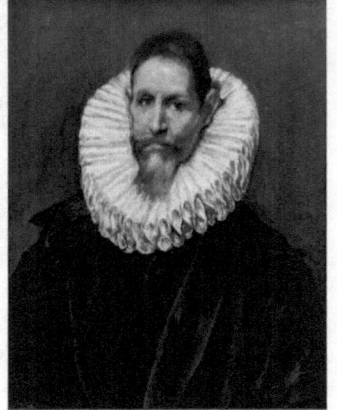

167: *Julián Romero y su santo patrono* (Madrid), arriba izquierda

168: *Retrato de un caballero joven* (Madrid), arriba derecha

169: *Retrato de caballero* (Madrid), en el centro a la derecha

170: *Jerónimo de Cevallos* (Madrid), a la derecha

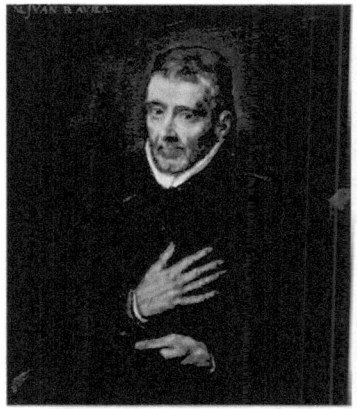

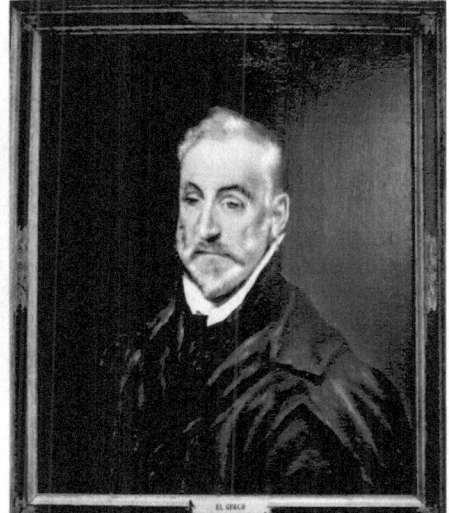

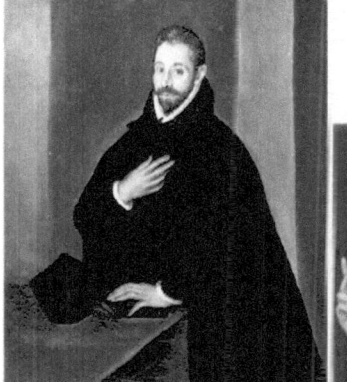

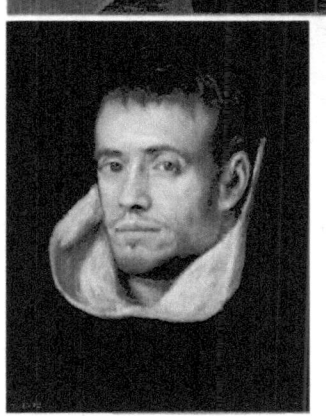

171: *Juan de Ávila* (Toledo), arriba izquierda

172: *Retrato de San Luis Gonzaga* (California), en el centro

173: *Retrato de Garcibáñez de Mújica y Bracamonte* (Ávila), en el centro a la izquierda

174: *Antonio de Covarrubias* (Toledo), arriba a la derecha

175: *Retrato de un fraile trinitario* (Madrid), abajo a la izquierda

176: *Fraile trinitario* (Kansas),

177: *Don Diego de Covarrubias* (Toledo)

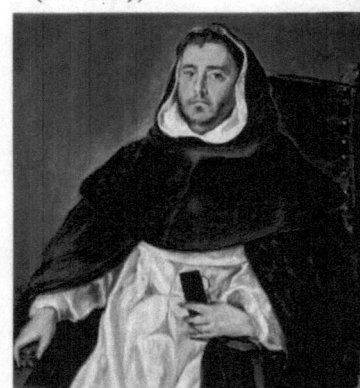

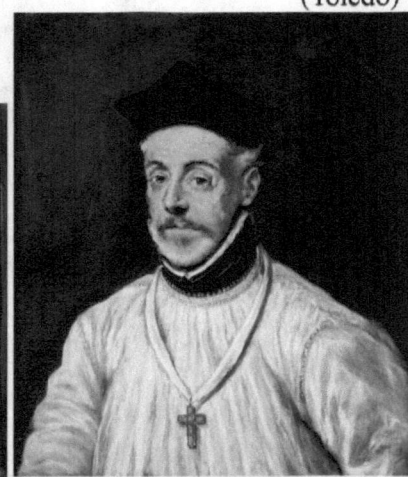

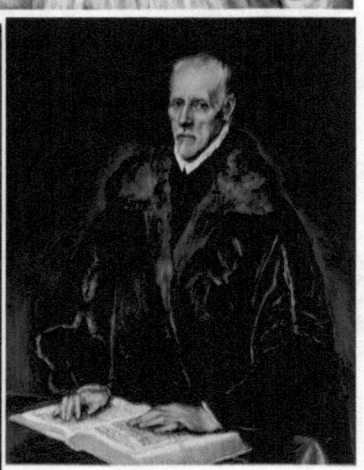

179: *Francisco de Pisa* (Fort Worth)

178: *Don Antonio de Covarrubias* (París)

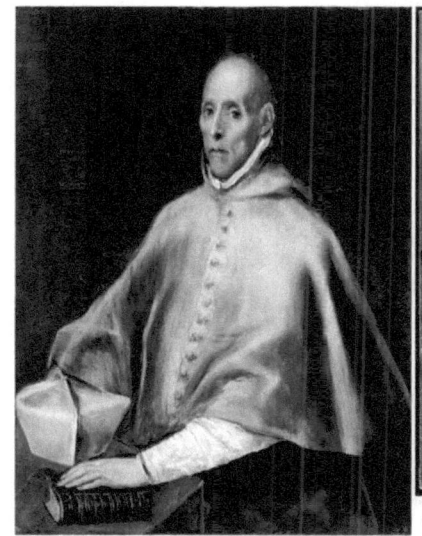

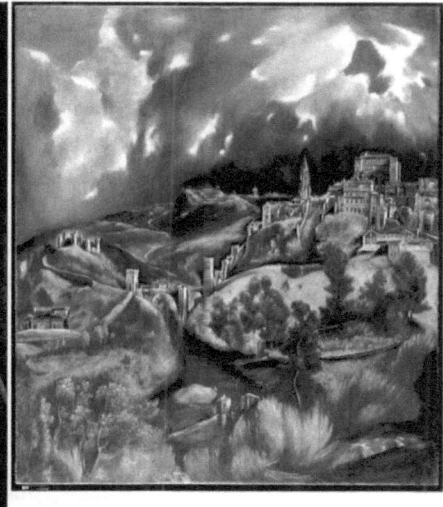

182: *Vista de Toledo* (Nueva York)

180 y 181: *El cardenal Tavera*, retrato y mascarilla funeraria (Toledo)

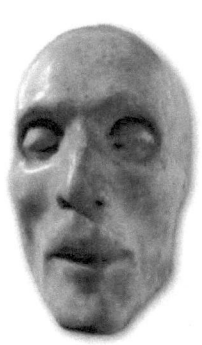

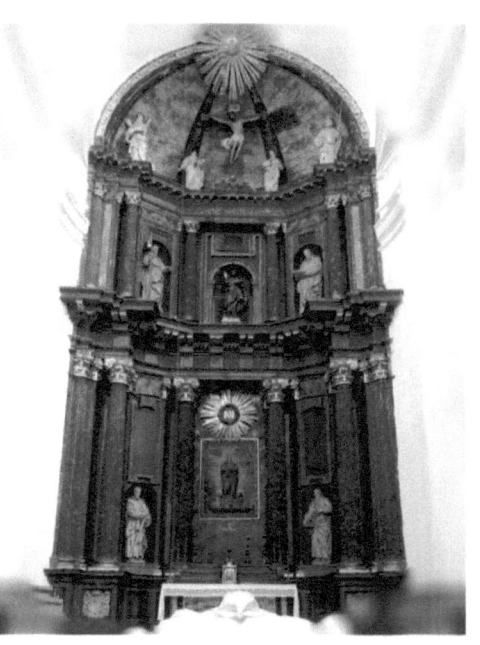

183: *Retablo de la Iglesia del Hospital de Tavera*

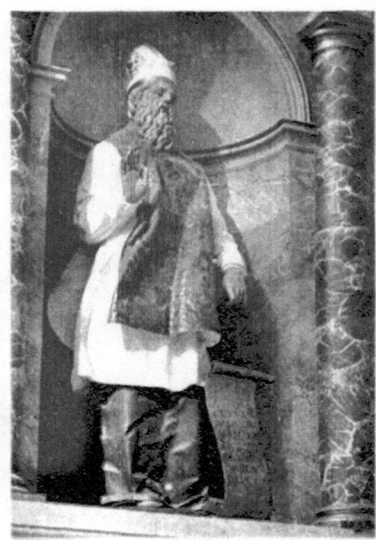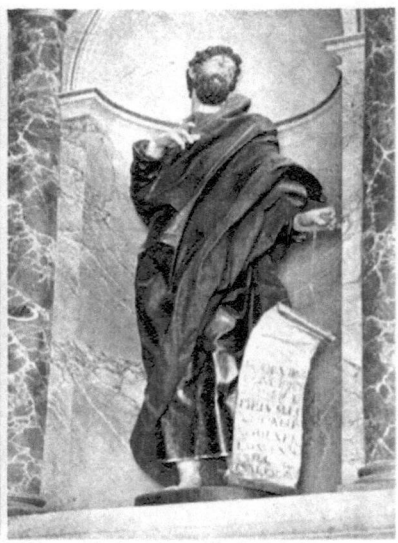

184: Isaías y Simeón, en la Iglesia de la Caridad de Illescas

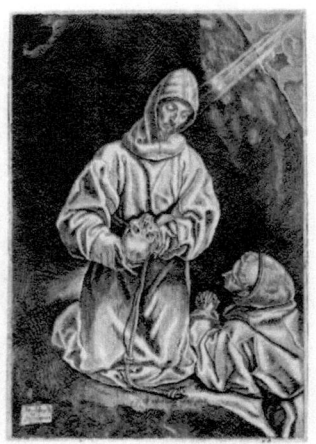

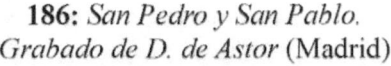

186: *San Pedro y San Pablo. Grabado de D. de Astor* (Madrid)

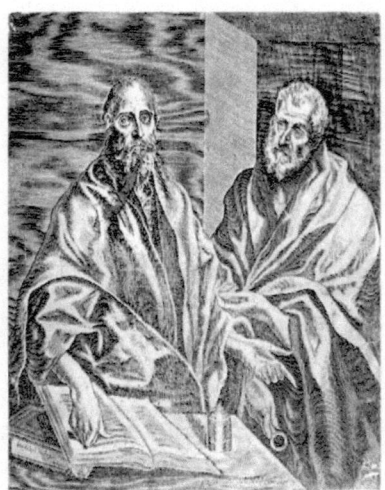

185: *San Francisco y el lego*, grabado de Diego de Astor (Madrid)

410

187: *La Trinidad,* de Tristán (Sevilla) →

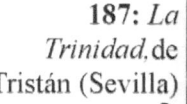

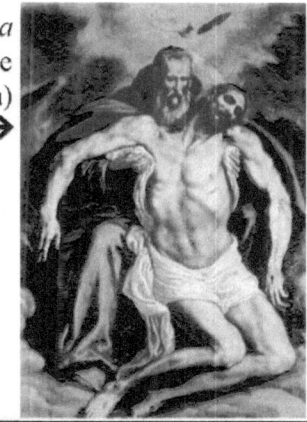

188: *Los ermitaños,* de Velázquez (Madrid) ↓

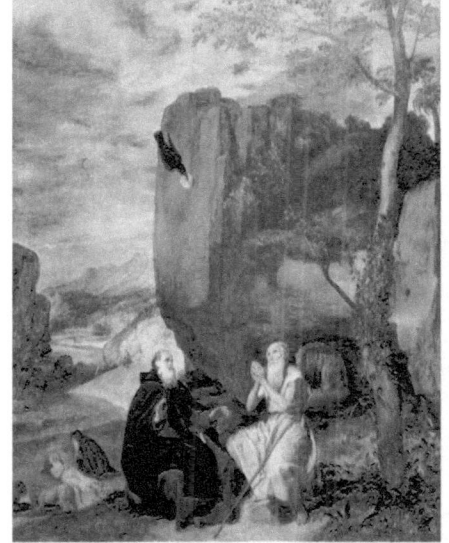

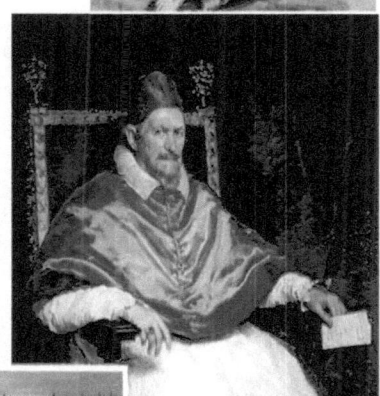

190: *Inocencio X,* ↑ de Velázquez (Roma)

← **189:** *Las lanzas,* de Velázquez (Madrid)

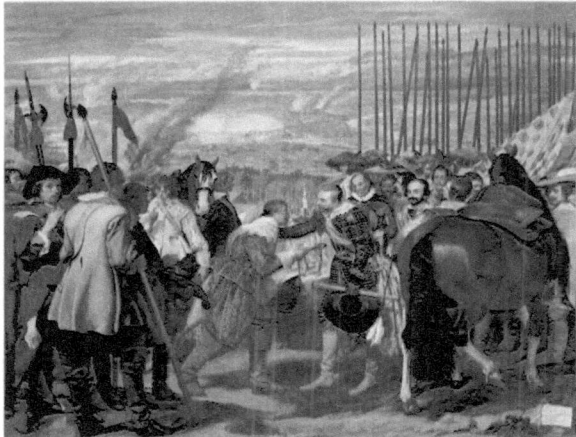

TAMBIÉN EN LECTURAS HISPÁNICAS

www.lecturas—hispanicas.com

- ✓ El mundo secreto de Arturo Soto (José María Collado)
- ✓ Sed (Rafael Moya Valgañón)
- ✓ España negra (Darío de Regoyos y Émile Verhaeren)
- ✓ Diario de Nicaragua (Andrés Fuertes)
- ✓ Idearium español (Ángel Ganivet)
- ✓ Introducción al flamenco y cancionero (Rafael Moya Valgañón)
- ✓ El corazón de las tinieblas (Joseph Conrad).
- ✓ Conocer a… el arte moderno (Servando Gotor). En preparación
- ✓ Conocer a… Mata Hari
- ✓ Conocer a… Brujería y exorcismos en España
- ✓ Conocer a… El Gran Capitán
- ✓ Conocer a… los Borgia
- ✓ Cuarto y mitad (Carlos de Francia Blázquez)
- ✓ Pasarela (Carlos de Francia Blázquez)
- ✓ Las constituciones españolas. Textos completos
- ✓ Informe sobre la Ley Agraria de Jovellanos y las Cartas de Cabarrús.
- ✓ Las Nacionalidades (F. Pi y Margall)
- ✓ Abogados (Servando Gotor)
- ✓ La Horda, (Vicente Blasco Ibáñez). En preparación
- ✓ Huella de almas (Francisco Acebal)
- ✓ Aires de Mar (Francisco Acebal)
- ✓ Batiéndome en retirada (JAVI)
- ✓ Ossa Árida — El Papa Luna (Servando Gotor)
- ✓ Shakespeare (Victor Hugo)
- ✓ Molière por Moratín (El médico a palos y La escuela de los maridos)
- ✓ Nerón. Su vida y su muerte
- ✓ Diálogos del Orador (Marco Tulio Cicerón, con notas de Servando Gotor)
- ✓ Aequilibrium (Ángel Ferrer)
- ✓ Esta sombra no es mía (Juan Serrano)
- ✓ Merodeando el desnudo femenino (Narciso de Alfonso)
- ✓ Entre las ruinas del cielo (Servando Gotor)
- ✓ Todo amor es grande (Propercio en la versión de Mariano Berdusán)
- ✓ La invención de la Taberna (Antonio Envid)
- ✓ El color de mi cristal (Mariano Berdusán Cabellos)

- ✓ A beneficio de inventario (Antonio Envid)
- ✓ Bárbara Blomberg (Servando Gotor)
- ✓ Serafita (Honoré de Balzac, con traducción de Narciso de Alfonso)
- ✓ Confusión de confusiones (José de la Vega, edición y notas a cargo de Antonio Envid)
- ✓ El guacamayo azul (Narciso de Alfonso y Servando Gotor)
- ✓ La tía Tula (Miguel de Unamuno)
- ✓ ¿Crisis? Nunca pasa nada (Servando Gotor)
- ✓ Niebla (Miguel de Unamuno)
- ✓ Aura o las violetas (J. M. Vargas Vila)
- ✓ Cajal. Cuentos y enredos (Servando Gotor)
- ✓ El Greco (Manuel B. Cossío).
- ✓ El amor y las moiras (Servando Gotor)
- ✓ El tenue aroma de la acacia (Antonio Envid)
- ✓ El Papa del Mar (Vicente Blasco Ibáñez)
- ✓ La ciudad sin faro (Servando Gotor)
- ✓ Los amantes de Teruel: las dos versiones íntegras y una reseña crítica de Larra (J. E. Hartzenbusch).

www.ingramcontent.com/pod-product-compliance
Lightning Source LLC
Chambersburg PA
CBHW021418170526
45164CB00001B/8